13.04.87

Count Basie
Good Morning Blues

Count Basie

Good Morning Blues

Eine Autobiographie
von Count Basie

erzählt von Albert Murray

ECON Verlag
Düsseldorf · Wien · New York

Titel der amerikanischen Originalausgabe Good Morning Blues
Original-Verlag: Random House, New York
Übersetzt von Thomas Stegers
Copyright © 1985 by Albert Murray + Count Basie Enterprises
Alle Fotorechte: Random House, New York

CIP-Kurztitelaufnahme der Deutschen Bibliothek

Basie, Count:
Good morning blues : e. Autobiographie / von Count Basie.
Erzählt von Albert Murray. [Übers. von Thomas Stegers].
– 1. Aufl. – Düsseldorf; Wien; New York: ECON Verlag, 1987.
Einheitssacht.: Good morning blues ⟨dt.⟩
ISBN 3-430-11215-X
NE: Murray, Albert [Bearb.]

Gesetzt aus der Life der Fa. Linotype GmbH
Satz: ICS Communikations-Service GmbH, Bergisch Gladbach
Papier: Papierfabrik Schleipen GmbH, Bad Dürkheim
Druck und Bindearbeiten: Ebner, Ulm
Printed in Germany
ISBN 3-430-11215-X

Inhalt

Für meine Mutter, Lilly Ann Childs Basie

Einleitung

Ich war gerade aus einem dieser Nickerchen erwacht, in die ich während der Nachmittagsstunden im Zug von London nach Liverpool immer wieder gerutscht war, als wir die Vorstädte von Liverpool passierten. Ich war noch schläfrig, denn immer wenn ich mit der Band von einer Stadt zur anderen unterwegs war, versuchte ich, hier und da, wenn es eben ging, mal ein Auge zuzumachen. Aus irgendeinem Grund jedoch nickte ich dieses Mal nicht gleich wieder ein. Ich rückte etwas näher an das Abteilfenster und schaute hinaus, und mit einemmal mußte ich wieder an bestimmte Erlebnisse aus meiner Kindheit denken.

Was ich da nämlich sah, als wir uns langsam der Stadtmitte näherten, waren die Hinterhöfe der Reihenhäuser, die man in dem Teil solcher Städte immer sieht, in jedem Land, und woran mich das alles erinnerte, das war der Hinterhof unseres Hauses in der Mechanic Street in Red Bank, New Jersey, ein paar Jahre vor Ausbruch des Ersten Weltkrieges.

Die Wäscheleinen waren an allem schuld. Ich weiß nicht mehr, wovon ich geträumt hatte, aber sobald die Landschaft draußen langsam in die Vorstädte überging und ich auf Terrassen und Balkonen all die Wäschestücke auf diesen langen durchhängenden Leinen aufgereiht und im Wind sich aufblasen sah, wanderten meine Gedanken von England nach New Jersey, und ich erinnerte mich daran, wie bei uns jeden Montagmorgen, als ich noch zu Hause war, die Wäscheleine aussah. Dann mußte ich an meine Mutter denken.

Es war September. Das Wetter in England muß schon recht kühl gewesen sein, denn woran ich mich zuerst erinnerte, war unser

Hinterhof, wie er im Winter aussah, wenn ich jeden Morgen in der Frühe rausstapfen und einen Weg durch den Schnee freischaufeln mußte und mir dann ein nasses Handtuch nahm, um damit das Eis von der Wäscheleine zu schlagen, damit meine Mutter sofort die ersten weißen Wäschestücke aufhängen konnte, wenn sie aus dem Waschbottisch kamen.

Meine Mutter, Gott gib ihrer armen Seele Ruh, nahm früher Wäsche an, was soviel hieß, daß sie für mehrere wohlhabende Familien im Ort die gesamte Kleidung und auch die Haushaltswäsche reinigte und bügelte. Woran mich diese Wäscheleinen vor dem Fenster meines gemütlichen Abteils auf der Fahrt von Liverpool also in Wahrheit erinnerten, war die Empfindung beim Anblick meiner Mutter, wenn sie über der heißen dampfenden Seifenlauge gebeugt die Wäsche reiben und schrubben, dann auswringen, stärken, ausschütteln und aufhängen, dann wieder hereinholen, bügeln und pressen mußte, um so meinem Vater zu helfen, am Monatsende über die Runden zu kommen. Und ich erinnerte mich, wie ich ihr immer wieder versprochen hatte, daß, wenn ich groß wäre, sie diese Arbeit nie mehr zu verrichten brauchte, weil ich mich dann um sie kümmern und ihr viele schöne Sachen kaufen würde und auch jemand sein würde, auf den sie stolz sein könnte.

Ich weiß nicht mehr, wie lange ich da wohl so gesessen und mich an meine Kindheit in Red Bank erinnert hatte, als jemand seinen Kopf durch die Abteiltür steckte, um mal nachzusehen, wie es mir denn so ginge. Ich weiß aber noch, wer es war, Douglas Torbutt, der uns auf dieser Europatournee als Roadmanager in England begleiten sollte, und ich weiß auch noch, was ich ihm antwortete, als er fragte, was ich denn so mache.

»Och, nichts Besonders, Dougie«, sagte ich, ohne mich zu ihm umzudrehen. »Ich wandere nur ein bißchen zurück. Erinnere mich gerade an was, was schon sehr lange zurückliegt.«

Mehr nicht, und wahrscheinlich hatte ich auch noch unverständlich gesprochen. Vielleicht dachte er, ich würde von einem Musikstück reden. Ich weiß nicht. Wir kannten uns schon seit sechs Jahren, und er war einer meiner engsten Freunde in England. Er sah also gleich, daß ich mit irgendwas beschäftigt war, und sagte dann nur, in wieviel Minuten der Zug in Liverpool einlaufen würde, und verschwand wieder.

Ich war mit mir allein und erinnerte mich wieder an Red Bank und an so manches, was ich meiner Mutter immer wieder gesagt hatte. Allein der Gedanke an die ganzen Wäschekörbe war mir oft unerträglich gewesen, und dann ging ich zu ihr hin, nahm sie in die Arme und sagte immer wieder:»Eines Tages. Warte nur, du wirst schon sehen. Ich verspreche es dir. Warte nur, bis ich groß bin.« Das sagte ich ihr immer wieder, und ich weiß auch noch, was sie mir immer darauf antwortete.

»Ich bin schon jetzt stolz auf dich, Billy«, sagte sie und streichelte mir dabei die Wangen, ging mir über den Kopf oder hielt mich manchmal an beiden Schultern.»Du bist schon jetzt eine große Hilfe für mich. Du bist ein guter Junge, Billy, und du wirst es mal zu etwas bringen in der Welt. Meine Gebete begleiten dich und sind immer bei dir.«

Die Erinnerungen kehrten immer wieder, und als wir die Güterbahnhöfe Liverpools erreichten, hatte ich langsam die Idee zu etwas, das ich mindestens schon fünfundzwanzig Jahre lang vor mir hergeschoben hatte. Ich wollte endlich mal irgendeine Art Niederschrift von dem machen, was ich erreicht und womit ich die Versprechen an meine Mutter eingelöst hatte.

Jahrelang hatten die Leute mich immer wieder gedrängt, ein Buch über mich zu schreiben oder jemanden eins über mich schreiben zu lassen, und bisher hatte ich sie immer vertröstet. Aber als ich aus dem Zug stieg, hatte ich mich ernsthaft dazu entschlossen, und kurz darauf fing ich an, ein paar von meinen Erinnerungen auf Band zu sprechen und kleine Dinge auch aufzuschreiben.

Es gab jedoch ein Problem. Ich hatte nie genügend Zeit, mich vom alltäglichen Trott zu befreien und endlich mal richtig anzufangen. Nach noch einmal zwölf Jahren, während der ich weiterhin diese Bänder besprach und mir immer wieder Sachen aufschrieb, aber dann vergaß, was ich damit gemacht hatte, entschloß ich mich, einen Koautor zu engagieren, um zu sehen, ob es dann vielleicht klappen würde, so wie ich in all den Jahren ja auch mit meinen Arrangeuren das Material für die Band erarbeitet hatte.

Mein Koautor selbst sieht sich immer als der literarische Count

Basie, mit anderen Worten, er begleitet mich ganz gut, so wie ich immer meine Solisten begleitet habe, die Abteilungen innerhalb der Band und natürlich die gesamte Band. Selbstverständlich haben wir auch häufig vierhändig gespielt, genau wie Benni Moten und ich damals, manchmal auf zwei Klavieren, manchmal nur auf einem. Wir beide haben versucht, ein Buch über die Leute, die Orte und die Ereignisse zu schreiben, von denen ich glaube, daß sie wichtig für mich waren. Wir waren uns von Anfang an darüber einig, nicht den Klatsch über das Privatleben anderer Leute breitzutreten. Nicht ein einziges Wort von *Sent For You Yesterday* oder *Going to Chicago* oder *Don't Tell On Me* oder den anderen Songs von mir. Ich bin nie Songwriter gewesen, es gibt folglich auch keine Texte, die ich erklären müßte. Selbst wenn ich einige von den Texten geschrieben hätte, würde ich immer noch nichts Kompromittierendes über irgend jemanden sagen.

Ich will mich an so etwas nicht beteiligen, weil ich nicht glaube, daß es wichtig ist. Aber das bedeutete auch wiederum nicht, daß wir alles auslassen wollten, nur weil es persönlich ist. Ich will nur nichts vorbringen, was Anlaß zu Klatsch und Spekulationen geben könnte und mit der Musik, die ich spiele, überhaupt nichts zu tun hat.

Wenn ich jetzt wieder an jenen Nachmittag damals und die Fahrt nach Liverpool zurückdenke, dann fällt mir auf, daß *ein* Grund, warum ich mich endlich zu dem Buch durchringen konnte, darin gelegen hat, daß das Jahr für die Band außerordentlich erfolgreich gewesen war. Neben unseren Terminen in den Vereinigten Staaten hatten wir im Mai und Juni unsere erste Japantournee hinter uns gebracht und auf dem Hin- und Rückflug jeweils einen Gig in Honolulu gespielt. Den ganzen August über waren wir in Schweden und Belgien, die erste Septemberwoche in Deutschland gewesen und befanden uns im Augenblick auf unserer sechsten Tournee durch England, wo wir sogar der Queen vorgestellt worden waren.

Mir wurde auch klar, wieviel mehr ich eigentlich erreicht hatte, als mir ursprünglich mit dem Versprechen an meine Mutter im Kopf vorgeschwebt hatte. Aber da ist ja auch noch der kleine Viertakt-Riff, den mein Koautor immer so gerne spielt. Er sagt, als Kind setzt man sich immer an die Stelle der Helden in den Märchenbüchern, die man so liest. »Wenn man von zu Hause fortgeht, um in der großen Welt sein Glück zu machen, will man eigentlich erreichen, daß aus dem kleinen, süßen Fratz beziehungsweise gerissenen Schlitzohr ein King oder ein Duke oder auch ein Count wird.« Das sind seine Worte, nicht meine. Wenn sich das Buch also auch ein bißchen wie ein Märchenbuch liest, dann habe ich nichts dagegen.

Einmal Blue Devil – immer Blue Devil
(1927–1929)

Es war in Tulsa, an einem Morgen im Hochsommer, als ich die sagenhafte Lokalband von Oklahoma City, die *Blue Devils,* zum erstenmal hörte. Ich lag in meinem Bett im Red-Wing-Hotel, das eigentlich eher eine zweistöckige Pension war, in der Greenwood Avenue, gegenüber vom Dreamland Theatre, wo ich als Klavierspieler in einer Varietéshow mitwirkte. Die TOBA hatte uns auf die Tournee geschickt, und wir nannten uns *Gonzelle White and the Big Jazz Jamboree.* Damals war die TOBA die wichtigste Vereinigung für Schwarze in der Unterhaltungsbranche. Eigentlich war es ein Zusammenschluß von unabhängigen Showbühnen, wie dem alten Lincoln Theatre in Harlem, dem Howard in Washington, Bailey's 81 in Atlanta, dem Lyric in New Orleans, dem Palace in Memphis, dem Booker T. Washington in St. Louis und einigen anderen. Die Initialen standen für »Theatre Owners Booking Association«, aber es gab auch Künstler, die immer behaupteten, die Abkürzung bedeutete »Tough On Black Artists« (besonders hart für Schwarze), und wieder andere, die »Tough On Black . . .« daraus machen. Sie wissen schon, welches gewisse Körperteil gemeint ist.

Nach all den Jahren habe ich noch immer nicht vergessen, wie sich die Blue Devils an jenem Morgen in Tulsa anhörten, und ich erinnere mich auch daran, daß ich zuerst dachte, die Musik käme von einer Schallplatte. Es muß gegen elf Uhr gewesen sein. Ich glaube nicht, daß es später war, denn ich war erst bei Tagesanbruch nach Hause gekommen, und es kam mir so vor, als hätte ich gerade erst die Augen zugemacht. Ich weiß noch genau, daß es an dem Tag heiß und schwül war und ich nicht nur müde und schläfrig, sondern auch, wollen wir mal so sagen, ein bißchen groggy. Ich hatte nämlich ein neues Getränk probiert, und zwar zu viel, das heißt zu oft. Sie nannten es »Chock« da unten, und ich hatte es erst kurz vorher zum erstenmal getrunken, in einer Kneipe in irgendeiner Seitengasse, wo ich jeden Abend, wenn das Dreamland seine Pforten geschlossen hatte, rumhing. Es dauerte also etwa eine Minute, ehe ich begriff, daß ich wach war.

Sobald ich dann aber nur einen halben Refrain gehört hatte, erkannte ich die Melodie wieder. Es war ein altes Lied, *In the Barrel,* gespielt von einer Big Band, und als ich die Trompete hörte, mußte ich sofort an Louis Armstrong denken. Ganz sicher war das der Hauptgrund, warum ich glaubte, es sei eine Schallplatte, eine von Louis' neuen oder wenigstens eine mit einer Gruppe, die ich noch nicht gehört hatte. Natürlich kann es auch an dem Chock gelegen haben, durch dessen Schleier ich die Musik hörte. Jedenfalls hatte sie etwas, das mich packte, und ich wollte sofort herauskriegen, wo zum Teufel der Plattenspieler steckte.

Von meinem Zimmer aus hörte es sich so an, als stünde er in einem der Räume ein paar Türen weiter. Der Flur war nämlich sehr lang und eng, und zu der Jahreszeit ließen alle ihre Türen und Fenster geöffnet, damit man ein bißchen Luft bekam und es immer zog. Ich setzte mich also auf, in meinem Nachthemd, rieb mir die Augen und versuchte, einen klaren Kopf zu kriegen. Dann zog ich meine Unterhose an, tappte an zwei, drei Zimmern vorbei, konnte aber nichts entdecken und schien der Sache auch nicht näher zu kommen. Schließlich rief ich laut durchs Haus, wer hier denn die neue Platte spielen würde, und irgend jemand antwortete, es sei keine Platte.

»Das sind die Blue Devils, unten auf die Straße, sie machen Reklame für die Party heute abend in dem Schuppen nebenan.«

Ich schaute also nach draußen, sah, wo sie da unten spielten, lief zurück in mein Zimmer, zog mir was Ordentliches über, was man auch draußen tragen konnte, ging runter und gesellte mich zu der Menge um den Lastwagen, den sie als fahrbare Bühne benutzten. Ich konnte nur dastehen und zuschauen und zuhören, ich hatte in meinem ganzen Leben noch nie so eine Band gehört! Es stellte sich dann heraus, daß der Trompeter, der mich hatte glauben machen, ich hörte eine Louis-Armstrong-Platte, Oran Page hieß, vom Publikum aber Hot Lips genannt wurde.

Mein Kater und auch der Schlaf, den ich noch nachholen wollte, waren sofort vergessen. Ich wollte nur, daß die Jungs immer weiterspielten. Dann kam der Hauptsänger mit seiner Nummer. Es war das erstemal, daß ich den einzigartigen Jimmy Rushing hörte. Ich hatte vorher noch nie etwas von ihm gehört, aber schon damals hatte er etwas Besonderes, eine ganz eigene Art, mit dem Publikum umzugehen. Das konnte man gleich sehen, als er auftrat.

Der schwergewichtige, freundlich aussehende Typ an der Baßtuba war der Chef der Truppe, er spielte auch Bariton. Er hieß Walter Page, und zu der Zeit lief die Band unter dem Namen *Walter Page and his Blue Devils*, aber die Musiker redeten ihn auch mit seinem Spitznamen an, Big'Un. Man sah gleich, daß sie ihn nicht nur respektierten, weil er ihr Boß war, sie mochten ihn auch so und fühlten sich ihm verwandt, weil er auch einer von ihnen war.

Es machte ihnen allen einfach Spaß, da oben zu stehen und gemeinsam zu spielen, sie sahen gut aus und hörten sich obendrein auch gut an. Und sie waren eine Einheit, was auch in der Musik zum Ausdruck kam. Wenn man da so stand und zuhörte, konnte man nicht anders als sich wünschen, auch ein Teil davon zu sein. Es hatte mich wirklich gepackt, alles an ihnen, und heute, wo ich weiß, wie sich die Dinge weiterentwickelt haben, muß ich sagen, daß jener Tag wahrscheinlich der entscheidende Wendepunkt in meiner musikalischen Karriere war. Ich will nicht vorgreifen, aber wenn ich so zurückschaue auf meine Entwicklung, wie sie so nach meiner zufälligen Begegnung mit diesen Jungs gelaufen ist, entdecke ich doch sehr viel, das wieder mal das Sprichwort bestätigt: »Einmal ein Blue Devil, immer ein Blue Devil.«

Ich glaube, daß damals etwa zehn Leute in der Band waren, mit Jimmy Rushing vielleicht elf, aber ich bin nicht ganz sicher, und immer wenn ich versuche, sie zusammenzukriegen, fürchte ich, jemanden mit dazuzurechnen, der erst später auftauchte. Bei Buster Smith jedenfalls bin ich mir ganz sicher, denn wenn man ihn das erstemal hörte, er spielte Alt und Klarinette, konnte man das nie vergessen. Ernie Williams, auch da bin ich ganz sicher, war schon zu der Zeit in der Band, aber was er an dem Tag gerade spielte, weiß ich nicht mehr. Vielleicht saß er am Schlagzeug, denn das machte er gelegentlich, aber er machte auch den Entertainer und war einer der Sänger.»Lips« Page übrigens auch. Daß Ernie Sänger und Entertainer war, habe ich aber wohl erst später erfahren.

Ich glaube, Joe Keys war auch dabei. Er spielte mit Lips' Trompete, die anderen an den Rohrblattinstrumenten könnten Reuben Roddy am Tenor und Ted Manning am ersten Alt gewesen sein. Buster Smith war der dritte. Dan Minor spielte damals vermutlich Posaune und Reuben Lynch Banjo. Ich weiß, daß alle diese Jungs zu der Zeit bei den Blue Devils mitspielten, aber ob ich an jenem Tag wirklich jeden einzelnen von ihnen auf der Bühne gesehen habe, kann ich beim besten Willen nicht sagen. Der einzige, der mir wirklich Probleme bereitet, ist der Klavierspieler. Ich kann mir nicht erklären, warum ich mich an ihn nicht erinnere. Man hat mir gesagt, daß damals vermutlich ein Mann namens Turk Thomas am Klavier saß. Es ist also möglich, daß er es war oder vielleicht auch Charles Washington, aber wie er aussah oder wie er spielte, daran kann ich mich nicht erinnern.

Als der Wagen zum nächsten Halt weiterfuhr, folgte ich ihm mit einigen aus der Menge, so wie zu Hause in New Jersey, wo ich als Kind immer mit der Zirkusparade durch die ganze Stadt zog, und je mehr ich von ihnen hörte, desto besser gefielen sie mir. Man sah auch, daß sie den Leuten aus Tulsa gefielen. Ich weiß nicht mehr, ob ich die sogenannten Lokalbands damals schon kannte, aber ich hatte den Eindruck, daß die Blue Devils in der Gegend des Landes schon einen gewissen Ruf hatten und daß Tulsa zu ihrem Stomping-Revier gehörte, und wenn ich Stomping sage, dann meine ich *echtes* Stomping, was damals da unten, wie ich erst später erfuhr, ein sehr beliebtes Wort war. Viele Lieder wurden als Stomps bezeichnet, und viele Bands hießen Stomp Band.

Am späten Nachmittag kamen ein paar von ihnen im Dreamland Theatre vorbei und hörten, wie ich draußen auf dem Gehsteig den Werbegig für die Gonzelle White Show spielte. Wir hatten ein Schlagzeug und eine Trompete, und ich klimperte auf dem Wandklavier, das man von der Eingangshalle nach draußen geschoben hatte. Wir spielten ein paar Nummern, und der Anreißer redete den Leuten ein Loch in den Bauch, um sie in die Show zu locken. Wir nannten das immer »anmachen« oder auch »die große Anmache spielen«. Wir machten das vor jeder Show, und manchmal schoben wir das Klavier nach draußen und machten die Leute auch zwischen den Shows an.

Während wir also an dem Nachmittag da draußen spielten, blickte ich mal von meinem Klavier hoch und konnte ein paar von den Blue Devils in der Menge ausmachen. Das freute mich natürlich, und ich konnte es kaum erwarten, sie kennenzulernen, und als wir aufhörten, stellte mich jemand Jimmy Rushing vor. Wir unterhielten uns, und er erzählte mir, daß sie abends im Haus gleich neben dem Red Wing auf einer Tanzparty spielen würden. Dann stellte er mich Walter Page vor, der auch gerade in der Nähe war und den ich sofort mochte. Wir unterhielten uns dann zu dritt, und Jimmy erwähnte noch mal die Tanzparty.

»Er würde gerne mal die Band hören.«

»Warum kommst du nicht vorbei, wenn eure Show zu Ende ist«, sagte Page. »Rush und ich stehen an der Tür. Du bist herzlich eingeladen.«

Natürlich sagte ich ja, ich würde dasein, und so kam es also, daß ich nach unserer Show dorthin ging und sah, wie die Blue Devils ihre Nummer abzogen, und ich konnte mich nicht einkriegen. Ich dachte, das sei wirklich das Allergrößte, was ich jemals in meinem Leben gehört hatte. Sie gehörten ganz einfach zusammen und spielten ihre eigene Musik. Hot Lips Page war damals die herausragendste Persönlichkeit in der Band. Sobald er anfing zu singen oder auf diesem Blasinstrument zu spielen, gab er alles. Ich mochte auch die Art, wie Jimmy Rushing sang. Er war zu der Zeit eigentlich kein Bluessänger, sondern eher Balladensänger. Aber sein Gesang hatte schon damals das Blues-Flavour. Dann war da noch Buster Smith an der Klarinette und am Alt, und auch er hatte seinen eigenen Stil. Er unterschied sich von allen.

Das war die erste Big Band, die ich jemals gehört hatte. Alles, was ich aus New York kannte, bevor ich mit TOBA auf Tour ging, waren die Gruppen, die man in kleinen Varietébühnen einsetzte, und die bestanden meist nur aus fünf Instrumenten: Klavier, Schlagzeug und vielleicht noch eine Posaune, ein Saxophon und jemand an den Rohrblattinstrumenten. Das war in etwa die Größenordnung, mit der ich vertraut war und in der ich gewöhnlich spielte. Ich war noch nie in einem der großen Clubs gewesen, wo die Big Bands auftraten, außer einem Mal, als Fess Williams bei der Eröffnung des Savoy spielte, ein paar Monate bevor ich New York verließ.

Fess Williams und eine Band unter der Leitung von Vernon Andrade spielten gerade an dem Abend, als ich dort mit noch jemand aufkreuzte. Aber, um die Wahrheit zu sagen, achtete ich an dem Abend nicht sonderlich auf die Musik, ich wollte das Savoy sehen. Die Band machte auf mich keinen tiefen Eindruck. Ich wollte nur die ganze Pracht mal sehen, die schönen Kellnerinnen, und es reichte mir schon, einfach dazusein.

Die Blue Devils waren jedenfalls die erste Big Band, bei denen sich die Gelegenheit ergab, sie persönlich kennenzulernen und ihrer Musik wirklich zuzuhören, und ich fand, daß es das Größte war, das ich jemals gehört hatte. Ich hatte Blues noch nie so spielen gehört. In der Show spielten wir ja nur die musikalische Begleitung für die Nummern auf der Bühne. Für die Musiker waren im Programm keine Extraeinlagen oder ähnliches vorgesehen. Wir hatten eigentlich gar keine echte Band. Wir hatten ein Klavier und ein Schlagzeug, Baßhorn, Trompete und Saxophon, und oft fielen die Blasinstrumente noch aus, und man spielte nur Klavier und Schlagzeug. Wir spielten einfach nach den Bewegungen der Tänzer, und wenn die Komiker dran waren, griffen wir einfach das Tempo auf, mit dem sie tanzen wollten. So unglaublich sich das auch heute für manche anhört, aber in der Gonzelle White Show hatten wir nicht einmal einen Bluessänger.

Ich kannte Bessie, Mamie, Trixie Smith, Viola McCoy, Victoria Spivey, Ida Cox und andere Sängerinnen, und ihre Art, Blues zu singen, zwar von Platten her, aber ich hatte nie aufmerksam zugehört, und ich selber hatte noch nie Blues gespielt. Den ersten wirklichen Vorgeschmack auf Blues bekam ich erst, als die Varietéshow, mit der ich zum erstenmal von New York aus auf Tournee ging, zum zweitenmal in Kansas City spielte und Elmer Williams und ich eines Abends die Troost Avenue entlangschlenderten und an all den Kneipen vorbeikamen, die an der 18. Straße anfingen.

Nicht daß die Blue Devils nur Blues spielten. An dem Abend

spielten sie sogar kaum Blues, aber sie klangen immer noch »bluesy«. Das Besondere an der Band lag darin, daß sie bei jeder Musikrichtung ihren eigenen Stil entwickelten. Sie bekamen irgendein Zeichen für die nächste Nummer, und sie legten los und waren auf und davon! Ich habe nie versucht, ihre Musik zu analysieren oder so etwas, ich mochte sie einfach, und ich wußte sofort, daß das meine Sache war, ohne groß darüber nachzudenken. Manchmal hörte man irgendwas Neues, und es machte einem angst. Aber in diesem Fall wollte ich einfach mit ihnen spielen. Ich habe keine Ahnung, woher ich wußte, daß ich das schaffen würde. Deswegen ist es ja auch so merkwürdig, daß ich vergessen habe, wer der Klavierspieler war. Ich glaube nicht, daß ich ihm überlegen war, nur weil ich seine Nummer im Kopf hatte oder so. Es war überhaupt nicht meine Absicht, irgend jemanden auszustechen; ich wollte nur, daß man mir eine Möglichkeit gab zu spielen.

Zwischen den Sets unterhielt ich mich weiter mit Jimmy Rushing und lernte auch noch andere Mitglieder der Band kennen. Irgendwann erwähnte ich dann, daß die Show, zu der ich gehörte, von Tulsa nach Oklahoma City gehen würde, und da erzählte mir Jimmy Rushing von seinem Vater, der ein kleines Restaurant betrieb, neben dem Aldrige Theatre, wo alle Gastshows auftraten. Jimmy und die Blue Devils befanden sich gerade auf einer Tournee und spielten auf Tanzpartys in der Gegend von Oklahoma und Kansas und würden nicht vor einigen Wochen zurück sein. Aber er sagte, ich solle seinen Vater in dem Restaurant aufsuchen, und ich sagte, das würde ich tun.

So also lernte ich die Blue Devils kennen, und ich hatte keine Ahnung, was für eine große Rolle sie eines Tages noch in meinem Leben spielen würden.

Ich glaube, am nächsten Morgen fuhren sie ab. Die Gonzelle White Show blieb nach dem letzten Abend im Dreamland Theatre noch ein paar Tage in Tulsa, und ich vertrieb mir die Zeit und spielte in einer Kneipe in einer kleinen Seitenstraße.

Immer wenn die Show in eine neue Stadt kam, hielt ich erst mal Ausschau, wo was los war, und dieses eine Mal hatte ich einen Lebenskünstler kennengelernt, der sich Pencil nannte und der mich erst mal aufklärte. Er hatte gehört, daß in dem Theater so ein kleiner

Typ am Klavier sitzt, und er besuchte daraufhin die Show, setzte sich in die erste Reihe, blieb den ganzen Abend, stellte sich anschließend vor und fragte, was ich nach der Show denn vorhätte, und ich sagte: »Och, nichts Besonderes.« Irgend so etwas. Und er fragte mich, ob ich mich ihm nicht anschließen wollte.

Er nahm mich mit zu einer der Nebenstraßen, und es gab da so ein Haus, und genau dort machte er mich mit Chock bekannt, dem Getränk, das man dort trinkt, eigentlich heißt es Choctaw-Bier. Es gab auch ein Klavier, und der Alte, der dran saß, hieß Goodman. Es war obendrein ein gutes Klavier, und ich fing an, drauf zu spielen und das Bier zu trinken, und hatte viel Spaß, und nach ein paar Nächten war ich dort für einige Zeit der King.

Als wir nach der Show noch ein paar Tage in der Stadt blieben, brauchte ich mir also keine Sorgen zu machen, bei Pencil und seiner Gang war ich gut versorgt. Über Essensmarken brauchte ich mir auch keine Gedanken zu machen, denn Gonzelle hatte jedem eine gegeben, und man konnte unten im Hotel essen. Ich war darauf jedoch nicht angewiesen, ich war ja mit Pencil und seiner Gang zusammen, und das Essen war gut, und es gab 'ne Menge zu trinken.

Dann, ganz plötzlich, kriege ich doch Ärger. Im Dreamland Theatre trat eine neue Show auf, und die hatte einen linkshändigen Klavierspieler namens Seminole. Er kam aus dem Osten, aber ich hatte vorher noch nie von ihm gehört. Ich kannte die meisten wirklich guten Klavierspieler aus New York, New Jersey und der Gegend, einschließlich Willie »the Lion« Smith, James P. Johnson, Fats Waller, The Beetle, Don Lambert, Freddy Tunstall — aber nicht Seminole. Ich war also nicht vorgewarnt. Er hatte eine linke Hand, so wie jeder eine rechte hat. Ich will damit sagen, er machte alles mit seiner linken Hand, was ich sonst mit meiner rechten mache. Schrecklich! Er gehörte zu der Show, und alle kamen zur Premiere, und anschließend luden sie ihn noch ein, mit in die Kneipe zu kommen. Und was passierte: Er stürzte mich vom Thron, er setzte sich meine Krone auf! Was beweist, wie schnell sie einen vergessen können. Der Typ eroberte den Laden und sagte noch: »Nichts für ungut, Mann.« Das war's dann für Basie in Tulsa.

Am nächsten oder übernächsten Tag fuhren wir weiter nach Oklahoma City, was mir danach ganz recht war.

Eine Gelegenheit, mit den Blue Devils zu spielen, ergab sich dann ein paar Wochen später, als sie nach Oklahoma City zurückkehrten. Die Gonzelle White Show war noch immer da, denn nach unserer Woche im Aldridge Theatre hatte sich noch keine neue Auftrittsmöglichkeit ergeben, und sie versuchten, für uns was Neues zu finden.

Ich hatte zu Jimmy Rushings Vater in dem kleinen Restaurant neben dem Theater Kontakt aufgenommen, so hatte ich immerhin einen Bekannten in dem Ort. Später lernte ich auch eine nette kleine Dame kennen, Mrs. Breux, der das Aldridge gehörte und die auch eine Art Schulleiterin war. Sie hatten da ein Klavier mit einem komischen kleinen Orgelaufbau, und sie meinte, immer wenn ich Lust hätte zu spielen, könnte ich vorbeikommen. Das tat ich dann auch des öfteren und verdiente mir so ein bißchen Taschengeld.

In Oklahoma machte ich auch die Bekanntschaft mit einem Typ namens Honey Murphy. Ihm gehörte ein Laden im ersten Stock, in dem man spätnachts noch sitzen konnte, und ich ging oft dorthin, wenn ich Lust hatte. Ich wurde so etwas wie der Hauspianist. Die Big Jazz Jamboree war für einige Zeit auseinandergegangen, aber in Oklahoma City konnte man es schon aushalten. Ich hatte meine festen Anlaufstellen, wo ich hingehen konnte.

So hatte ich noch einen zweiten kleinen Gig am Laufen. In der 2. Straße wohnte eine Frau, die eine köstliche »Weizenauslese« verkaufte, ohne Etikett, aber sehr schmackhaft. Ich war noch ziemlich jung und trank damals einfach alles. Bei ihr wurde ich dann also auch so etwas wie der Hauspianist. Es gab viele gute Klaviere in diesen kleinen Kneipen. Damals konnte man davon ausgehen, daß immer ein gutes Klavier in diesen Schuppen bereitstand. Innerhalb kürzester Zeit hatte ich mir die Orte, wo ich essen und trinken konnte, herausgepickt. Ich ging meist nachmittags hin und spielte eine Zeit, denn ich wußte, wann sie dort aßen. Abends zog ich mit Honey Murphy los. Was also Essen, Trinken und Taschengeld betraf, hatte ich ausgesorgt.

Damals machte in Oklahoma City eine Show Station, die »Rock Dina«, und in der Band gab es einen jungen Typen, der die tollste Trompete spielte, die ich jemals in meinem Leben gehört hatte. Er hieß Roy Eldridge. Sie hatten noch einen anderen jungen Typen dabei, der Saxophon spielte. Er hieß McTeer. Sein Bruder spielte

Banjo. Später traf ich sie wieder und nahm sie in meine erste Gruppe auf, mit der ich in Kansas City anfing. Ich werde nie vergessen, wie ich Roy Eldridge damals zum erstenmal hörte. Er war einfach umwerfend. Ich kam zurück und erzählte allen in der Show, sie müßten hingehen und sich den Typen anhören.

Diese Zeit in Oklahoma City habe ich als sehr schön in Erinnerung. Man brauchte sich um die Miete keine Sorge zu machen, denn Gonzelle kümmerte sich um die Hotelrechnungen, und man konnte mit den Essensmarken essen. Ich hatte ein paar Schuppen in den Seitenstraßen aufgetan und spielte dort meine Stückchen. Ich verdiente etwas Geld und lernte wunderbare Leute kennen, vor allem in Honey Murphys Laden. Dort versammelte sich spätnachts einfach alles.

Einen Typ namens Crip lernte ich ebenfalls damals in Oklahoma City kennen. Er war Koch in dem Restaurant gegenüber vom Aldridge Theatre, und er hörte gerne Musik. Er kam immer vorbei, wenn ich Orgel spielte. Er war ein guter Koch, und er konnte wundervolle heiße Kekse und Brötchen backen. Ich besuchte ihn manchmal, und wir unterhielten uns eine Weile, und jeden Morgen, bevor die Kunden reinkamen, gab er mir ein Frühstück aus.

Der Laden von Jimmy Rushings Vater war eine Snackbar, wo man Sandwiches, alkoholfreie Getränke, Süßigkeiten, Obst und so'n Zeugs kriegen konnte. Ich glaube, das Haus gehörte sogar ihm. Der Laden gegenüber, wo Crip arbeitete, war ein ganz normales Restaurant. Es gab drei, vier Tische, vielleicht auch mehr, und eine Theke.

Eines Morgens saß ich da mit Crip, und wir kamen ins Gespräch, und er sagte: »Doe (Jimmy Rushing) und die Old Blue Devils kommen heute morgen an. Willst du auf sie warten?« Ich sagte: »Natürlich warte ich, ich will doch zu der Tanzmatinee.«

Ich hatte die Plakate in der Stadt gesehen, und ich wußte, daß sie in der Slaughter Hall eine Tanzmatinee geben wollten. Alle großen Tanzpartys fanden dort statt. Tanzmatineen waren damals sehr beliebt. Ich wartete also auf sie, und sie kamen an, und als Jimmy Rushing zum Frühstück in das Restaurant kam, erinnerte er sich an mich. Wir unterhielten uns, und ich sagte ihm, ich würde gerne mit ihm kommen und die Band hören. Es war dann so, daß der Klavierspieler zufällig krank wurde und an dem Abend nicht spielen konnte.

Jimmy fragte mich also, ob ich nicht Lust hätte, dieses eine Mal mit ihnen zu spielen. Ich ging natürlich sofort darauf ein. Er sagte Walter Page Bescheid, der sich an mich aus Tulsa erinnerte, und schlug ihm vor, mich spielen zu lassen, und Walter Page sagte, das sei okay. Ich ging also zurück in meine Wohnung, zog mir Jackett und Krawatte an und war der glücklichste Mensch auf Erden. Ich war auf dem Weg, meinen ersten Gig mit diesen wunderbaren Jungs zu spielen, und war furchtbar aufgeregt.

Als ich jedoch dort ankam, hielt mich der Türsteher erst mal an. Ich weiß nicht mehr genau, welche Worte gefallen sind, irgendwas über eine Eintrittskarte aus dem Vorverkauf oder so, die man haben müßte, oder man müßte bar an der Abendkasse bezahlen, jedenfalls sagte ich, daß ich zur Band gehörte. Er schaute mich nur dumm an und schüttelte den Kopf, als wollte er sagen: »Will der uns reinlegen, oder was ist los?«

»Was spielst du denn?«

»Klavier.«

»Erzähl nichts, Mann. Die Band ist hier zu Hause. Wir alle kennen den Pianisten.«

Irgend jemand mußte schließlich hinter die Bühne gehen und Walter Page suchen, und erst dann ließen sie mich durch.

Diese Matinee war eine große Sache für mich. Ich meine, es war eine spannende Erfahrung. An Notenblätter kann ich mich nicht erinnern. Die Band spielte einfach, wenn jemand eine Nummer in den Raum rief. Sie spielten viele bekannte Arrangements, und wenn sie ein Stück einmal gespielt hatten, dann war Schluß. Mit Notenblättern hätte ich auch gar nichts anfangen können. Mit den Titeln kam ich gut zurecht, und ich konnte was dazu spielen, außerdem versuchte ich noch ein paar Motive von der Ostküste reinzubringen, und ich schätze, daß es sich ganz gut angehört haben muß, denn sie haben mich nicht rausgeworfen.

Ich weiß nicht mehr, wieviel sie mir für den Gig bezahlt haben, aber ich bin sicher, daß es für die damalige Zeit nicht viel war. Die Hauptsache war, daß ich mal mit den Blue Devils spielen konnte.

Ich machte dann noch einmal bei einer Tanzparty mit ihnen mit, und als die Gonzelle White Show weiterzog, gab mir Walter Page eine Adresse, an die ich mich wenden sollte, wenn irgend etwas wäre und ich eines Tages mit ihnen kommen wollte.

Von Oklahomo City fuhr die Show zurück nach Kansas City und trat wieder im Lincoln Theatre in der 18. Straße auf. Dann ging sie mal wieder pleite, aber dieses Mal endgültig. Wir blieben alle in Kansas City, damals ein günstiges Pflaster für Musiker und Unterhaltungskünstler. Ich hatte keine großen Pläne, jedenfalls wurde ich in der Zwischenzeit erst mal krank und mußte ins Krankenhaus.

Ich weiß nicht, wie lange ich im Krankenhaus gelegen habe, ich schätze, es waren drei Wochen, vielleicht auch ein Monat. Ich lag im General-Hospital in der Innenstadt, in der Gegend um die Union Station, und vor meinem Zimmer war ein Abhang, der bis zu dem Fenster an meinem Bett reichte.

Daran werde ich mich immer erinnern, denn irgendwie fand mein Kumpel von unterwegs, sein Name war Temple, und er spielte Schlagzeug in der Show, heraus, daß er mich heimlich besuchen konnte, ohne vorher bei den Krankenschwestern vorbeigehen zu müssen. Er brachte dann immer Gegrilltes mit, was zu trinken und kleine Nascheriein und für sich was Starkes, Marke Eigenbrau, und er saß immer draußen, vor meinem Fenster, wir unterhielten uns und machten es uns gemütlich.

Er kam jeden Abend und saß an dem Hang, trank von der Hausmarke und erzählte, was es so Neues in der Stadt gab. An eine Sache erinnere ich mich besonders: Immer wenn er mir die neuesten Geschichten von Harry Smith erzählte, konnte ich mich nicht mehr halten vor Lachen. Harry Smith war der Trompeter aus der Show, ein verdammt guter Trompeter, der auch eine großartige Tanznummer brachte. Er hatte immer irgend etwas Komisches auf Lager, vor allem, wenn er ein Tröpfchen getrunken hatte, was ziemlich oft vorkam.

Natürlich wollte ich nicht, daß sich meine Familie zu Hause im Osten wegen mir Sorgen machte, also erzählte ich ihnen nichts über meine Krankheit. Ich hatte sowieso keinen engen Kontakt mit ihnen, ich glaube, ich hielt es für ausgemacht, daß sich nach meinem Weggang von zu Hause nichts verändern würde und daß es immer noch so wäre, wenn ich zurückkäme, was ich allerdings nicht im geringsten vorhatte.

Immer wenn ich mir etwas dazuverdienen konnte, schickte ich was an meine Mutter, aber von meinem Leben als Herumstreuner in der Welt des Showgeschäftes habe ich ihr nie ausführlicher erzählt. Das, was ich in den Briefen an sie erwähnte, hätte auch auf eine Postkarte gepaßt, und umgekehrt habe ich von ihr auch nicht mehr erfahren, wenn ich mal Post bekam. So sah der Kontakt mit zu Hause aus, und solange ich keine Einschreibebriefe oder Telegramme von Western Union erhielt, sagte ich mir, daß alles okay sein müßte. So wurden einem damals die schlechten Nachrichten beigebracht. Man sah das Fahrrad des Boten und dachte nur noch: »Bitte komm sofort.«

Eines Tages sagten sie im Krankenhaus, ich solle mich anziehen und nach draußen gehen, was ich auch tat. Sie schauten mich alle an und klärten mich dann auf, daß ich eine Rückenmarksentzündung gehabt hätte und daß sie nicht gedacht hätten, daß ich da lebend wieder rauskommen würde. Ich saß da, und sie schauten mich weiter an, und dann sagte ich: »Was soll mit mir nicht stimmen? Ihr laßt mich hier zu Tode verhungern. Das stimmt nicht mit mir.«

Dann machten sie irgendwelche Tests, denn sie glaubten mir nicht. Sie führten mich in einen anderen Raum, in dem auch ein Klavier stand. Es war der Raum, den die Ärzte und Schwestern als Aufenthaltsraum benutzten. Sie sagten, sie wollten die Auswirkungen der Krankheit auf meinen Körper überprüfen, ich sollte ihnen daher etwas auf dem Klavier vorspielen.

»Ich soll auf dem Klavier spielen?« sagte ich. »Wofür?«

»Wir wollen sehen, ob Sie spielen können.«

»Natürlich kann ich spielen«, sagte ich. »Was wollen Sie hören?«

Von da ab mußte ich ihnen jeden Tag etwas vorspielen. Dann erlaubten sie mir, das Krankenhaus zu verlassen, wenn ich mir eine neue Show ansehen wollte, aber nur unter der Bedingung, daß ich abends zurückkam.

Irgendwann wollte ich dann endgültig da raus. Was sollte ich noch da? Ich sagte jemandem Bescheid, daß ich gehen wollte, und ich weiß noch, wie der sagte: »Jaja, ich weiß schon. Sie setzen dich vor die Tür. Warst ja nur hier drin, um die Miete zu sparen, aber da haben sie dich erwischt.«

Nach meiner Entlassung aus dem Krankenhaus lungerte ich eine Zeitlang in der Gegend des Eastside-Hotels rum. Es war ganz schön, denn ich war noch nie bis nach Paseo gekommen, ehrlich gesagt, sah das wie der Anfang einer neuen, kleinen Stadt aus. Da, wo ich wohnte, war es nicht so schick wie in der Gegend zwischen Vine Street und Paseo.

18., Ecke Vine Street gab es eine Poolhall, einen Friseurladen und den Subway Club im Keller des gleichen Blocks. Ich sagte mir: Soso, sieh mal an, so sieht das hier also aus. Im nächsten Block gab es außerdem noch eine große Imbißbude. Ich ging weiter, und noch ein Stück rauf in der 18. Straße gab es ein kleines Kino, der Eintritt kostete nur einen Dime. Ich trat ein und entdeckte ein Klavier mit allen möglichen eingebauten Geräuscheffekten für die Stummfilme. Man konnte sogar das Geräusch von Hufeisen für die Cowboyfilme nachmachen. Natürlich weckte das sofort mein Interesse.

Beim erstenmal kam ich nur bis zu dem Billigkino, aber als ich dann in der Woche darauf einen zweiten Spaziergang unternahm, bog ich in die Vine Street ein und fand das Eblon. Es war ein kleines Kino, und sie hatten draußen ein Schild, auf dem stand, daß sie gerade eine Wicks-Orgel eingebaut hätten, eine Wicks mit Manualen, die erst zwei oder drei Wochen alt wäre.

Zufällig hatte ich fünfundzwanzig oder dreißig Cents in meiner Tasche, betrat das Kino und setzte mich in die erste Reihe, was ich immer tat, wenn das Kino eine Orgel hatte. Während die Film lief, spielte eine Frau auf der Orgel. Als der Hauptfilm vorbei war, trat eine siebenköpfige Band als Begleitung für die Zeichentrickfilme und Kurzbeiträge auf. Der Leiter der Band war der Violinist, Gooby Taylor, und der Schlagzeuger Baby Lovett, einer der Musiker aus der Stadt, den ich vor meinem Aufenthalt im Krankenhaus in einer Kneipe kennengelernt hatte. Als sie fertig waren, ging ich mit ihnen raus, und Baby und ich kamen ins Gespräch.

Ich erzählte ihm, daß ich ihn in der 12. Straße kennengelernt hätte, und wir redeten und redeten. Schließlich ließ ich durchblikken, daß ich gerne mal auf der Orgel da drin spielen würde.

»Was soll das heißen?« antwortete er und machte ein komisches Gesicht.

»Ich würde gern mal darauf spielen«, sagte ich, »ich kann Orgel spielen.«

Er wußte, daß ich Klavier spielte, denn er hatte mich in einer der Kneipen gehört. Aber er wußte nicht, daß ich auch Orgel spielen konnte. Er sagte irgendwas über die Frau, die zurückkommen würde, und Gooby, dem man Bescheid sagen müßte, aber ich ließ nicht locker.

»Weißt du, wie man sie anstellt?«

»Ja«, antwortete er, »ich weiß, wie man sie anstellt.«

»Also, stell sie an.«

Er sah mich nur an. »Weißt du, was du da tust?«

»Scheiß drauf, klar, Mann«, antwortete ich. »Ich kann sie auch selber anstellen. Man braucht nur den Schalter hinten drehen.«

»Hör mal, das wird mich den Job kosten«, sagte er, aber dann meinte er doch: »Also los, mach schon, aber wenn irgendwas passiert, ich weiß von nichts, nicht mal, wie du da reingekommen bist.«

Die Frau war vom Lunch, oder wo sie sonst hingegangen war, noch nicht zurück, und der Hauptfilm hatte schon wieder angefangen. Ich brachte Baby also so weit, daß er mit mir zurückging, um den Schalter anzustellen, und ich fing an zu spielen. Auf der Leinwand lief gerade eine traurige Szene. Das Publikum hätte eigentlich weinen sollen, aber ich fing mit dem *Bugle Blues* auf der Orgel an, und die Kids, die sich für die Nachmittagsvorstellung eingefunden hatten, fingen an zu klatschen, sobald ich in die Tasten griff. Zwei, drei Breaks, und das Haus bebte.

In dem Augenblick kam Jap Eblon, der Kinobesitzer, den Gang heruntergelaufen. Baby Lovett saß da und sah ihn kommen und sagte: »Oh, Scheiße, ich verdufte.« Ich spielte einfach weiter, und Jap Eblon kam angerannt und sagte: »Was zum Teufel machst du hier an der Orgel?« Und ich antwortete irgendwas, ich weiß nicht mehr, was. Dann sagte er: »Komm mal mit.« Er war ein herber Typ mit einem bösen Tonfall. »Komm mal mit.«

Er nahm mich mit in sein Büro und drückte mich in einen Stuhl.

»Du weißt, daß es verboten ist, hier einfach reinzuplatzen und auf der Orgel zu spielen? Hast du irgend jemanden um Erlaubnis gefragt?«

»Nein, war keiner da.«

»Wer hat dir das erlaubt?«

»Keiner«, sagte ich. »Ich wollte doch nur spielen.«

Er blieb sitzen, schaute mich an und schob dann ein paar Zeitungen hin und her. Dann sah er mich wieder an. »Willste 'n Job?«

Ehrlich, so war's. Das war wirklich das letzte, was ich erwartet hatte, aber ich war auch nicht so perplex, nicht sofort auf das Angebot einzugehen.

Als ich wieder herunterkam zu den Musikern, wartete Lovett schon und fragte: »Kann ich mein Schlagzeug jetzt zusammenpacken?«

»Nein, Mann«, sagte ich. »Alles in Ordnung. Ich arbeite jetzt hier.«

Ich arbeitete nun ein paar Monate im Eblon und kam mehr und mehr in den ganzen phantastischen Kneipen in Kansas City rum, da, wo immer was los war. Immer mehr Leute kriegten spitz, daß ich im Lande war, sie hörten mich im Eblon, und außerdem gab es da ja noch die Lokale in der Gegend des Yellow Front Saloon, die ich noch aus der Zeit kannte, als die Big Jazz Jamboree zum erstenmal in der Stadt war.

Ich kam jedenfalls in der Szene rum, versuchte, was aufzumachen, und verdiente mir ab und zu ein kleines Taschengeld aus der gemeinsamen Kasse, einem kleinen Topf, den manche Clubs auf dem Klavier stehen hatten, damit die Kunden eine kleine Spende für die Musiker loswerden konnten. Viele Lokale hatten ein Klavier, und man konnte einfach reingehen und spielen, andere hatten auch schon mal ein Schlagzeug, und dann gab es wieder welche, wo viele Musiker rumhingen und sich für Jam Sessions eintrugen, die manchmal die ganze Nacht dauerten.

Eigentlich trollte ich damals mehr oder weniger herum und fand erst allmählich heraus, wo sich diese Lokale befanden, aber damals schon faßte ich den Entschluß, mich »Count« zu nennen. Ich hatte von »King« Oliver gehört, und ich wußte auch, daß Paul Whiteman der »King of Jazz« genannt wurde. »Duke« Ellington wurde damals auch gerade einer der großen Namen in Harlem, auch auf Platte und im Radio, auch »Baron« Lee und »Earl« Hines waren bedeutende Namen. Ich beschloß also, auch einer von den neuen großen Namen zu werden, und ließ sogar ein paar schicke, kleine Visitenkarten drucken, die das auch gebührend ankündigen sollten: »*COUNT BASIE. Beware, the Count is Here.*« Jahre später hat mir mal jemand so eine Karte gezeigt, und vermutlich hat er sie noch immer. Ich würde viel drum geben, sie noch einmal zu sehen.

In der Zwischenzeit hatte ich die Blue Devils nicht vergessen. Ich schrieb also an Walter Page und erzählte ihm, was ich so machte und so, und nach einiger Zeit erhielt ich ein Telegramm von ihm, in dem er mich fragte, ob ich mich nicht den Blue Devils anschließen wollte. Ich setzte mich sofort telefonisch mit ihm in Verbindung, und wir unterhielten uns, und dann zeigte ich das Telegramm herum und sagte: »Also, ich habe hier dieses Telegramm aus Paris. Sie wollen, daß ich nach Paris komme«, denn die Adresse auf dem Telegramm lautete Paris. Aber es war Paris, Texas. Das zeigte ich ihnen natürlich nicht.

Ich traf mich mit der Band in Oklahomo City, und sie hatten vor, zurück nach Texas zu fahren, was mir gut in den Kram paßte. Wir blieben aber erst mal noch eine Zeit in der Stadt, und ich nahm wieder Kontakt mit Mrs. Breux vom Aldridge Theatre auf, und mit Honey Murphy und der Deep Second Scene, aber schließlich spielten wir überall in Oklahoma, quer durch bis runter nach Texas.

Auch das gehörte zu ihrem Revier, sie waren wirklich überall die Kings da unten, und ich war immer mit ihnen dabei in all den Städten wie Dallas und Fort Worth. Überall, wo die Band auftrat, waren sie gerne gesehen, und man brauchte sich wegen Essen und Unterbringung keine Sorgen zu machen. Man kam immer bei irgend jemand unter. Wir hatten sehr viele Freunde da unten, es war schön, und mir hat jede Minute Spaß gemacht. Ich gehörte zur Band. Ich gehörte zu den Blue Devils. Ich war ein Blue Devil, und das bedeutete mir *alles*. Diese Typen waren einfach wunderbar.

Ich fand, sie gingen besonders nett miteinander um. Ich wußte nicht, ob ich so was wie ein Gehalt kriegen sollte, es war auch nicht wichtig. Die Band hatte sowieso keine regelmäßigen Einkünfte, aber man hörte nie jemanden über die Kohle nörgeln. Meistens spielten wir für wenig Geld, und was irgendwie von den Einnahmen am Eingang noch übrigblieb, durften wir behalten. Big'Un kriegte das Geld, und wenn wir das Benzin gekauft hatten und die anderen

Auslagen, um zur nächsten Stadt zu kommen, abgezogen waren, teilten wir den Rest unter uns auf, und wenn die Verheirateten zu Hause Rechnungen zu bezahlen hatten, dann ging das Geld von der nächsten Tanzparty an sie. So arbeiteten die Blue Devils, und soweit ich weiß, funktionierten die meisten Lokalbands auf diese Weise. Man nannte sie auch »Commonwealth Bands«. Es war wie eine große Familie.

In Dallas wohnten wir in einem großen Gästehaus, in dem es auch ein Klavier gab, also hielten wir gleich an Ort und Stelle unsere Proben ab. Wir hatten gerade einige große Arrangements eingekauft und arbeiteten daran. Ich hatte solche Arrangements vorher noch nie gesehen, geschweige denn damit gearbeitet. Wir machten unsere eigenen Improvisationen zu den Arrangements, und für mich war diese Musik viel schöner als die gekaufte, sie hatte Schwung, sie war so fröhlich.

In Dallas nahm Jimmy Rushing Kontakt mit einer Freundin auf, die in einem Restaurant arbeitete, und zu bestimmten Tageszeiten konnte er dort vorbeigehen und sich ein freies Essen abholen. Ich war auch mal da und sah, wie er das machte. Als er eines Tages im Poolroom rumlungerte oder irgendwo anders, kriegte ich Hunger und ging dort vorbei und erzählte seiner Freundin, daß Jimmy gesagt hätte, er käme heute nicht vorbei, und sie könnte das Essen mir geben. Ich stopfte mir den Magen voll und verdrückte mich. Später kam er dann und setzte sich an den Tisch, und sie ging immer wieder an ihm vorbei, ohne ihm was zu bringen. Zuerst dachte er, sie hätte einfach nur viel zu tun, aber dann fing er doch an, sich zu wundern. Schließlich kam sie, stellte sich vor ihn hin und schaute ihn an.

»Hei, was machst du hier?«

»Was soll das, Baby? Ich komme doch jeden Tag vorbei.«

»Ja«, sagte sie, »aber heute haste doch Basie geschickt.«

»Was?« Sein Gesicht kann ich mir dabei schon vorstellen, endlich ging ihm ein Licht auf.

»Basie war hier und sagte, du würdest heute nicht kommen, also gab ich ihm dein Essen.«

Der alte Jimmy kam zurück und schaute mich für Stunden nur scheel von der Seite an, als wollte er sagen: »Du dreckiger Hund. Du widerlicher, dreckiger Hund.« Er konnte nur den Kopf schütteln und sich forttrollen. Am Ende mußte er doch drüber lachen, und er erzählte die Geschichte immer wieder, bis zu seinem Tod vierzig Jahre später.

Dallas war schon eine tolle Stadt. Ganz Texas war vernarrt in die Blue Devils. Auch San Antonio war toll. Als ich das erstemal mit ihnen im Galveston auftrat, mußten wir vorher noch auf einen Tanz im Galvez-Hotel spielen, aber kurz bevor wir dort ankamen, passierte irgendwas mit unserem Transporter. Ich glaube, es war etwa fünfzehn oder zwanzig Meilen vor der Stadt. Ich weiß noch, daß wir es bis zu einer Tankstelle schafften und daß der Mann uns sagte, er könne ihn nicht sofort reparieren. Wir könnten ihn nicht vor dem Abend abholen. Mehr könne er nicht für uns tun.

Big'Un besorgte einen von diesen Lastwagen mit offener Ladefläche, packte das Schlagzeug und den Baß und uns hinein, ein paar kamen nach hinten und ließen die Füße baumeln. So erreichten wir die Stadt und fuhren vor dem Galvez-Hotel vor. Wir stiegen aus, luden unsere Sachen ab und folgten dem Mann zu einem komischen kleinen Raum nach hinten. Wir zogen unsere Uniformen an, spielten den Gig, gingen nach draußen, stiegen auf den Laster und holten unseren Transporter ab. Dann ging's wieder zurück nach Galveston, wo wir die Nacht verbringen sollten.

Die Blue Devils hatten schicke Uniformen, ich trug etwas in Oxford-Grau und Gamble-Gestreiftes. Damals mußte man eine Uniform tragen, wie ein Baseball-Team. Sie wollten einfach keine Bands ohne Uniformen. Nicht dieses ganze Flatterzeugs um die Kragen und dergleichen, man mußte mit Bügelfalten und sauber und geputzt auftreten. Man braucht nur die Fotos von den Orchestern aus jener Zeit hervorzuholen, und man sieht, wie gut sie gekleidet waren.

Was mich daran erinnert, wie sorgfältig Lips Page mit seiner Kleidung immer umging. Er hatte zwei, drei gute Anzüge, und damals trugen wir die gleiche Größe. Eines Abends wollten wir zusammen ausgehen, und ich sagte, ich könnte nicht mitkommen, ich hätte nichts Passendes, und er meinte: »Das geht schon in Ordnung. Du kannst einen von meinen Anzügen haben.« Ich sagte okay, ja, das sei ja toll. Seine Anzüge waren wirklich scharf, machten viel her. Aber ich hatte ja keine Ahnung, auf was ich mich da eingelassen hatte. Ich konnte ihn einfach nicht loswerden, immer stand er neben mir und sagte: »Lehn dich nicht an.« – »Hei, Mann, der Stuhl sieht irgendwie schmutzig aus.« – »Hei, Basie, paß auf, wenn du dich hinsetzt.«

Den ganzen Abend konnte er an nichts anderes denken als an seinen Anzug, den ich trug. Es wurde einer der ungemütlichsten Abende, die ich je verbracht habe. Ich war noch nie so froh, nach Hause zu kommen und endlich den Anzug loszuwerden.

Ich blieb einige Monate bei den Blue Devils. Ich weiß nicht mehr genau, wie viele, und auch mit den Terminen bin ich mir nicht mehr so sicher, aber ich weiß noch, daß es zuerst warm war und daß ich noch immer bei ihnen war, als die erste Kälte einsetzte. Vielleicht waren es drei Monate, vielleicht vier, vielleicht sogar sechs. Ich weiß nur, daß ich den Winter über ganz sicher nicht bei ihnen blieb.

Die Zeit, die ich mit ihnen verbrachte, erschien mir aber viel länger. Es passierte so viel. Man kommt viel rum, monatelang auf der Straße, wenn man so arbeitet wie wir. Wir hatten nämlich nie einen Job für eine ganze Woche. Manchmal blieben wir eine Zeit in einer Stadt, zum Beispiel, wenn wir außerhalb von Dallas arbeiteten. Aber in den meisten Fällen spielten wir nur für einen Abend. Wir kamen an, spielten für die Tanzparty und fuhren planmäßig zur nächsten Stadt weiter.

Ich nannte mich schon Count Basie, als ich zu den Blue Devils stieß. Dan sagt, daß niemand dem Namen, den ich mir selbst gegeben hatte, besondere Aufmerksamkeit schenkte, bis zu dem Tag, als Ted Manning, damals der Tenorspieler, und ich über irgend etwas in Streit gerieten. Es ging immer weiter, bis Ted endlich sagte: »Basie, du nennst dich doch Count. Ich will dir mal was sagen, du bist so ungefähr das größte Arschloch von Count, das ich je kennengelernt habe.« Natürlich wußte von dem Tag an jeder Bescheid, wer gemeint war, wenn jemand den Namen Count erwähnte.

Immer wenn wir nach Oklahoma City zurückkamen und uns etwas Zeit ließen, bevor wir uns wieder auf den Weg machten in eine neue Stadt, fühlten wir uns alle wie zu Hause. Ein paar von den Verheirateten hatten dort ihre Familie, und die meisten hatten feste Wohnungen oder ein Zimmer. Ich glaube, ich war der einzige Indianer in der Truppe. Aber weil ich ja schon vorher oft dagewesen war, hatte ich einige Freunde und meine Kneipen, außerdem konnte ich immer in das Restaurant von Jimmy Rushings Vater gehen, Jimmy treffen und frei essen.

Jimmy Rushing und ich freundeten uns während der Tourneen mit den Blue Devils sehr an, und wir zogen oft gemeinsam um den Block und erkundeten die Kneipen. Ich und der alte Rush, wir waren schon ein Pärchen. Ich spielte auf dem Klavier, und er sang, überall in jeder Stadt. Wir gingen aus, und wenn wir zu einer Kneipe kamen, wo es ein Klavier gab, nutzten wir die Gelegenheit. Die Kneipen ohne Klavier waren für mich nicht so interessant, ich konnte ja meine Nummer nicht abziehen. Aber das konnte Jimmy nicht bremsen. Eines Abends, wir waren irgendwo in irgendeiner Stadt, kam ich eine der Gassen heruntergestapft und hörte weiter vorne diesen Gesang, und als ich ankam, hörte ich noch immer kein Klavier im Hintergrund. Als ich dann eintrat, sah ich, wie dieser Schuft ganz allein sang, ohne Klavier weit und breit.

»Hei«, sagte ich, »was machst du da, Rush?«

Er schaute mich nur an und schüttelte mit dem Kopf, wie ein Schaf. Er sah mich weiter an und sagte: »Also, ich wäre ja schön blöd.« »Tja«, meinte ich, »jetzt habe ich dich erwischt, was?«

Er war einfach reingestürmt in die Kneipe und sang wie verrückt – ohne Musik. Ich habe ihn tagelang deswegen aufgezogen. Ich glaube nicht, daß er so ausgehungert war oder es so nötig hatte oder ähnliches. Ich glaube, er hatte sich einfach in die Kneipe verliebt oder hatte sich 'ne Frau ausgeguckt, neben der er sitzen wollte.

Die Blue Devils hatten damals noch diese Tourenwagen mit Stoffdächern. Sie hatten keine Heizung, und wenn es draußen kalt wurde und der Wind durch die Beulen und Löcher in den fischleimbespannten Paneelen fegte, wickelten wir immer Zeitungspapier um unsere Füße. Wenn wir dann aber ein Fläschchen besorgt hatten und wir so eng wie möglich zusammenrückten, wurde es uns auch warm. Trotzdem war es zu der Jahreszeit immer ziemlich ungemütlich.

An die Kälte in Kansas City kann ich mich noch gut erinnern. An dem Morgen, als sie bei Temples Haus vorfuhren, um mich abzuholen und nach Topeka zu fahren, war ich noch im Bett, und ich sah das Wetter draußen und meinte: »Mann, hei, ich schaffe das nicht.« Dabei war ich es gewesen, der sie überredet hatte, in Kansas City haltzumachen. Ich fand, die Leute dort mußten die Band einfach hören. Wir fuhren also hin, die Hälfte wohnte bei Verwandten von Big'Un, und die anderen brachten wir auch irgendwo unter. Ich hatte ja schon was, wo ich bleiben konnte, in der Temple's Alley, eine Seitengasse von der Straße, in der auch das Eblon Theatre war. Wir konnten jedoch nichts auftreiben, wo wir spielten konnten, bis ich schließlich zu Bob ging, dem Typen, den ich kennengelernt hatte und der einen kleinen Hühnerschuppen besaß, und ich beschwatzte ihn, die Band für ein paar Tage dort unterzubringen. Geld war dabei nicht im Spiel. Wir würden von den Einnahmen einen kleinen Anteil bekommen, konnten schwarzgebrannten Whiskey verkaufen und würden was zu essen kriegen. Mehr konnten wir damals in Kansas City nicht rausschlagen.

Als die Jungs also an jenem kalten Morgen an meine Tür klopften, sagte ich: »Hei, Mann, ich schaff' das einfach nicht.« Ich wußte natürlich, daß ich wieder mit ihnen raus mußte. Old Rush und der Rest überredeten mich, fürs erste noch nicht auszusteigen, und wir fuhren weiter nach Topeka und dann nach Wichita. Aber immer wenn es wieder kalt wurde, sagte ich mir, ich müßte endlich mal Schluß machen.

Von Topeka aus ging es weiter nach Wichita, wo wir auf einer Tanzparty spielten und etwa eine Woche blieben und uns um den nächsten Auftritt bemühten. Ich werde nie vergessen, was dort passierte. Big'Un hatte schließlich und endlich einen Gig für uns aufgetan, eine große Tanzparty in Oklahoma City, und wir beschlossen, zwei, drei Tage eher zu kommen. Als wir dann unsere Hotelrechnung bezahlen wollten, stellten wir fest, daß wir nicht mal genug Geld hatten. Also mußten sie mich und Lips Page und ein paar von den Instrumenten zurücklassen, bis Big'Un in Oklahoma City den Vorschuß bekam und uns freikaufen konnte.

Wenig später aber rief mich Kansas City wieder. Oklahoma City gefiel mir, aber mit den Blue Devils war nicht viel los. Wir hatten noch immer keine Arbeit, und ich dachte schon wieder an Kansas City, an das Eblon Theatre, wegen der Orgel, und an die ganzen kleinen Kneipen. In Kansas City war einfach immer was los, und es gab noch so viel, wo ich noch nicht hineingeschnuppert hatte.

Ich sparte mir also das Geld für die Fahrkarte und stand eines

Morgens früh auf, nahm den Hut und hinterließ eine Nachricht im Restaurant von Jimmy Rushings Vater. Dann ging ich zum Bahnhof und nahm den ersten Zug nach Kansas City.

Ich hatte keinem gesagt, was ich vorhatte, ich machte mich einfach leise aus dem Staub. Ich dachte, das sei das beste, denn es fiel mir schwer, mich von den Jungs zu trennen, und ich wußte, daß sie alle Tricks angewandt hätten, mich davon abzubringen.

Erst als Jimmy später an dem Morgen ins Restaurant kam, fanden sie heraus, was los war. Als ich ihn einige Zeit später in Kansas City wiedertraf, erzählte er mir, er sei kaum in das Restaurant gekommen, da hätte Mister Rushing sofort auf ihn eingeredet.

»Was ist los? Wo ist der Klavierspieler, Basie Boy?«

Jimmy erzählte mir, er hätte nicht besonders reagiert und nur gesagt: »Nichts ist los. Er ist wohl noch nicht aus dem Bett.«

Aber Mr. Rushing hätte nicht lockergelassen: »Ich glaube, nicht. Ich glaube, er ist weg.«

»O nein.«

»O ja! Ich glaube, er ist weg, er hat nämlich eine Nachricht für dich hinterlassen.«

Einmal ein Blue Devil, immer ein Blue Devil, aber ich muß zurück. Etwas in der Art hatte ich auf den Zettel geschrieben. Wie schwer es mir fallen würde, aber daß er das verstehen müßte. Ich hätte auch schreiben können: Ich werde euch alle schon bald wiedersehen und manche von euch für sehr lange Zeit. Denn in der kurzen Zeit, die ich mit ihnen auf Tournee verbracht hatte, war ich für immer ein Blue Devil geworden.

Frühe Jahre in Red Bank
(1904–1923)

Geboren bin ich in Red Bank, New Jersey. Mein Vater war Harvey Lee Basie und meine Mutter Lilly Ann. Nach den Aufzeichnungen in der Familienbibel, die ich geerbt habe, wurde mein Vater 1870 geboren, das Geburtsjahr meiner Mutter ist mit 1875 angegeben.

Soweit ich weiß, kamen beide Eltern in Chase City, Virginia, zur Welt und wuchsen dort auch auf. Als ich am 21. August 1904 geboren wurde, lebten sie jedoch bereits in Red Bank, New Jersey. Ich kann nicht mehr sagen, wie und warum sie aus Virginia weggezogen sind. Wahrscheinlich kannten sie sich schon aus Chase City und hatten dort geheiratet und waren dann zusammen in den Norden gezogen.

Auch meine Großeltern väterlicherseits wohnten in Red Bank. Ich weiß nicht mehr, wann sie rüberkamen oder wie, aber ich schätze, daß sie so lange warteten, bis meine Eltern sich eingelebt hatten, und sie dann eine Zeitlang bei uns wohnten. Dann zogen sie zu einer ihrer Töchter nach Newark. Dort blieben sie dann wohl auch, denn ich kann mich nicht erinnern, daß sie anschließend noch ein zweites Mal bei uns wohnten, und nach Virginia sind sie sicher nicht zurückgekehrt.

Mein Vater hatte zwei Schwestern und einen Bruder. Eine war Tante Myrtle Basie Morton, sie wohnte in Red Bank, und die andere war Tante Mary aus Newark. Dann gab es noch Onkel James Basie, der auch in Red Bank wohnte und den wir oft besuchten, meistens an Sonntagen. Ich weiß nicht mehr, welche Verwandten sonst noch in Chase City lebten. Eigentlich war auch nie die Rede davon, dort mal hinzufahren.

Der Mädchenname meiner Mutter war Lilly Ann Childs. Ihre Großeltern habe ich nie gekannt, dafür aber ihre beiden Brüder, Onkel Alex und Onkel Henry. Beide waren Priester. Onkel Alex war Reverend Alexander Childs, der Pfarrer einer großen Gemeinde in Philadelphia, und Onkel Henry hieß eigentlich Reverend Henry Childs und war Pfarrer in Pittsburgh. Wenn es da noch irgendwelche Tanten in der Familie meiner Mutter gab, dann erinnere ich mich nicht mehr an sie. Onkel Henry sah ich nicht sehr oft, denn als ich noch ein Kind war, sind wir nie nach Pittsburgh gefahren. Onkel Alex in Philadelphia dagegen besuchten wir gelegentlich. In der Straße, in der auch sein Haus war, befand sich weiter unten eine Feuerwehrstation. Sie hatte eine von diesen Pferdegespannen mit Leiter und Spritze, und wenn das Ding zu einem Alarm gerufen wurde, mit den Glöckchen überall, die da bimmelten, das war schon was.

Ich hatte noch einen älteren Bruder, er hieß Leroy, und ich glaube, er war etwa acht Jahre älter als ich. Ich kann nicht sagen, daß ich ihn besonders in Erinnerung behalten habe, er starb, als ich noch sehr jung war. Das einzige, an das ich mich noch erinnere, ist, daß er oft in die Küche ging, wenn meine Mutter nicht zu Hause war, sich als Koch versuchte und anschließend die Spuren wegwischte. Ich weiß noch, daß ich ihn einmal verpetzte und er dann bestraft wurde. Ich weiß nicht mehr genau, was er eigentlich getan hatte oder warum ich ihn überhaupt verpetzte, aber ich werde nie den Blick vergessen, den er mir anschließend zuwarf.

Red Bank war damals ein beliebter Erholungsort. Mein Vater war Kutscher und Verwalter bei Richter White, der eins der großen Landhäuser am Shrewsbury River besaß. Das große Haus und den ganzen Besitz drumherum werde ich nie vergessen, und auch nicht den Anleger, der vom Hof hinten über den Strand bis zu der Stelle lief, wo die Ruderboote festgezurrt waren. Manchmal nahm mich mein Vater mit, und als ich alt genug war, brachte er mir bei, wie man die Pferde striegelte, was ich besonders gern tat. Ich hielt mich auch gern in der Nähe des Geschirrs und der Kutschen auf, und ich mußte immer das Heu in die Raufe stopfen und Pop, so nannte ich ihn, helfen, die Ställe zu reinigen.

Mein Vater arbeitete nur kurze Zeit als Kutscher, denn das Automobil kam gerade in Mode, und es dauerte nicht lang, da hatte Richter White sich auch eins gekauft. Die Kutschen und die Pferde verschwanden, und aus den Ställen wurde die Garage für das Automobil, aber Pop wurde nicht der Chauffeur. Er arbeitete weiter für Richter White und verwaltete jetzt auch den Besitz der anderen Landhäuser, und nach einiger Zeit hatte er einen richtigen kleinen Betrieb.

Wenn die Besitzer auf Reisen gingen, verschloß er ihre Häuser für den Rest der Saison und kümmerte sich um die Grundstücke, solange sie fort waren. Vor ihrer Rückkehr meldeten sie sich dann bei ihm an, und er bereitete alles vor. Manchmal nahm er mich mit, damit ich ihm helfen konnte, und ich arbeitete dann im Garten, mähte das Gras, schrubbte den Boden, klopfte Teppiche, putzte Fenster und all so was. Ich haßte das.

Die Whites hatten also ihr eigenes Auto, und es war ganz sicher auch für mich das erstemal, daß ich in einem Auto Platz nahm. Ich versuchte immer herauszufinden, wann sich Lady Margarette, so nannte ich die Tochter, fertig machte für die Stadt, und ich machte es mir zur Gewohnheit, zwei, drei Blocks vorauszugehen und dann langsam zu bummeln, bis ich sie hören konnte. Denn ich wußte, sie würde jedesmal sagen: »William, wollen Sie in die Stadt?« Und ich antwortete jedesmal: »Ja, Ma'am, ja, Ma'am« und sprang auf.

Zu mir war sie immer sehr nett. Ich glaube, sie war etwa Anfang Zwanzig, und manchmal behandelte sie mich, als sei sie meine Lehrerin, und als ich dann anfing, Klavierstunden zu nehmen, bestellte sie mich immer ins Haus, und gemeinsam gingen wir dann die Übungen durch. Ich sehe noch heute das Zimmer vor mir und das Klavier mit dem ordentlichen Stapel Noten, die sie alle spielen konnte, wie so viele reiche Ladys damals. Nicht weil sie das beruflich machen wollte oder so, es gehörte einfach zu dem, womit sich junge Damen in ihren Kreisen beschäftigten. Ich saß auf dem Stuhl und machte die Übungen, und sie hörte zu und sagte immer: »Sehr schön, William. Immer schön üben, William.«

Ich wollte aber eigentlich nicht Klavier spielen, sondern Schlagzeuger werden.

Als Pop noch den ganzen Tag bei Richter White arbeitete, betrug sein Gehalt vierzig Dollar die Woche, was damals wohl gar nicht so übel gewesen sein muß, denn er konnte sich davon das Haus kaufen, in dem wir wohnten. Natürlich mußte meine Mutter auch arbeiten. Sie war Wäscherin, oder, wie die Leute sich ausdrückten, sie nahm Wäsche zum Waschen und Bügeln an. Ihr selbst machte das nichts aus, aber ich konnte es ganz und gar nicht haben. Ich sah all die großen Körbe voller Wäsche, und ich fand, daß das für das Taschengeld, das sie dafür bekam, viel zuviel Arbeit war.

Manchmal fing es in Red Bank schon nach Thanksgiving an zu schneien, und es kam vor, daß der Schnee bis weit in den Frühling hinein liegenblieb. Ich mußte dann die großen Wäschekörbe auf meinem Schlitten ausfahren. Ich glaube, meine Mutter bekam damals für jeden Korb etwa fünfzig Cents, auf keinen Fall mehr, und ich bekam für das Ausliefern überhaupt nichts, nur ab und zu, wenn sie mal einen leckeren Kuchen backte, nur für mich.

Sie backte auch Kuchen, den sie verkaufte, und ich glaube, für jeden dieser großen Kuchen bekam sie vierzig Cents. Ich war verrückt nach Kuchen, aber daß meine Mutter solche Arbeit verrichten mußte, Waschen, Bügeln und Backen und all das, diese Vorstellung war mir verhaßt. Ich sagte ihr das immer wieder, und eines Tages malte ich ihr ein Bild mit einem Auto drauf und zeigte es ihr und sagte: »Eines Tages werde ich dir auch so ein Auto kaufen und dafür sorgen, daß du nicht mehr arbeiten mußt.«

Das war die erste wichtige Tat, die ich in meinem Leben vollbringen wollte und die mich auch eines Tages zu dem Entschluß brachte, Red Bank zu verlassen. Das war mein Ziel, und ich verlor es nie aus den Augen, wohin ich auch ging. Damals, als ich noch in diesen schönen, alten Kneipen und Löchern rumhing und spielte, in all diesen kleinen Seitenstraßen, habe ich dieses Versprechen, das ich meiner Mutter machte, nie vergessen. Immer wenn ich ein paar Pennies übrig hatte, schickte ich etwas nach Hause an meine Mutter.

Ich erinnere mich gerne an die Weihnachtszeit in Red Bank, als ich noch ein Kind war. Manchmal sehe ich irgendwas, und ich muß wieder an die Straßen von früher denken, wenn die Tannenbäume und Fichten und Dekorationen aufgestellt waren und die ganzen Weihnachtssachen auf den Gehsteigen ausgebreitet dalagen. Zu der Jahreszeit gingen die Soldaten aus Fort Monmouth in den Straßen immer auf und ab. Es gab auch viele Matrosen in der Stadt. Aber ich glaube, nach all den Jahren werfe ich vieles in meinem Gedächtnis durcheinander, das mit den Soldaten und Matrosen muß wohl während des Ersten Weltkriegs gewesen sein.

Zur Weihnachtszeit roch es immer ganz besonders. Zunächst mal gab es jetzt das ganze Obst, das man bis dahin in den Läden kaum zu Gesicht bekam. Einige Obstsorten, zum Beispiel Rosinen oder Datteln, und manche Nußarten, Mandeln, Haselnüsse, Paranüsse und englische Walnüsse gehörten unbedingt zu Weihnachten, und man freute sich darauf, sie mit ein paar anderen Süßigkeiten im Strumpf oder auf seinem Platz unter dem Weihnachtsbaum zu finden, und auch auf die Spielsachen, die man sich gewünscht hatte.

Ganz besonders mit Weihnachten verbunden war natürlich der Geruch von den Gewürzen, der das Haus um die Zeit erfüllte. Die meisten Leute backten damals noch selber, und meine Mutter backte Kuchen und Strudel sowieso gern. In der Luft schwebte dann der Duft von Muskatnuß, Vanille, Zimt und Schokolade.

Mir läuft noch jetzt das Wasser im Mund zusammen, wenn ich an die ganzen Torten mit Kokusguß denke, den geschichteten Puddingkuchen oder die Kartoffel- und Eierpasteten. Dazu kamen noch Sellerie und Salbei und schwarzer Pfeffer für die Hühnchen- oder Truthahnfüllung, und wenn meine Mutter Schinken kochte, kam noch Nelkenöl und Ananasgelee hinzu.

Noch bevor ich überhaupt den Wunsch hatte, Musiker zu werden, wollte ich auf jeden Fall mit einer Truppe aus dem Showbusineß überall in der Welt herumkommen. Immer wenn ein Zirkus nach Red Bank kam, ließen sie sich auf einem großen, leerstehenden Eckplatz am Ende unserer Straße nieder, und ich ging zu ihnen hin und vertrieb mir die Zeit und bereitete mir jedesmal die Enttäuschung zu träumen, ich würde mit ihnen fahren. Ich wünschte mir damals nichts Sehnlicheres, als mit der Show, die gerade da war, loszuziehen, und ich tat alles, was ich konnte, um dem Ganzen so nahe wie möglich zu sein. Ich sehe noch heute die Zelte in all ihren Farben, mit den Streifen, Troddeln, Laschen, Bannern und Zeichen, die Zirkuswagen, die Clowns, die Akrobaten und die Marschkapellen für die verschiedenen Nummern und Kunststücke und die Karussels, das Riesenrad, die Tierkäfige und die Elefanten. Ich half, die Tiere zu füttern, Wasser zu tragen, tat alles, nur um in der Nähe dieser phantastischen Welt zu sein.

Eines Tages kam wieder ein Zirkus vorbei, und sie hatten einen Akkordeonspieler dabei, dem ich besonders gern zuhörte. Ich glaube, sie blieben nur vier Tage, und er saß jeden Nachmittag draußen vor seinem Zelt und spielte. Eines Tages brachte ich ihm von zu Hause ein Stück Kuchen mit, und dann spielte er nur für mich. Er unterhielt sich auch mit mir, und ich erzählte ihm, wie sehr ich mir wünschte, mit so einer Show durch die Lande zu ziehen. Aber er meinte, ich sollte in der Schule bleiben, wenn ich fertig wäre, sei noch Zeit genug, darüber nachzudenken, ob ich zum Zirkus wollte oder lieber zu einer Sängertruppe, dem Varieté oder was es sonst noch gibt. Das war ein guter Ratschlag, aber um die Wahrheit zu sagen, ich wäre am liebsten sogar als Wasserträger für die Elefanten mitgegangen.

Die Schule, ich sag's nicht gern, aber das war nicht meine Sache. Ich lernte Lesen und Schreiben und auch ein bißchen Rechnen, und ich fand, daß das reichte. Ich konnte nicht einsehen, warum man die Schule zu Ende machen sollte, mich interessierten nur Musik, Show-busineß und Reisen. Das war das einzig Wahre, fand ich, und das war der größte Fehler meines Lebens. Ich sah einfach keine Beziehung zwischen Geographie, Geschichte und solchen Dingen und Reisen. Ich hätte weitermachen und die Schule beenden sollen, so wie es mir der Akkordeonspieler vom Zirkus geraten hatte, aber ich hatte nichts Eiligeres zu tun, als zu verschwinden, Red Bank zu verlassen und irgendwohin zu gehen.

Weiter als bis zur Junior High School habe ich es also nicht gebracht, so weit schaffte ich es immerhin. Bis zum Abschluß tat ich dann aber auch nichts anderes, als Theater zu spielen, Klavier zu spielen oder ein ganzes Programm auf die Beine zu stellen. Anderenfalls hätte mich die Schule nicht halten können. Es war eine einzige Quälerei für mich, und ich konnte kaum erwarten, endlich rauszukommen. Für mich war das Ende des Sommers immer die traurigste Zeit des Jahres, denn dann ging der alte Schultrott wieder von vorne los.

Eine Klasse mußte ich so oft wiederholen, daß es schon peinlich war. Die Kinder kamen in den Kindergarten, wuchsen heran, holten mich ein und ließen mich dann in der gleichen Klasse sitzen. Es wurde so schlimm, daß mich die Lehrer nicht einmal mehr drannahmen. Ich ging morgens hin, setzte mich auf meinen Platz, und dabei blieb es dann. Ich hätte mich sonstwohin setzen können, keiner hätte was gesagt. Ich reichte auch meine Hausaufgaben nicht mehr ein oder sonst irgendwas, ich schrieb auch die Klassenarbeiten nicht mehr mit. Es war einfach lächerlich. Ich schätze, meine Eltern hatten mich schon längst aufgegeben.

Allmählich wurde die Situation ziemlich unangenehm. Der Lehrer stand vorne und versuchte, uns etwas beizubringen, und alle paßten auf und versuchten, was zu lernen, außer mir und einem anderen älteren Jungen. Wir saßen in der letzten Reihe und verzapften irgendwelchen Unsinn. Manchmal saßen wir da hinten und trommelten mit den Fingern unter dem Pult, und wir wußten genau, daß wir den anderen damit nur auf den Wecker gingen und sie davon abhielten, sich zu konzentrieren, aber das war uns völlig egal. Wir hatten nur Blödsinn im Kopf, sonst nichts.

Schließlich hatte ich es satt. Ich stand eines Tages einfach auf und ging nach draußen und fort, und Elmer Williams und ich verließen die Stadt. Elmer kam aus Eatontown, was nur drei Meilen von Red Bank entfernt lag. Ich weiß nicht mehr, wie wir uns kennengelernt hatten. Ich schätze, wir vertrieben uns die Zeit in demselben Poolroom oder sonstwo. Als wir die Schule zusammen verließen, waren wir schon recht lang gut befreundet gewesen. Eigentlich verließen wir die Schule, weil wir es als Musiker schaffen wollten.

Ich wußte, daß in Europa Krieg war, aber es kümmerte mich nicht sonderlich. Ich hörte, wie sich die Leute erzählten, daß Uncle Sam den General Blackjack Pershing und die Landser nach Übersee geschickt hätte, um den Franzosen und Engländern zu helfen, den Kaiser und die Deutschen zu schlagen. Ich sah die Soldaten in ihren alten graubraunen Mänteln und Wickelgamaschen, und ich werde nie diese Plakate mit dem Bild von Uncle Sam vergessen, mit dem Yankee-Doodle-Hut auf dem Kopf, und diesen Anzug, und wie er den Finger auf einen richtet und sagt: »I Want You.« Aber ich verstand erst viel später, worum es eigentlich ging.

Während des Krieges saßen die Leute oft zusammen und unterhielten sich über die deutschen Unterseeboote, die mit Torpedos beladen waren und auf die Schiffe mit den Truppentransporten warteten, die über den Atlantischen Ozean kamen. Alle wußten, was das bedeutete, eine Linie zu durchbrechen, durch die Stacheldrahtverhaue über den Gräben, man hatte von Handgranaten gehört, von Bajonetten und Gasmasken, auch über den Wald bei Argonne und die Hindenburglinie, über die französische Waffe, die Fünfundsiebzig, oder die weitreichende Waffe der Deutschen, die Dicke Berta. Aber keiner aus meiner Familie war irgendwie direkt betroffen, und wenn, dann erinnere ich mich nicht mehr daran. Ich kann mich überhaupt an niemanden erinnern, der in die Armee mußte.

Zu meiner Kindheit verfolgten die Leute die Ereignisse in der Welt nicht so wie später, als das Radio aufkam und jeden Tag Nachrichten brachte. Man erzählte sich natürlich vom Spanisch-Amerikanischen Krieg, in dem Theodore Roosevelt und die Rough Riders 1898 in Kuba gekämpft hatten, und man sprach viel über die Titanic, das größte Schiff, das jemals gebaut worden war und das auf seiner Jungfernfahrt auf einen Eisberg stieß und sank. Ich war acht Jahre alt, als das passierte, es war 1912, aber man sprach noch Jahre später davon, und nicht nur das, in den Kirchen wurden Lieder gesungen und Messen abgehalten.

Ich kannte viele Lieder auswendig, die man damals so hörte und die auch in den Schulen gesungen wurden, zum Beispiel: *It's a Long Way to Tipperary* und *Roses of Picardy*. Neben den anderen Militärliedern wie *Oh, How I Hate to Get Up in the Morning* und *Over There* gab es noch *Poor Butterfly, Dark Town Strutter's Ball, Pretty Baby, Indiana, Me an My Gal* und *I'm Always Chasing Rainbows* und *Jada* und *Hindustan*. Ich fand, *The Bugle Call Rag,* auch bekannt als *The Bugle Blues,* war das schönste, auf diesem Stück bin ich noch viele Jahre abgefahren.

Ich glaube, das Showbusineß hat mich schon unheimlich früh fasziniert. So weit ich mich zurückerinnern kann, war das Palace-Kino mit seinen bewegten Bildern schon immer mein Lieblingsort in Red Bank gewesen. Sooft ich konnte, ging ich dorthin und erledigte kleine Hausarbeiten für den Manager. Ich fegte den Saal und den Eingang, wienerte die Geländer und Knaufe aus Messing, stellte zusätzlich Stühle auf und reinigte die Umkleideräume unter der Bühne, damit sie sauber waren für die Leute von den Varietéshows, die dort an den Wochenenden auftraten. Ich holte auch die Künstler vom Bahnhof ab und begleitete sie zu ihrem Hotel.

Dafür hatte ich bei den Vorstellungen freien Eintritt, und ich brüstete mich damit vor den anderen Kindern, und wenn sie irgendeine dumme Bemerkung deswegen machten, sagte ich nur: »Ich arbeite hier im Theater.«

Nachdem ich dann eine Zeitlang beim Putzen geholfen hatte, durfte ich auch in den Vorführraum und mich dort ein bißchen nützlich machen. Der Mann, der dort arbeitete, hieß George Ruth, und er zeigte mir, wie man die Filmstreifen auf die Maschine spulte, die damals noch mit einem Kurbelgriff betätigt wurde, und nach einer kurzen Zeit wußte ich auch, wie man zwischen den beiden Projektoren hin- und herwechselte. Bei dieser Gelegenheit sah ich die Filme immer und immer wieder.

Ich konnte auch mit den Spotlights für die Varietéshows umgehen. Man mußte die Künstler genau treffen und sie mit dem Spot verfolgen und ihn je nachdem mal größer, mal kleiner stellen. Zu der Zeit hatten sie in dem Theater nur ein Spotlight, und damit wurde alles gemacht.

Damals hatte das Palace Theatre auch einen eigenen Pianisten, der für die musikalische Untermalung der Szenen auf der Leinwand sorgte. Er kam jeden Tag extra aus New York angereist, aber eines Tages kam irgend etwas dazwischen, und Mr. McNulty, der Manager, konnte keinen Ersatz auftreiben. Ich sagte ihm also, ich könnte das doch machen. Ich konnte es tatsächlich, nicht weil ich mich für einen Musiker hielt, das nicht. Aber ich hatte einige Klavierstunden hinter mir, und ich wußte, was für Musik da gespielt wurde, weil ich sie ja immer wieder gehört hatte, und ich war der Typ Musiker, der einmal etwas hörte und es dann auf seine eigene Weise nachspielen konnte.

Aber Mr. McNulty lachte nur und schickte mich hoch zu George Ruth, ihm zu sagen, er solle die Filme einlegen. Kaum hatten wir die Kopien alle eingelegt und die Streifen am Rollen, ging ich zurück in den Orchestergraben und setzte mich ans Klavier. Man brauchte nur auf die Leinwand zu schauen und etwas zu spielen, was zu der Geschichte paßte, das war alles. Manchmal genügte auch nur ein Hinweis von den eingeblendeten Untertiteln. Ich hatte den regulären

Pianisten lange genug beobachtet, um zu wissen, was für eine Bedeutung die hatten. Wenn also Cowboys und Indianer auftauchten, wußte ich, was für Musik ich zu spielen hatte, und ich wußte, was zur Handlung paßte, wenn sich irgendwo jemand hereinschlich oder wenn die Leute lustig waren oder wenn der Untertitel lautete »Am gleichen Abend« oder »Am nächsten Tag« oder »In der Stadt zur gleichen Zeit« und so weiter.

Das erstemal spielte ich bei einer Nachmittagsvorstellung, und als sie vorbei war, sagte Mr. McNulty, ich solle wiederkommen und auch die Abendvorstellung begleiten. Ich weiß nicht mehr, wie er mich bezahlen wollte oder ob er überhaupt irgend etwas über Bezahlung erwähnt hatte. Ich weiß nur noch, daß ich es nicht erwarten konnte, das den anderen zu erzählen, und als ich es dann tat, wollten sie alle ins Palace kommen, um Willie Basie zu sehen, wie er den Film begleitete. Sie kamen natürlich nicht rein. Nicht weil sie noch nicht alt genug waren, sondern weil sie den Eintritt nicht aufbringen konnten. Kinder hatten damals einfach kein Taschengeld für solche Sachen.

Später, zu Hause, kam Mrs. Reed und sprach mit meiner Mutter. Mrs. Reed und ihr Mann wohnten damals bei uns, und sie ging jeden Tag ins Kino. Wie immer erzählte sie Mama den Film, und dann sagte sie: »Ach, weißt du, eins war doch komisch heute, jemand anders als sonst hat heute Klavier gespielt, und er sah aus wie Willie. Also, ich konnte ihn da unten im Dunkeln nicht erkennen, aber es hörte sich ganz so an, als hätte er am Klavier da unten gesessen.« »Ich war's tatsächlich«, sagte ich. »Nein, du warst es nicht«, sagte sie. Und dann: »Aber es hörte sich wirklich ganz nach dir an.«

Wir hatten schon immer ein Klavier zu Haus, so weit ich mich zurückerinnern kann. Ich nahm Klavierunterricht, weil meine Mutter das wollte. Sie bezahlte fünfundzwanzig Cents für die Stunde, mehr nicht. Ich lernte, wie man die Übungen spielte, und ich konnte mich auch einfach dransetzen und nur so spielen. Das war schon eher meine Sache, das »Nur-so«-Spielen. Ich konnte fast jedes Lied, das ich mal gehört hatte, spielen. Ragtime hatte ich besonders gern, es war die große Masche damals, und ich brauchte nur jemanden, der mir etwas vorspielte, und ich fing sofort an, es nachzuspielen.

Natürlich konnte man damals auch die Lieder von den automatischen Klavieren nachspielen.

Aber ich nahm Klavierstunden. Dort habe ich auch gelernt, die Sachen zu lesen, ich meine nicht so, wie die Kinder heute Noten lesen, wenn sie aus der Schule kommen. Sie gehen zur Schule, und sie können fast alles vom Blatt lesen, was man ihnen vorlegt. Einfach so. Ich finde das wirklich erstaunlich. Ich habe nie viel Zeit damit verbracht, solche Dinge zu lernen. Ich habe nur ein paar Unterrichtsstunden bei einer Deutschen genommen, Miss Vandevere, und ich konnte solche Sachen wie *The Midnight Fire Alarm* spielen oder Teile aus *Rigoletto,* und dann spielte ich einfach weiter. Da war ich schon so weit, daß ich das spielen konnte, wozu ich wirklich Lust hatte. Ich dachte, ein bißchen Ragtime, war alles, was man brauchte.

Ganz früher wollte ich Schlagzeug spielen. Es gab da einen Typen, Chick Soundso, der spielte bei einigen von den Tanzpartys, zu denen mich meine Mutter immer mitnahm. Ich lernte ihn kennen, und er brachte mir ein paar Sachen bei, und kurze Zeit später ließ er mich während der Pausen am Schlagzeug sitzen. Danach war ich so versessen aufs Schlagzeug, daß mir mein Vater ein kleines Set kaufte. Es hatte eine kleine komische Schnarrseite und einen Baß, ein schwebendes Fußpedal, und beide hatten Kordeln an den Seiten, mit denen das Fell bespannt und gestimmt wurde. Es war kein Profi-Set, aber mir reichte es damals.

Ich hatte davor schon mal Schlagzeug gespielt als Begleitung für einen Pianisten, dessen Namen ich allerdings vergessen habe. Wir verdienten uns etwas Taschengeld mit solch kleinen Jobs in der Stadt und in der Umgebung. Damals mieteten sich viele Organisationen für ihre Bälle nur einen Pianisten und einen Schlagzeuger. Nach kurzer Zeit fing ich an, mit jedem Pianisten, der ein bißchen Tanzmusik spielen konnte, auf diesen Bällen als Schlagzeuger zu spielen.

Es war Sonny Greer, der später im Duke-Ellington-Orchester zu einem der besten und bekanntesten Schlagzeuger der Welt wurde, der mir ein für allemal die Idee, ein Schlagzeuger zu werden, aus dem Kopf schlug. Jedesmal wenn Greer zufällig aus Long Branch gekommen war, das nur ein paar Meilen entfernt liegt, und man ihn spielen ließ, gab mir das den Rest. Das geschah ein paarmal, und anschließend hatte ich nicht mehr die geringste Lust, noch mal das Tempo zu machen. Ich war klug genug, einzusehen, daß ich niemals so spielen würde wie er.

Ich will damit nicht sagen, daß er versucht hat, es mir wirklich auszureden oder dergleichen. Er war schon damals so gut, daß er nichts zu befürchten hatte. Er selbst hielt sich nicht für den großen Star, er war einfach nett, aber immer wenn er auftrat, wußten alle, daß er der Champ war. Er übernahm also den Laden, zog sein Ding ab, und mir war klar, daß das Schlagzeug nicht meine Sache war.

Er war zu jedem sehr nett, aber zu mir besonders. Er war etwas älter als ich, nicht viel, aber er spielte schon als Profi bei der Band von Chester Arthur, die immer nach Red Bank kam und auf dem alljährlichen Ball der Feuerwehrleute und anderen großen Veranstaltungen in dem Stil auftrat. Also zu mir war er besonders nett. Zum Beispiel fand da einmal in Asbury Park ein Klavierwettbewerb statt, und meine Mutter ging mit mir hin, und als wir ankamen, trafen wir auch Sonny Greer, der zu uns rüberkam und meinte: »Hei, ich begleite dich.« Und dann gewann ich den ersten Preis, aber ich glaube, daß er der Grund war. Ich glaube nicht, daß ich wirklich so gut war, sie gaben mir den Preis auch, weil ich noch so jung war und einfach daherstolziert kam, spielte und mit den Händen in der Luft rumwirbelte. Ich vermute, das war der Auslöser, und Greer im Hintergrund, der das Schlagzeug bediente. Ich hatte nämlich einige gehört, die vor mir dran waren, und die konnten wirklich Klavier spielen. Einer von ihnen hieß Corky, und er konnte damals sicher besser Klavier spielen als ich. Aber mit dem alten Greer als Unterstützung wählten sie mich.

Bevor Sonny auf Tour ging, als richtiger vollbeschäftigter Profischlagzeuger, spielten wir zusammen in Red Bank und Umgebung ziemlich viele Gigs. Wir machten sogar bei einem Drei-Tage-Spektakel auf der Varietébühne im Palace mit. Man organisierte damals öfter solche Amateurwettbewerbe, »Opportunity Nights«, und mein großer Kumpel, Raymond McGuire, gewann den Preis für Gesang. Daraufhin fragte ich Mr. McNulty, ob ich nicht für ein Wochenende mal eine Band zusammenstellen könnte, gemeinsam mit Raymond, und er war einverstanden. Ich schnappte mir also Greer und Duffin am C-Saxophon und Bill Robinson an der Violine, und das war eigentlich mein Einstand in das Showbusineß, und es lief einfach wunderbar.

Mit Bill Robinson teilte ich mir auch ein paar Jobs. Am Anfang der Saison ließ er mich noch auf dem Klavier spielen, aber wenn der Sommer so richtig losging, holten sie sich Freddy Tunstall, denn die Musik, die sie dann spielten, war etwas schwierig für mich. Freddy, der auf gleicher Stufe stand mit solchen Tastenvirtuosen wie Beetle, »the Lion« und James P. Johnson, konnte fast alles vom Blatt spielen, und er hatte auch ein paar hübsche Bühnentricks drauf, die ich mir merkte.

Eines Tages beschloß ich, meine eigene Tanzparty zu organisieren. Ich ließ Plakate drucken, Pop mictete für einen Abend die K & P Hall, Mama machte Sandwiches, und Pop verkaufte die Eintrittskarten. Dann ging ich los und holte mir Bill Robinson und Duffin, und Cricket spielte Schlagzeug. Nur gut, daß Pop die K & P Hall umsonst bekommen hatte, denn nachdem ich die Musiker bezahlt hatte, blieb nicht mehr viel Geld in der Kasse. Ich wußte eigentlich nicht, auf was ich mich da eingelassen hatte, ich wollte doch nur eine Party schmeißen, und das war mir auch gelungen.

Damals trug man kurze Hosen, Knieschoner oder Matrosenhosen, bis man etwa dreizehn war. Ich weiß nicht mehr genau, wie alt ich war, als ich meine erste lange Hose bekam, aber bei einigen Bällen bin ich noch in kurzer Hose aufgetreten. Manchmal mußten wir irgendeine Entschuldigung erfinden, damit ich überhaupt reinkam, weil ich doch so jung war. Als ich noch mit Sonny Greer rumlief, ließ er mich immer ein paar Sachen von seinem Schlagzeug tragen, damit ich überhaupt in das Ballhaus kam und spielen konnte.

Mein erstes Paar lange Hosen waren Matrosenhosen, die mit den schmalen Hüften und dem quergeknöpften Hosenschlitz, die unten einen weiten Schlag hatten. Ich kaufte sie mir selber und deponierte sie immer in Raymond McGuires Haus am West Bergen Place. Zu Hause konnte ich sie nicht tragen, das durfte man als Jugendlicher erst ab einem bestimmten Alter, sechzehn oder achtzehn. Man fing im Spielanzug an, dann kamen Kniebundhosen, die geknöpft wurden und vom Knie an geplustert waren. Manche Jungs trugen sie wie Baseballhosen, und wenn man sie herunterhängen ließ, dann galt das als besonders frech, und wenn man ein Bein hochgekrempelt hatte und das andere nicht, dann war das besonders sportlich, vor allem wenn man seine Schirmmütze zur Seite trug oder hochklappte oder nach hinten schob.

Die Erwachsenen nannten das »männisch«, und wenn sie sagten: »Na, du männischer Junge«, dann bedeutete das, daß man zu schnell erwachsen werden und von der Kontrolle der Eltern wegkommen wollte, aber was sie eigentlich meinten, war, daß man zu seinem eigenen Schaden zu schnell erwachsen werden wollte. Wenn man anfing, sich zu rasieren, wurde alles ganz anders. Wenn man so alt war, dann war man auch alt genug für lange Hosen. Es gab natürlich auch die Jungs, die nur so taten, als müßten sie sich rasieren, obwohl sie noch nicht einmal den kleinsten Flaum an ihrem Kinn hatten. Das erste Paar lange Hosen war damals eine verdammt wichtige Sache.

Der eigentliche Grund, warum ich die lange Hose bei Raymond McGuire ließ, war aber ein ganz anderer. Ich fing damals an, hinter den Mädchen herzulaufen, als ich mit ihm zusammen war, obwohl Raymond McGuire mir ein paar Jahre voraushatte. Aber wir zogen zusammen durch die Kneipen, er war der Sänger, und mich schleppte er als seinen Pianisten mit, und so kam ich in all diese Häuser, wo die Erwachsenen verkehrten und es in den oberen Etagen hoch herging.

Mein erstes Glas Alkohol trank ich auf einem Geburtstagsfest in Long Branch, als ich etwa fünfzehn oder sechzehn Jahre alt war, also noch kurze Hosen trug. Es war eine Geburtstagsparty für 'nen Typen namens Kid Nash, und sie wollten, daß ich ihnen was auf dem Klavier spielte, und ich sagte nein, und sie beknieten mich weiter, also sagte ich, sie sollten mir einen Drink besorgen, und ich meinte nicht Obstsaft oder so was. Sie gaben mir Gin, und ich spielte *The Japanese Sandman,* was damals ein ganz neues populäres Lied war und bis heute ein ganz nettes Lied geblieben ist.

Ich will nicht sagen, daß ich den Drink wirklich nötig hatte, um das Stück zu spielen. Ich würde eher sagen, ich war »männisch« und wollte beweisen, wie erwachsen ich schon war oder so. Dagegen erinnere ich mich an ein anderes Mal, als ich wirklich ganz nötig einen Drink brauchte. Das war, als ich zum erstenmal einen Pianisten namens Donald Lambert traf. Ich weiß nicht mehr, in welchen von diesen kleinen Städten das war, es war in irgend jemandes Haus, und ein paar von meinen Freunden aus Red Bank hatten mich eines Abends mitgeschleppt, weil ich gegen ihn am Klavier antreten sollte. Ich sollte ihn unter den Tisch spielen, und zwar gehörig. Wir traten also auf und fingen an, aber sobald ich den Kleinen spielen hörte, wußte ich, daß ich in der Tinte saß.

Ich verdrückte mich zurück in die Küche und bediente mich ein paarmal aus dem riesigen Topf, aus dem sie das »Säftchen« servierten. Als Lambert dann zum Ende kam und sie mich suchten, weil ich jetzt dran war, war ich schon voll drauf, und sie sagten genau das, was ich hören wollte. Sobald sie die Küche betreten hatten und meine verdrehten Augen sahen und wie ich mich festhalten mußte, um auf die Beine zu kommen, meinten sie: »Old Bill Basie kann heute nicht spielen, Mann. Sieh ihn dir doch an. Er ist besoffen. Er kann nicht spielen.«

Ich war natürlich nicht betrunken. Ich wußte sehr genau, was ich tat, und je mehr sie riefen, desto betrunkener tat ich. Sie hatten ja keine Ahnung, ob ich krank war oder ob ich mich gleich langlegen würde. Sie schafften mich also raus ins Auto und rasten zurück nach Red Bank, und erst als wir schon meilenweit aus der Stadt raus waren, gab ich ein Zeichen der Ernüchterung von mir. Je näher Red Bank rückte, desto nüchterner tat ich, und als wir zu Hause ankamen, saß ich wieder wie eine Eins in dem Auto.

So also sah meine erste Begegnung mit Don Lambert aus. Ich war noch mal mit knapper Not davongekommen. Ich glaube nicht, daß meine guten Kumpel irgendeinen Verdacht schöpften, aber ich konnte es nicht zulassen, mich vor ihren Augen von Lamb einsacken zu lassen, er war damals schon messerscharf. Ich brauchte nur ein paar Anschläge zu hören, und da wußte ich, daß ich mich mit ihm nicht messen konnte.

Damals mußte ich schauspielern, um an dem Abend nicht gegen Lamb antreten zu müssen, aber es gab noch eine Menge anderer Abende, an denen ich ganz und gar nicht schauspielerte und mich wirklich alle Kumpel nach Hause tragen mußten. Manchmal nächtigten sie alle in meinem Zimmer, und wenn es mehr als drei waren, mußten wir uns quer übers Bett legen. Eines Abends ließen mich Raymond McGuire und noch jemand einfach draußen auf der Treppe zurück, mit einer Lampe. Ich schaffte die Treppe noch, aber ich ließ die Lampe brennen. So kriegte das mein alter Herr heraus. Anderntags rief er mich zu sich.

»Was ist los mit dir, William?« fragte er, und ich konnte nur sagen: »Ich muß zuviel Saft getrunken haben, mir ist ganz schlecht.« Aber er meinte: »Riecht mir eher nach Gin.«

Wenn ich jetzt so drüber nachdenke, dann war das ziemlich cool, aber ich muß auch sagen, daß er das ziemlich locker sah, daß ich anfing, in die Kneipen zu gehen und gewisse Häuser aufzusuchen und die Buden draußen in Reavytown und Pine Bottoms. Ich vermute, daß er einsah, daß es keinen Zweck hatte, mir diese Dinge auszureden.

Mein Vater wollte unbedingt, daß ich mit ihm arbeiten ging, die Wohnungen putzen und den Rasen um diese dicken Landhäuser mähen, aber ich konnte mir so eine Arbeit für mich nicht recht vorstellen. Ich wußte, daß ich irgend etwas arbeiten mußte, denn er hatte es langsam satt, mich immer zu Hause rumhängen und meine Füße unter seinen Tisch strecken zu sehen, ohne daß ich was nach Hause brachte. Es wurde Zeit, daß ich für mich selber sorgte. So beschlossen also Elmar Williams und ich eines Tages, den Zug nach Asbury Park zu nehmen und dort unser Glück zu versuchen.

Leider hatten wir uns die falsche Jahreszeit ausgesucht. Wir hätten wissen müssen, daß man sich im Herbst da unten keinen Job suchen sollte, aber genau das taten wir. Natürlich waren wir auch abgehauen, weil wir so die Schule hinter uns lassen konnten. Wir hatten im Unterricht sowieso nur unsere Zeit totgeschlagen, unsere Gedanken kreisten nur ums Showbusineß und die Musik.

Ich weiß nicht, wie wir uns unser Leben da unten vorgestellt hatten, Corky Williams hatte noch immer sein Gästezimmer, aber da konnte man nicht einziehen, und zu oft dort auftauchen tat man auch nicht gern. Am Ende schliefen wir meist im Poolroom, wo wir auch tagsüber die meiste Zeit rumhingen. Eigentlich war Joe Browns Poolroom in der Springwood Avenue unser Ziel gewesen, als wir Red Bank verließen. Wir gingen hin und hingen zusammen mit den anderen Musikern rum, es war so der Dreh- und Angelpunkt, und dort erfuhr man auch, wo man Gigs spielen konnte.

Joe Brown hatte ich auf einer der Touren mit Bill Robinson, dem

Geigenspieler, kennengelernt. Er war ein ganz netter Typ, und er ließ uns ein paarmal übernachten. Am Tag trieben wir uns herum, aber abends, wenn langsam geschlossen wurde, fanden wir uns wieder im Poolroom ein, und wenn alle anderen verschwunden waren, schnappte sich Elmer Williams eine von den Bänken, und ich schnappte mir auch eine, und das war unser Hotelzimmer. Frühmorgens verdufteten wir wieder und kamen erst zurück, wenn auch die anderen wieder aufkreuzten.

Als zweites gab es ja auch noch die Essensfrage. Weil wir keinen Job fanden und uns das Ersparte ausging, war das von Anfang an ein Problem. Es wurde so schlimm, daß wir abwechselnd frische Brötchen aus den Weidenkörben klauten, die die Bäckereien an die Restaurants lieferten. Damals ließen sie sie noch draußen auf dem Gehsteig stehen oder der Rampe oder der Treppe, zusammen mit der Milch und der Zeitung und diesen großen Stücken Eis. Ich schätze, die Leute von den Restaurants prüften den Inhalt von den Körben nie nach, denn Elmer und ich holten uns immer gleich eine ganze Menge raus, und wir wurden nie geschnappt. Natürlich fielen wir nicht gerade jeden Tag über die gleiche Lieferung her.

Einmal jedoch entkam ich nur ganz knapp. Eines Morgens vor dem Water-Restaurant, ich wollte gerade eines von diesen warmen duftenden Brötchen, die einem das Wasser im Mund zusammenlaufen ließen, aus dem Korb nehmen, da schaute ich zufällig hoch und sah den Mann, der dort saubermachte. Ich konnte ihn nur noch verdutzt ansehen und blöd grinsen, aber ich glaube, er dachte, ich gehörte zum Personal. Er machte mit seiner Arbeit einfach weiter, aber für den Bruchteil einer Sekunde dachte ich: Jetzt hat er mich erwischt.

Auf die Dauer wurde es immer unangenehmer, sich in den Poolroom rein- und rauszuschleichen, wir wollten ja nicht, daß die anderen mitkriegten, wie knapp wir bei Kasse waren. Es wurde auch immer blamabler, Joe Brown nach den ersten Nächten noch offen ins Gesicht zu schauen. Nach einer Woche also gaben wir das Unternehmen auf und gingen zurück und verbrachten den Rest des Herbstes und den ganzen Winter in Red Bank.

Als Elmer Williams und ich zu Beginn der nächsten Sommersaison wieder nach Asbury Park fuhren, lernte ich einen Schlagzeuger namens Harry Richardson kennen. Er spielte einen netten kleinen Gig draußen vor der Stadt, in einem Straßenlokal, dem Hongkong Inn. Er stellte uns beide ein und außerdem noch einen Violinisten namens Jimmy Hill. Als der Sommer dann richtig losging, ließ sich die Sache für mich schon sehr viel besser an. Ich hatte sogar ein eigenes kleines Zimmer in dem Haus von Harry Richardson, was für mich unheimlich bequem war und wo ich immer eine ganze Menge Musiker traf.

Das Hongkong Inn wurde von einem Chinesen und seiner Familie geführt. Ich weiß nicht mehr, wie sein voller Name lautete, wenn ich das überhaupt jemals gewußt habe. Alle nannten ihn einfach Mr. Ah Kee. Vom ersten Augenblick an war er immer sehr nett und freundlich zu mir, er erkundigte sich nach meiner Familie, und ich merkte gleich, daß das nicht aus Neugier geschah, sondern aus wirklichem Interesse.

Ich habe gern für ihn gearbeitet, und auch mit seinen beiden Brüdern verstand ich mich gut. Einer hieß Tommy, der andere Johnny. Beide waren immer sehr nett, aber Johnny ist mir wegen eines Geschenkes besonders im Gedächtnis geblieben. Das werde ich nie vergessen! Es war ein Anzug aus Rohseide, wirklich das schärfste Teil, das ich jemals gesehen hatte. Der Stoff war so fein, daß man das ganze Ding aufrollen konnte und es in der Tasche Platz hatte, und wenn man es anziehen wollte, brauchte man es nur aufschütteln. Diesen Seidenanzug habe ich jahrelang getragen.

Das Hongkong Inn war ein Rasthaus, aber nicht eins von den gewöhnlichen, sondern ein ziemlich schicker Laden. Die Saison hatte gerade erst begonnen, als schon ein bißchen Aufregung in den Laden kam. Eines Abends betrat eine Gruppe Matrosen das Haus und machte uns die Hölle heiß, und ich glaube, jemand bat sie, zu gehen, und dann weiß ich nur noch, daß sie alle draußen rumlungerten und jedem, der ging, Prügel androhten.

Ich nahm sie beim Wort, denn sie sahen tatsächlich so böse aus, wie sie sich anhörten, und sobald wir mit der letzten Nummer fertig waren, verdrückte ich mich durch den Hintereingang, rannte die Straße runter und versteckte mich in der Nähe vom Strand in ein paar Büschen. Harry Richardson konnten sie keine Angst machen, er kam nach draußen und stellte sich ihnen. Natürlich schlugen sie ihn übel zusammen, aber im Laufe der Schlägerei kriegten einige von ihnen auch ganz schön ihr Fett ab, und er drosch und schlug so lange um sich, bis auch der letzte endlich weg war.

Danach verlief alles ziemlich ruhig im Hongkong Inn, bis etwa Mitte des Sommers, dann änderte sich eine »Kleinigkeit«. Ein Pianist namens Johnny Montague aus New York kam nach Asbury Park. Er blieb einige Zeit in der Stadt, und ich hörte ihn und wußte, wie gut er war. Er konnte Klavier spielen! Er konnte verdammt gut Klavier spielen, und das sprach sich rum, und dann, als ich eines Abends zur Arbeit kam, saß er schon am Klavier, und ich wußte sofort, was das bedeutete. Brauchte mir keiner zu erklären.

Ich glaube, ich habe nicht einen Takt versäumt. Ich machte kehrt und ging ins Büro von Mr. Ah Kee und erzählte ihm, daß ich gern draußen die Autos in die Parkplätze einweisen würde. Es war das erstemal, daß jemand einfach aufkreuzte und mir einen Gig weg-schnappte. Es sollte nicht das letztemal gewesen sein, nicht mal in dem Sommer. Es waren keine Hintergedanken dabei, wenn man das machte, es galt nicht als schmutzig oder gemein damals. Es lief nun mal so, und alle hielten sich dran. Wenn man irgendwo spielte und es kreuzte jemand anders auf und fegte dich vom Fenster, dann hatte er deinen Gig übernommen.

Als Johnny Montague im Hongkong Inn meinen Job übernahm, fing ich also an, auf dem Parkplatz zu arbeiten. Aus irgendeinem Grund, ich habe vergessen, warum, wußte ich, daß das ein gutes Geschäft für mich war. Ich wollte auf keinen Fall zurück nach Red Bank, und ich arbeitete auch gern für Mr. Ah Kee und seine Brüder, und irgendwie hatte ich die Vorstellung, daß sich der Job da draußen für mich ganz günstig erweisen würde – und ich sollte recht behalten.

Ich stellte mich also nach draußen und parkte die Wagen ein, und nach kurzer Zeit machte ich mehr Geld, als die Leute aus der Band für ihre Musik bekamen. Ich nahm die Wagen in Empfang, wenn sie in die Einfahrt fuhren, ließ die Fahrer in der Nähe des Eingangs aussteigen, ging einmal mit einem Staubwedel drüber, parkte sie dann, machte sie drinnen sauber, und als die Fahrer wieder zurück-kamen, holte ich sie oder begleitete sie zu den Wagen, und die Trinkgelder waren jedesmal riesig.

Manchmal sprang bei diesen »Sozialleistungen« sogar noch mehr raus. Wenn jemand voll aus der Kneipe kam und es nicht mehr allein zu seinem Wagen schaffte, nahm ich ihn untern Arm und legte ihn ins Auto.

So ein Kunde konnte die ganze Nacht aufwiegen. Ich weiß nicht, wie das Geld aus seiner Tasche in meine kam, aber irgendwie tat es das immer, und der Kunde war einfach zu voll, um es zu vermissen oder noch auszugeben, besonders wenn ich ihm noch ein bißchen über den Kopf ging. Wenn er aufwachte, waren Geldbörse, Uhr und Schmuck immer noch da. Das rührte ich nicht an. Aber das Bargeld in seiner Tasche, wenn er aus der Kneipe kam und zu voll war, um es noch zu seinem Auto zu schaffen, das nahm ich mir als Trinkgeld fürs Helfen.

Das war ein Gig! Als Johnny Montague spitzkriegte, wie gut ich bei dem Job abschnitt, bot er mir an, zu tauschen. Aber ich sagte nur: »Nein, Mann, du spielst Klavier. Das ist jetzt mein Job.«

Aber ich konnte einfach nicht zu lange ohne Klavier auskommen, da konnte das Geld noch so gut sein. Ende des Sommers konnte ich mit einer anderen Band in einem anderen Club auftreten, und ich nahm den Job an. Ich hab' den Namen des Clubs vergessen, aber der Job war gut, und ich verdiente nicht schlecht.

Zum Schluß ließ die Arbeit wieder nach, und schon bald fanden Elmer Williams und ich uns wieder in Joe Browns Poolroom ein, und wechselten uns wieder ab im Frühaufstehen, um die Lieferungen an die Restaurants nicht zu verpassen. Doch nach einer Woche hatten wir das Gefühl, daß wir auch Joe Brown auf den Wecker fielen.

Eines Nachmittags saßen wir draußen vor der Tür und vertrieben uns die Zeit, schauten dem Verkehr zu und warteten darauf, daß etwas passierte, als ein großer langer Cadillac in den Block einbog, langsam vorbeifuhr und dann auf dem Gehsteig ein paar Häuser weiter parkte. Am Steuerrad saß ein scharfer Typ, und er hatte zwei gutaussehende Frauen, ich meine wirklich gutaussehende und dufte Frauen, bei sich. Ich weiß nicht mehr, warum sie anhielten, aber es sah so aus, als ob sie entweder auf dem Weg zum Strand waren oder gerade von da kamen.

Auf jeden Fall hielten sie an, um was weiß ich zu erledigen, ich blieb sitzen und schaute kurz hin, und plötzlich höre ich, wie Elmer Williams sagt: »Hei, sieh an, mein Onkel Ralph.«

Ich habe bestimmt zunächst nicht geantwortet, blieb immer noch sitzen und schaute mir weiter den scharfen Typen in dem schönen Auto mit den zwei umwerfenden Bräuten an, als Elmer mich anstieß und es noch mal sagte, und ich: »Dein was bitte?«

»Mein Onkel Ralph.«

»Was soll das, Elmer? Mann, natürlich, dein Onkel Ralph!«

»Doch, kein Witz. Klar, das ist mein Onkel Ralph.«

»Beweis es«, sagte ich. »Das mußt du mir beweisen, Elmer. Das mußt du mir auf der Stelle beweisen.«

Elmer stand auf, ging auf den Wagen zu und sagte: »Hallo, Onkel Ralph«, und der Mann am Steuerrad sah ihn an, lächelte und hielt dann seine Hand hin und sagte: »Elmer. Hallo Elmer!« Ich traute meinen Ohren nicht.

Der Mann fragte, was er denn hier so mache, und Elmer erzählte ihm, daß wir hier in der Umgebung als Musiker arbeiteten, und sein Onkel meinte: »Ist ja schön. Sehr schön.« Sie unterhielten sich weiter, und mittlerweile war ich auch dazugekommen. Als dann Onkel Ralph sagte: »Wo wohnst du denn? Wohnst du hier in der Nähe? Bist du irgendwo untergekommen?«, war ich bereit.

Elmer hatte kaum ja geantwortet, als ich ihm das Wort abschnitt. »Nein, ist er nicht.« Ich sagte: »Glauben Sie ihm nicht. Wir haben kein Zimmer.«

So eine einmalige Gelegenheit wollte ich mir dann doch nicht durch die Lappen gehen lassen, und ich wußte, daß Elmer genausowenig weiter auf den Bänken im Poolroom schlafen wollte wie ich. Also sagte ich ihm auch noch, daß wir augenblicklich keine Arbeit hätten. Ich hatte nämlich die Hoffnung, daß wir wenigstens etwas Bargeld abstauben könnten, aber eigentlich erwartete ich sogar mehr. Der Typ sah so aus, als hätte er es dicke, und ich wußte nur, daß wir abgebrannt waren.

Und, wie erwartet, das nächste, was Onkel Ralph sagte, war, wenn wir noch nirgendwo abgestiegen wären, in seinem Haus gäbe es reichlich Platz, warum wir also nicht rüber zu ihm kämen und erst mal dort wohnten. Sobald Elmer seinen Mund aufmachte und anfing: »Also, wir brauchen kein . . .«, fiel ich ihm wieder ins Wort und sagte: »Doch, doch, wir brauchen sehr wohl.« Und Onkel Ralph antwortete: »Also, kommt mit. Holt eure Taschen.« Und ich: »Wir haben keine Taschen. Wir können jetzt gleich einsteigen.«

Wir hatten schon ein paar Sachen, zum Beispiel ein paar Hosen und Schuhe und ein paar Hemden und Unterzeug bei Harry Richardson. Sein Saxophon hatte Elmer natürlich dabei, aber mehr hatten wir nicht in der Poolhall, wir stiegen also ein, machten kehrt, holten unsere Sachen bei Harry ab und wohnten ab dann im Haus von Onkel Ralph, das in einem anderen Teil der Stadt lag. Wir blieben dort für den Rest unserer Zeit in Asbury Park.

Es war ein sehr großes Haus mit vielen Räumen und außerdem sehr schön möbliert. Es gab einen großen Wohnraum mit Sofas und Stühlen, einem Tisch in der Mitte und auch einem Klavier – in den meisten Häusern stand damals ein Klavier. Es war fast wie ein normales Möbelstück, entweder ein Klavier oder eine Orgel mit Fußpedalen, wie man sie in religiösen Haushalten bei Andachten benutzte. Dann gab es noch ein großes Eßzimmer und dahinter eine Küche, von der aus eine Tür zu der hinteren Terrasse und dem Hinterhof führte. Ich weiß nicht mehr, wieviel Schlafzimmer das Haus hatte, unten waren welche und oben noch mehr, und auf beiden Etagen gab es Toiletten.

Ich will mich nicht näher darüber auslassen, was für ein Geschäft Onkel Ralph betrieb, aber es schwirrten immer eine Menge sehr gut aussehender und überaus freundlicher weiblicher Wesen herum, und laufend gingen Besucher ein und aus, und alle waren sie sehr zuvorkommend gegenüber uns. Das war schon eher was für mich. Onkel Ralph war eigentlich ein cleverer Geschäftsmann, alles lief ziemlich cool ab. Er mochte uns, und wir verstanden uns gut.

Die Zeit in dem Haus war für uns eine echte Erholung, und wir gingen locker an die Sache ran. Wir lernten viele gute Freunde kennen und sammelten reichlich Erfahrung, die für uns Youngster, die es mal in der Welt des Showbusineß zu etwas bringen wollten, sehr von Nutzen war. Die Sache mit der Unterkunft war aber nur ein Problem, das hatten wir jetzt gelöst. Das wichtigste war, einen festen Job irgendwo zu finden, wo man spielen konnte. Deswegen waren wir ja aus Red Bank weg, und das wollten wir nicht aufgeben. Wir waren Musiker, und wir dachten nicht daran, unseren Lebensunterhalt mit etwas anderem zu verdienen.

Ab und zu gab es in der Umgebung schon mal ein paar kleine Gigs, aber nichts Festes, denn die Saison war fast vorbei, und viele Lokale machten schon dicht. Unsere Situation war im Vergleich zu dem Jahr davor schon viel besser, aber wir kamen auch nicht weiter, und wieder nach Hause zu gehen, daran wollten wir lieber nicht denken. Allein die Vorstellung, wieder in die Schule zu gehen, trieb uns in die andere Richtung, egal, wie hart es auch werden würde.

Eigentlich ist es für mich nie eine Frage gewesen, etwas anderes als Musik zu machen. Die einzige Frage für mich lautete, wo ich als nächstes spielen würde.

Damals lernte ich auch Willie Gant kennen. Als er in die Stadt kam, um dort zu arbeiten, wohnte er neben uns, und ich besuchte alle Lokale, in denen er auftrat, nur um ihn spielen zu hören. Er redete jeden mit Mac an, und wir nannten ihn alle Gantie.

Kurz nachdem ich die Bekanntschaft mit ihm gemacht hatte, kam auch Don Lambert nach Asbury Park, um dort in einem Lokal zu arbeiten, und ich erinnerte mich wieder an ihn, und wir freundeten uns an. Eines Tages brachte ich ihn mit nach Haus, und als er anfing, auf dem Klavier herumzuspielen, ging ich raus und holte Gant, er sollte mal vorbeikommen, wir hätten da so einen kleinen Typen, der wirklich toll Klavier spielen könnte. Er zog sich seinen Bademantel über, sprang über den Zaun und meinte: »Na, da laß uns doch mal sehen, wer das ist.« Gant war halt ein ziemlich cooler Typ.

Lamb machte noch immer ein bißchen rum, spielte kleine Sachen, und Gant hörte ihm zu, dann nahm er Platz, spielte ein bißchen und brachte etwas Feuer in die Sache. Dann stand er auf, und Lamb setzte sich wieder dran und feuerte weiter an mit *Keep Off the Grass* oder *Harlem Shout*. Jedenfalls haute er in die Tasten. Gant stand da und hörte zu, dann drehte er sich zu mir um und sagte: »Wo hast du den denn her, Mac?«, und ich meinte nur, ich hätte ihn mal eines Nachts irgendwo getroffen, vor ein paar Jahren oder so.

Dann war Gant wieder dran, und er stellte ihm nach. Ich weiß nicht mehr, was er spielte, aber es kam mir vor, als ob er von da

weiterspielte, wo Lamb abgebrochen hatte, und es war toll. Es wurde
eine wahnsinnige Session, und als sie vorbei war, sagte der alte Gant
nur: »Also, der ist in Ordnung, Mac.«

Schließlich lief uns das Glück wieder zufällig über den Weg. Einer
von den Leuten, mit denen wir in Joe Browns Poolhall öfters gespielt
hatten, war Koch in Harlem. Er hieß Smitty und arbeitete während
der Saison in einem der Hotels, und nach kurzer Zeit hatten wir uns
angefreundet. Er war ganz verrückt nach Musik, und er achtete
immer darauf, daß wir auch was Gutes zu beißen abkriegten, nur
weil wir Musiker waren. Er erzählte auch immer gern von den tollen
Kneipen und Showbühnen in Harlem, und aus seinem Mund hörte
sich das alles so großartig an, daß man nur von dem Tag träumen
konnte, an dem man so gut war, selbst dort aufzutreten.

Das war natürlich genau der Effekt, den er beabsichtigte. Als er
uns dann noch einige Male gehört hatte, ermunterte er uns, nach
New York zu gehen. Er machte uns nicht vor, daß wir nun die
tollsten Musiker der Welt wären, aber er hielt uns für gut genug, in
einem der Lokale dort einen Job zu kriegen. Wir zogen das dann auch
ernstlich in Erwägung. Ich erinnere mich sehr genau daran, denn als
wir uns dann endlich dazu durchgerungen hatten, nach New York zu
gehen, stürzte sich Elmer Williams in die Arbeit und lernte, in allen
Tonarten zu spielen. Ich konnte ja schon so ungefähr alles spielen,
was ich einmal gehört hatte, und ich dachte, den Rest würde ich
schon unterwegs dazulernen.

Als es Ende des Sommers immer schwieriger mit den Jobs wurde,
war Smitty immer noch da. Das Lokal, in dem er kochte, hatte noch
geöffnet, und Elmer Williams und ich statteten ihm in seiner Küche
natürlich unsere regelmäßigen Besuche ab, um zu hören, was er
wieder von New York erzählte, und, na ja, das Essen war auch nicht
schlecht. Schließlich machte er uns eines Tages ein wirklich großes
Angebot, das einfach zu schön war, um es auszuschlagen.

Er meinte, wenn wir ernsthaft daran dächten, in New York unser
Glück zu versuchen, dann könnten wir gern vorübergehend in seiner
Wohnung wohnen. Er würde in ein paar Tagen nach Hause fahren,
und wir brauchten ihm nur zu sagen, wann wir vorbeikämen. Natürlich hatten wir unsere Zweifel, ob wir für so eine Riesenstadt wie

New York überhaupt gerüstet waren, aber andererseits waren wir auch neugierig und freuten uns auf alles, was wir dann endlich erleben würden. Je länger wir darüber nachdachten, desto größer wurde der Wunsch, nach New York zu gehen. Wir beschlossen also, daß die Zeit gekommen war und wir den Sprung wagen sollten.

Ich erinnere mich, daß ich noch eine kleine Angelegenheit zu erledigen hatte, bevor ich Asbury Park verließ. Auf dem Weg zu einem der Lokale, wo ich damals immer mal wieder spielte, hatte ich in einem Secondhandshop einen Smoking entdeckt. Ich überprüfte meine Finanzlage und fand, daß ich mir den leisten konnte, und kaufte ihn. Ich glaube, ich bezahlte vier Dollar. Er hatte hier und da ein paar Stopfstellen und ein paar Flicken, aber ich hatte einen »Monkey Suit«, auch »Pinch Back« oder »Jazz Back« genannt, und ich hielt mich für ziemlich schick.

Auf Tournee mit »Hippity Hop«
(1923–1925)

Gegen Ende des Sommers fuhren wir nach New York. Als wir
ankamen, holte uns Smitty vom Bahnhof ab und begleitete uns in die
Stadt. Unsere erste Adresse war in der 2150 Seventh Avenue,
zwischen der 127. und der 128. Straße in Harlem. Die Wohnung lag
im dritten Stock, und in den ersten Tagen gingen wir nicht aus, wir
wußten einfach nicht, wo wir hingehen sollten. Smitty hatte uns
immer wieder erzählt, wie toll New York für Musiker wäre, aber die
einzige Adresse, die er uns gegeben hatte, war seine eigene.

Es dauerte eine Weile, bis wir uns zurechtfanden, und ich erinnere
mich, daß ich mich zuerst nur bis zum Alhambra Theatre traute, das
nur einen Block weiter lag, an der Ecke zur 126. Straße. Sonst weiß
ich nur noch, daß wir immer nach unten gingen, auf den Balkon, wo
die anderen Mieter von der Dämmerung an bis in den späten Abend
zusammensaßen und sich unterhielten. Ich hockte auf dem Geländer
oder auf der Treppe und schaute mir die Passanten an, die auf dem
Gehsteig vorbeischlenderten, oder den Verkehr auf der Seventh
Avenue.

Das Alhambra Theatre zählte damals zu den wichtigsten Showbühnen der Stadt, viele der größten Stars aus der Unterhaltungsbranche traten dort auf. Einen Tag nach unserer Ankunft ging Smitty mit
uns dahin, und ich sah zum erstenmal eine Showband im Orchestergraben. Die Nummer werde ich nie vergessen, es war ein schwarzes
Tanzteam, ein Junge und ein Mädchen, das den Eintrittspreis wirklich wert war, fand ich wenigstens. Die Nummer hieß *Cut Yourself a
Piece of Cake,* ein zu der Zeit beliebtes Lied. Als sich der Vorhang
hob, sah man einen riesigen Kuchen auf der Bühne, und als das

Spotlight drüberschwenkte, öffnete sich der Kuchen, und heraus kamen der Junge und das Mädchen und brachten mit ihrer Tanzeinlage das Publikum zum Rasen.

Das war die größte Bühnenshow, die ich bis dahin gesehen hatte. Sie gefiel mir sehr gut und auch Elmer, trotz der Tatsache, daß man als Schwarzer nur durch den Seiteneingang in der 126. Straße hineinkam und daß man nur auf dem Balkon sitzen durfte. Das hatte ich in Harlem, ehrlich gesagt, nicht erwartet, aber es war nun mal so, und das Alhambra war damals nicht das einzige Theater in der Seventh Avenue, das getrennte Sitze hatte.

Wenn man aus dem Fenster nur einen Block weiter runterschaute, sah man, daß sich das Haus, in dem wir wohnten, genau am südlichen Stadtrand vom damaligen Harlem befand. Die Welt hörte sozusagen mit der 126. Straße auf, weiter ging man nicht. Mit der 125. Straße betrat man ein fremdes Revier. Man durfte damals als Schwarzer noch nicht in das Theresa-Hotel, und das Apollo Theatre war ein Varieté, das unter dem Namen Hurtig and Seaman's Apollo lief. Frank's Chophouse war schneeweiß, tabu für Schwarze, auch das Braddock-Hotel, 126. Straße, Ecke Eigth Avenue, da, wo die New York Giants, das Baseballteam, immer abstiegen.

Woran ich mich besonders aus der ersten Zeit in New York erinnere, ist, daß wir oft stundenlang auf dieser Treppe saßen oder auf dem Terrassengeländer und nur einfach in die Gegend rumschauten und zuhörten. Wir kauften nicht einmal in einem der Läden in der Nachbarschaft ein, alle Mahlzeiten nahmen wir in der Wohnung ein. Freund Smitty, der ja Koch von Beruf war, hatte vom ersten Tag an klargestellt, daß das auch zu der Einladung gehörte. Seine Küche war immer voll mit leckeren Sachen − warum also wegen eines Sandwich in ein Restaurant gehen? Das Ganze war uns nur recht, denn wir mußten zusehen, so lange wie möglich mit dem wenigen Geld, das wir hatten, auszukommen.

Von dem, was hinter der 125. Straße vor sich ging, hatten wir keine Ahnung, wir unternahmen auch keine Sightseeing-Tour, um mal einen Blick auf die großen Gebäude und den ganzen Verkehr im Zentrum oder in Lower Manhattan zu werfen. Man wußte eben, daß es das gab, und wenn man jeden Morgen mit dem Bewußtsein aufwachte, daß man ja immerhin in New York war, dann genügte das schon. Aber ich war ja auch nicht in die Stadt gekommen, um mir alles anzusehen. Was Elmer Williams und mich wirklich beschäftigte, war die Frage: Wo können wir Musik machen? Das wichtigste war, den Kontakt mit anderen Musikern und Leuten aus dem Showbusineß herzustellen, das mußten wir zuerst angehen.

Am nächsten Sonntag hatten wir uns überlegt, wollten wir raus und Harlem erkunden. Wir merkten uns ein paar Orientierungspunkte und begannen mit der Seventh Avenue. Wir kamen am Lafayette Theatre vorbei, zwischen der 131. und 132. Straße, dann ging es weiter über die 135. Straße hinaus bis zur 138., wo an der Ecke das Renaissance-Casino lag, das von der sogenannten Strivers' Row nur einen Katzensprung entfernt lag. Als ich mich umsah, hatte ich das Gefühl, daß wir langsam zum Zentrum von Harlem vordrangen.

Nach ein paar weiteren Schritten standen wir an der Ecke 140. Straße, dort bogen wir links ab und gingen den Block runter zur Lenox Avenue, die damals so etwas wie die Hauptstraße von Harlem war, und an der nächsten Ecke standen wir dann vor dem Capitol Palace. Zum Eingang mußte man eine Treppe runtersteigen, und davor, auf dem Bürgersteig, stand eines von diesen Sandwich-Schildern, auf denen damals immer die Speisekarte des Restaurants angeschlagen war. Dieses Schild aber war eine Werbung für die Nachmittagsvorstellung am gleichen Tag. Die Band, die da spielte, hieß The Washingtonians, und als wir da so rumstanden und uns fragten, wer das denn wohl sei, hörte ich hinter mir eine bekannte, lustige Stimme:

»Hei, ihr Bauern, was hat euch denn hierher verschlagen?«

Ich drehte mich um und sah Sonny Greer aus Long Beach, ausgerechnet der kam die Treppe zum Eingang hoch. Er war wie immer scharf gekleidet und wie immer blendender Laune. Sonny blieb einfach Sonny.

»Hei, was macht ihr zwei Dörfler denn hier, in so einer großen Stadt?« meinte er, und dann: »Hei, Cousin, was soll man dazu sagen, Cousin?«

Ich glaube, das war das erstemal, daß er mich so nannte. Von da an redeten wir uns immer gegenseitig mit Cuz an. Es stellte sich dann heraus, daß er Schlagzeuger bei den Washingtonians war und

daß sie einen festen Gig im Kentucky-Club hatten, am Broadway,
49. Straße.

Seit unserem letzten Treffen in New Jersey war er mit Wilmer
Gardner unterwegs gewesen, einer weißen Band. Bei einem Auftritt
in einem Theater in Washington hatte er einen Pianisten namens
Duke Ellington kennengelernt und einen Saxophonisten, Otto Hardwick, blieb eine Weile bei ihnen, spielte mit ihrer Band und freundete
sich mit ihnen an. Dann kamen sie nach New York, um sich Wilber
Sweatman anzuschließen, saßen aber nach kurzer Zeit auf dem
trockenen, und Duke Ellington mußte wieder zurück nach Washington. Jetzt aber waren sie wieder alle zusammen und dabei, sich einen
Namen zu machen.

Sonny Greer war nur nach draußen gekommen, weil er in der
Pause mal frische Luft schnappen wollte. Wir standen auf dem
Bürgersteig, erzählten uns die bekannten Lügengeschichten, über die
alten Zeiten in New Jersey und brachten uns gegenseitig auf den
neuesten Stand. Als es dann Zeit wurde für ihn, wieder zurück zu
seiner Band zu gehen, nahm er uns beide mit rein. Auf diese Weise
traf ich zum erstenmal Duke Ellington. Ich glaube, Bubba Miley
spielte Trompete und Charlie Irvis Posaune, genau weiß ich das nicht
mehr. Hardwick spielte Altsaxophon, da bin ich sicher, aber was
Arthur Whetsol und Elmer Snowden spielten, weiß ich nicht mehr.

An diesem Nachmittag traf ich auch einen anderen Musiker zum
erstenmal. Er war zu der Zeit der Pianist des Hauses, und er hieß
Willie »the Lion« Smith. Er war der Lion und der King, und wenn er
auftrat, hieß es, »the Lion« hält hof, und genau das machte er, und
zwar gekonnt. Jeder wußte, daß »the Lion« und James P. Johnson
zwei der besten Klavierspieler in der Stadt waren, in einer Stadt, in
der es von guten Musikern nur so wimmelte: Beetle Henderson,
Lippy Boyette, Willie Gant und Lucky Roberts, um nur einige zu
nennen. Jeder, der da Klavier spielen wollte, mußte erst mal an ihm
vorbei, und er war gnadenlos.

Da ist noch etwas, an das ich mich erinnere, und zwar an den
neuen Tanzschritt, der in einer der Nummern während der Vorstellung im Capitol Palace auftauchte. Er hieß Charleston und war
gerade die neue Mode in den Ballsälen, denn in dem Broadway-
Musical »Running Wild« war er zu einem großen Hit geworden. Der

ungeschlagene Champion im Charleston aber war ein Typ namens Brownie, seine Nummer hatte den Titel *The Three Browns,* und die sah ich mir damals in der Vorstellung an.

Als wir wieder nach draußen kamen, war es acht Uhr, die Straßenlampen brannten schon, und es herrschte reger Sonntagsverkehr. Wir gingen die Lenox Avenue herunter, bis zur 135. Straße, wo uns der Stadtverkehr entgegenkam, und unterhielten uns über die Show und über unseren Kumpel Sonny Greer und wie er sich langsam im Geschäft mauserte. Nicht einmal zwei Blocks weiter hörten wir aus einem anderen Kellerlokal schon wieder Musik. Wir blieben stehen und hörten vom Bürgersteig aus zu, dann stiegen wir die Treppe hinunter, traten ein, setzten uns und bestellten Ginger-ale. Wenn man sich zu der Zeit dort aufhielt, mußte man etwas bestellen. Und damit fing für mich und Elmer Williams etwas ganz Neues als Profimusiker an.

Ich weiß nicht mehr, aus wieviel Leuten die Band bestand, vielleicht aus vier oder fünf, sicher waren es nicht mehr als sechs. An den Posaunisten erinnere ich mich jedoch gut, er hieß Lou Henry und war der Leader. Nachdem sie mit dem Set fertig waren und von der Bühne kamen, ging ich zu ihm und stellte mich vor.

Wir unterhielten uns eine Weile, und er schien ein ganz netter Kerl zu sein, und so rückte ich bei der ersten Gelegenheit gleich raus. Ich fragte ihn, ob ich nicht ein paar Stücke mal mitspielen könnte. Ich hatte nämlich sehr genau zugehört und war mir sicher, daß ich den Klavierspieler ohne Schwierigkeiten einstecken würde. Ich wollte endlich mal den Anfang machen, und nachdem ich auch noch zufällig Sonny Greer getroffen hatte, konnte ich es kaum erwarten, mein Können unter Beweis zu stellen.

Ich hatte Lou Henry gesagt, daß ich Pianist wäre, und als ich dann fragte, ob ich nicht mal einspringen könnte, schob ich noch hinterher, daß mein Freund Elmer Williams Saxophon spielte. Er meinte, das sei ja ganz schön, aber sie wären erst später wieder dran und dann könnten wir beide ja was spielen, wenn wir bis dahin zurück wären. Das war uns nur recht. Elmer hatte nämlich sein Horn nicht dabei. Ich sagte, wir wären pünktlich wieder da, und wir fanden auch den Weg zurück zum Haus 2150, Seventh Avenue, holten das

Saxophon und sagten Smitty Bescheid, was los war, und als es Zeit wurde, warteten wir schon und Smitty mit uns.

Als Lou Henry sah, daß wir zurückgekommen waren, war er ziemlich erstaunt, und er sagte so etwas wie: »Na, so was, ihr seid doch tatsächlich zurückgekommen?«, und ich meinte nur, wir könnten jederzeit loslegen. Er sagte dann: »Okay, wir werden sehen« oder so ähnlich. Ein paar Minuten später kam er von seiner kurzen Unterredung mit dem Manager zurück und meinte, wir könnten jetzt sofort spielen, es sei schon Zeit für das nächste Set und der andere Pianist wäre noch nicht zurück.

Elmer Williams packte also sein Horn aus dem Koffer, und wir folgten Lou Henry auf die Bühne. Ich drehte mir den Stuhl zurück, Elmer stimmte sich ein, und als wir mitten in der ersten Nummer waren, fing ich mit meinen kleinen Kunststückchen an, die ich von Freddy Tunstall abgeguckt hatte, machte ein paar rasante Durchläufe, warf die Hände in die Höhe und wedelte mit den Fingern. Ab und zu stand ich sogar vom Stuhl auf und schaute umher, ohne aus dem Rhythmus zu kommen. Ich hatte alles parat, und Elmer Williams kam auch ganz gut voran. Ich spürte, daß uns das Publikum mochte, und sah, wie sich auch die anderen Musiker anerkennend zunickten: »Hm, nicht schlecht«, und Smitty war natürlich auch zufrieden.

So kam ich zu meinem ersten Auftritt in New York, und als wir von der Bühne kamen, fragte Lou Henry, wo wir denn spielen würden. Ich antwortete: »Bis jetzt noch nirgendwo« und daß wir gerade erst aus Asbury Park rübergekommen wären und noch dabei wären, uns hier mal umzusehen. Und was er dann antwortete, war genau das, was ich hören wollte. Er fragte, ob wir Lust hätten zu reisen, mit einer großen Show rumzufahren, und ich meinte: »Aber klar.« Er gab mir die Adresse einer Probebühne in der Lenox Avenue, 141. Straße, wo in der folgenden Woche die Proben für eine Show, in der er eine Nummer hatte, stattfinden sollten.

Die Bühne lag im ersten Stock des gleichen Gebäudes, in dem später der Cotton-Club aufmachte, genau gegenüber dem Capitol Palace auf der Lenox Avenue. Wir fanden den Weg sofort, und Lou Henry freute sich, uns wiederzusehen. Ich war überhaupt nicht nervös, obwohl das meine erste Probe für eine Show war. Ich trat einfach auf die Bühne und wiederholte meine kleine, knallige Nummer und machte mir keine Gedanken, daß ich hier vielleicht meine große Chance verpassen könnte. Wenn ich mehr Ahnung gehabt hätte, hätte ich mir wahrscheinlich schon Gedanken gemacht, aber wir waren da so schnell hineingeraten, daß ich nur die Gelegenheit sah, mit einer Nummer in einer Show durch die Lande zu ziehen.

Eigentlich handelte es sich um eine Nummer in einer Varieté-show, die sich wieder sammelte, um unter der Regie der Columbia Circuit auf Tournee zu gehen, Theaterleuten auch als »Columbia Wheel« bekannt. Die Show hieß »Hippity Hop« und trat in den besten Varietétheatern der Agentur auf. Ich wußte damals nicht viel über Columbia Circuit oder Keith Circuit, ich wußte nur, daß man auf diese Art in vielen Städten rumkam, und das hatte ich schon als kleines Kind immer gewollt, wenn ich beim Zirkus rumhing.

Allen, die irgendwas mit der Probe zu tun hatten, schien das zu gefallen, was wir machten, und als ich sah, daß sie uns nehmen wollten, flüsterte ich Elmer Williams zu, er solle mir die Verhandlungen überlassen. Elmer hatte keine Ahnung, wie man das Geld aus den Leuten herausholte, und offen gesagt, machte er sich damals nichts aus Geld, Hauptsache, er konnte spielen.

Ich hielt mich für einen gewandten Redner und »Überredner«, wenn es ums Handeln ging, also nahm ich die Sache in die Hand. Als Lou Henry großartig ankündigte, er wolle uns jetzt mitteilen, wie hoch die Gage für uns sei, fiel ich ihm ins Wort und meinte, wir kämen auf keinen Fall mit, wenn wir nicht mindestens vierzig Dollar die Woche bekommen würden.

Ich sah, wie überrascht er war, aber darauf war ich gefaßt. Ich wiederholte unsere Forderung also noch mal, und er schaute mich an und meinte, er hätte wohl nicht richtig gehört.

»Vierzig Dollar die Woche«, sagte ich, »oder wir kommen nicht mit.«

Ich weiß wirklich nicht, was ich geantwortet hätte, wenn sein Angebot niedriger ausgefallen wäre und es geheißen hätte: nehmen oder gehen. Ich merkte aber auch, daß ihm das imponierte. Er schien mehr überrascht und amüsiert als ungeduldig mit seinem kleinen Anfänger, der versuchte, ihn zu bluffen, und irgendwie spürte ich, daß er auf das Spiel einging, also ging ich nicht runter, und er gab nach.

Er sah mich nur kopfschüttelnd an, als könne er den Kerl da gegenüber nicht ganz begreifen, und schließlich meinte er, das sei dann wohl das, was sie uns zahlen müßten, und als er sich umdrehte, stieß ich Elmer Williams an, und der konnte nur erleichtert dreinschauen und grinsen. Ich glaube, er war so überglücklich, daß wir mit einer echten Show losziehen sollten, daß ihm das Geld völlig schnuppe war. Mir war es, ehrlich gesagt, auch egal, aber aus irgendeinem Grund mußte ich erst Dampf machen. Ich glaube, ich dachte, das würde den Eindruck erwecken, wir wären schon rumgekommen und wären begehrt. Mir fiel nicht ein, daß er mich vielleicht längst durchschaut hatte, und wenn, dachte ich, mochte er meinen Mumm.

Wir kriegten also den Job und wurden so Teil von »Katie Krippen and Her Kiddies«. Die Show war hauptsächlich auf sie zugeschnitten. Sie sang und tanzte, und Lou Henry, ihr Mann, spielte Posaune und war Manager und musikalischer Direktor in einem. Mert Perry war der Schlagzeuger, Elmer Williams spielte natürlich Saxophon, und Trompeter war Freddie Douglas, der auch aus New York stammte.

Das Management hatte uns etwas Geld im voraus gezahlt, und davon kauften wir die Sachen, die man für die Tour haben mußte. Der Anfänger braucht zuallererst einen Smoking. Wir gingen also los und besorgten uns den in einer der vielen Schneidereien in der 125. Straße.

Als schließlich der Tag gekommen war, an dem wir mit der ganzen Show zu unserer ersten Vorstellung aufbrechen sollten, versammelten wir uns alle an einem Sonntagnachmittag am Pier des Hudson River und bestiegen das Acht-Uhr-Boot nach Fall River, Massachusetts. Leider kann ich mich an nichts mehr erinnern, ich wurde nämlich schwer seekrank. Ich weiß nur noch, daß wir die ganze Nacht unterwegs waren und daß ich mich erst am nächsten Tag an Land wieder besser fühlte. Es war mir etwas peinlich, aber ich kam drüber weg.

»Hippity Hop« eröffnete die Saison noch am gleichen Abend, und unsere Nummer, genau zwischen der ersten und der zweiten Hälfte des Programms, lief gut über die Bühne. Das war also mein Einstand ins Showbusineß. Ich hätte mich damals nicht als Jazzmusiker bezeichnet, ich spielte Ragtime und auch recht schwungvolle Sachen, ganz sicher, aber ich hielt mich eher für einen Entertainer, mit anderen Worten: für jemand, der im Showbusineß zu tun hat.

Katie Krippen und ihre Jungs waren jedenfalls auf Tour. Der Roadmanager der ganzen Truppe rief eine Versammlung ein, um jeden erst mal rumzukommandieren und um ein paar Regeln aufzustellen, wie nach seiner Vorstellung alles laufen sollte. Wir saßen alle rum und hörten zu, und dann kam diese Klausel, die ihm anscheinend ganz besonders am Herzen lag. Er sagte, Schwarze und Weiße müßten auf jeden Fall getrennt bleiben, wenn eine Schwarze mit einem Weißen oder eine Weiße mit einem Schwarzen erwischt würden, müßten beide sofort entlassen werden. »Aber sonst sind wir alle eine große Familie«, fügte er noch hinzu.

Also, ich will hier nicht den Eindruck erwecken, ich hätte noch nie was von Vorurteilen oder Unterdrückung gehört, ehrlich gesagt, begleitete einen das ständig. Die Schulen in Red Bank waren zwar nicht nach Rassen getrennt, aber das hieß nicht, daß man nichts mitkriegte. Aber irgendwie war das, was der Typ bei der Versammlung da sagte, mein erster hautnaher Kontakt damit. Man war einfach nur noch erstaunt, daß sie da immer noch ein Vorurteil hatten. Ich glaube, wir schauten uns alle nur an oder so, ich kann mich jedenfalls nicht erinnern, daß irgend jemand darauf reagierte.

Wir verließen Fall River mit dem Zug, und das blieb auch weiterhin unser Transportmittel. Die Show-Crew hatte ihre eigenen Abteile gemietet, und das war genau das richtige für mich. Ich war schon immer vernarrt in Züge, ich liebe das Geräusch, wenn sie noch ganz weit entfernt sind und dann näher kommen, die Glocke und all die verschiedenen Töne, die man mit der Pfeife erzeugen kann. Ich sitze auch gern drinnen und fahre. Immer wenn die Show nach ein paar Tagen oder einer Woche wieder aufbrach, konnte es mir mit der letzten Nummer nicht schnell genug gehen, ich war schon immer ganz aufgeregt und wollte sofort wieder in den Zug steigen. Anstatt mich in die Koje zu legen, saß ich nachts, wenn der Zug daherratterte, oft am Fenster und schaute raus. Das war Musik in meinen Ohren.

Ich weiß nicht mehr, wieviel Leute an der Katie-Krippen-Show beteiligt waren, aber es waren eine ganze Menge. Es gab einen großen Chor und eine vollzählige Showband. An die Nummern und Sketche kann ich mich nicht mehr im einzelnen erinnern, nur noch an zwei Komiker, die immer wieder zwischendurch auf die Bühne kamen, und die beiden waren die witzigsten Typen, die ich jemals gesehen hatte. Der eine war klein und hieß Artie, an den Namen von dem anderen kann ich mich nicht mehr erinnern, aber sie waren ein verdammt gutes Team.

Es gab auch eine Primadonna. Jede Varietéshow hatte eine Primadonna. Sie war die Hauptattraktion. Die Leute, die in ein Varieté kamen, suchten eine ganz bestimmte Art von Unterhaltung. Sie erwarteten viel Gesinge und Getanze und Witz, und ein paar von den Liedern und den Witzen mußten etwas daneben sein, etwas Pikantes haben, etwas Anrüchiges. Es gab viele schicke Aufbauten und Kostüme, aber der Hauptunterschied zwischen einer Varietéshow und anderen Vaudeville- oder Cabaretshows lag in der Art und Weise, wie die Stripteasetänzerin präsentiert wurde. Die Primadonna der Varietéshow war die Topstripperin.

Unsere Nummer, die einzige, in der Schwarze auftraten, war eine besondere Sache, die immer das »Potpourri« genannt wurde. Sie hatte keinerlei Beziehung zu den anderen Sketchen oder Nummern aus der Show. Wir traten auf, spulten unsere Sache ab, und das war alles. Wir eröffneten das Ganze und trugen Katie Krippen auf die Bühne, und sie sang und tanzte. Wir machten die ganze Sache auch im Stehen, und meine Tricks mit den Händen und Fingern paßten haargenau rein. Nur der Schlagzeuger durfte sitzen. Übrigens konnte der Schlagzeuger, Mert Perry, auch singen, genau wie Sonny Greer. Wenn ich so darüber nachdenke, es gab damals viele Schlagzeuger, die auch singen konnten.

Katie Krippen war eine hervorragende Unterhaltungskünstlerin. Allerdings mußte man in so einer Show wie »Hippity Hop« auch schon ziemlich professionell sein und eine starke Faszination auf das Publikum ausüben. Bevor ich zu der Show stieß, hatte ich noch nie von ihr gehört. Übrigens hatte Katie schon auf dem berühmten Black Swan Label als erste Sängerein eine Platte aufgenommen, auf der einen Seite *Bird Man's Blues,* auf der anderen *Sing'em for Mama, Play'em for Me* beziehungsweise *Play'em for Mama, Sing'em for Me,* je nachdem, welche Diskographie man benutzt.

Ich weiß nicht mehr, wohin es dann ging, vielleicht Boston, die Richtung, oder war das auf einer anderen Tournee? Jedenfalls in den Mittleren Westen, entlang der Route gab es viele Theater, die zur Columbia-Agentur gehörten. Man konnte im Casino in Philadelphia anfangen, von da aus zum Gayety in Pittsburgh, dann das Court in Wheeling, West Virginia, das Grand Opera House in Canton, Ohio, das Columbia in Cleveland, das Empire in Toledo, das Lyric in Dayton, das Olympic in Cincinnati, das Capitol in Indianapolis und auch das Star and Garter in Chicago, das Gayety in St. Louis, das Gayety in Kansas City und so weiter − bis nach Omaha und dann zurück über das Gayety in Detroit, das Empire in Toronto, das Gayety in Buffalo, das Gayety in Rochester, das Colonial in Utica und schließlich zurück nach New York City.

Wir sind bestimmt in vielen von diesen Theatern mit der Show aufgetreten. Aber ich bin in den letzten fünfzig Jahren so oft in diesen Städten gewesen, daß sich diese Tournee in meinem Gedächtnis mit allen anderen vermischt und zu einer einzigen großen wird, wie das im Film manchmal ist, wenn die Räder vom Zug gezeigt werden, der von Kilometerstein zu Kilometerstein rollt.

An eine Stadt kann ich mich aber sehr gut erinnern, wir kamen ziemlich früh morgens dort an. Das war in Omaha, Nebraska, und ich hatte sofort den Eindruck einer absolut öden, langweiligen und toten Stadt. Es war immer ziemlich schwierig, Unterkunft für Schwarze zu finden, damals, manchmal mußte man bis ans Ende der Stadt fahren, um ein Hotel zu finden, das einen aufnahm, und manchmal fand man weder Hotel noch Gästehaus oder sonstwas, aber es gab immer Privatleute, bei denen Künstler aus dem Showbusineß vorübergehend Unterkunft oder sogar Verpflegung fanden. Die Namen fand man meistens auf einer Liste, die zwischen lauter anderen Zetteln an einer Pinnwand hinter der Bühne des Theaters hing, in dem man gerade spielte. Manchmal warteten die Leute, die

Unterhaltungskünstler und Musiker bei sich aufnahmen, auch schon am Bahnhof oder am Theater, wenn die Truppe ankam. Manchmal fühlte man sich da gleich wie zu Hause, weil die Leute, die einen aufnahmen, selber mal im Showbusineß waren, und durch sie lernte man viel mehr Leute aus dem Ort kennen, als wenn man sich irgendwo allein in einem Hotel ein Zimmer genommen hätte. Natürlich hatten Katie Krippen und Lou Henry, die nur während der Saison arbeiteten und die schon viel rumgekommen waren mit der Agentur, viele Kontakte, und sie nahmen sich auch der Neulinge im Geschäft an.

In Omaha gab es aber immerhin ein kleines Hotel, und als ich es betrat, wußte ich sofort, daß das der Ort war, wo was los war. Man merkte es gleich an der Atmosphäre, sie stimmte einfach, sogar zu der Tageszeit, als nur die Putzfrauen reinemachten. Als wir uns eintrugen, sah ich, daß es eine kleine Cabaretbühne gab und ein paar kleine versteckte Spielsalons. Ich nahm mir vor, das alles nach der Vorstellung erst mal genauer unter die Lupe zu nehmen.

Ich setzte mich also von den anderen ab und schlich durch eine der Hintertüren in ein Zimmer, wo gerade ein Würfelspiel voll im Gange war. Ich wußte sofort, was Sache war, denn ich kannte das Spiel sozusagen aus erster Hand, weil ich früher in diesen gottverdammten Nestern wie Pine Brook oder Reavytown, New Jersey, meine ersten Erfahrungen damit gemacht hatte.

In dem Hinterzimmer da in Omaha sah ich zum erstenmal in meinem Leben einen Silberdollar, und die hatten sie gleich stapelweise da um sich aufgebaut. Das Bild werde ich nie vergessen, ebenso nicht, was mit meinem eigenen Silberdollar geschah, den ich zum erstenmal in der Hand hielt. Als ich so dastand und zuschaute, sprach mich eine Dame neben mir an: »Junge, du willst doch nicht nur einfach dastehen und zuschauen, oder? Willst du nicht mal dein Glück versuchen?«

Ich wußte nicht, was ich sagen sollte, ich war völlig überrascht, als hätte mich jemand draußen vor Reavys Spelunke an einer der Laternen erwischt.

»Also, ich meine, äh . . . ich weiß nicht.«

Mehr brachte ich nicht zustande, ich wußte nicht, was ich sonst noch hätte sagen sollen. Sie dagegen kannte ihren Text.

»Hier«, sagte sie, »nimm das Geld, und versuch, was draus zu machen.«

Sie gab mir eine Handvoll Silberdollar, ich weiß nicht mehr, wieviel es waren, fünf oder sechs, vielleicht sogar mehr.

»Mach schon«, sagte sie, »versuch dein Glück.«

Also, ich muß dazu sagen, was diese Art von Glück betrifft, habe ich immer zwei linke Hände gehabt. Aber ich dachte, ich hätte den Dreh schon raus, also legte ich los.

Ich hätte die Silberdollars nicht annehmen sollen, ich verlor einen nach dem anderen und auch das bißchen Geld, was ich so noch in meiner Tasche fand, und dann war Sense. Für den Rest der Woche hatte ich genug und setzte keinen Schritt mehr in das verdammte Zimmer. So habe ich meinen ersten Aufenthalt in Omaha, Nebraska, in Erinnerung.

Ich weiß wirklich nicht mehr, wie oft »Hippity Hop« zurück nach New York kam, als ich noch dabei war, aber ich kann mich an vieles erinnern, was dort so passierte, und das kann nicht alles auf einmal gewesen sein. Einmal spielten wir im Gayety am Broadway, am Duffy Square, gegenüber vom Palace Theatre. Das muß im September gewesen sein, denn als wir dort arbeiteten, fand gerade der Box-kampf zwischen Harry Wills und Luis Firpo statt. Es war ein ganz bedeutender Kampf, denn Harry Wills war der erste ernst zu neh-mende schwarze Bewerber, der aufgetaucht war, nachdem Jack Johnson den Meistertitel an Jessie Willard abgegeben hatte. Es gab Gerüchte, daß er auf Jack Dempsey treffen würde, besonders als er Firpo schlug, aber der Kampf kam nie zustande.

Ich war mit »Hippity Hop« auch im Apollo Theatre in der 125. Straße, mit anderen Worten, ich bin schon im Apollo aufgetre-ten, noch bevor es Jahre später zu *der* Spitzenbühne in Harlem aufstieg, an die man sich heute noch erinnert. Die wichtigsten Showbühnen für die Leute aus Harlem damals waren das Lafayette Theatre in der Seventh Avenue, zwischen der 131. und 132. Straße, und das Lincoln in der 135. Straße, Lenox Avenue. Das Apollo nannte sich damals noch »Hurtig and Seaman's Apollo Burlesque House«, und wir mußten dort auftreten, weil es ein Vertragstheater der Columbia-Agentur war, genau wie alle anderen Gayety-Theater im Land. Eigentlich war das Haus schneeweiß. Ebenso die 125. Straße, was Elmer Williams und ich vor der Abreise schon zu spüren gekriegt hatten. Ich weiß nicht, ob Leute aus Harlem damals überhaupt dorthin gingen oder nicht, und wenn, dann durften sie sicher nur auf den hinteren Rängen sitzen, wie im Alhambra. Viel von diesen Dingen habe ich vergessen, aber ich weiß noch, als wir dort arbeiteten, mußten wir immer ein Taxi zum Theater nehmen, das uns nach der Show auch wieder abholte und zurück zur Lenox Avenue brachte.

Eine andere Sache, an die ich mich erinnere und die auch während einer unserer Aufenthalte in New York gewesen sein muß, war ein Gespräch, das ich mit Lou Henry führte, als es Zeit wurde, für die nächste Saison wieder mit Columbia auf Tour zu gehen. Lou fragte mich, ob ich wieder Lust hatte, und dann stellte sich heraus, daß ich mich bei der ersten Tournee selber reingelegt hatte. Er sagte, er wollte noch mal über die Gage reden, denn dieses Mal würde er uns nicht noch mal vierzig Dollar die Woche zahlen.

»Ich zahle, was ich euch gleich zu Beginn hätte zahlen sollen«, sagte er, und noch bevor ich irgend etwas vorbringen konnte, fuhr er fort: »Ich werde euch nicht noch mal vierzig Dollar die Woche zahlen, ich zahle euch ab jetzt achtzig Dollar die Woche.«

Natürlich fiel mir die Kinnlade runter. Ich kriegte kein Wort raus. Ich konnte nur dastehen wie ein Trottel und mich geschlagen fühlen. Zum Glück war Elmer bei der Verhandlung nicht dabei. So wie ich mich kenne, habe ich ihm bestimmt vorgemacht, ich hätte für uns eine höhere Gage rausgeschlagen. Als er dann fragte, wieviel, erwähnte ich so ganz nebenbei, daß ich sie so weit gebracht hätte, uns das Gehalt zu verdoppeln.

Wir fuhren zunächst wieder in den Mittleren Westen. Bei meinem zweiten Besuch in Chicago entdeckten Elmer und ich eine Rollschuhbahn. Ich weiß nicht mehr, wie es dazu kam, sie lag im ersten Stock eines Hauses, und dort lernte ich Rollschuhfahren. Schon als Kind hatte ich Schlittschuhlaufen gelernt. Dieses Mal verbrachten wir also unsere ganze Freizeit mit Rollschuhlaufen.

Erst bei meinem zweiten Besuch in St. Louis kam ich auch dazu, mal in einige von den Kneipen zu gehen, ich hatte mich nämlich in der Zwischenzeit mit Mert Perry angefreundet. Er war ein ziemlich lockerer Typ, der schon seit Jahren Tourneen machte. Aus irgendeinem Grund hatte er mich ganz gern und kam immer mit seinen dicken El-Producto-Zigarren in mein Zimmer, schaute mich an und meinte, ich sollte doch mit ihm losziehen, er würde mir schon das wahre Leben zeigen. Ich werde ihn nie vergessen. Ich weiß nicht mehr, wie die Kneipen alle hießen, in die er mich führte, es waren etliche, in denen man sich ganz gut die Zeit vertreiben konnte. An manchen Abenden, wenn er nichts anderes zu tun hatte, hing er auch nur einfach so mit little old Basie rum, aus Lust und Laune.

Manchmal versuchte er sich am Klavier. Es gab da ein Stück, das er immer gern spielte, und es fing an mit: *Dirty hands, dirty face . . .* Er brachte es mir bei, und ich habe es nie vergessen, und manchmal ertappe ich mich dabei, wenn ich es spiele, und dann erinnere ich mich wieder an St. Louis. Lange Zeit schien es so, als ob nur er und ich das Lied kannten. Aber vor ein paar Jahren war ich irgendwo in einem Nachtclub, und jemand fing an, das Lied zu singen, und ich war wie geschockt. Ich habe keine Ahnung, wieso sie nach all den Jahren diese Nummer wieder ausgegraben hatten, jedenfalls erinnerte sie mich an alte Zeiten.

Mert hatte in St. Louis leider auch eine Auseinandersetzung mit dem Management, und er flog aus der Show. Ich habe keine Lust, die Einzelheiten dieser Auseinandersetzung hier auszubreiten, ich will nur sagen, daß es um eine Rassenfrage ging, und das Management meinte, er hätte eine ihrer Regeln ernsthaft verletzt. Mert verließ die Show, kurz bevor wir aus St. Louis nach Kansas City abfuhren, und Lou Henry mußte aus New York einen neuen Schlagzeuger besorgen.

Auf diese Weise kam Steve Wright in die Truppe. Er hatte sich als einer der »Gebrüder Wright« einen Namen gemacht, sein Bruder Herbert war auch Schlagzeuger. Herbert spielte in dem berühmten Syncopated Orchestra und hatte dessen Leiter – ich sag's nicht gern, aber es gehört auch dazu – Jim Europe eines Abends im Streit erstochen. Das war vier oder fünf Jahre vorher passiert.

Jedenfalls dauerte es ein paar Tage, bis Steve Wright uns eingeholt hatte, so daß für die Zwischenzeit A. G. Godley, ein wundervoller Schlagzeuger aus dem Ort, angeheuert wurde, und er war einfach großartig. Ich wußte damals noch nicht, daß er einer der besten Schlagzeuger in Kansas City und im ganzen Südwesten war. Später spielte er in der Band von Alphonso Trent.

Als wir schließlich nach New York zurückkamen, ging für mich auch die Zeit mit der Columbia-Varieté-Agentur zu Ende.

Katie Krippen und Lou Henry hielten die Gruppe zusammen, und Lou ergatterte noch ein paar Engagements in den kleineren Theatern und Cabarets in der Gegend um New York. Aber das hielt nicht mehr lange vor, und es war nicht fest genug, um sich drauf verlassen zu können. Am Ende brach die Show dann auseinander. Katie und Lou hatten vorher schon ausgesorgt, sie hatten nämlich die Konzession für die Küche im Barron's Exclusive Club erworben. Über diesen Laden kann ich nicht viel sagen, denn der Barron's zählte nicht zu den Bars, die ich mir leisten konnte – muß also ziemlich ergiebig gewesen sein.

Die anderen Mitglieder aus der Show blieben auch in New York, und wir nahmen jeden Gig an, den wir nur bekamen. Dann gingen Elmer Williams und ich eine Zeitlang unsere eigenen Wege. Nachdem wir aus dem Haus 2150 Seventh Avenue ausgezogen waren, hatten wir unser Quartier auch nicht mehr gemeinsam in Harlem aufgeschlagen, ich weiß nicht mehr, wo er unterkam, als ich in der Lenox Avenue wohnte.

Manchmal trafen wir uns noch in einer der Kneipen in Harlem, und ich weiß, daß wir nach einem Jahr auch noch mal einen kleinen Job zusammen hatten, aber damit hatte es sich dann auch. Danach haben wir uns eigentlich nicht mehr getroffen.

Hunger in Harlem
(1925–1926)

Mit Hilfe meines guten Kumpels Freddie Douglas, dem Kornettisten aus Long Branch, fand ich meinen ersten festen Gig in einem Club in Harlem. Das Lokal lag im Souterrain, an der nordöstlichen Ecke der Kreuzung 135. Straße, Fifth Avenue und hieß Leroy. Dougie hatte dort einen Job, und der Besitzer mochte ihn, also verschaffte er mir heimlich Zutritt, und zwar mit dem gleichen Trick, den man damals fast jedem spielte. Er nahm mich eines Abends mit und hatte vorher allen Musikern gesagt, sie sollten eine Stunde eher da sein als sonst – nur dem Klavierspieler nicht. Als der Typ dann kam, war die Band schon da, und ich saß an seinem Platz. Das war das Zeichen. Er hatte verstanden, holte sich sein restliches Gehalt ab und verschwand.

Der Besitzer vom Leroy war Leroy Wilkins, der ältere Bruder von Barron Wilkins, einem der wichtigsten Männer in Harlem. Barron's Exclusive Club an der Seventh Avenue, 134. Straße, der gleiche Club, in dem Katie Krippen und Lou Henry die Konzession für die Küche hatten, war einer der besten Läden in Harlem. Politiker, Unterhaltungskünstler und Leute aus dem Sport verkehrten dort, wenn sie mal in der Gegend waren. Barron Wilkins war auch der erste Clubbesitzer in New York, der den Washingtonians eine Chance gab; vom Barron's aus zogen Duke Ellington, Sonny Greer und die Band in die Stadt ein.

Leroy Wilkins war schon vor dem Krieg im Nachtclubgeschäft gewesen, und sein Laden war in Harlem zu einem Wahrzeichen geworden. Viele große Pianisten wie Willie »the Lion« Smith, James P. Johnson und Willi Gant, Lucky Roberts und ein paar andere, einschließlich Fats Waller, waren im Laufe der Jahre dort aufgetre-

ten, und es konnte vorkommen, daß sie abends auch so mal vorbei-
schauten. Irgendeiner erzählte immer von den großen Schlachten,
die dort am Klavier stattgefunden haben sollen.

Eigentlich war es ein Club für die Leute aus dem Viertel. Man traf
kaum Leute aus der Stadt oder Touristen, ständig waren irgendwelche Berühmtheiten da, aber es waren Berühmtheiten aus dem Viertel.
Es war nicht eigentlich für berühmte Leute gedacht, aber es war auch
kein Loch. Es hatte Stil, und man duldete dort kein rüdes Benehmen.
Sie boten erstklassige Musik, und die Preise waren auch erträglich,
und die Leute, auch die aus dem Showbusineß, trafen sich dort, weil
sie einfach nett beisammensitzen wollten, ohne sich Sorgen machen
zu müssen, in irgendwelche Unannehmlichkeiten verwickelt zu
werden.

Als ich anfing, dort zu spielen, hing über dem Klavier ein großer
Spiegel, damit man die Tänzerinnen überall im Raum beobachten
konnte, und sie mußten die Arme hochhalten, damit man das Trinkgeld sehen konnte. Sie tanzten und sangen ein Lied oder zwei an
jedem Tisch, und sie kriegten viel Trinkgeld, und immer wenn sie die
Arme runterließen, mußte ich in die Tasten hauen oder Owen, der
Schlagzeuger, aufs Becken. Sie mußten ihre Hände wieder hoch
nehmen, damit sie das Geld nicht im Busen oder sonstwo verschwinden ließen. Alle Trinkgelder kamen in den Gemeinschaftstopf und
wurden von den Tänzerinnen und den Musikern geteilt.

Wenn sie an allen Tischen gewesen waren, kamen sie zurück zur
Tanzfläche und legten noch einmal vier oder fünf Nummern aufs
Parkett, aber wie! Es waren die besten Tänzerinnen in Harlem, und
sie konnten auch singen. An guten Abenden konnte der Anteil an
Trinkgeld höher liegen als das Gehalt, und diese Mädchen waren
schon ziemlich herumgekommen und kannten alle möglichen Tricks,
das Geld verschwinden zu lassen, bevor sie an dem Topf angekommen waren, wo sie das Geld reinwerfen sollten. Wenn einer aus der
Band auch noch mit einem von den Mädchen was hatte, mußte man
ganz besonders aufpassen.

Die Band bestand aus fünf oder sechs Instrumenten, und wir
setzten uns einfach hin und spielten, wir hatten keine Noten. Der
Bandleader rief eine Nummer auf, die alle kannten, und wir spielten
drauflos. Viel Tanzmusik und alle beliebten Sachen, die jeder in der

Stadt kannte. Über den Stil, in dem man spielte, machte man sich keine Gedanken, man machte es auf seine Weise und versuchte, besser als die anderen zu sein, denn es konnte ja leicht passieren, daß irgendein Typ reinkam, was spielte und einem den Job wegnahm.

Ich glaube, es war im Leroy, wo ich Fats Waller zum erstenmal traf, denn er gehörte zu den Clubs, in denen er immer mal wieder auftauchte und mit James P. Johnson und »the Lion« Sessions am Klavier veranstaltete. Aber es war im Lincoln Theatre, wo wir uns anfreundeten, am anderen Ende des Blocks, an der Südseite der 135. Straße, nicht weit von der Lenox Avenue. Er spielte die Orgel bei den Filmen. Sie hatten eine Wurlitzer-Pfeifenorgel da drin, mindestens zehntausend Dollar wert, und ich setzte mich immer in die erste Reihe, gleich hinter ihm. Fats war ein freundlicher und offener Kerl, und nachdem er mich ein paarmal dort gesehen hatte, unterhielt er sich mit mir, und ich fragte ihn, ob ich nicht mal spielen dürfte.

So hat das alles angefangen, und eines Tages lud er mich ein, neben ihm Platz zu nehmen. Ich kroch also unter dem Geländer hervor, und er zeigte und erklärte mir die Register und die wichtigsten Unterschiede zum Klavier. Er sagte, er hätte nicht viele Orgelstunden genommen, sondern sich das meiste selbst beigebracht. »Wenn man das Orgelspielen lernen will«, sagte er, »muß man mit den Füßen anfangen.«

Ich saß dabei auf einem kleinen Geländer, und er sagte: »Okay, ich spiele jetzt dieses kleine Lied, und du machst die Begleitung auf dem Baß. Du spielst mit den Füßen genauso, wie man auf dem Klavier mit der linken Hand den Baß spielt.« Ich spielte also den Baß und bediente die Pedale da unten. Das machte ich mehrere Tage lang. Dann kam ich eines Tages wieder, so wie immer, und er wollte weiter und sagte: »Okay, jetzt kannst du mal ein paar Lieder spielen«, aber ich konnte nicht, also fing er wieder oben an und sagte: »Spiel mit deinem Fuß wieder den Baß dazu«, während er oben etwas ganz Langsames spielte.

Als er sah, daß ich nach unten schaute, meinte er: »Nein, tu das nicht. Du wirst nie spielen können, wenn du draufschaust.« Schließlich hatte ich den Dreh raus, und ich konnte spielen, ohne hinzuschauen. Dann änderte er seine Taktik und spielte nur einfach so rum, dann wieder was anderes und meinte: »Ich werde jetzt etwas spielen, und ich möchte, daß du versuchst, mal zu erfühlen, wie ich wohl weiterspiele und welche Veränderungen ich da unten mache. Versuche mal, das nur zu erfühlen.«

Wir saßen beide auf der Orgelbank, und er spielte, aber er saß auf der einen Seite, und ich saß so, daß ich im Baß zwei Oktaven greifen konnte. Dann zeigte er mir, was die Begleitung und was die Solostimme war. Es war eine Orgel mit zwei Manualen. Dann sagte er: »Jetzt versuch mal, herauszufinden, wo der Baß ist, die Färbung, die Register und die verschiedenen Sachen für das Solo.« Und dann: »Jetzt probier ein bißchen herum, und bald werden wir sehen, wie diese beiden Dinge immer wunderbar zusammenpassen, und dazu das Solo hier oben.«

Dann, nachdem ich so einige Zeit mit ihm geübt hatte, kam ich eines Tages etwas früher, und als die Vorstellung anfing, meinte er: »Setz dich hierher«, und er rückte rüber und sagte: »Versuch nicht, ein bestimmtes Lied zu spielen. Spiel einfach irgendwas. Denk dir eine Melodie aus, spiel dazu unten die Akkorde und hier oben das Solo, und verkrampf dich nicht, spiel einfach verschiedene Sachen.« Das machte ich dann etwa eine Woche lang.

»Sieh auf die Leinwand«, sagte er auch immer. »Denk nicht an die Tasten. Wenn du was da oben in der Geschichte auf der Leinwand siehst, spiel einfach das, was dir in den Sinn kommt. Wenn es gerade lebhaft zugeht, spiel etwas, was dazu paßt. Vielleicht ist gerade jemand traurig, also denk dir dann was Passendes aus. Manchmal mußt du auch mal was ganz Verrücktes spielen und so weiter.« So lief das mit Fats Waller und mir, so brachte er mir das Orgelspielen bei, und das waren die einzigen Stunden, die ich jemals hatte.

Ich zog damals andauernd irgendwo ein und aus und hatte laufend neue Adressen. Eine Zeitlang wohnte ich bei Billy Mitchel, aber nicht lange, dann zog ich in eine Wohnung in der St. Nicholas Avenue, gleich gegenüber von der U-Bahn-Station an der 125. Straße, der Eighth-Avenue-Linie. Mein Zimmer lag im fünften Stock, und die Treppen mußte man zu Fuß hochsteigen. Sie bauten damals gerade die Eighth-Avenue-Linie, und alles wurde aufgebuddelt, und man konnte die Sprengungen und den ganzen Baulärm hören. An einen kleinen Park in der Nähe erinnere ich mich besonders gern, wenn es warm war, schnappte ich mir nämlich immer eine Decke und verbrachte da die Nacht.

Als ich da wieder wegzog, hatte ich mal hier, mal da eine Wohnung. Einmal, im Winter, wohnte ich im dritten Stock eines Hauses, wo sie einem die Heizung abstellen konnten, wenn man mit der Miete im Rückstand war. Sie kostete damals etwa nur drei Dollar die Woche, aber manchmal wurde es doch ziemlich knapp, und ich konnte sie nur mit Mühe zusammenkratzen, wenn man gleichzeitig auch noch was für den Magen beiseite legen mußte.

Irgendwann kam ich mit der Miete nicht mehr nach, und sie drehten mir die Heizung ab. Sie warfen dich nicht gleich auf die Straße, aber man konnte nicht an die Heizung ran und hatte auch kein warmes Wasser. Grauenvoll, schrecklich. Es war entsetzlich, und ich konnte nur noch kriechen. Ich weiß noch, wenn ich etwas Geld hatte, fünfzig Cents oder so, kaufte ich mir einen von diesen großen Hot dogs oder Hamburgern oder sonst was Warmes, ging damit nach Hause in die kalte Wohnung, kroch ins Bett und aß meinen Hot dog, und das war dann alles für den Tag.

Es gab später noch mal eine Zeit, in der es ziemlich hart für mich war und ich mir das Essen von Mr. Smalls schnorren mußte. Er kannte mich und mochte mich noch aus der Zeit, als ich mit June Clark, Jimmy Harrison und Jazz Carson und der Band in seinem Club in der Fifth Avenue gespielt hatte, und ich wußte, wie großzügig er immer war. Ich wußte auch, wann er immer in Miss Searcys Restaurant zum Essen ging. Es lag am nördlichen Ende der 135. Straße, gegenüber vom Lincoln Theatre, und ich wartete in einer kleinen Seitenstraße, bis ich ihn sah. Dann ging ich rüber, und er erkannte mich und wußte, daß ich Hunger hatte, und er lud mich ein mitzukommen. Er nannte jeden Baby, und mich nannte er Baby Boy. Er bestellte sein Essen, und ich saß neben ihm und aß mit. Ich werde ihn nie vergessen, wie er immer sagte: »Na, Baby Boy? Na los, Baby Boy. Nimm dir was zu essen.«

Der nächste Gig, mit dem ich auf Tour ging, war mit Sonny Thompsons kleiner Band. Die Agentur Keith schickte uns in die Varietés. Jemand hatte erfahren, daß es eine freie Stelle gab, weil der

Pianist gehen wollte. Ich stellte mich also vor, kriegte den Job. Ein paar Wochenenden lang traten wir in einigen Theatern in Brooklyn auf, aber in keinem der Keith-Theater in Manhattan. Die Band nannte sich die Jazz Hounds, es gab viele Combos, die sich so nannten. Ich weiß nicht, warum der Name so populär war, Mamie Smith hatte ihre Jazz Hounds, und Ma Rainey hatte auch welche.

Sonny Thompson selber spielte Schlagzeug, und er hatte eine Sängerin namens May Soundso. Dann gab es noch einen Posaunisten, Herb Gregory, den Namen des Trompeters habe ich vergessen, aber an Bob Fuller erinnere ich mich genau, den Altisten, denn für mein Empfinden kannte er sich ein bißchen zu gut in der Musik aus. Er sah mir immer über die Schultern, und wenn ich einen Fehler machte, stieß er mich mit seinem Horn an. Eigentlich war er ein sehr guter Musiker, und er kümmerte sich auch um unsere Musik, außerdem war er es gewesen, auf dessen Veranlassung ich in die Gruppe gekommen war.

Die Theater, die der Keith-Agentur angehörten, befanden sich hauptsächlich im Norden des Bundesstaates New York. Ich weiß genau, daß wir in Saratoga gespielt haben, denn da hatte Sonny ein paar Verwandte, und bei denen hielt er sich die meiste Zeit auf. Dann gab es noch ein Theater in New Haven, und von da aus ging es weiter nach Massachusetts. In Boston sah ich mir mit Sonny die Vorstellung von »Shuffle Along« an, und ich erinnere mich an ein junges Mädchen namens Josephine Baker, damals nannte sie sich noch Liza, und daran, wie sie diese Schlußpointe immer brachte – mein Gott, konnte sie das gut!

Wir spielten auch in einigen Theatern der Agentur Poli und fuhren bis nach Pennsylvania rein, nach Scranton und Wilkes-Barre. Ich war eine ganze Zeitlang dabei, aber ich glaube nicht, daß es länger als eine Saison dauerte, wenn wir überhaupt die ganze Saison schafften. Es war nämlich eigentlich kein fester Job. Wir blieben nirgendwo für länger. Wir fuhren für zwei, drei Tage oder für ein Wochenende irgendwohin, und kehrten dann nach New York zurück, und manchmal dauerte es ein paar Tage, bevor wir was Neues in Aussicht hatten.

Ich weiß nicht, was Elmer Williams die ganze Zeit gemacht hatte, eines Tages traf ich ihn zufällig, und wir beschlossen, Asbury Park mal wieder einen Besuch abzustatten und zu sehen, was da denn so los war. Wir zogen also wieder bei Onkel Ralph ein, und ich suchte mir gleich irgendwas, wo ich spielen konnte, und dann hatte ich die Idee, für eine eigene Band ein paar Instrumente zusammenzustellen. Ich hatte gar nicht vor, Bandleader zu werden, und wollte auch nicht groß was auf die Beine stellen. Ich hatte nur einfach die Vorstellung, daß ich ein paar Gigs auftreiben könnte oder etwas Ähnliches. Mehr war das im Grunde nicht.

Ich konnte Jazz Carson überreden, das Schlagzeug zu übernehmen, denn er machte zu der Zeit nichts. Der Job, den ich uns verschaffte, war in einem Laden, der Smile Awhile hieß. Wir waren noch nicht lange drin, als Claude Hopkins und seine Band in die Stadt kamen. Er war ein Pianist aus Washington, der von Ort zu Ort zog. Sie waren gerade in Philadelphia gewesen, glaube ich, und arbeiteten sich langsam nach New York vor. In Asbury Park machten sie halt und wollten sich mal umsehen, was es für sie zu tun gab.

So kamen sie eines Abends auch ins Smile Awhile, und Claude fragte, ob sie nicht mal ein, zwei Nummern spielen könnten. Er kam auf das Podium, und das war das Ende von unserem Gig. Sie waren um einige Klassen besser als wir, und kaum hatten sie angefangen, wußten wir, daß wir geliefert waren. Sie hatten eine richtige Band und spielten schon eine Zeitlang zusammen, viele eigene Nummern, denn Claude konnte auch arrangieren.

Als ich am nächsten Abend zur Arbeit kam, bestellte mich der Manager des Hauses in sein Büro und wollte wissen, wieviel ich denn schon eingenommen hätte und was noch zu erwarten sei. Ich sagte ihm, er solle sich keine Sorgen darüber machen, es sei schon alles in Ordnung, aber dann, ganz plötzlich, fühlte ich mich doch ein bißchen komisch, und ich hatte ganz recht, denn dann sagte er genau das, was ich befürchtet hatte: »Ach ja, wir müßten da noch was klarkriegen und das mit dem Konto regeln, Claude Hopkins hat die Sache jetzt übernommen.«

Das war das Ende meiner ersten Karriere als Bandleader. Also ging ich wieder nach New York, zurück ins Leroy mit Dougie. Der kam nämlich ganz zufällig gerade vorbei, um mal zu sehen, wie ich es denn so schaffte, und er hätte sich keinen besseren Moment herauspicken können. Er war mein Retter, und als ich ihn fragte, warum er ausgerechnet jetzt vorbeigekommen wäre, meinte er, er wollte eigentlich nur wissen, wie ich denn so zurechtkäme, und als er mitkriegte, was gerade passiert war, sprach er mit Magwood, dem Manager vom Leroy, und dann durfte ich wieder in meinem alten Laden spielen.

Wenn ich mich nicht irre, lernte ich zu der Zeit im Leroy »the Lion« näher kennen, immerhin so gut, daß er mich in einige Clubs mitnahm. Er behandelte mich immer so, als wäre ich eins seiner »Küken«, so nannte er immer die jungen Pianisten, die er mochte. Fats war einer seiner Lieblinge und Duke. Manchmal verhalf er einem zu einem Gig auf einer Party. Ab und zu nahm er eins von seinen Küken mit und ließ ihn auch mal spielen.

Vielleicht hatte Fats ihm von mir erzählt, oder er kannte die Geschichte mit Fats und mir und der Orgel im Lincoln Theatre. Ich weiß es nicht mehr, aber an eine Sache erinnere ich mich noch. Eines Tages sagte er: »Los, los, mach schon«, denn er wollte, daß ich jemand Bestimmtes spielen hörte, und wir gingen die Lenox Avenue rauf, zum Douglass Theatre, noch ein Kino in der 140. Straße, und als wir eintraten, spielte jemand an der Orgel. Ich weiß noch, wie »the Lion« zuhörte und dann mitsang und dann sagte, der Mann, sein Name ist mir entfallen, würde nicht richtig spielen. »The Lion« war stolz auf sein Gehör, er war Vollblutmusiker, und man konnte ihn auf keinem Instrument reinlegen. Er hörte sich alles an, und er kannte die meisten guten Musiker in der Stadt, nicht nur die Klavierspieler.

Einer der beliebtesten Treffpunkte für viele Musiker war der Rhythm-Club oder ein Café oder eine Bar in der Nähe. Er lag in einem Keller in der 132. Straße, gleich um die Ecke vom Lafayette Theatre. Wenn man »the Lion« oder Fats oder James P. oder Willie Gant oder Beetle Henderson oder sonst einen Musiker aus New York suchte, dann war das der sicherste Ort, wo man ihn treffen konnte. Wenn er nicht da war, dann gab es immer jemand, der wußte, wo er gerade steckte. »The Lion«, Fats und Jimmy waren ganz besonders versessen auf die musikalischen Schlachten, die damals immer im Rhythm-Club ausgetragen wurden. Er hatte eine gute Hausband, aber das Besondere war, daß man immer einspringen konnte. Klavier und Schlagzeug waren schon vorhanden, und die meisten brachten ihre Instrumente gleich mit, für den Fall, daß einer vorbeikam, der gerade jemand für einen Job brauchte. Was nicht selten vorkam. Mit anderen Worten: Der Laden war immer voll, und dann, nach Mitternacht oder am frühen Morgen, wenn die anderen Läden zumachten, trudelten die ganzen Jungs auf dem Weg von der Arbeit nach Hause langsam ein, und die meisten hatten auch ihr Instrument unterm Arm.

Manchmal zogen sich solche Schlachten bis zum nächsten Vormittag hin. Die Sessions im Rhythm-Club waren für einen neuen Musiker eine gute Gelegenheit, sich in der Szene einen Namen zu machen – wenn man etwas Besonderes zu bieten hatte. Wenn man das nicht hatte, aber nichts Besseres zu tun hatte, als sich mit den Jungs musikalisch anzulegen, dann war das die beste Gelegenheit, sich gehörig zu blamieren. Mit Anfängern hatten sie dort kein Erbarmen.

»The Lion« war etwas älter als ich, sieben Jahre oder so. Auf dem Papier ist das vielleicht kein großer Unterschied, aber da draußen, im alltäglichen Leben, macht das einen gewaltigen Unterschied. Wenn man jemanden kennenlernt, der schon seit sieben Jahren als bekannter Profi in seinem Fach arbeitet, während man selber gerade erst anfängt, fühlt man sich, als gehörte man zu einer anderen Generation.

James war ein paar Jahre älter als »the Lion«, aber man hielt sie immer für gleichaltrig. Sie waren schon vor dem Krieg befreundet. Ich mochte sie beide sehr gern, aber zu James habe ich nie ein vertrauliches Verhältnis gefunden. »The Lion« war derjenige, dem ich am nächsten stand. Er war sehr offen, redete gern, nippte ab und zu mal gern an seinem Korn und war verrückt nach guten Zigarren. Wenn man ihn traf, vor allem wenn er spielte, steckte immer eine dicke Zigarre im Maul. Er hatte auch was für feine Kleidung übrig, sah immer sehr geschniegelt aus und protzte mit seinem Derbyhut, den er extra schief aufsetzte und den er auch beim Spielen nicht ablegte.

Auch James paffte gerne eine Zigarre beim Spielen, und auch er trug gute, maßgeschneiderte Kleidung, aber sie war nicht ganz so schick wie die von »the Lion«, womit ich nicht sagen will, daß er nicht auch seine kleine Show abzog. Alle Jungs hatten irgendwas Verrücktes als Teil ihrer Nummer. So habe ich gehört, daß Lucky Roberts auch immer seine Finger von den Tasten genommen haben soll, das hätte man sehen müssen. Ich hatte damals nie die Gelegenheit, ihn spielen zu sehen, aber es ist noch gar nicht so lange her, da hat mir jemand erzählt, daß Lucky seine Hände manchmal so hoch warf, als wollte er die Noten erst mal von der Wäscheleine holen oder so. Ich habe auch gehört, daß James vor Jahren bei Lucky gelernt haben soll.

Fats hatte bei James gelernt, er stand ihm also näher als »the Lion«, und er spielte auch wie dieser. Fats war der größte Showmaster von allen. Er war immer am Tanzen und riß seine Witze und so weiter, besonders beim Singen, und er wurde für seine Stimme genauso berühmt wie für sein Spiel. Als er anfing, Platten aufzunehmen, dachten die Leute erst, er wäre Varietékünstler. Der alte Fats war immer zu Späßen aufgelegt und ständig am Quatschen, jedenfalls als ich ihn kennenlernte. Aber er hatte die ganze Zeit auch seinen Spaß dabei, und er konnte wahnsinnig gut Klavier spielen.

Viele tun sich noch immer schwer damit, Fats als Musiker anzuerkennen. Fats konnte wie ein Berserker schreiben. Er hat zwei oder drei Shows geschrieben, das haben die Leute anscheinend vergessen. Fats und James und die ganzen Jungs waren nicht nur einfach Pianisten, sie haben auch komponiert. Fats hat Sachen für den Broadway geschrieben und James natürlich schon vor ihm. Von ihm ist »Running Wild«, und das war nach »Shuffle Along« die größte Show. Zwei Nummern aus »Running Wild« wurden Standardhits, *The Charleston* und *Old-Fashioned Love*. Ich weiß noch, wie ich James mal dabei zuschaute, wie er eine Probe für eine große Show in Philadelphia leitete. Das war ein Erlebnis.

Jeder kennt dieses eine Stück von James, *If I Could Be With You One Hour Tonight*, wahrscheinlich sein bekanntestes. Viele kennen auch sein großartiges Ragtime-Stück *Carolina Shout*. Aber James hat auch symphonische Musik geschrieben, Konzerte, Opern und Suiten, und alles basierte auf der Art Musik, die er und Fats und »the Lion« und Lucky in Harlem spielten. Einmal hatte gerade wieder eine große Show am Broadway eröffnet, ich habe den Namen vergessen, aber es gab viel so Zeugs wie *Rhapsody in Blue* und solche Sachen, und sie suchten einen, der das spielen konnte. Fats erklärte sich bereit und spielte, er las es einfach vom Blatt und spielte.

Heute scheinen die Leute das alles vergessen zu haben. Sie reden über das, was heute am Broadway gemacht wird, so, als hätte es das vorher nie gegeben. Ich weiß aus erster Hand, daß schwarze Künstler schon lange vorher da waren und ihnen der Broadway gehörte. Das meine ich ganz ernst: Man braucht nur ein paar von den Namen zu nennen, die damals in den Broadway-Shows auftauchten. Florence Miller war in »Shuffle Along«, ebenso Josephine Baker. Bill »Bojangles« Robinson, Ethel Waters, Buck and Bubbles und Adelaide Hall traten alle in Lew Leslies »Blackbirds« auf, und Bert Williams war schon lange davor ein Star in den Ziegfeld Follies gewesen.

In der Zwischenzeit machte ich wieder eine Tour in den Clubs. Oft war ich in einem Laden in der 133. Straße, zwischen Fifth und Lenox Avenue, und hörte mir Tricky Sam Nanton an der Posaune an. Die meisten von diesen Clubs lagen damals im Kellergeschoß, aber dieser war zu ebener Erde, und ich ging ziemlich oft dorthin, und Tricky Sam und ich wurden ganz gute Freunde. Wir hatten viel Spaß zusammen, beim Spielen und wenn wir uns betranken. Das war alles ein paar Jahre bevor Tricky mit Duke loszog. Ich glaube, Charlie Irvis spielte zu der Zeit noch bei Duke. Ich kannte ihn, auch seinen Bruder, der sehr gut Klavier spielen konnte. Seinen Vornamen habe ich vergessen, aber er spielte immer in einem Lokal in der Fifth Avenue, irgendwo zwischen Leroy's und Edmund's.

Edmund's war damals auch ein ziemlich bekannter Nachtclub im Viertel. Man hat mir erzählt, daß Ethel Waters immer dorthin ging, wenn sie in der Stadt war, aber darüber weiß ich nichts. Ich muß immer gerade weg gewesen sein, wenn sie mal da war. An die Spiegel, die da überall hingen, kann ich mich noch gut erinnern, aber eigentlich war es nicht mein Stammlokal. Ich habe es nicht so in Erinnerung wie Small's Sugar Cane oder die Kneipe, in der Tricky Sam arbeitete. Das entsprach damals eher meinem Geschmack.

Tricky hieß eigentlich Joe Nanton. Ich weiß noch, wie er zu Dukes Band kam. Jemand fragte ihn immer wieder, was so einer denn in Dukes Band verloren hätte, mit all den Eimern und Bolzen und all dem Zeug. Aber der Duke wußte sehr genau, was er wollte. Wenn der Duke sich einen ausgesucht hatte, dann hatte er immer etwas Bestimmtes mit ihm vor, und das sollte man lieber ihm überlassen. Und so war es dann auch, der alte Tricky blühte auf, als wäre er nur für den Duke geschaffen. Wir freuten uns alle für ihn. Er blieb die nächsten zwanzig Jahre bei Duke, bis zu seinem Tod.

In der gleichen Straße, in der Trickys Club war, gleich gegenüber, war noch ein Lokal, wo ich oft hinging. Ich kann mich an den Namen nicht mehr erinnern, aber den Laden werde ich wohl nie vergessen, denn eines Nachts landete ich dort in Teufels Küche. Irgendwie wurde ich in einen Streit verwickelt. Ich weiß nicht mehr, worum es überhaupt ging, aber sicher war es etwas völlig Unwichtiges. Ich wollte mich einfach nur hinsetzen und zuhören, vielleicht etwas spielen, und etwas trinken. Ich weiß nicht mehr, was ich gesagt habe, wahrscheinlich hatte ich gebrüllt wie alle anderen auch, weil es so laut war, und plötzlich stand mir dieser Kerl gegenüber, den ich noch nie in meinem Leben gesehen hatte, und alle schauten zu, und ich wußte nicht einmal, was ich überhaupt mit ihm zu schaffen hatte.

Es war verrückt. Ich weiß noch, daß dann irgend so ein Zwerg an mir vorbeilief und mich anrempelte und mir was zusteckte. Ich schaute runter und sah, daß ich ein verdammtes Messer in der Hand hielt! Das Ding erschreckte mich fast zu Tode. Ich hatte keine Ahnung, was da zum Teufel vor sich ging. Ich weiß nicht mehr, wie ich in den ganzen Schlamassel reingeraten war, und ich weiß auch nicht, ob und wie ich da wieder rausgekommen wäre, wenn nicht Carl Smith gewesen wäre. Carl war Politiker, er war Bezirksvorsteher oder Boß oder so etwas Ähnliches, zu der Zeit, und er paßte immer auf mich auf, und jedesmal holte er mich raus. Ich weiß nicht, was er an mir gefressen hatte, wir waren auch nicht eigentlich enge Freunde. Er paukte nur von Zeit zu Zeit den kleinen Basie raus.

Ein weiteres Mitglied aus Dukes Mannschaft, das ich damals kennenlernte, als ich noch in Harlem herumstreunte, war Otto Hardwick. Otto war auch unter dem Namen Toby bekannt, er selber nannte sich Otoe, und so nannten ihn auch seine Freunde. Als die Washingtonians mal eine Zeitlang arbeitslos waren, spielte ich in einer kleinen Gruppe, die Otoe zusammengestellt hatte. Ich weiß nicht mehr, wann das war, aber ich weiß noch, daß ich zu der Zeit mit der Gruppe mal im Barron's spielen konnte.

Damals war in Harlem eine Menge los. Ich wünschte, ich könnte mich an mehr erinnern. Ich kann gar nicht sagen, wieviel mir das damals bedeutete, daß ich dabeigewesen bin und auch daß ich zu der

Zeit, als ich mit Otoe den Gig hatte, lange genug auf der Szene war, um mich einen New Yorker Musiker nennen zu können. Ich machte vielleicht nicht gerade viel her, aber ich war immer dabei und gehörte dazu. Immer wenn ich also irgendwo außerhalb der Stadt einen kleinen Auftritt hatte, war ich nicht mehr aus Red Bank, sondern der Musiker aus New York.

TOBA: Musik für Schwarze
(1926–1927)

Eines Abends erzählte mir Harry Smith, Trompeter im Leroy, daß man für eine Varieténummer, in der er mitmachte, noch einen Pianisten suchte. Er sagte, sie träfen gerade die Vorbereitungen, mit der Agentur wieder auf Tournee zu gehen, und ich sollte doch versuchen, den Posten zu kriegen. Ich ließ mir das nicht zweimal sagen, denn ich wollte noch immer im Showbusineß bleiben, immer unterwegs sein, in die verschiedensten Städte reisen, hier und da spielen.

Am nächsten Tag nahm mich Harry Smith mit zu einer Wohnung in der Seventh Avenue, und dort traf ich dann Gonzelle White und spielte ihr vor. Ich kriegte den Job. Die Nummer nannte sich »Gonzelle White and Her Jazz Band«. Ich hatte noch nie etwas von Gonzelle White gehört, aber sie war in der Varietébranche ein großer Name. Sie und ihr Mann stiegen aus der Show »Ed Daly's Running Wild« aus und nahmen die Band auf eigene Verantwortung in die Varietés und machten so mit ihrer Nummer Schlagzeilen.

Als sie mich einstellte, war die Band immer noch als Zusatzattraktion engagiert. Eigentlich war es eine Combo, aber damals nannte man sie noch nicht so. In ein paar Stücken spielte Gonzelle White sogar selber mit, und zwar Altsaxophon. Ihr Mann, der Manager der Nummer, spielte C-Saxophon. Harry Smith spielte Trompete, und es gab noch einen zweiten Trompeter namens O. C. Gary. Der Posaunist war Jake Fraser und der Schlagzeuger Freddy Crump, der damals auch unter seinem Künstlernamen »Rustus the Drummer« bekannt war, und ich sollte den Pianisten ersetzen, der schon ausgestiegen war, bevor ich dazukam. Einen Bassisten hatten wir da noch nicht.

So sah die Gruppe aus, mit der Gonzelle und ihr Mann und zugleich Manager, Ed Langford, die ersten Auftritte absolvierten. Es war ein »Stand Up Act« wie bei Katie Krippen und vielen anderen Bühnenbands damals. Alle spielten im Stehen, mit Ausnahme des Schlagzeugers natürlich. Das Wandklavier wurde rumgedreht, so daß man mit der Schulter zum Publikum spielte und über die Rampenlichter hinwegschauen konnte. Ich drehte mich auch schon mal um und spielte hinter meinem Rücken oder hob erst ein Bein hoch, dann das andere oder setzte einen Fuß auf das Klavier und machte allerhand solcher kleinen Scherze mit meinen Armen und Händen.

Harry Smith war ein sehr guter Trompeter und trat auch als Tänzer auf. Er konnte steppen, sogar Buck and Wing, Kicks, Splits, Soft Shoe, alle diese Schritte. Freddy Crump war ein erstklassiger Drummer, und auch er brachte all diese schicken Dinger, die Showbandschlagzeuger so draufhatten, zum Beispiel die Sticks in die Luft zu werfen und sie dann wie ein Jongleur wieder aufzufangen, ohne aus dem Rhythmus zu kommen. Er allein schon war eine Nummer für sich, vor allem wenn es an die Verbeugungen ging. Er kam immer tänzelnd aus den Seitenvorhängen zurück auf die Bühne und schlug die Trommel, wenn er zum Spagat ansetzte. Er schnappte nach dem Vorhang und rutschte nach vorn, verbeugte sich und winkte dem Publikum zu, das ihm applaudierte. Er war schon einer! Ich erinnere mich noch daran, daß wir irgendwann mal merkten, daß er immer als erster von der Band nach der Vorstellung aus dem Theater verschwand. Wir fragten uns natürlich, warum. Wir konnten uns nicht vorstellen, wohin es ihn nach den Shows immer so eilig trieb. Eines Abends kamen Harry Smith oder O. C. Gary oder sonstwer und ich auf die Idee, ihm zu folgen. Wir gingen also raus nach vorne zum Eingang und sahen ihn dort stehen. Er stand da, wo die Leute aus dem Theater kamen, und immer wenn jemand sagte: »Ist das nicht der kleine Schlagzeuger aus der Show?«, machte er eine kleine Verbeugung. Darüber konnte ich mich nicht einkriegen.

Natürlich war Miss Gonzelle White der Star der Nummer. Sie tanzte und sang, spielte ihre Stücke und gab dann ihre Zugabe auf dem Altsaxophon, was damals eine Neuigkeit war. Sie war eigentlich mehr eine Unterhaltungskünstlerin als eine Musikerin, aber die

Nummer war ja auch reinste Unterhaltung. Sie war eine große Persönlichkeit, und sie wußte, was sie auf der Bühne zu tun hatte, um das Publikum für uns zu erobern. Sie war ein Profi der Extraklasse, und man konnte gut mir ihr auskommen.

Ich weiß nicht, wie alt sie damals war, ich würde sagen Ende Zwanzig, Anfang Dreißig. Sie hatte sehr helle Haut, rotes lockiges Haar und eine gute Figur. Sie war nicht besonders groß, sie gehörte eher zu diesen kleinen, nett aussehenden Frauen, die man für gewöhnlich als »süß« bezeichnet. Natürlich trug sie immer feine, maßgeschneiderte Kleider und Kostüme, und in einem ihrer Vorderzähne steckte ein stolzer Diamant. An ihre Ringe kann ich mich nicht mehr erinnern, aber ihren Diamanten werde ich nie vergessen.

Die Nummer lief zuerst in Brooklyn oder irgendwo auf Long Island, denn Gonzelle White trat an den Wochenenden und auch an manchen Mittwochabenden in den Varietétheatern in der Gegend um New York und New Jersey auf. Wir machten zunächst keine langen Touren, nur ein paarmal runter nach Atlantic City für Gigs an Wochenenden, ich glaube, weiter sind wir nie gefahren.

Ich freute mich natürlich darüber, wieder im Showbusineß zu sein, aber meine erste Vorstellung mit Gonzelle Whites Nummer habe ich nicht als besonderes Ereignis in Erinnerung. Schon komisch, wie man etwas, was einem damals so viel bedeutet hat, vergessen kann. Ich weiß nur noch, daß wir rauskamen auf die Bühne, das spielten, was man von uns erwartete, unsere Verbeugungen machten, einige Vorhänge kriegten und dann für die nächste Nummer den Weg räumen mußten.

Die meisten von diesen Shows hatten fünf Nummern, und wenn man an der Reihe war, holte man das Klavier und das Schlagzeug auf die Bühne, und jeder machte sich bereit. Dann ging der Vorhang hoch, und man spielte seine Eröffnungsnummer. Dann ging man nahtlos in die nächste Nummer über, und wenn die vorbei war, machten wir wieder eine schnelle Überleitung in das, was folgen sollte, und so ging das zehn oder fünfzehn Minuten lang. Wenn ein Komiker in der Nummer auftrat, leiteten wir gleich in seine eigene Begleitmusik über, die dann übernahm, so daß wir eine kleine Pause einlegen konnten und weitermachen, wenn er fertig war.

Einer der großen Komiker, der damals bei einigen Vorstellungen auftrat, war Dusty Fletcher. Während des Zweiten Weltkrieges feierte er mit seiner Nummer »Open the Door, Richard« ein Comeback. Die Nummer, die er damals auf der Tournee mit Gonzelle White hatte, hieß »Whoa, Tillie, Take Your Time«. Er brachte sich vor Singen fast um bei der Nummer, mit all ihren zweideutigen Zeilen, und tanzte dazu in so einem rhythmischen Step, als ritte er auf einem Pferd oder Esel oder sonstwo drauf.

Für eine Vorstellung hatten wir mal einen anderen Komiker. Ich weiß seinen Namen nicht mehr, aber seine Nummer werde ich nie vergessen. Wir spielten in einem von den Keith-Theatern irgendwo auf Long Island, und sie machten eine von diesen Einlagen, wo sie Anfängern mal eine Chance geben, und dieser Kleine kam nach vorn und rezitierte einen Monolog aus Shakespeare, und zwar wirklich gekonnt, er hatte das Publikum total unter Spannung gesetzt. Als er fertig war, blieb er stehen, wartete, verbeugte sich demütig und sagte: »Und jetzt können Sie mich mal am Arsch lecken« und ging erhobenen Hauptes von der Bühne. Das Publikum tobte.

Ich glaube, wir haben diese Wochenendtouren monatelang gemacht. Ich fing an, mehr und mehr Zeit in solchen Kneipen wie Big John in der Seventh Avenue zu verbringen. Übrigens zog damals alles von der Fifth Avenue in die Seventh. Natürlich war noch immer viel in der Lenox Avenue los, der Savoy Ballroom war ja noch brandneu, und die große Zeit des Cotton-Club war noch gar nicht angebrochen. Aber Mr. Ed Smalls machte das Sugar Cane in der Fifth dicht und eröffnete sein schon berühmtes Smalls' Paradise in der Seventh, zwischen der 134. und 135. Straße.

Big John persönlich habe ich damals nicht kennengelernt, es ergab sich nicht. Erst viel später lernte ich ihn dann und sogar sehr gut kennen. Als ich noch bei Gonzelle White arbeitete, war ich eigentlich eher so etwas wie ein junger Beobachter. Es war schon aufregend genug für mich, allein nur dahin zu gehen und mich mit den Leuten zu treffen. Ich kann nicht sagen, daß ich damals wirklich schon richtig dazugehörte. Ich traute mich ja nicht einmal, den Versuch zu unternehmen, bei einen von den großen Sessions, die hinten stattfanden, mitzumachen. Es wäre auch nicht ungefährlich gewesen, man hätte sich nur was eingebrockt. Man konnte ja nie wissen, ob nicht jemand hereinkam und einen wegfegte.

Als wir gerade mal wieder arbeitslos waren und uns die Zeit im Big John totschlugen, riß ich von Gonzelle aus, drei Wochen, vielleicht war es ein Monat. Ich interessierte mich für eine Sängerin, ihren Namen will ich lieber nicht verraten. Ich reiste ihr bis nach Baltimore und Washington nach, aber weiter werde ich die Geschichte nicht erzählen. Als ich jedenfalls da unten war, ergab sich die Gelegenheit, mit Billy Ewing einen kleinen Ausflug nach Virginia zu machen. Dann ging ich eines Abends in Washington spazieren und geriet zufällig in die Straße, in der sich der Bühneneingang zum Howard Theatre befindet, als eine Sängerin namends Linda Soundso rauskam und einen Pianisten suchte.

Ich konnte den Job gut gebrauchen und kam also mit rein. Es sollte eine ganz besondere Erfahrung für mich werden. In dem Orchestergraben war zwar eine kleine Band, ich glaube, sie bestand nur aus Mitgliedern ihrer Familie, aber für ihre Nummer wollte sie einen Pianisten auf der Bühne als Begleitung. Damals war mir alles recht, und als sich dann auch noch herausstellte, daß man keine Noten zu lesen brauchte, war alles okay für mich. Man mußte nur die Tonlage treffen, in der sie sang, und ihr dann einfach folgen und wissen, wo man die Pausen zu machen hatte. Das war alles kein Problem, wir spielten ein paar Lieder durch, und es lief gut.

Anschließend traten wir auf die Bühne und fingen an, und ich werde nie vergessen, was dann passierte. Sie hatte sich überlegt, für ein paar Nummern von der Bühne zu verschwinden, um noch schnell irgendwas zu ändern oder so, und sagte mir, ich solle einfach was spielen, verschwand dann und ließ mich völlig allein zurück. Ich hatte noch nie eine Solonummer in einer Varietéshow gespielt, und es war schon beängstigend, mit dem ganzen Publikum, das auf sie wartete. Ich hörte, wie ein paar rauhe Typen sich unterhielten und einfach weiterquatschten und mir nicht die geringste Beachtung schenkten.

Ich mußte irgend etwas spielen, also fing ich an, und ich hörte, daß sie immer noch quatschten, und dann brachte ich ein paar Stride-Akkorde, und nach ein paar Takten hörte ich, wie jemand rief: »Schsch, schsch. Warte doch mal, hör doch mal zu.«

Es war, als hätte mir jemand meine erste große Chance gegeben. Ich spielte nichts Besonderes, eigentlich nur ein paar Stride-Akkorde, und den Rest legte mir der liebe Gott in die Finger. Ich spielte immer weiter, ich konnte gar nicht mehr aufhören. Ich habe bestimmt fünf Minuten lang nur versucht, irgendwie zum Ende zu kommen, und dann endlich schaffte ich es. Bums – und aus. Nachher fragte mich die Sängerin nach meinem Namen, und ich sagte: Basie, und sie wollte wissen, was ich so trieb, und ich sagte ihr, ich sei mit der Billy Ewing Show unterwegs.

Gonzelle Withe und Ed Langford beschlossen, trotz aller Schwierigkeiten die Show zusammenzuhalten und sie mit TOBA auf Tournee zu schicken. Auch das war eine neue Erfahrung für mich. Das Publikum in den Theatern der Agenturen Columbia, Keith, Orpheum oder Poli war entweder gemischt oder weiß. TOBA hatte ausschließlich schwarzes Publikum, nur manchmal gab es eine kleine Abteilung für Weiße.

Es gab viele Varietéshows auf Tournee damals, und in den TOBA-Theatern spielten sie am häufigsten. Es waren im Grunde ähnliche Häuser wie das Lincoln und das Lafayette in Harlem und das Howard in Washington, und die meisten hatten Platz für 1200 bis 1500 Leute. Bessie Smith hat in Shows angefangen, die in Zelten aufgeführt wurden, dann verbrachte sie den größten Teil ihrer Karriere auf Tournee mit TOBA, ebenso Clara, Mamie, Trixie Smith und Ida Cox. Auch Ethel Waters und Lucille Hegeman machten die Runde mit TOBA. Eine weitere Nummer, die viele noch in Erinnerung haben, wenn von den alten Zeiten der TOBA-Häuser die Rede ist, ist die von dem Komiker-Ehepaar Butterbeans und Susie.

Die Gonzelle White Gang war eine tolle Truppe. Wir verstanden uns so gut, daß wir fast immer zusammenhockten. Mein ältester Freund in der Gruppe war Harry Smith, der Trompeter und Tänzer. Er konnte ernste Rollen spielen, aber auch sehr komisch sein. Er machte laufend irgendwelche Witze und verteilte immer Spitznamen an die Leute. Sein Spitzname für mich war »Nuts«. Es war Harry Smith, der zuallererst mit dem Spruch ankam, der später als Titel einer Nummer herhalten mußte, die ich mit meiner ersten eigenen Band spielte. Zum erstenmal hörte ich den Spruch von ihm hinter der Bühne, zwischen zwei Shows. Nach der ersten Vorstellung brachten sie immer ein paar Sandwiches und kalte Platten und solche Sachen, so brauchten wir nicht rauszugehen und konnten gleich da im Theater essen. Man ging hin zu dem Tisch und bediente sich, dann ging jeder an seinen Platz und aß. Ich stand gerade herum, und Harry Smith kam zurück und setzte sich mit seinem Happen in eine Ecke.

Dann sah er mich an und sagte: »*Every tub. Every tub*«, was soviel heißen sollte wie: »Wehe du fragst mich, ob du was von meinem Teller haben kannst. Versorg dich selbst. Mach dich von keinem abhängig. Jeder Wonnekloß muß auf seinem eigenen Hintern sitzen können.«

Ich ging also los und holte mir auch ein paar Schnittchen, und von da an sagte er immer, wenn er mich sah: »Hey, Nuts, was hast du denn da?« Und ich: »Every tub, every tub«, und er lachte und machte das Ganze noch mal.

»Every tub, every tub, everee tub, everry TUB!« Wenn er irgendwas auf dem Teller hatte und man zu ihm ging, sah er einen an, bevor man überhaupt fragen konnte, was er denn da habe, und er sagte: »Every TUB«, als wollte er sagen: »Mann, ich hab' schon genug.« Er meinte das nur aus Spaß, aber er hatte damit auch etwas zum Ausdruck gebracht, was ich nie vergessen habe.

Nuts war nicht der einzige Spitzname für mich, als ich mit Gonzelle White unterwegs war. O. C. Gary, der zweite Trompeter, nannte mich immer Bateman. Zuerst sagte er »Baseman«, dann spielte er damit rum, und es kam »Bateman« heraus, und dann rief er: »Hey, Mr. Bateman, was meinst du dazu, Mr. Bateman? Wir schaffen das schon, Mr. Bateman.«

Wenn wir zusammen spielten und ich war mit meinem Einsatz dran, flüsterte er mir immer Mut zu und meinte: »Wir schaffen das schon, Mr. Bateman.«

Andere nannten mich immer Base, so nennen mich übrigens noch immer die meisten meiner ältesten und engsten Freunde. Ich weiß nicht mehr, wer das zuerst aufbrachte, aber es ist irgendwie im Laufe der Jahre hängengeblieben. Damals gab es noch keinen »Count Basie«.

Was den tiefen Süden betrifft, in den ich zum erstenmal fuhr – also da bin ich schon so oft nach gefragt worden, und ein paar Reporter haben nur das notiert, was *sie* gerne hören wollten. Ehrlich gesagt,

machte ich mir damals keine großen Gedanken über Rassendiskrimi-
nierung und solche Sachen. Ich war einfach glücklich darüber, mit
der Show unterwegs zu sein, daß ich mich damit gar nicht beschäftigte. Natürlich passierten unterwegs schon ein paar merkwürdige
Dinge, aber ich beachtete sie nicht besonders, weil, nun ja, ich war
mit solchen Sachen schon lange vertraut, bevor wir in den Süden
fuhren. Auch im Norden konnte man so was erleben.

Immerhin lag die Mechanic Street in dem ärmlicheren Viertel von
Red Bank. Ich will nicht, daß jemand den Eindruck gewinnt, ich
hätte das in meiner Kindheit nicht zu spüren bekommen. Ich weiß
nicht mehr, wann es mir zum erstenmal wirklich aufgefallen ist, aber
es muß ziemlich früh gewesen sein, denn ich kann mich an nichts
Konkretes erinnern. Die Schule war nicht mal nach Rassen getrennt,
aber es blieb einem ja nicht verborgen, daß Schwarze und Weiße in
verschiedene Kirchen gingen, und noch ein paar andere Dinge. Ich
weiß noch, ich war total erstaunt, als Elmer Williams und ich in
Harlem ankamen und wir dachten, das sei nun *die* Stadt für
Schwarze, und dann fanden wir heraus, daß hinter der 125. Straße
sofort alles »schneeweiß« war und daß man nicht den Haupteingang
benutzen durfte und im Alhambra nur Karten für den Olymp bekam.

Da unten im Süden wuße man also immer, daß es das gab. Aber
ich war sehr jung, hatte meinen Spaß, und so achtete ich nicht
besonders auf diese Dinge. Sie spielten einfach keine große Rolle,
und ich fühlte mich nicht irgendwie eingeschränkt dadurch. Ich
kannte keine großartigen Clubs oder Kneipen, die ich unbedingt
sehen wollte, keine Theater oder Nightclubs oder sonstwas da unten,
in die ich wirklich rein wollte oder die ich mir leisten konnte. Das
wichtigste für mich war, mit der Company zusammen zu reisen und
zusammen zu leben, und das reichte mir.

Es war nie schwierig, irgendwo etwas aufzutreiben, wo man essen
konnte und vielleicht auch schlafen. Wenn wir vorher keine Zimmer
reserviert hatten, brauchte man nur auf die Straße zu gehen, bis man
jemanden traf, der so aussah, als hätte er ein Zimmer, und man fragte
einfach, und manchmal kriegte man Zimmer und Verpflegung bei
denselben Leuten, und dann war man fein raus. Manchmal verteilte
das Management Essensmarken, die man in bestimmten Restaurants
in der Nähe des Theaters einlösen konnte.

Wir fuhren mit dem Zug, aber ich weiß nicht mehr, wo es zuerst hinging, vielleicht Philadelphia. Ich weiß noch, daß wir im Standard gespielt haben, in der South Street in Philadelphia, ziemlich am Anfang, denn ich erinnere mich, daß ich da zum erstenmal das Komikerteam Sandy Burns and Ashes gesehen habe, zwei der ulkigsten Typen, die mir jemals über den Weg gelaufen sind. Wir gerieten dort auch in einen kleinen musikalischen Wettbewerb. Unten im Orchestergraben spielte eine wunderbare kleine Band, und zwar sehr gut. Eines Abends, während der Spätvorstellung, sollten wir den *Bugle Call Rag* spielen. Harry Smith, Jake Fraser, O. C. und die Jungs legten also los und brachten den Laden in Schwung, und die Musiker unten im Graben staunten nicht schlecht, als da eine Truppe Varieté musiker so einen Jazz spielte. Sie dachten, wir wären nur einfache, lockere Showbizmusiker, aber dann zeigten wir es ihnen, und ich glaube, die haben uns so schnell nicht vergessen.

Ich glaube, auf der gleichen Tournee kamen wir auch nach Baltimore und fuhren dann nach Süden, also spielten wir vermutlich auch in Richmond, und ich weiß nicht, in wieviel anderen Städten auf der Strecke runter nach Virginia, North Carolina, South Carolina und Georgia. Wir traten im Douglas Theatre in Macon, Georgia, auf, und auch im Baileys 81, in Atlanta, wo der Bandleader der Hausband ein wunderbarer Musiker namens Eddie Heywood war. Sein Sohn, Eddie Heywood jr., war damals noch ein kleiner Junge, und Big Eddie brachte ihn mit ins Theater, damit er bei uns Klavier spielen konnte. Viele Jahre später wurde er mit seinen Aufnahmen *Begin the Beguine* und *Canadian Sunset* weltberühmt.

Ich weiß nicht, in wie vielen TOBA-Theatern zwischen Georgia und Kentucky wir aufgetreten sind, aber an Louisville kann ich mich wegen eines kleinen Zwischenfalles erinnern, der sich am Tag unserer Abreise ereignete. Wir wohnten in einem Hotel, das von drei Brüdern geleitet wurde, und ich wurde so etwas wie ein Kumpel für den einen. Wir hingen immer zusammen rum, und ich gab das wenige Geld, was ich hatte, aus und bezahlte auch für ihn oft mit. Als wir dann abreisen wollten, sollte ich meine Rechnung bezahlen, und ich war total pleite.

Es war wirklich peinlich, und ich machte mir schon Sorgen, denn die anderen waren alle schon bereit abzufahren, und es sah so aus, als

müßten sie mich dalassen. Ich höre noch immer Old Crackshot, wie
er sagt: »Wollen wir doch mal sehen, wie sich Old Nuts hier aus der
Schlinge zieht.«

Sie warteten alle darauf, was ich machen würde. Ich ging einfach
zum Bahnhof und setzte mich in den Zug. Dann saßen wir natürlich
da, etwa eine halbe Stunde, eine dreiviertel Stunde, vielleicht auch
eine ganze. Wir saßen und saßen und saßen, und dann hieß es,
jemand vom Hotel wäre auf dem Weg. »Auf Wiedersehen, Mr.
Bateman.«

Als er dann kam, sah ich, daß es der Bruder war, mit dem ich
immer rumgehangen hatte, und er sagte, es ginge schon alles in
Ordnung, wenn ich fahren wollte, er würde sich um alles kümmern.
Er gab mir sogar noch etwas Geld, sozusagen als Überbrückung bis
zu unserem nächsten Gig. Old Crackshot und Harry und der Rest
konnten dazu nur noch sagen: »Sieh einer an, Old Nuts hat sich mal
wieder fein aus der Affäre gezogen. Wie machst du das bloß, Nuts?«

In Chicaco kamen wir auch vorbei, und da sah ich zum erstenmal
Louis Armstrong. Wir traten im Monogram Theatre auf, und in einer
Pause zwischen den Vorstellungen gingen ein paar von uns mit Harry
Smith zu einem Club, wo Louis Armstrong mit seiner Frau Lil
Hardin am Klavier spielen sollte. Als er noch in New York in der
Band von Fletcher Henderson spielte, war ich nie dazu gekommen,
ihn zu sehen. Ich wußte natürlich, daß er in der Stadt war, alle
wußten es, aber aus irgendeinem Grund hatte ich ihn selbst nie
spielen hören. Ich verkehrte nicht in den Kneipen, in denen Fletcher
Henderson und seine Band auftraten, und wenn er mal in einem von
den Clubs in Harlem auftauchte, erwischte ich ihn nie. Es soll nicht
selten passiert sein, aber, wie es im Leben manchmal so geht, ich
verpaßte ihn immer.

In Chicago bin ich also hingegangen, und er brachte den Laden zur
Raserei! Sie kannten ihn alle von seinen Schallplatten her, aber ihn
dann selbst auf der Bühne zu hören, das war noch mal was ganz
andres. Damals legte der alte Louis die hohen Cs nur so hin, als
könnte er nicht aufhören. Er wurde nicht umsonst der »King«
genannt. Keiner konnte ihm das Wasser reichen!

Auch in den Aufnahmestudios in Chicago und Umgebung war viel los. Louis soll dort alle Aufnahmen mit den New-Orleans-Gruppen gemacht haben, den Hot Five und den Hot Seven und auch die Platten mit King Oliver. Die Sachen mit Earl Hines hat er ja erst später gemacht, aber dort wurden sie aufgenommen. Ich habe gehört, daß Louis in den ersten drei Jahren, nachdem er von der Fletcher Henderson Band in New York nach Chicago zurückgekommen war, dort mehr als fünfzig Studiotermine gehabt haben soll.

Damals hatte ich zu alldem keine große Beziehung, ich gehörte zur Show und war ganz Auge und Ohr für alles, was sich um mich herum so tat. Crackshot und Hunter wohnten beide in Chicago, und ich wohnte bei Crackshot. Mit seiner Hilfe fand ich dann heraus, was in der Stadt und in der Umgebung so los war, und so erfuhr ich viel mehr als bei meinem ersten Besuch in der Stadt ein paar Jahre zuvor, als ich mit der Varietéshow für Columbia unterwegs war.

Wir blieben noch ein paar Tage in Chicago und gaben dann noch auf dem Rückweg ein paar Gastspiele, so auch in Indianapolis, wo Ed Langford krank wurde. Wir fuhren auf einem Lieferwagen durch die Stadt und machten Reklame für die Show. Es fing an, stürmisch zu regnen, und Ed wurde von oben bis unten naß und mußte mit einer schlimmen Erkältung ins Bett. Er konnte unmöglich auftreten, und Gonzelle und Harry Smith waren natürlich in heller Aufregung, wer denn jetzt seine Rolle in dem dramatischen Sketch übernehmen sollte, und da schlug ich ihnen vor, es doch mit mir zu versuchen, ich könnte das Ganze schon auswendig.

Zuerst sahen sie mich nur blöd an, aber ich wiederholte mein Angebot, es doch mit mir zu versuchen, ich hätte sie doch die ganze Zeit immer beobachtet, und ausgerechnet Ed Langfords Rolle könnte ich am besten. Seit wir aus New York abgereist waren, hatte ich während der Proben und auch in den Vorstellungen in den Städten jede Bewegung von Ed Langford genau studiert. Ich tat das nicht mit der Absicht, die Rolle auch irgendwann mal zu übernehmen, sondern weil ich ihn sehr bewunderte und ich mir dachte, daß ich von ihm viel lernen könnte, als Schauspieler und als Mensch.

Jedenfalls wollten sie das Stück nicht ausfallen lassen, denn es war im Grunde die Rosine im ganzen Programm, also meinte Harry Smith schließlich: »Na gut, na gut, vielleicht bringt's der alte Nuts ja tatsächlich, soll er's doch mal versuchen.« O. C. Gary war auch dafür: »Yeah, Mr. Bateman soll es mal versuchen. Geh auf die Bühne, und versuch es, Mr. Bateman. Klar kann Mr. Bateman das. Na los, Mr. Bateman.«

Und ich schaffte es tatsächlich. Jetzt kann ich ja nicht mehr gut sprechen, aber damals brachte ich den Text ganz gut. Natürlich wollte ich wenn möglich alles genauso machen wie Ed Langford, und ich muß mich ganz gut geschlagen haben, denn das Stück wurde für die restlichen Auftritte in Indianapolis nicht abgesetzt.

Ich weiß noch, wie ich mit dem Hut auf dem Kopf auf die Bühne komme und rufe: »Maude, o Maude, hörst du mich nicht? Wo zum Teufel steckst du? Was zum Teufel treibst du? Warum hörst du mich nicht, wenn ich dich rufe?«

Und so weiter, ich bin ja der böse Ehemann. Dann kommt die große Szene mit Maude, und schließlich packe ich sie mir. Dann kommt der Gute, Harry Smith, auf die Bühne gelaufen und rettet sie aus meinen Klauen.

Ich nenne ihn darauf einen Grünschnabel und noch einiges mehr, und dann raufen wir uns, und schließlich schlage ich ihn bewußtlos. Dann holt Maude einen Dolch und greift mich an, und in dem Augenblick, in dem sie zustößt, kommt ihre Pointe: »Der Lohn der Sünde ist« – jetzt sticht sie zu – »der Tod.«

Die Frauen im Publikum riefen dann immer: »Yeah, yeah, o yeah, yeah, yeah.«

Als wir wieder zurück nach Chicago fuhren, ging es Ed Langford immer noch nicht besser. Es wurde schlimmer, dann kam noch eine Lungenentzündung hinzu, er mußte ins Krankenhaus und starb dort. Das war für uns alle ein schwerer Schlag. Es kam alles so plötzlich, man wollte es gar nicht wahrhaben. Die Show hatte aber noch einige Auftritte zu absolvieren, also machten wir weiter, als Gonzelle fort war, um den Leichnam für die Beerdigung nach Kansas City zu überführen. Eines der Mädchen aus der Company übernahm die Rolle der Maude Wilson, und wir brachten das Publikum immer noch zum Lachen.

Soweit ich mich erinnere, klappte alles ganz gut, trotz des Unglücks. Ed Langford war ein so toller Kerl gewesen, daß man sich Sorgen machen mußte, wie die Show jetzt ohne ihn auskommen würde. Er war nämlich auch ein guter Geschäftsmann und kannte sich im Tourneegeschäft aus, und es machte einfach Spaß, für ihn zu arbeiten. Aber auch Gonzelle White war ein Profi im Showbusineß. Ihr Mann war zwar der Manager gewesen, aber es war doch ihre Show, und sie wußte so gut wie er, wie man so etwas leitete. Ich weiß nicht mehr, wen sie während ihrer Abwesenheit mit den Geschäften beauftragte, aber als sie nach einer Woche zurückkam, war allen klar, daß sie auf jeden Fall die Show zusammenhalten wollte. Sie nahm ein paar Änderungen vor, und wir machten uns wieder auf den Weg in den Süden, wo uns die Agenturtheater schon erwarteten.

In New Orleans hatten wir dann Sorgen ganz anderer Art. Wir spielten im Lyric Theatre, und es fing heftig an zu regnen. Das ging etwa eine Woche lang so. Ich glaube, wir sollten zwei Wochen lang im Lyric spielen, aber in der ersten Woche hat es nur geregnet, und dann kamen wir eines Tages ins Theater und sahen, daß der Orchestergraben unter Wasser stand, es war unglaublich. Als wir zurück zum Gästehaus kamen, heulten schon überall die Sirenen, weil das Wasser so schnell anstieg und die Dämme in Gefahr waren. Es war klar, daß es für uns da nichts mehr zu tun gab.

Gonzelle ging schon vor und besorgte Fahrkarten für uns, damit wir so schnell wie möglich aus New Orleans abfahren konnten. Später stellte sich heraus, daß wir den letzten Zug erwischt hatten, der noch rauskam. Wir hatten es gerade noch geschafft. Das Wasser stand schon bis zu den Brückenpfeilern, man konnte die Hand raushalten und es fast berühren. Wir schafften es noch so gerade über die Hauptbrücke und fuhren an der Golfküste entlang nach Gulfport und Biloxi und Mobile. Es war ein ganz knappes Entkommen. Die Überschwemmung war eine der schlimmsten, die sie jemals da unten hatten. Als die Sirenen anfingen zu heulen, wurde es höchste Zeit, so schnell wie möglich abzuhauen, und beinahe hätten wir es nicht geschafft. Ein oder zwei Tage später, und wer weiß, was mit uns geschehen wäre.

Ich bin ziemlich sicher, daß wir in Mobile und einigen anderen Städten da unten gespielt haben, aber ich weiß nicht mehr, wie wir dann zurück, Richtung Norden, gefahren sind und dann gen Westen. Es passiert immer mal wieder, daß mich jemand fragt, ob ich nicht hier oder da für Gonzelle White und ihre Show gearbeitet hätte, und manchmal fällt es mir dann wieder ein, daß ich da und da war und daß das zu der und der Zeit gewesen sein muß.

Als die Gonzelle White Show in Lincoln auftrat, traf ich Piney Brown zum erstenmal. Er war *der* Typ damals in Kansas City und der netteste Mensch, den man sich vorstellen kann. Wenn man mit ihm zusammen ausging, brauchte man sich um nichts zu kümmern, er übernahm immer die Rechnung.

Ich hatte schon vorher von ihm gehört, und als er im Theater vorbeikam und sagte, er wolle die Mädchen der Show kennenlernen, wußte ich bereits, wen ich da vor mir hatte. Ich sagte mir also gleich beim erstenmal: Ich muß das irgendwie so drehen, daß für mich auch was dabei rausspringt. Denn ich wußte, daß er in der 12. Straße einen kleinen Club hatte, der so aussah, als wäre er für mich zu teuer. Ich schlage ihm also vor: »Warum laden Sie uns nicht alle in Ihren Club ein?«

Dann ging ich zu den Mädchen. »Dieser reiche Gentleman hier möchte euch gerne kennenlernen.« Sie schauten mich verständnislos an, und ich antwortete: »Oh, er ist ein sehr netter Herr. Stadtbekannt. Er heißt Piney Brown.«

Ich glaube, er ließ auch ein paar Kleinigkeiten für sie hinter die Bühne schicken, aus seinem Restaurant, und natürlich auch das gewisse Extra, ein Schlückchen zu trinken. Nach der Show holte er sie dann ab und ging nach gegenüber, und ich mit. So lernte ich ihn kennen, und er war wirrklich ein Mensch, den es sich lohnte kennenzulernen.

Nachdem die Vorstellungen im Lincoln ausgelaufen waren, blieben wir noch eine Weile in Kansas City und machten uns ein paar schöne Tage. Dann hatten wir die Gelegenheit, in Tulsa aufzutreten, was mich ganz besonders reizte, denn ich war der festen Überzeugung, daß Oklahoma der Wilde Westen sei. Ich dachte, es würde dort nur so wimmeln von Cowboys und Indianern, wie in den Westernfilmen, die ich aus Mr. McNultys Kino in Red Bank kannte, als ich dort arbeitete, und ich war so gespannt darauf, das alles in Wirklichkeit zu erleben, daß ich die ganze Nacht wach blieb und aus dem Zugfenster schaute.

Ich hatte wirklich erwartet, daß da draußen auf der Prärie die

Cowboys und Indianer vorbeireiten würden. Ich glaube nicht, daß ich irgend jemandem auch nur das geringste davon erzählt hatte, sie hätten sich nur über mich lustig gemacht, daß ich noch so naiv war. Ich saß tatsächlich die ganze Nacht hellwach am Fenster, und ich war in meinem ganzen Leben noch nie so enttäuscht wie an dem Morgen. Der Zug fuhr in Tulsa ein, und ich sah nichts als diesen großen Stadtbahnhof. Ich wollte auf der Stelle kehrtmachen und nach Kansas City zurückfahren. Ich hatte nirgendwo Indianer oder Cowboys entdeckt, im Grunde gab es überhaupt keinen Unterschied zwischen Tulsa und Kansas City oder sogar St. Louis, was die Straßen in der Stadt, die Lichter und die Autos betraf.

Von der Innenstadt sah ich nicht viel, denn als wir aus dem Zug stiegen, fuhren wir gleich weiter in das schwarze Wohnviertel. Das Haus, in dem wir untergebracht waren, lag in der Hauptstraße, gleich gegenüber vom Theater. Ich kann mich noch an die Telegraphenmasten und die Leitungen entlang der Straße erinnern, an die Blechkisten und Lieferwagen und an die Buggys und Kutschen, die noch von Pferden gezogen wurden, und es gab auch eine Art öffentliches Verkehrsmittel, das von der Innenstadt in die Vorstädte fuhr.

Weil ich ohnehin keine Lust hatte, eine Sightseeing-Tour zu machen und mir ein paar Sachen anzusehen, blieb ich für den Rest des Tages im Red-Wing-Hotel, schaute aus dem Fenster und beobachtete das Geschehen auf der Greenwood Avenue. Ich sah sofort, daß wir wieder in der weniger vornehmen Wohngegend gelandet waren, ein bißchen wie Klein-Harlem. Es gab zwei große Straßen, wo sich alle Geschäfte, Läden, Restaurants und die Vergnügungslokale befanden, und da war 'ne Menge los, fand ich.

Ich sah natürlich auch, daß sich das Viertel weiter ausdehnte und daß da die Wohngegend anfing. In der Woche oder in den zehn Tagen, die wir in Tulsa verbrachten, kam ich nicht besonders weit in diese Richtung, aber weit genug, um zu sehen, daß Schwarze sich dort ein paar schöne Häuser gebaut hatten.

Damals in Tulsa, als wir im Dreamland Theatre auftraten, wachte ich eines Morgens auf und hörte zum erstenmal die Blue Devils. Und es war ebenfalls damals in Tulsa, als Seminole, dieser irrsinnige linkshändige Pianist von der Ostküste, auftauchte und mir diesen netten

Gig kaputtmachte, den ich mir in einem kleinen Schuppen aufgetan hatte. Irgend jemand hatte ihn mitgebracht, und dann fragten sie ihn, ob er nicht mal spielen wollte, und als ich ihn hörte, wußte ich, daß ich draußen war.

Von Tulsa aus fuhren wir nicht direkt nach Oklahoma City, es hat etwa eine Woche oder so gedauert, um uns nach da unten vorzuarbeiten. Einmal hielten wir in Muskogee an, dort verließ Pigmeat Markham die Company. Er, Harry Smith und ich gingen eines Abends nach der Show noch was trinken, und als wir gerade gemütlich beisammensaßen, zog Pigmeat ein Telegramm von einem Kumpel aus der Tasche, und der fragte ihn, ob er nicht Lust hätte, in einem großen Zirkus in Binghamton, New York, aufzutreten.

Er redete den ganzen Abend über nichts anderes, er meinte, er könne doch Gonzelle nicht so plötzlich verlassen. Harry Smith und ich übernahmen also für ihn die Entscheidung: »O Mann«, setzten wir ihm zu, »das ist vielleicht *die* Chance!«

Als er sich dann immer noch nicht entscheiden konnte, machten wir ihn kurzerhand betrunken, schleppten ihn auf sein Zimmer, packten seine Tasche, bezahlten seine Rechnung und brachten ihn zum Bahnhof. Dann kauften wir eine Fahrkarte nach Binghamton und setzten ihn in den nächsten Zug zurück in den Osten. Also, er war nicht so besoffen, daß er nichts mehr mitkriegte. Wir machten ihn gerade so betrunken, daß er vernünftigen Gründen etwas aufgeschlossener war, und so ging er fort und wurde zu eine der größten Namen im Varieté. Als ich ihn das nächstemal sah, machte er gerade alle Schlagzeilen in New York, und in jeder Show tobte das Publikum.

Auf dem Weg nach Oklahoma City machten wir auch in Wewoka, Oklahoma, halt. Diese Stadt werde ich nie vergessen, denn dort kriegte ich schließlich doch noch ein paar richtige Indianer zu sehen. Eines Abends gingen ein paar von uns noch aus und taten eine Gegend auf, in der man noch diesen schwarzgebrannten Alkohol zu trinken kriegte, wahrscheinlich Bier oder Chock, aber Whiskey war es ganz sicher nicht. Jedenfalls bestand die ganze Gegend eigentlich nur aus einem oder zwei Blocks, und nur eine Straßenseite hatte einen Bürgersteig.

Ich weiß nicht mehr, wer mit dabei war, aber es waren mehrere, und wir kriegten auch unseren Schluck, in einem kleinen Schuppen, der eigentlich keine Bar war, sondern einfach ein Laden, in dem Hausgemachtes ausgeschenkt wurde. Als wir uns im Dunkeln wieder auf den Heimweg machen wollten, hörten wir ein irrsinniges Geschrei und sahen dann, wie einige Pferde die Straße heruntergaloppiert kamen, und wir hatten gerade noch Zeit, uns mit einem Sprung in die Büsche zu retten.

Es war eine Horde Indianer, die brüllend und johlend und ohne Sattel auf ihren Pferden dahergeritten kamen und wirklich die ganze Straße verrückt machten. Sie flogen wie ein Tornado an uns vorbei. Es geschah alles so unglaublich schnell, man konnte es kaum für wirklich halten, wie ein Traum, ein Alptraum. Wham! Ta-dam, ta-dam, ta-dam, ta-dam! Und dann das Schreien und Brüllen! Plötzlich waren sie verschwunden, und wir waren wie festgewachsen und konnten nur noch den Staub einatmen, den sie aufgewirbelt hatten.

Am nächsten Morgen hörte ich mich mal um, und ich erfuhr, daß es sechs Indianer seien und daß so etwas ab und zu schon mal vorkommen könnte. Eine Horde von den Jüngeren käme ohne Sattel auf den Pferden in die Stadt geritten und machte einen drauf. Ich vermute, sie kamen in den Teil der Stadt, um sich ein bißchen Feuerwasser zu genehmigen und dann wieder abzuhauen. Sie waren nicht wirklich aufrührerisch, keiner versuchte, sich mit ihnen anzulegen, und sie taten auch niemandem was an. Sie ritten nur ein paar Meter in die Gärten rein und auch schon mal in einen Flur, aber dann wieder zurück in ihre Reservate, wo sie herkamen.

Ich weiß nicht, wohin sie ritten, denn bevor ich etwas mehr über sie in Erfahrung bringen konnte, hatten wir die Stadt schon wieder verlassen. Eigentlich schade, denn ich hätte sie gerne mal von nahe gesehen und mich mit ihnen unterhalten. Ich weiß nicht mehr genau, ob wir von da direkt nach Oklahoma City fuhren, das war jedenfalls unser Ziel, und dort wollten wir einige Wochen bleiben. Dort traf ich auch die Blue Devils wieder, als sie von der Tournee durch ihr Revier zurückgekommen waren, und dort spielte ich auch zum erstenmal mit ihnen.

In Oklahoma City waren wir eine Zeitlang arbeitslos, als mein guter alter Saufkumpan Temple, der Schlagzeuger, wegen eines

Tellers Chili in eine wirklich komische Situation geriet. Ich weiß nicht, was in den alten Temple gefahren war, aber es hätte nicht viel gefehlt, und er wäre in Teufels Küche gewesen. Am Ende war es dann so, daß immer, wenn einer davon zu erzählen anfing, wir aus dem Lachen nicht mehr rauskamen.

Es gab da ein Restaurant, nicht weit vom Theater, und wenn wir mal das Geld dazu hatten, gingen ein paar von uns dorthin, um zu essen und dort rumzuhängen. An jenem Abend nun waren wir irgendwo gewesen, ich weiß nicht mehr, wo, jedenfalls kamen wir auf unserem Heimweg an der Straße vorbei, und dann sahen wir vor dem Restaurant eine ganze Traube von Leuten stehen. Es war bestimmt Harry Smith, der zuerst fragte, was denn los sei, alle standen sie nur da und gafften in den Eingang, aber keiner sagte einen Ton.

»Einer von diesen Jungs von der Show«, sagte jemand aus der Menge.

»Einer von den großen Typen. Er hat in das Restaurant geschossen.«

»Mitten durch die Tür«, sagte jemand.

Dann sagte eines der Mädchen von der Show, die schon eine Weile draußen gestanden hatte, es sei Temple.

»Er ist dort lang«, sagte sie, und ich konnte mir ungefähr vorstellen, wo er hingegangen war. Ich ging also mit jemand hinter den Laden – und richtig, da saß er. Ich glaube, Harry war mit mir gegangen.

»Kommt bloß nicht rein«, sagte er.

»Was ist los?« fragte ich. »Was ist passiert?«

»Also«, meinte er, »ich bin in das Restaurant und bestelle Chili, und als ich probiere, frage ich den Kellner, ob er nicht 'n paar Bohnen mehr reintun könnte, und sie machten gleich Stunk deswegen, und dann machte ich auch Stunk. Sie werfen mich also raus, und ich gehe meine Pistole holen.«

Er besaß eine von diesen kleinen Schießeisen, ich weiß nicht, ob es eine Derringer war oder nicht, jedenfalls ging er wieder rein und zog den Hahn.

Sie holten die Polizei, und Harry und ich redeten ihm zu, er solle doch wieder rauskommen auf die Straße. Dann brachten sie ihn ins

Gefängnis. Gonzelle redete mit den Leuten von dem Restaurant, und sie ließen den alten Temple wieder frei und erfanden irgendeine Geschichte, damit der Typ gegen ihn keine Anzeige erstattete.

»Was ist los mit dir, Temp?« fragte ich ihn später. »Mensch, was war denn bloß in dich gefahren?«

»Also, ich bin nicht mit der Absicht darein gegangen, Stunk zu machen«, sagte er. »Du weißt, wenn ich jemanden erschießen wollte, dann hätte ich das auch getan, aber das war nicht meine Absicht. Ich hab' einfach in den Raum geschossen, weil ich so wütend war.«

Ich mußte lachen, und er auch. Er konnte immer über sich selbst lachen, wenn etwas Komisches passiert war.

»Warum auch, ich hab' sie nur gefragt, ob ich etwas mehr Bohnen in meinen Chili haben könnte. Mehr wollte ich nicht. Was ist daran auszusetzen? Soll mir keiner daherkommen und mir erzählen, wie 'n guter Chili zu schmecken hat! Ich hab' nur gesagt: ›Wie wär's mit 'n bißchen mehr Bohnen?‹, und sie machen gleich so ein Theater.«

Achtung! Moten Swing Revier
(1929—1935)

Nach meiner Zeit mit den Blue Devils ging ich zurück nach Kansas City und übernahm wieder meinen alten Job im Eblon-Kino und begleitete die Stummfilme auf der Orgel. Dann fing ich an, mich mal um ein paar Sachen in der Stadt zu kümmern und mich hier und da auch mal reinzumogeln.

Ich glaube, ich bezog eine Zeitlang wieder mein Bett in Temples Wohnung, in der Seitenstraße der 18., ich bin ziemlich sicher, daß ich ein paar von meinen Sachen dagelassen hatte, als ich nach Oklahoma aufgebrochen war. Nicht daß ich viel herumzuliegen gehabt hätte, ich reiste damals immer nur mit sehr wenig Gepäck. Jedenfalls ließ ich dort die Sachen, die ich nicht mitgenommen hatte, und natürlich hatte ich auch Sehnsucht nach dem wunderbaren Essen, das Temple immer kochte.

In der Zwischenzeit, ohne mir eigentlich über die starke Veränderung, die ich durchmachte, im klaren zu sein, hatte ich mich immer mehr mit Musik beschäftigt und interessierte mich immer weniger für Showbusineß und Unterhaltungskunst im allgemeinen. Natürlich gab es da keine großen Unterschiede, aber nachdem ich einmal mit den Blue Devils gespielt hatte, wollte ich nur noch Musiker werden. Ich spielte immer noch Orgel im Eblon, was auch zum Showbiz gehörte, und es machte mir auch viel Spaß, aber Kansas City hatte eigentlich mehr auf der Musikszene zu bieten.

Mein nächstes Zimmer nach Temples war im Booker-T.-Washington-Hotel in der 18. Straße, gleich gegenüber vom Eblon. Damit war ich im Zentrum des Geschehens, sozusagen. Es waren nur ein paar Schritte zu Jones Poolhall, Lincoln Dance Hall und zum Friseur.

Der Subway-Club war in der 18. Straße, Highland; Streets Hotel an der 18., Ecke Paseo, und in den Häuserblocks dahinter waren die ganzen Bars und Restaurants und Cabarets und viele andere Kneipen, in die Elmer Williams und ich seinerzeit geraten waren.

Damals, als ich zum zweitenmal im Eblon-Kino arbeitete und im Booker-T.-Washington-Hotel wohnte, lernte ich den großen Fletcher Henderson kennen. Er trat eine Woche lang im Pla Mor Ballroom auf und wohnte ebenfalls im Booker T. Washington, und er kam immer an den kleinen Süßwarenstand neben dem Theater. Er hörte mich an der Orgel und schrieb dann ein paar Stückchen, die ich für ihn spielen sollte. Das werde ich nie vergessen, er meinte, er hätte da etwas für mich, das ich mal spielen sollte, und er gab mir einen Umschlag mit den Noten und ging dann zur Arbeit. Als er dann am gleichen Abend zurück ins Hotel kam, fragte er mich danach.

»Hast du es gespielt?«

»Nein«, sagte ich.

»Warum nicht?«

»Es hat zu viele Halbtöne«, sagte ich. Ich hatte keine Lust, mich mit all diesen Halbtönen abzugeben.

Ich war ein bißchen übermütig damals, als ich im Booker T. Washington wohnte. Manchmal schlich ich mich nachts zurück ins Eblon und feierte mit ein paar Freunden eine kleine Party. Irgendwie hatte ich einen Trick rausgefunden, wieder heimlich ins Gebäude zu gelangen, wenn Jack Eblon schon längst zugeschlossen hatte. Ich wartete immer so lange, bis ich sicher sein konnte, daß er den Weg quer durch die Stadt zu seiner Wohnung zurückgelegt hatte, dann lotste ich meine Leute ein, und wir hielten unsere stille Feier ab.

Eines Nachts erwartete mich eine kleine Überraschung. Ich weiß nicht mehr, wieviel wir in der Nacht waren. Manchmal nahm ich nur zwei mit rein, manchmal vier, nie eine ganze Gruppe oder so, und wir blieben auch meist nur eine Stunde. Als ich in der besagten Nacht die Orgel zuschließen wollte, brüllte mich eine bekannte, sehr laute Stimme an und erschreckte mich fast zu Tode.

»Warum zum Teufel spielst du nicht weiter?«

Ich wußte sofort, wer das war, und ich konnte nur dumm dastehen und denken: Scheiße, jetzt bist du den Job los.

»Bringt auch nichts, wenn du jetzt aufhörst«, sagte er, und dann: »Komm mal her.«

Er saß ganz oben in seinem Büro, schaute aus der Luke zum Auditorium, und als ich oben ankam, belegte er mich mit ein paar ausgewählten Schimpfnamen, und ich hörte nur zu und wartete ab. Dann mußte er wieder lachen.

»Einen Drink?«

Ich bedankte mich und nahm ihn gerne an.

»Warum hast du aufgehört?«

Ich weiß nicht mehr, was ich antwortete.

»Da hast du also einen Weg gefunden, hier wieder reinzukommen? Brauchst mir gar nicht zu sagen, wie lange das schon geht. Ich habe dich nämlich schon ein paarmal hier erwischt.«

Während meiner Zeit im Eblon hörte ich mir ein paar von den Bands aus der Gegend an. George E. Lee war damals ein wichtiger Bandleader in Kansas City. Er trat als Sänger auf, aber spielte auch Rohrblattinstrumente, und seine Schwester Julie, die mit ihm zusammenarbeitete, war ebenfalls Sängerin und spielte Klavier. Das kriegte man schon schnell genug mit, daß George und Julia Lee in der Gegend ganz große Namen waren. Die Band nannte sich George E. Lee Swing Novelty Orchestra, und sie war absolute Spitze im Showgeschäft.

Natürlich trieben sich Andy Kirk und seine Twelve Clouds of Joy in der Gegend rum, Mary Lou Williams war ja auch da. Sie spielte Klavier in der Band und schrieb außerdem viele der Arrangements. Damals war sie noch mit John Williams verheiratet, der Saxophon in der Band spielte und ebenfalls Arrangements schrieb. Das war eine Band! Sie traten lange im Pla Mor Ballroom auf. Die große Stimme in der Band war Pha Terrell, die später mit *Until the Real Thing Comes Along* einen Riesenhit landete.

Der Bandleader, den ich damals am besten kannte, war Chauncey Downs. Er war sehr nett zu mir. Er spielte selber Klavier, aber ab und zu ließ er mich mal ran. Er war recht großzügig, was das anging, und es entwickelte sich dann so, daß immer dann, wenn er irgendwo spielte und ich gerade etwas Geld nötig hatte, ich nur bei ihm vorbeizugehen brauchte. Ich brauchte nur zu sagen: »Warum stehst du nicht mal 'ne Weile auf und dirigierst ein bißchen? Ich übernehm' solange das Klavier für dich.«

Die Bands von Jesse Stone, Jap Allen und Clarence Love und viele andere spielten immer mal wieder in Kansas, alles wundervolle Musiker. Sie spielten viel auf Tanzpartys, im El Torreon Ballroom in der 31. Straße, Gilham, der Paseo Hall und auch in einigen der Ballsäle der Hotels in Kansas City. Im Sommer traten sie auch im Fairyland-Park auf.

Die Band jedoch, die den größten Ruf in der ganzen Gegend um Kansas, Oklahoma und Missouri hatte, war die Band von Bennie Moten. Ich glaube nicht, daß ich sie schon kannte, als ich die beiden Male auf Tournee mit der Varietéshow und dem einen Mal mit Gonzelle White in Kansas City war. Warum ich noch nichts von ihnen gehört hatte, als ich das erstemal im Eblon arbeitete, weiß ich auch nicht. Wenn ich jetzt so darüber nachdenke, ist es mir unbegreiflich. Vielleicht traten sie hauptsächlich außerhalb von Kansas City auf, ich habe auch gehört, sie hätten mal längere Zeit im Osten gespielt. Ich hielt mich allerdings auch nicht oft in den großen Tanzlokalen auf, es sei denn, ich spielte selber dort. Ich glaube, in Wahrheit interessierte mich nur eine Band damals, die Blue Devils, die ich zuerst in Tulsa gehört hatte und mit denen ich ein paarmal in Oklahoma City aufgetreten war.

Ich weiß aber noch, daß Bennie und seine Band auch gerade in Oklahoma City waren, als ich mit den Blue Devils dort war. Sie spielten in dem Park, und ich glaube, ich habe damals sogar ein paar von den Musikern kennengelernt. Es ist sogar gut möglich, daß Buster Moten, kurz Bus, auch dabei war. Manche sagten, er sei Bennies Cousin, manche, sie seien Brüder. Ich weiß nicht, wer recht hat, aber sie sind sicher enge Verwandte. Bus spielte Akkordeon, aber stand auch schon mal vorne und dirigierte die Band oder spielte auch schon mal Klavier. Ich glaube, beim erstenmal haben wir uns über nichts Besonderes unterhalten, er war einfach nur einer von den vielen Jungs, mit denen ich mich unterhielt.

Der Name war mir also geläufig, als ich immer mehr Leute von Bennie und seiner Band reden hörte, sobald ich wieder etwas Fuß gefaßt hatte in Kansas City. Je mehr ich über sie hörte, desto beeindruckter war ich. Dann bekam ich auch ein paar von seinen Platten zwischen die Finger, und ich fand heraus, daß es die Band mit den meisten Plattenaufnahmen in der Gegend war, und das beeindruckte mich noch mehr. Langsam wurde ich wirklich neugierig auf sie, und ich erinnere mich noch, wie ich mich eines Tages mit jemandem unterhielt und der Name Bennie Moten fiel, und ich weiß noch, wie ich sagte, daß ich die Band gut leiden könnte und daß ich gern mal mit ihr spielen würde. Ich weiß nicht mehr, wem ich das erzählt hatte, jedenfalls schaute er mich an und fragte, was das heißen sollte. Ich wiederholte, daß ich einfach gerne mal mit der Band spielen würde. Und er: »Was redest du da? Bennie Moten persönlich spielt Klavier.« Daran war wohl nicht zu zweifeln. Bennie war ein verdammt guter Pianist. Er konnte alles mögliche spielen, an das ich mich nicht einmal herantraute. Aber ich habe schon immer gern gemogelt, und ich sagte mir: Ich muß mich irgendwie in die Band mogeln, ich finde die Band gut, und ich muß einfach mit ihr spielen.

Dann, eines Morgens um fünf Uhr, ich stand an einer Ecke rum und unterhielt mich mit jemand, sah ich, daß ungewöhnlich viel Leute auch nur einfach so dastanden und sich unterhielten, nachdem die Kneipen schon alle geschlossen hatten, und als ich mal nachfragte, meinte jemand, das wären die Frauen und Freundinnen und einige Verwandte und Fans der Bennie Moten Band, die von einer langen Tour in der Gegend zurückerwartet würde. Sofort dachte ich wieder daran, wie ich mir den Weg in die Band erschleichen könnte. Ich gesellte mich also dazu, und ich kam mir vor, als würde ich auf meine Mannschaft warten.

An diesem frühen Morgen jedenfalls dauerte es nicht lange, und schon bald fuhr das erste Auto mit Bennie Moten vor. Es war ein Chrysler, und Bus Moten saß am Steuer. Dann kam auch das zweite Auto, in dem die restlichen Mitglieder der Band saßen, und alle drängelten sich um die Autos, und da hatte ich dann endlich Gelegenheit, mit Bus Moten zu sprechen. Ich ging noch am gleichen Abend zu einem Konzert von ihnen, und ich war total begeistert. Ich kam raus und war noch vernarrter in die Band als vorher. Ich war nicht der Auffassung, daß sie die Blue Devils hätten kleinmachen können, aber sie hatten irgendwie etwas Besonderes, und sie sahen auch so aus, als hätten sie es geschafft, während sich die Blue Devils noch immer von Gig zu Gig schlugen.

Es war eine grundsolide Band. Harlan Leonard führte die Rohrblattinstrumente an, Woody Walder, auch Hots genannt, spielte Alt und Klarinette, Jack Washington spielte Alt und Bariton, Thomas Hayes und Eddie Durham Posaune und Eddie außerdem noch Gitarre. Ed Lewis, Booker Washington und Paul Webster waren die Trompeter. Schlagzeuger war Willie McWashington, und an der Tuba war Vernon Page. Leroy »Buster« Perry spielte Gitarre, Bennie Klavier und Bus Akkordeon, er stand auch schon mal vorn mit seinem Stab.

Nach jenem Abend ging ich also zu den Tanzpartys, auf denen sie spielten, lernte ein paar von den Jungs kennen und hatte auch die Gelegenheit, mit Bennie selbst zu sprechen. Den meisten Kontakt hatte ich jedoch mit Eddie Durham. Das war wirklich großes Glück. Ich glaube, er und ich hatten mal zusammen bei einigen Sessions gepielt, wahrscheinlich im Subway oder Yellow Front oder so, und wir freundeten uns immer mehr an. Dann erzählte mir jemand, daß er auch Musik schrieb und daß er einer von Bennies Arrangeuren war, und da endlich sah ich eine Möglichkeit, den ersten Schritt zu tun.

Gleich als ich ihn das nächstemal sah, fragte ich ihn, ob ich ihm was vorspielen und er das dann aufschreiben könnte. Er sagte: Klar, geht in Ordnung. Er wäre immer auf der Suche nach Sachen, die er dann für die Band bearbeiten könnte. Ich spielte also irgendwas auf dem Klavier, und er schrieb es auf. Ich spielte ihm die Stimme für jede Abteilung der Band vor, und er schrieb die Noten für die Trompeter, die Blattinstrumente und Posaunen und so weiter auf, und so erarbeiteten wir uns einige Arrangements. Ich wußte genau, wie sich die Band anhören sollte, und Eddie verstand das auch sofort. Also bereitete ich mich auf meinen nächsten Schritt vor.

Ich konnte Eddie dazu überreden, mich zur nächsten Probe bei Bennie mitzubringen und natürlich auch die Notenblätter. Ich saß da und hörte zu, und dann, bei einer günstigen Gelegenheit, ließ Eddie unsere beiden Sachen spielen, und beide munterten Bennie richtig auf. Komisch, ich kann mich um alles in der Welt nicht mehr an die

1. Der Vater Harvey Lee Basie aus Red Bank, New Jersey

2. Die Mutter Lillian Ann Chiles Basie

3. Harry Richardson »Kings of Syncopation«, bei denen ein sehr junger und schmaler Willie Basie gelegentlich als Pianist spielte

1

2

3

4. »Katie Krippen and Her Kiddies«
auf Tournee durch die Varietébühnen der Columbia-Agentur. Von
links nach rechts: Basie; Steve
Wright, Schlagzeug; Freddy Douglas, Trompete; Katie, Elmer Williams, Saxophon, und Lou Henry,
Posaunist und Manager

5. June Clark, Trompete, und Jimmy Harrison, Posaune, mit Fat Smitty als Begleiter am Klavier in Smalls
Sugar Cane

4

5

6

7

8

6. Seventh Avenue in Harlem, Uptown Side, zwischen der 131. und 132. Straße. Hinter dem Schild »Billards« lag Harris' Corner, der 1958 Count Basies Club wurde

7. Gonzelle White, der Star der Big Jazz Jamboree

8. Gonzelle Whites Pianist und Trompeter O. C. Gary auf Tournee mit TOBA, 1926–1927

9. Mitte: Walter Page; links außen: Jimmy Rushing; zweiter von rechts: Hot Lips Page

9

10

11

10. Arrangeur Basie bei der Durchsicht eines Stückes mit
Bennie Moten. Koarrangeur Eddie Durham, der die
Noten schrieb, schaut Basie über die Schulter. Von links
nach rechts: Hot Lips Page, Willie McWashington, Ed
Lewis, Thamon Hayes, Woody Walder, Durham, Jimmy
Rushing, Buster Berry, Harlan Leonard, Vernon Page,
Booker Washington, Jack Washington und Bus Moten

11. Zwei lockere Typen aus der Bennie Moten Band: Bus
Moten, Akkordeonspieler und gelegentlich Dirigent und
sein zweiter Pianist und Koarrangeur

12. Catherine Morgan, die zukünftige Mrs. Count Basie,
bei einem Soloauftritt nach ihrer Lehrzeit bei den Whitman Sisters

12

13

14

15

13. Januar 1939 im Apollo. Von links nach rechts, erste Reihe: Dan Minor, Dicky Wells, Benny Morton, Herschel Evans, Jack Washington, Lester Young. Hintere Reihe: Harry Edison, Shad Collins, Ed Lewis, Buck Clayton, Jo Jones, Freddy Green und Walter Page

14. John Hammond, 1939, als die Band unter seiner Leitung bei Columbia-Records Aufnahmen machte

15. Jimmy Rushing singt Blues; Treasure Island, während der Weltausstellung 1939 in San Francisco

16. Der Name der Band ganz groß in Leuchtbuchstaben

16

17

17. Herschel beginnt, Lester
schnippt seine Finger und wird
gleich nachfolgen, um dann in
den Outchorus überzuleiten

18. Bei der Probe eines neuen
Charts mit Arrangeur Jimmy
Mundy

19. Arrangeur Andy Gibson
zwischen den Trompetern
Sweets und Buck

20. Kate und Diane im
LaGuardia Apartmenthaus in
der Fifth Avenue

18

19

20

21. Helen Humes mit der Band, Anfang der vierziger Jahre

21

22. 1943 im Blue Room im Lincoln Hotel

22

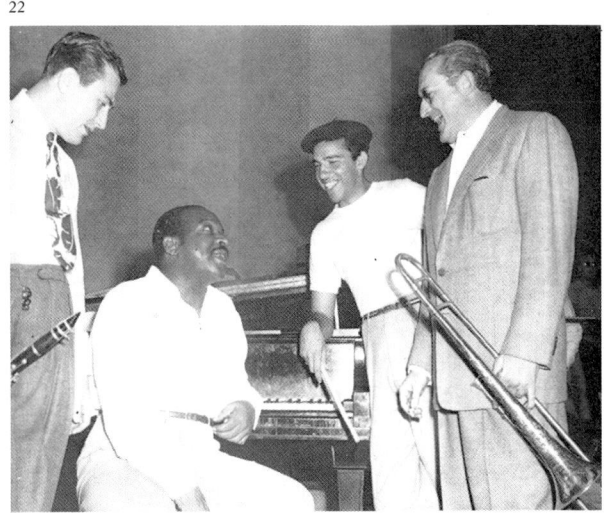

23. Zusammen mit Artie Shaw, Buddy Rich und Tommy Dorsey, 1945

23

24. Fans, vom Podium aus
gesehen
25. Autogrammjäger

24

25

Titel der beiden Stücke erinnern. Ich glaube auch nicht, daß sie wirklich von uns stammten, ich glaube, wir komponierten sie auf ein paar Standardnummern oder ähnlichem.

Jedenfalls mochte Bennie die Art, wie sie einem runtergingen, und meinte, er wolle mal mit mir reden, und er fragte mich ein paar Kleinigkeiten und sagte dann genau das, worauf ich gewartet hatte. Er fragte, ob ich sie nicht auf ihrer mehrtägigen Reise nach Wichita begleiten wolle. Ich sollte der Band zuhören und mit Eddie noch mehr Arrangements schreiben. Ich sagte natürlich sofort, daß ich nichts lieber tun würde und daß wir uns auch schon ein paar Sachen mehr ausgedacht hätten, die wir dann ins Repertoire einbringen wollten.

Bennie meinte okay, und ich sagte Jap Eblon Bescheid, und dann ging es nach Wichita, auf meine erste Tour mit Bennie Moten. Ich fuhr als Arrangeur der Gruppe mit, aber hätte nie im Leben eine Melodie aufschreiben können. Wir hatten uns so geeinigt, daß ich mit Eddie zusammenarbeiten sollte. Alles lief also wunderbar, denn für mich war die Hauptsache, daß ich der Verwirklichung meines Wunsches, mit der Band auch zu spielen, ein gutes Stück näher gerückt war. Darauf war ich ja die ganze Zeit aus, und schon auf der ersten Tour erhielt ich die Gelegenheit dazu.

Vielleicht hatte Bennie mich mal spielen gehört, ich weiß nicht mehr, jedenfalls muß ich irgendwann, als die Band die beiden Stücke von Eddie und mir mal probte, auch mal am Klavier gesessen haben. Vielleicht glaubte er Eddie auch ganz einfach. Nach ein paar Sets auf einer Tanzparty in Wichita wollte er jedenfalls eine Pause machen, weil er irgendwelche geschäftlichen Dinge zu regeln hatte, und er bat mich, für ihn einzuspringen. Damit hatte ich endlich die Chance, mit der Band zu spielen, und ich merkte sofort, daß ihm das gefiel, wie ich mich in der Band anhörte. Er ließ sich nämlich reichlich Zeit mit dem Zurückkommen, und als er dann kam, spielte er nur ein paar Nummern und überließ das Klavier dann wieder mir, bis kurz vor der letzten Nummer.

Das gefiel mir natürlich besonders, und ich sagte ihm, wie gern ich für ihn eingesprungen wäre und daß ich gerne mal eine Zeitlang als sein zweiter Pianist mitkommen würde. Er hörte sich alles geduldig an und meinte: »Wir wollen mal sehen« oder so was. Ich war mir ziemlich sicher, daß er sich das überlegen würde, ich hatte gemerkt, daß er bei einigen von den Sachen, die ich spielte, sehr genau hingehört hatte, weil sie anders waren als üblich. Ich glaube, wie sich diese kleinen Unterschiede von mir in der Band anhörten, das hatte ihm gefallen, sonst hätte er ja auch die Arrangements, die Eddie und ich ausgearbeitet hatten, gar nicht spielen lassen.

Die Tour dauerte nicht sehr lange, aber als wir nach Kansas City zurückkamen, ließ er sich fast jeden Abend mindestens die Hälfte des Auftritts durch mich vertreten. Ich mußte in einer provisorischen Uniform auftreten, damals trug die Band graue Smokings. Ich ging also mit einem grauen Anzug von mir zum Schneider und ließ etwas Seide aufs Revers und die Hosennähte setzen, und das zog ich dann für die Auftritte an, bis sie mir eine richtige Uniform von dem Kostümverleih, der sie ausstattete, bestellt hatten.

Ich gehörte immer noch nicht so richtig zur Band, aber dann nahm Bennie mich eines Tages auf die Seite, um mir zu sagen, wie sich das mit dem Geld regeln ließe. Ich meinte nur, darüber sollten sie sich nicht den Kopf zerbrechen, ich sei ganz zufrieden, mit den Jungs in der Band zu spielen, egal, auf welcher Grundlage. Aber er fuhr fort und erzählte mir, was sie beschlossen hätten. Jeder sollte in der Woche einen Dollar zahlen, und Bennie würde es dann auf fünfzehn abrunden. Soviel bekam ich also anfänglich, und für mich war das okay, denn es war ein Job, in dem ich das machen konnte, was ich unheimlich gern wollte.

Nicht daß mir die Blue Devils nicht mehr am Herzen lagen. Aber Bennie Moten war nun mal in der Gegend die Nummer eins. Wenn man zu Bennie Moten gehörte, konnte man sich die Gigs in Kansas City aussuchen. Außerdem hielt er uns immer in seinem Revier auf Trab. Bennie Moten war einfach einmalig, ich meine, wirklich was Besonderes. Man hatte das Gefühl, man spielte in einer höheren Liga als die Blue Devils. Der Unterschied lag nicht so sehr in der Musik. Die Blue Devils hatten zwar nicht so viele Arrangements in ihrem Repertoire, brauchten sich aber auch hinter keinem zu verstecken. Man fühlte sich einfach der großen Welt ein bißchen näher, wenn man bei Bennie spielte, nicht nur weil er ein verdammt guter Musiker und musikalischer Leiter war mit viel mehr Erfahrung im Geschäft als irgendeiner von den Blue Devils, sondern auch weil er die großen Verbindungen hatte und irgendwo auch eine politische Kraft war.

Von Bennie Moten mußte man einfach beeindruckt sein. Er brachte immer Bewegung in die Dinge und hatte immer Pläne für noch größere Sachen. Wenn man zu seinen Musikern gehörte, dann war man in Kansas City »in«, und man hatte das Gefühl, daß man zu einer Band gehörte, die auf ein Ziel hinsteuerte. Bennie Moten gab sich nicht damit zufrieden, die beste Band in der Gegend zu sein, er wollte auf eine Stufe mit Fletcher Henderson, Duke Ellington, Chick Webb, Claude Hopkins und McKinney's Cotton Pickers.

Das war Bennies Ziel, und wenn man bedenkt, daß zur gleichen Zeit, als Bennie diese Pläne hatte, in Chicago Earl Hines, in Memphis Jimmie Lunceford und in Kansas City Andy Kirk gerade erst angefangen hatten, ihre Bands zusammenzustellen, kann man vielleicht begreifen, wie offen der Markt damals noch war und für wie gut wir unsere Chancen hielten, einen großen Hit zu landen, der uns die Unterstützung und Promotion gesichert hätte, die uns in die Top-Clubs und Dance Halls gebracht hätte – vor allem in New York und Chicago – und in die landesweiten Radiosendungen.

Bennie Moten hatte eine Menge Bekannte außerhalb des Reviers, denn seine Platten waren schon weit verbreitet und verkauften sich sehr gut. Kurz nachdem ich mir meinen Weg als zweiter Pianist in die Band erschlichen hatte, schloß er einen neuen, großen Vertrag mit der Victor Record Company ab, und dann fingen wir an, das Repertoire der Band zu überarbeiten und neu zusammenzustellen. Normalerweise probten sie nicht täglich, immer nur dann, wenn sie neue Stücke für das Repertoire bekamen. Für diese Aufnahmen wollten wir aber besonders fit sein und arbeiteten ziemlich hart und regelmäßig, um das ganze Material so hinzukriegen, wie wir es haben wollten.

Dann fuhren wir zu den Victor-Studios nach Chicago. Wir hatten damals noch keinen Sänger. Mit mir also, der ich mich mit Bennie am Klavier ablöste, waren wir dreizehn Musiker. Bus Moten konnte auch Klavier spielen, aber meistens blieb er beim Akkordeon. An der Trompete und manchmal am Kornett waren Ed Lewis und Booker Washington. Die Posaunisten waren Thamon Hayes und Eddie Durham, der auch Gitarre spielte. An den Rohrblattinstrumenten hatten wir drei Leute, Harlan Leonard spielte Alt und Klarinette, Woody Walden Tenor und Klarinette und Jack Washington Bariton und Alt. »Buster« Berry spielte Banjo und Gitarre, Vernon Page damals Baßhorn. Der Schlagzeuger war Willie McWashington, manchmal auch Mack Washington oder Willie Mac genannt. Übrigens war Willie Mac einer von jenen Schlagzeugern, die auch singen konnten.

Wir blieben drei Tage in Chicago und nahmen in zwei Sessions zehn Stücke auf: *Jones Law Blues, Small Black, Everyday Blues, Band Box Shuffle, Rhumba Negro, Boot It, Mary Lee, Rit-Tit Day, Sweethearts of Yesterday* und *New Vine Street Blues*. Bennie ließ mir auf den Platten ziemlich viel Raum, wenn man bedenkt, daß ich noch neu in der Band und daß das überhaupt meine erste Aufnahme war. Aber er war nun mal so ein wundervoller Mensch. Die Band als Ganzes war für ihn immer wichtiger als er selbst als einzelner Künstler.

Damals in Chicago spielten wir auch einmal im Ritz Ballroom. Am deutlichsten erinnere ich mich aber an das, was am Sonntag geschah, als wir dort waren. Wir wohnten in einem Hotel über dem Grand Terrace Ballroom, und am Sonntagnachmittag gingen Bus Moten und ich den South Park Way bis zum Regal Theatre an der 48. Straße lang. Ich weiß noch, daß wir uns draußen die Künstlerfotos und Vorankündigungen ansahen, und drinnen lief eine große Show mit Dave Peytons Orchester und Sammy Lewis an der Orgel.

Ich sagte, daß ich mir den Jungen an der Orgel da drin gern anhören würde. Wir kauften also Eintrittskarten und gingen rein, und das Theater war so voll, daß wir uns in den hinteren Rang setzen mußten. Dann schaute ich mich erst mal um: Es war phantastisch da drin, mit all den Kronleuchtern und Logen und Vorhängen. Dann ging das Licht aus, und das riesige Orchester wurde den Graben hochgefahren und spielte eine symphonische Ouvertüre.

»Mein Gott!« meinte ich.

Ich hatte in meinem ganzen Leben noch nie etwas so Schönes gehört. So etwas in einem Theater, und dazu noch von einem schwarzen Orchester gespielt. Dann öffnete sich der Vorhang, und eine große, phantastische Show fing an. Ich konnte es kaum fassen. Die Show, die Elmer Williams und ich im Alhambra in Harlem gesehen hatten, kurz nachdem wir aus Asbury Park gekommen waren, war gar nichts dagegen. Es war, als hätte ich noch nie eine Show vorher gesehen.

Ich konnte nur dasitzen und zuschauen, und ich weiß nicht, was über mich kam, aber ich mußte Bus einfach abknutschen. »Weißt du, was, Bus? Junge, eines Tages werde ich auch dort unten stehen, mit meiner eigenen Band.«

Das Komische ist, daß ich vorher nie an so etwas gedacht hatte. Ich hatte mich nie als zukünftigen Bandleader gesehen, auch nicht, als ich damals in Red Bank die Tanzparty organisiert hatte oder mit der Combo im Smile Awhile in Asbury Park aufgetreten und auf die Nase gefallen war.

Ich weiß auch nicht, warum ich ausgerechnet das sagte, aber so war es nun mal.

»Irgendwann.«

Bus saß nur da und schaute mich minutenlang an, dann lehnte er sich vor und flüsterte mir ins Ohr: »Hast du die Flasche dabei?« Wir hatten in unserem Zimmer einen Flachmann, von dem wir mal ab und zu einen Schluck nahmen. Er saß da und schaute mich an, als ob er herausfinden wollte, ob ich vielleicht was getrunken hätte. Ich konnte mich nur in meinen Sitz vergraben. »Schon gut, Mann«, sagte ich. »Schon gut. Schon gut. Ich will ja nur diese verdammte Show sehen.«

Danach sagte er keinen Ton mehr. Aber der alte Bus hat das nie vergessen, und als ich dann Jahre später wirklich mit meiner eigenen Band im Regal Theatre auftrat, spielte er zufällig im Blue Note. Wir verabredeten uns in einer Bar und unterhielten uns, und ganz plötzlich sah er mich an und grinste.

»Weißt du, was, Basie?«

»Nein.«

»Du Teufelskerl. Du hast doch tatsächlich gesagt, du würdest eines Tages mit deiner eigenen Band in dem Theater spielen, oder?«

»Na komm, Bus«, sagte ich. »Wann soll denn das gewesen sein?«

Aber ich wußte sehr genau, worauf er anspielte. Immer wenn ich in den Jahren im Regal aufgetreten bin, mußte ich an den zweiten Rang und an Dave Peyton und seine Band denken.

In der Zwischenzeit waren Eddie Durham und ich ganz erfolgreich in der Bennie Moten Band, und im Herbst war es uns möglich, die Zusammensetzung um einen wichtigen neuen Mann zu bereichern. Wir holten uns Jimmy Rushing als unseren Sänger in die Band. Ich weiß nicht, ob Jimmy schon vorher aus den Blue Devils ausgestiegen war. Ich glaube, er hatte sich in der Gegend von Oklahoma City auf eigene Faust ein paar Sachen an Land gezogen, vermutlich war mit den Blue Devils nicht allzuviel los damals. Jedenfalls nahm Bennie Kontakt mit ihm auf, und er kam nach Kansas City und schloß sich der Band an.

Es war auch für mich persönlich ganz schön, denn der alte Rush und ich waren ja ein richtiges »Pärchen« geworden, in der Zeit bei den Blue Devils. Kaum war er also angekommen, begannen er und ich wieder die Runden in die Kneipen und Lokale in Kansas City zu machen, so wie früher. Überall stand ein Klavier, und es kam oft vor, daß ich was spielte und der alte Rush sang. Wir zogen von Kneipe zu Kneipe und hatten den ganzen Tag unseren Spaß.

Als dann Jimmy schon eine Weile in der Band war, planten er, Eddie und ich unseren nächsten Beutezug und überredeten Bennie dazu, Lips Page in die »Trompetenabteilung« zu holen. Wir wollten da jemanden drin haben, der unsere Improvisationen spielen konnte, die mit in das neue Repertoire sollten. Bevor Eddie und ich unsere Arrangements in die Gruppe brachten, spielte die Band diesen typischen Kansas-City-Stomp-Stil. Er hatte schon einen eigenen Rythmus, und es machte schon was her, und mir war klar, was passieren würde, denn die Band war bislang ganz gut damit gefahren.

Ich habe keine Ahnung, wie man »Stomp« mit streng musikalischen Begriffen beschreiben soll. Aber es war schon toll. Ich würde sagen, wenn man im Erdgeschoß war und die Tanzfläche im ersten Stock, dann hörte man nur dieses gleichmäßige *Rumms, Rumms, Rumms, Rumms* in einem mittleren Tempo. Stomp war nie schnell, und man konnte es fühlen. Natürlich mußte die Band auch andere Sachen spielen können. Manchmal trat die Band in einem Schuppen auf, wo es diese kleinen Pappschilder gab, die dann jemand auf einen Ständer bei der Band aufstellte und die den nächsten Tanz ankündigten, einen Onestep, Foxtrott, Walzer und was es sonst noch an Schritten gab, die natürlich einen anderen Rhythmus und ein anderes Tempo verlangten. Bei solchen Tanzpartys übernahm Bennie meist selbst das Klavier. Natürlich konnte er auch die Stomps spielen, das war ja ihre eigentliche Musik.

Trotzdem war es nicht die Art Jump-Band oder Swing-Band wie die Blue Devils. Der Stil der Blue Devils war irgendwie schmissiger. Es waren zwei verschiedene Paar Schuhe, aber wir wollten auch was von dem bluesigen Zeugs drinhaben. Dazu brauchten wir Lips, und Bennie holte ihn für uns. Wir brauchten keinen deswegen zu entlassen, Eddie schrieb extra nur für ihn. Eddie selbst hat das mal so erzählt:

»Als ein paar mitkriegten, daß Lips kommen sollte, kamen sie an und fragten, wessen Platz er denn einnehmen sollte und wessen Noten er denn spielen würde. ›Ich spiel' zweite und Soundso führt, und – wie heißt er doch gleich? – der ist dann der dritte Posaunist.‹ Ich beruhigte sie: ›Ich finde schon eine Note für ihn. Ich schreib' einfach noch eine Stimme dazu.‹ Sie spielten nämlich immer dreistimmig die ganze Zeit. Und als Lips dazukam, fing ich mit vier Stimmen an und brachte einen Sextakkord rein. Dann stellte sich heraus, daß die Jungs gar keinen Sextakkord spielen konnten. Es täte ihren Ohren weh. Also überließ ich das Lips, der war ganz heiß drauf und brachte die Sechstel ganz allein.

Also, das hatte ja alles mit Basie angefangen, der spielte mir seine Sachen vor, und ich machte dann Arrangements daraus. Ich sag' ihm also: ›Das Zeugs hier läßt sich vier- und fünfstimmig spielen. Laß uns von den Dreiklängen wegkommen, und holen wir uns einen neuen Mann.‹ Und er: ›Also Lips.‹ So lief das, und dann schrieb ich Nonenakkorde, die sind fünfstimmig, und die None konnten sie schon eher vertragen als den Sextakkord. Den überließ ich Lips. Sie hatten keine Ahnung, wie sie das harmonisch miteinander verbinden sollten. Basie und ich sorgten also dafür, daß das klappte. Die anderen dachten, wir würden danebenspielen. Aber Bennie machte mit, und als die anderen es dann auf den nächsten Platten hörten, begannen sie zu begreifen, was da abgelaufen war.«

Irgendwann Anfang des folgenden Jahres besorgte uns Bennie einen Job als Hausband im Ballroom des Fairyland-Parks in der 75. Straße, Parkway, in der feineren Wohngegend. Es bedeutete uns allen ziemlich viel, Bennie bestellte uns sogar neue Uniformen, auch ich bekam dann endlich meine eigene.

Der Job im Fairyland-Park war auf die Saison beschränkt, der Ballroom war nur geöffnet, wenn der Park als Erholungsstätte auch voll genutzt wurde. Ich will noch erwähnen, daß der Park damals »schneeweiß« war, was die Kunden betraf, aber ich kann mich nicht daran erinnern, daß wir auch nur einmal Schwierigkeiten hatten. Ich weiß nicht, was die anderen Musiker, die auch da draußen gearbeitet haben, dazu meinen, ich habe jedenfalls nie gehört, daß einer unserer Jungs belästigt worden wäre. Und wenn, dann hätte sich Bennie Moten der Sache ganz sicher angenommen. Ich wette, daß sich Bennie das vorher alles sehr genau angesehen hatte. Wenn ich behaupte, daß Bennie Moten was darstellte und in Kansas City respektiert wurde, dann meine ich in ganz Kansas City.

Ich glaube, schon bevor das mit dem Gig im Fairyland-Park losging, hatte ich ihn dazu überredet, es auch einmal mit zwei Klavieren zu probieren. Aber erst da unten wurde das zu einer regelmäßigen Einrichtung. Manchmal spielten wir auch vierhändig, was in den meisten Fällen allerdings immer noch zweihändig war, denn einer von uns beiden spielte die linke Hand und der andere die Höhen, womit ich mich ja auskannte, weil Fats Waller und ich das schon an der Orgel im Lincoln Theatre geübt hatten.

Trotzdem war das für mich eine gute Erfahrung, bei der ich viel gelernt habe und die mich auch Bennie nähergebracht hat und seiner Art, die Band vom Klavier aus zu dirigieren. Das war gar nicht meine Absicht gewesen, als ich die Idee mit den zwei Klavieren hatte, es war nur ein angenehmer Nebeneffekt, von dem sich dann herausstellte, daß er für einen zukünftigen Bandleader nur von größtem Nutzen sein konnte. Nach einer Zeit schlief das mit den zwei Klavieren wieder ein, und Bennie kümmerte sich immer mehr um die geschäftlichen Dinge. Natürlich leitete er noch immer die Band, obwohl er auch oft Bus dirigieren ließ.

Die Repertoirestücke und Schlager, die Bennie kaufte, waren auch für die längerfristigen Pläne, die er mit der Band hatte, von Bedeutung. Er wollte eine Allround-Band, die zu jeder Gelegenheit und überall was spielen konnte. Natürlich wollte er auch eine Band, die sich mit jeder anderen Tanzkapelle in der Gegend messen konnte, aber er wollte auch in dem Geschäft der großen Bands in den Hotels mitmischen. Man hat heute vergessen, wie wichtig damals die großen Hotel- und Casino-Bands waren. Wenn man das Radio anmachte, hörte man die Bands die üblichen Arrangements und bekannten Sachen der Klassiker spielen, aber auch genausoviel Jazz, den die Sender bei den Bands in den Nachtclubs aufnahmen.

Eddie und ich hatten es deswegen so leicht, Bennie dazu zu bewegen, Jimmy in die Band aufzunehmen, weil Jimmy damals Balladen sehr mochte, und das paßte genau in Bennies Pläne. Später wurde Jimmy als einer der größten Bluessänger weltbekannt, aber er fing mit ganz ähnlichen Liedern an wie George E. Lee und Pha Terrel und viele andere. Er hatte ein Bluesstück mit den Blue Devils aufgenommen, kurz bevor er sich von ihnen trennte, aber zu der Zeit, als ich mit ihm unterwegs war, sang er Blues meist nur in den Kneipen, die er und ich immer sofort aufsuchten, wenn wir irgendwo in eine neue Stadt kamen.

Im Herbst darauf machten wir wieder eine große Aufnahmession. Diesmal brauchten wir allerdings nicht den ganzen Weg nach Chicago zu fahren, Victor brachte nämlich die ganze Ausrüstung nach Kansas City und mietete sich ein Studio am Ort. Die Crew blieb etwa eine Woche, und wir machten vier Sessions und nahmen deizehn Stücke auf: *O Eddie, That To-do, Here Comes Marjorie, The Count, Liza Lee, Get Going, Professor Hot Stuff, When I'm Alone, New Moten Stomp, As Long As I Love You, Somebody Stole My Gal, Now That I Need You* und *Bouncing Around.*

Eines Tages, ich war gerade in Bennie Motens Plattenladen, kam eine Sängerin namens Edith Johnson aus St. Louis rein, die Frau von Jesse Johnson, dem Promoter, und suchte für ein paar Aufnahmen einen Begleiter am Klavier, und ich sprang sofort auf und sagte: »Ich bin Ihr Mann.«

Dann wollte ich wissen, ob sie die Noten dabeihätte. Ich weiß nicht, warum ich sie danach fragte, denn das war wirklich das letzte, was ich sehen wollte. Ich hätte nichts damit anfangen können. Aber sie meinte nur: »Nein, kommen Sie mit.«

Dann fragte sie noch, ob ich auch Blues spielen könnte. Wir spielten also ein kleines Stück, *Live and Love Tonight,* den Titel werde ich nie vergessen. Dann spielten wir noch eins, und ich versuchte es mit ein paar Stride-Akkorden, nur Klavier. Sie hat die Aufnahme in all den Jahren behalten, und immer wenn wir in St. Louis spielen und ich sie sehe, sagt sie mir, sie hätte sie noch. Dann sagt sie immer zu dem, der sie gerade begleitet: »Das ist mein Pianist.«

Und ich: »Yeah, stimmt.«

Noch bevor unsere erste Saison im Fairyland-Park überhaupt vorbei war, ging Bennie daran, seine Pläne zu verwirklichen und uns einige Touren außerhalb der Gegend zu sichern. Er wollte sehen, ob wir es wirklich bis an die Ostküste schaffen würden, um dort ins große Geschäft einzusteigen. Das war eine Voraussetzung, wenn man im ganzen Land bekannt werden wollte. Das war sein Ziel, und die Band war so gut vorangekommen, daß er sich ganz sicher war, daß wir es schaffen würden. Also stürmte er los.

Als erstes holte er sich Maceo Birch. Maceo war Geschäftsmann und Promoter und hatte viel Erfahrung im Showbusineß gesammelt, zunächst als Mitglied im Tanzteam Maceo and Red Groves und dann als Manager eines Theaters in der Elizabeth Street. Er sollte vorausreisen und die Band Promotern und Theaterleitern in so vielen Städten wie möglich anbieten, die Termine klarmachen und das Bennie mitteilen, der dann eine Tour für uns ausarbeiten konnte.

Maceo und Bennie kümmerten sich um die Auftrittsmöglichkeiten und die Eintrittsgelder, und die Band brauchte nur zu spielen. Einer mußte allerdings immer gut aufpassen, daß alles glatt über die Bühne lief, denn manches Mal mußten die Musiker auch als Rausschmeißer fungieren. Wenn sich irgend etwas auf der Tanzfläche anbahnte, stand die Band geschlossen auf und kam wie eine Phalanx von der Bühne runter, und wenn sie eine Schlägerei auflösen und jemanden rauswerfen mußte, dann nahm man sich der Sache an und ging anschließend zurück auf die Bühne und spielte weiter.

Natürlich bekamen wir kein festes Gehalt mehr, wenn die Band unterwegs war. Wir arbeiteten auf der gleichen Basis, wie ich sie schon von den Blue Devils her kannte. Die Einnahmen wurden gezählt, dann zog Bennie die Unkosten ab, und der Rest wurde in gleiche Teile aufgeteilt. So verfuhren viele Lokalbands. Aber soweit ich weiß, konnte das keiner besser als Bennie. Wenn es mal ein bißchen knapp wurde, konnte man immer damit rechnen, daß er noch was in petto hatte, und so war es auch meistens.

Bevor der Winter zu Ende ging, hatten er und Maceo Birch eine ganze Reihe von einmaligen Auftritten organisiert, die uns nach Missouri, Illinois, Indiana und Ohio führten. Gegen Ende Februar hatten wir uns bis nach Pennsylvania vorgetastet, von wo aus wir zum Sprung nach New York City, unserem letzten Etappenziel, ansetzen wollten. In der Zwischenzeit entwickelten sich die Dinge wirklich sehr gut für uns, und ich glaube, jeder in der Band hatte das Gefühl, daß wir auf dem richtigen Weg waren.

In der Woche, als wir in der großen Bühnenshow im Pearl in Philadelphia auftraten, tischten Eddie und ich mit der Nummer auf, die dann später als der *Moten Swing* ins Repertoire einging. Zuerst sollte es nur unsere Version eines großen Schlagers werden, *Your're Driving Me Crazy*, nichts Besonderes. Es war gedacht als Ausgangspunkt. Bennie brauchte nämlich einige Instrumentals für die nächste Show und übernahm wieder das Klavier, damit Eddie und ich genug Zeit hatten, was Neues zu erarbeiten.

Wir verzogen uns also an das Klavier im Keller, und ich spielte etwas, was Eddie ganz gut fand, und während er noch weiter dran arbeitete, verschwand ich mal eben und nippte ein bißchen an der Flasche und schaute mich um, ob man nicht mit was Hübschem in der Gegend anbändeln konnte. Als ich zurückkam, wollte er die Sache vertiefen. Wir spielten noch einmal das, was er aufgeschrieben hatte, und dann spielte ich einfach weiter und versuchte mal dies, mal das, und er griff es auf und meinte plötzlich: »Das ist es!« Ich verschwand wieder, um mir noch mal einen zu genehmigen, denn ich wußte, daß er von da ab allein zurechtkam.

So ist das Stück entstanden, und irgendwie mußten wir es ja taufen, also sagten wir einfach: »Was soll's, nennen wir es doch einfach *Moten Swing*«, denn eigentlich war es nur für die Band gedacht. Aber dann wurde es zu dem berühmtesten Stück der Band, und noch heute, wenn der Moten Swing gespielt wird, verbindet das jeder sofort mit der Band und den guten alten Zeiten in Kansas City. Das Copyright erhielten Bennie und Buster Moten, aber komponiert haben es Eddie und ich. Sie haben es nicht geklaut oder so, wir überließen es ihnen einfach, und es wurde ein Teil des Repertoires. Das gehörte zu unserem Job als Arrangeure, und wir kamen nicht auf die Idee, als Komponisten dafür jetzt den Ruhm einzustecken. Wir

sahen es als unseren Beitrag in dem Geschäft an. Wir hatten keine
Ahnung von Tantiemen und solchen Sachen. Wenn man eine Kom-
position verkaufte oder wenn man als Komponist für jemanden
arbeitete, dann konnte er auch das Copyright übernehmen, denn die
Kompositionen gehörten ja ihm, genau wie die Band.

In New York traten wir eine Woche lang im Lafayette Theatre auf,
als Teil einer großen Varieté-Produktion, »Rhythm Bound«, an der
auch das großartige Tänzerteam Wells, Mordecai und Taylor und die
wunderbare Sängerin Minto Cato beteiligt waren. Ihre große Nummer hieß *Memories of You,* die Eubie Blake und Andy Razaf extra für
sie geschrieben hatten. In der Show trat auch eine Komikerin auf,
Jackie Mabley, die später unter dem Namen Moms Mabley berühmt
wurde. Ich glaube, zusammen waren es fünfzig Musiker, Sängerinnen, Tänzer und Komiker in der Show.

Moten Swing spielten wir zu Wells, Modecai und Taylor. Sie
hatten eine Nummer, die *Hitting the Bottle* hieß, die war damals ihr
großer Hit. Es war eine Nummer, die sie im Cotton-Club auf ein
Musikstück von Harold Arlen erarbeitet hatten. Sie kamen auf die
Bühne und machten wahnsinnig viele Steps und rückten dabei immer
näher an eine Flasche auf dem Boden heran, ohne aber dagegenzusto-
ßen. Eine andere große Nummer bei diesem Lafayette-Gig war
Jimmys Song *Old Rocking Chair,* und Lips, der ihn dabei mit seiner
Trompete anstachelte, aber das Publikum mochte auch Bus auf
seinem Akkordeon.

Auf der Tour spielten wir auch im Savoy Ballroom, für mich war es
das erstemal, daß ich dort auftrat. Als es eröffnete, hatte mich
jemand mitgenommen, und der Saal hatte mich so beeindruckt, daß
ich auf die Musik oder die Musiker überhaupt nicht achtete. Ich weiß
nur noch, daß Fess Williams die eine Band leitete, die an dem Abend
auftrat, und Vernon Andrade die andere. Ich weiß auch nicht mehr,
was sie spielten oder wie sie sich anhörten, ich erinnere mich nur
noch an die farbigen Lichter und Spots und an die größte Tanzfläche,
die ich jemals gesehen hatte. Um die Tanzfläche herum lag überall
dicker Teppich, und es gab Clubtische, ausgelegte Kabinen und
gepolsterte Stühle.

Beim erstenmal waren mir nur solche Dinge aufgefallen, und
natürlich die bezaubernden Hostessen. Dieses Mal stand ich an der

Seite von Bennie Moten. Die Band war in New York kaum bekannt, als wir im Savoy auftraten, aber wir hatten dennoch einen großen Erfolg. Als wir den *Moten Swing* abrissen, waren alle schockiert. Sie konnten nicht so ganz folgen, aber sie hatten schnell raus, daß man dazu die Füße im Takt bewegen konnte und daß man darauf auch tanzen konnte. Also spielten wir auch den Rest, und Jimmy sang seine Balladen und Blues, und Bus Morton spielte Akkordeon.

Man durfte nicht von gestern sein, wenn man da auftreten wollte, denn die Hausband leitete Chick Webb, und sein Hausarrangeur damals war Benny Carter. In der Band spielten Louis Bacon, Shelton Hemphill und Louis Hunt Trompete, Benny Carter, erster Mann bei den Rohrblattinstrumenten, Alt und Klarinette, Hilton Jefferson Alt und, wenn man den Unterlagen glauben darf, kein Geringerer als Elmer Williams, mein alter Kumpel, Tenor. In der Rhythmusgruppe waren Don Kirkpatrick, Klavier, Elmer James, Baß, und John Truehart, Banjo, und schließlich Chick selber, einer der besten Schlagzeuger. Unser Schlagzeuger war ganz hingerissen, endlich mal Chick Webb zu sehen.

Sie haben nicht gerade versucht, uns zu vertreiben, aber sie gingen auch nicht zimperlich mit uns um. Sie waren das heimatliche Team, und wir waren in ihr Revier eingedrungen. Wir spielten aber auch nicht schlecht, denn wir hatten was, was die anderen nicht hatten, und das wußten wir, denn immer wenn ich vom Podium trat, kam jemand auf mich zu und äußerte sich irgendwie dazu. Alle wollten sie wissen, wo wir schon gewesen waren und wo es jetzt hinging und solche Sachen.

Tja, und dann Elmer Williams – ich bin immer noch nicht drüber weg, was geschah, als ich ihn zufällig in der Seventh Avenue traf. Ich hatte vergessen, wie selten wir uns eigentlich wirklich unterhalten hatten, damals, als wir immer zusammenhockten. Er stand am Eingang von Big John's, es war ein kühler Tag. Er trug einen blauen Chesterfieldmantel, einen Derbyhut, Handschuhe und hatte ein Spazierstöckchen. Ich hatte ihn seit mindestens fünf Jahren nicht mehr gesehen, aber als ich ihn laut begrüßte und stürmisch umarmte, blieb er einfach stehen, nickte mit dem Kopf und grinste mich an, als wäre ich nur ein paar Tage fort gewesen.

»Na, so was!«

Das war alles. Nicht ein Wort darüber, wie es mir denn so ginge und was ich in der ganzen Zeit denn so gemacht hätte und so. Als ich ihn dann frage, wie es ihm so geht, sagt er nur, er sei auf dem besten Weg oder so, und dann stehen wir 'ne halbe Stunde rum und schauen die Seventh Avenue runter, bevor er wieder was sagt.

»Wann bist du zuletzt zu Hause gewesen?«

»Hab' mich gerade mal da unten gemeldet«, sagte ich. »Vielleicht fahre ich nächste Woche wieder runter.«

Dann schauen wir uns wieder den Verkehr an, bevor er was sagt.

»Sag mal, wo bist du denn jetzt?«

»Ich bleibe noch 'ne Weile in der Gegend«, sage ich, denn das Lafayette Theatre lag auch in dem kleinen hektischen Block.

»Okay. Dann seh' ich dich ja noch«, sagt er und verschwindet, genauso wie er das in Red Bank immer gemacht hatte, und trotzdem wußten wir immer, wo der andere gerade war. Das war mein Wiedersehen mit Elmer Williams in New York, an mehr kann ich mich nicht erinnern.

Ich machte auch ein paarmal die Runde und besuchte einige der mir bekannten Lokale wie dem Rhythm-Club und Big John's, aber ich muß sagen, ich fühlte mich eigentlich mehr wie einer von Bennie Motens Leuten aus Kansas City als jemand, der nach Hause zurückgekehrt war.

Ich fuhr auch einmal nach Red Bank, um meine Eltern zu besuchen, das erstemal in fünf Jahren, und da sah ich dann, daß mein Vater gar nicht mehr zu Hause wohnte. Das war ein sehr schwerer Schlag. Auf so was war ich überhaupt nicht vorbereitet. Ich konnte es einfach nicht glauben. Aber es war nun mal so, und bis heute weiß ich nicht, wie es dazu gekommen ist. Keiner von beiden hat es mir jemals erzählt. Es hatte irgend etwas damit zu tun, daß sie sich nicht mehr in die Augen schauen konnten oder so.

Natürlich wollte ich alles daransetzen, sie wieder zusammenzubringen. Mit meiner Mutter kam ich da überhaupt nicht weiter, denn sie sprach nicht mit mir darüber. Also ging ich zu meinem Vater, und er meinte, das sei ihre eigene Angelegenheit und ginge mich nichts an. So drückte er sich aus. Ich sagte, das sei sehr wohl meine Angelegenheit, aber das brachte mich auch nicht weiter. Also sprach ich auch mit meiner Mutter nicht mehr darüber, denn ich wollte ja nur ihr Bestes, und damit war die Sache erledigt. Immer wenn ich mal gerade nicht pleite war, hatte ich was nach Hause geschickt, seitdem ich in dem Varieté mein erstes richtiges Geld verdient hatte. Jetzt, wo ich herausgefunden hatte, wie es wirklich zu Hause stand, war mir klar, daß ich alles unternehmen mußte, um noch mehr zusammenzukratzen. Es gab einige schlechte Monate, aber immer wenn das Glück wieder auf meiner Seite war, schickte ich ihr etwas.

Immer wenn ich danach mal wieder in Red Bank war, versuchte ich, mit meinem Vater zu reden und die Sache ins reine zu bringen. An einmal erinnere ich mich besonders.

»Laß uns diese Sache doch endlich ins reine bringen«, sagte ich, und er schaute mich an, als ob ich noch ein kleiner Junge in Kniebundhosen wäre. »Wenn ihr beide das nicht endlich in Ordnung bringt, habe ich keine Lust mehr, hierher zurückzukommen.«

»Na ja«, sagte er, »wenn du so an die Sache herangehst, dann muß es wohl so sein. Immerhin ist sie ja deine Mutter, und ich weiß, daß du sie liebst, aber sie war auch mein Sweethart und meine Frau.«

Er behielt weiter Kontakt zu ihr, und er ging von Zeit zu Zeit auch mal bei ihr vorbei, aber sie sind nicht wieder zusammengezogen, und mehr weiß ich auch nicht, und dabei will ich es dann auch belassen.

Von New York aus fuhren wir nach Baltimore und traten eine Woche lang im Royal Theatre in der Pennsylvania Avenue auf. Rechtzeitig zur Saisoneröffnung im Mai fuhren wir zurück nach Kansas City. Den ganzen Sommer verbrachten wir sozusagen in unserem heimatlichen Stall, was zur Abwechslung mal ganz gut tat, denn man brauchte erst um halb neun zur Arbeit zu gehen. So hatte man genügend Zeit für den Yellow Front Saloon oder den Subway-Club und die ganzen anderen Kneipen. Gegen Mitternacht war man wieder in der Stadt, und diese Kneipen hatten ja bis morgens geöffnet.

In diesem Jahr waren wir sehr beschäftigt, besonders ich. In dem Sommer kaufte ich mir mein erstes Auto und heiratete auch. Das alles kam so:

Der Fairyland-Park lag an der South Parkway Avenue in Höhe der 75. Straße, und nach ein paar Wochen fand ich heraus, daß einige

Jungs mit ihrem eigenen fahrbaren Untersatz anrückten. Also sagte ich mir: »Hei, was soll das? Ich muß mir auch ein paar Räder besorgen.« Ich hörte mich ein bißchen um und kriegte dann auch raus, wie man das drehte. Ich stattete der netten Frau einer Finanzierungsgesellschaft einen Besuch ab und überzeugte sie davon, daß ich einen Kredit brauchte, und kaufte mir einen Pontiac.

Ich weiß noch, daß es ein sportlicher Zweisitzer war und daß er einen Klappsitz hatte und daß die Höchstgeschwindigkeit laut Tachometer sechzig Meilen betragen sollte. Damals war das ziemlich schnell, die meisten Straßen waren nur zweispurig und hatten in der Mitte keinen Streifen, sie bestanden fast alle nur aus Sand und Schotter. Außerhalb der Stadtgrenzen war endgültig Schluß mit Beton und Asphalt. Daran kann ich mich noch genau erinnern, auch an Arbeiter im Straßenbau, die fast alles noch mit Eseln oder Pferden bewegten, und wenn man auf Nebenstraßen fuhr, wie wir das oft taten, wußte man nie, wann man sich im nächsten Schlammloch wiederfand.

Ich heiratete etwa zu der Zeit, als ich mein erstes Auto kaufte. Ehrlich gesagt, würde ich das Kapitel am liebsten überspringen. Es war keine gute Idee. Es war ein Fehler. Ja, es war der größte Fehler, den ich bis dahin gemacht hatte. Die junge Dame hieß Vivian Wynn. Sie kam aus Kansas City und machte einen großen Eindruck auf mich. Ich sah sie fast regelmäßig, wenn wir mit der Band in der Stadt waren, jedenfalls regelmäßiger als sonst irgendein Mädchen damals. In dem Sommer heirateten noch ein paar andere Jungs aus der Band, also machte ich es ihnen nach und heiratete ebenfalls. Eddie Durham sagt, daß er, Jack Washington und ich alle am gleichen Tag geheiratet hätten. Schon möglich, aber ich will es auch gar nicht mehr wissen, von mir aus können wir den Termin ganz vergessen.

Ich erinnere mich aber noch, daß ein paar von uns ihre Frauen und ihre eigenen Autos dabeihatten, wenigstens für einige Zeit, als Bennie und Maceo mit der Band wieder auf eine Tournee in den Osten gingen, nachdem Fairyland-Park für den Herbst und Winter geschlossen hatte. Ich weiß, daß Vivian auch für einige Zeit mit dabei war, aber nicht mehr, wie lange sie blieb und wann sie nach Kansas City zurückfuhr.

Eines weiß ich mit Sicherheit, nämlich daß Vivian und ich einen kleinen Ausflug nach Red Bank machten. Sie lernte meine Mutter und auch meinen Vater kennen. Daran erinnere ich mich noch genau, aber wo und wie sie dann während der Tour abgereist und nach Hause gekommen ist, das weiß ich nicht mehr. Sie hätte mit dem Zug fahren können, aber ich glaube, eine von den anderen Frauen hatte ein Auto und wollte zurück, vielleicht ist sie mit ihr gefahren.

Mit meinem Wagen sind sie jedenfalls nicht gefahren, da bin ich mir sicher, denn Eddie Durham und ich fuhren damit von New York nach Baltimore, aber irgendwie fanden wir nicht aus Philadelphia raus. Irgendwie kamen wir aus einem Park nicht mehr raus. Wir sind bestimmt eine Stunde lang in dem Park herumgefahren, um aus der Stadt rauszukommen. Dann hatten wir die Nase voll und stellten den Wagen in einer Garage ab und fuhren mit dem nächsten Bus nach Baltimore.

Das war das letzte, was ich von dem Pontiac gehört oder gesehen habe. Ich vermute, die Leute von der Finanzierungsgesellschaft haben ihn dort gefunden, wo ich ihn abgestellt hatte, denn sie suchten mich und den Wagen schon, und ich kriegte von da ab keine Aufforderungen mehr für die ausstehenden Ratenzahlungen. Jedenfalls war das das Ende von meinem ersten Auto, und für den Rest der Tour fuhr ich dann wieder im Bus mit, wie ich das vorher auch immer getan hatte.

Ich glaube, es war in dem November, als ich bei Big John's zufällig Fletcher Henderson traf und er mich in den Roseland Ballroom mitnahm. Ich saß auf einer kleinen Treppe neben dem Podium und sah mir Coleman Hawkins und seine Jungs an. Nach einer Weile schaute Fletcher zu mir runter und stieß mich an.

»Ich muß mal eben für ein paar Minuten verschwinden. Komm mal hoch, und halt mir meinen Platz frei, bis ich zurück bin. Ich komme gleich zurück.« Ich sagte: »Was? Wer, ich?«, denn ich wußte sehr genau, daß diese Musik außerhalb meines Horizontes lag, aber er kam noch mal zurück und drängte mich geradezu auf das Podium.

»Los, spiel«, sagte er noch mal und verschwand.

Ich ging raus und sah mir die Noten auf dem Klavier an, alles war in D- oder H-Dur oder so was!

Ich ging also gleich wieder zurück zu meiner Treppe, wo ich mich ja gleich beim Eintritt schon hingesetzt hatte. Dann sah ich, daß Fletcher mich genau beobachten konnte, durch das Fenster in einem kleinen Raum, der vermutlich bei Aufnahmen als Studio benutzt wurde, und daß er sich totlachte. Diese Band hatte schon verdammt schwierige Tonarten drauf. Wahrscheinlich hörte sie sich deswegen so gut an. Aber ich hatte keine Lust auf das Podium da oben, ich wußte, daß ziemlich bald ein Klaviersolo in einer von diesen komplizierten Tonarten angesagt war, und das war wirklich das letzte, worin ich mich reinhängen wollte. Ich blieb einfach auf der Treppe sitzen, so als wäre nichts passiert.

In den Wochen nach unseren Auftritten in New York ging es wieder zurück ins Pearl in Philadelphia, dann ins Howard in Washington und noch einige andere Theater. Dann arbeiteten wir uns wieder hoch, zurück nach New York, wo wir Mitte Dezember wieder im Lafayette engagiert waren. Bennie und Maceo hatten sich an die berühmten Whitman Sisters gehängt, und daraus wurde wirklich die allergrößte Sache. Die Whitman Sisters hatten die beste Show, die es in der Branche überhaupt gab. Ihre Truppe zählte jahrelang zur Spitzenklasse.

Die Show, bei der wir dann mitwirkten, soll angeblich ihre größte Revue gewesen sein. In den Anzeigen stand, es wären fünfzig Leute einschließlich uns. Die vier Whitman Sisters hießen May, Essie, Alberta (auch Bert genannt) und Alice. Pops, der kleine Tänzer, war der Sohn von Alice, die zu der Zeit schon nicht mehr auftrat, sondern sich um die geschäftlichen Dinge kümmerte, die Proben leitete und die Tänze einstudierte. An Essie kann ich mich nicht mehr so gut erinnern, ich bin nicht einmal sicher, ob sie zu der Zeit überhaupt dabei war, aber ich weiß, daß sie auch singen konnte und Sketche aufführte. Bert zog sich immer als Mann an, sie trug ihr Haar kurz und übernahm in den Duetten den männlichen Part. Alice war die jüngste, sie war eine der besten Steptänzerinnen.

Für mich war an der ganzen Sache mit den Whitman Sisters aber nur eins entscheidend: Ich lernte ein sehr hübsches Mädchen kennen, die ein paar Jahre später meine zweite Frau wurde, für immer. Sie hieß Catherine Morgan, und sie war eine der drei Snakehips Queens. In der Show sah ich sie zum erstenmal. Ich lernte sie damals eigentlich gar nicht richtig kennen, sie sprach nicht einmal mit mir. Ich hatte versucht, sie kennenzulernen, aber sie machte einfach immer das weiter, womit sie sich gerade beschäftigte. Sie war damals allerdings auch erst sechzehn, und die Whitman Sisters gingen mit den Jüngeren in ihrer Show sehr, sehr streng um. Trotzdem werde ich nie vergessen, wie ich Kitty zum erstenmal sah.

In den ersten sechs Monaten des folgenden Jahres nahm Bennie ein paar Umbesetzungen in der Band vor. So kamen Big'Un dazu und Walter Page am Baß anstelle von Vernon Page. Eddie Durham und ich waren ganz besonders dafür, denn es war ein Blue Devil mehr, und damit hörte sich die Band schon eher so an, wie wir uns das vorstellten. Natürlich war Bennie auch dafür, Walter hatte schon für ihn gearbeitet, bevor Eddie und ich überhaupt jemals was von ihm und den Blue Devils gehört hatten.

Was Big'Un veranlaßt hatte, seine Meinung zu ändern und sich uns anzuschließen, darüber kann ich auch nicht viel sagen. Aber es war nicht so, daß er die Blue Devils einfach im Stich gelassen hat. Soweit ich verstanden habe, mußte er die Blue Devils aufgeben, weil er Ärger mit der Gewerkschaft bekam. Es gab da irgendwelche Mißverständnisse, weil er einen jungen Mann in Des Moines eingestellt hatte, also überließ er die Band jemand anderem und stellte sich eine kleine Combo zusammen. Aber er tat sich dann ziemlich schwer damit, in der Gegend von Oklahoma City Gigs aufzutreiben. Schließlich konnte ich Bennie dazu kriegen, ihm ein Angebot zu machen, das er schlecht ausschlagen konnte.

Ich glaube, das nächste große Ereignis danach war unser Trip nach Chicago. Maceo und Bennie verpflichteten uns für eine Woche in ein Theater an der North Side. Es war die Art Job, hinter der Bennie immer her war, weil er wollte, daß die Band so oft wie möglich auftrat.

Wir hatten auch noch ein paar andere Gigs in der Stadt, aber irgendwie lief das alles nicht so gut. Es war ein hartes Geschäft in Chicago. Unsere Finanzen standen sogar so schlecht, daß wir beinahe den Bus aufgeben mußten. Aber Bennie schaffte es. Bennie wußte immer einen Ausweg, er tat immer was Neues auf. Wir machten also nicht pleite, und als wir zurückkamen, hatten wir sogar noch zwei Leute bei den Rohrblattinstrumenten.

Der eine war Ben Webster. Nach einer Tour mit der Band von Blanche Calloway war er von Philadelphia zurück nach Kansas City getrampt. Der andere war Eddie Barefield. Ben Webster traf ihn eines Tages zufällig in der Empfangshalle im Trenier-Hotel. Sie kannten sich schon aus der Gegend, also brachte Ben ihn zu einer unserer Jam Sessions mit, und als Bennie Moten ihn hörte, lud er ihn auch gleich ein, mit uns nach Kansas City zurückzufahren.

Ben Webster übernahm den Platz von Woodie Walder und Eddie Barefield den von Harlan Leonard, und Joe Keys, Trompete, kam anstelle von Booker Washington in die Gruppe. Von den Trompetern ging Ed Lewis und von den Posaunisten Thamon Hayes, und Dee Stewart kam rein.

Die neue Formation sah also folgendermaßen aus: Lips Page, Dee Stewart und Joe Keys, Trompete, Ben Webster, Tenor, Eddie Barefield, Alt und Klarinette, Jack Washington, Bariton, Eddie Durham, Gitarre und Posaune, zusammen mit Dan Minor; Walter Page, Baß, Buster Berry, Gitarre, Willie McWashington, Schlagzeug, und ich und Bennie am Klavier und Bus, Akkordeon.

Aber so großartig die Band auch war, die nächste Tournee wurde von vorne bis hinten eine einzige Tortur. Fast überall, wo wir spielten, gingen wir baden. In einer dieser Städte in Ohio taten wir uns mit einem Typen namens Ross Conway zusammen, der mal ein berühmter Footballspieler gewesen war, und er vermittelte die Band hierhin und dahin. Also traten wir jeden Abend außerhalb der Stadt auf, und wir machten auch einen Abstecher in den Süden.

Ich werde nie vergessen, was mir auf dieser Tour passierte. Ich weiß nicht mehr, ob es in Toledo war oder irgendwo anders in Ohio, jedenfalls setzte sich der kleine neunmalkluge Basie gehörig in die Nesseln.

Wir machten irgendwo halt und gingen in eine Bar, wo es Sandwiches, Zigaretten, Süßigkeiten und so'n Zeugs gab, und ich sah, daß sie da ein gutes Klavier stehen hatten. Ich setzte mich dran, und das war mein Fehler, denn dann durfte ich persönlich Bekanntschaft machen mit einem wahren Tastenmonster namens Art Tatum. So lernte ich ihn kennen, ich erinnere mich nur zu gut.

Ich weiß nicht, warum ich mich überhaupt an das Klavier setzte. Wir wollten alle nur was trinken und ein bißchen was essen, und das

Klavier stand da nur dumm rum. Es hatte keinem was getan. Ich weiß nicht, was über mich gekommen war, als ich hinging und anfing, es zu belästigen. Erst klimperte ich nur rum, dann spielte ich richtig und legte los. Wofür? Es bedeutete nur Ärger, und genau den bekam ich dann auch. Jemand verschwand nämlich und holte Art.

Wir waren in seinem Revier! Er war nur rausgegangen, weil er darauf wartete, daß sich jemand ans Klavier setzte, irgendein Dummkopf, der so etwas wagen würde, eben so jemand wie Basie, der angeben wollte vor all den hübschen Mädchen in der Kneipe. Oh, Mann. Sie holten ihn her, und ich sehe ihn noch heute vor mir, er ging immer auf Zehenspitzen und hielt den Kopf immer ein bißchen zur Seite.

Joe Lewis war in der Boxerszene noch nicht aufgetaucht, um alle Schwergewichts-Preisboxer aus dem Ring zu vertreiben, aber was da passierte, war ganz ähnlich, als wenn ein rotznasiger Boxer im Training mal angibt, hier und da mal zur Probe boxt, und wenn er dann aufschaut, sieht er, wie Joe Lewis in den Ring tritt. Ich hatte nämlich schon so einiges über Art Tatum gehört. Aber als ich anfing, das unschuldige Klavier zu bearbeiten, hatte ich allerdings keine Ahnung, daß ich mich in seinem Revier bewegte.

»Das hätte ich dir vorher sagen können«, sagte eines der Mädchen an der Bar.

»Warum haste nicht, Baby?« fragte ich. »Warum haste nicht?«

Ich weiß nicht mehr, in wie vielen Städten wir in den nächsten fünf oder sechs Wochen danach noch aufgetreten sind, aber in nicht wenigen gingen wir baden. Was nicht heißen soll, daß wir uns nicht amüsierten. Es war nur so, wenn wir in eine Stadt kamen und einen großartigen Gig spielten, wußten wir nie, wie es danach verdammt noch mal weitergehen sollte. Wir mußten so lange bleiben, bis Bennie und unser Agent wieder irgendwo was gefunden hatten. Dann packten wir unsere Siebensachen und zogen wieder los. Natürlich hatte man in solchen Zeiten nicht jeden Tag Steak oder Hühnchen auf dem Teller, es gab meistens Hot dogs, Sardinen und Cracker oder Käse und Cracker, dazu Sprudel und hausgemachten Whiskey, solche Sachen. Auf den Tanzpartys, bei denen wir spielten, lernte man immer Leute kennen, und wenn man ein paar Tage blieb, lernte man sie noch besser kennen. Viele lang anhaltende Freundschaften haben so angefangen.

Manchmal wohnten wir im Hotel oder in einem Gästehaus, aber oft hatten je zwei oder drei von uns auch nur ein Zimmer in einer Gastfamilie, so wie Elmer Williams und ich auf unserer ersten Tour mit der Varietéshow. Wenn man gezwungen war, sich auf so eine Situation einzulassen, daß man zu mehreren ein Zimmer bei einer Familie bewohnte, konnte es schon mal kritisch werden. Aber meistens waren diejenigen, die reisende Musiker und Unterhaltungskünstler aufnahmen, ganz vernünftige Leute, vor allem wenn sie selbst früher mal im Showbusineß gewesen waren. Aber es konnte schon mal ungemütlich werden, wenn man zum Beispiel noch immer das Zimmer belegte und eine andere Show, mit mehr Geld, in die Stadt kam.

Trotz aller finanziellen Hochs und Tiefs wurde die Band immer besser, und als wir Mitte Dezember endlich in Philadelphia waren und zum drittenmal im Pearl Theatre auftraten, waren wir uns ganz sicher, daß wir für jeden Gig gerüstet waren.

Der Gig im Pearl war unser erster großer Auftritt in einem Theater auf dieser Tour, und es war nach unserer Abreise aus Kansas City auch wieder das erstemal, daß wir einen Job hatten, der uns einen ganzen Wochenlohn einbrachte. Das stärkte die Moral, und wir gingen freudig an die Sache ran. Wir hatten auch unseren Spaß die ganze Woche – die Show, der Wein, das Essen und die Partys mit den Revuemädchen: Wir lebten richtig auf.

Am Ende stellte sich heraus, daß ein paar von uns ganz schön auf den Putz gehauen hatten. Sie ließen alles anschreiben im Hotel und konnten dann nicht mehr löhnen, wurden schließlich rausgeworfen und mußten das Wochenende über in dem Bus schlafen und auf ihr Geld am Montag warten. Den Grund für die Verzögerung bei der Auszahlung weiß ich nicht mehr, aber da standen wir, wenigstens einige von uns, letzte Woche noch groß in den Schlagzeilen, und jetzt mußten sie in dem verdammten Bus schlafen.

Am nächsten Morgen parkten wir den Bus ein paar Straßen vom Theater entfernt, aber als wir hinkamen, hörten wir, daß wir gar kein Geld bekommen würden. Und das war noch nicht alles. Der Bus sollte gepfändet werden. Wir hatten nur gearbeitet, um das Geld zurückzuzahlen, das Sam Steiffel uns geliehen hatte, für die neuen Uniformen, die wir im Jahr davor für die Whitman Sisters Show brauchten. Und jetzt standen wir wieder da, waren wieder mal pleite und hatten nicht einmal mehr den Bus zum Schlafen.

Natürlich waren die Jungs ziemlich sauer über den Schlamassel, in den wir reingeraten waren. Aber es war uns auch klar, daß Bennie Moten uns nicht unter diesen Bedingungen an das Pearl Theatre verkauft hatte. Er hätte seine Band dort nie auftreten lassen, nur um mit dem Geld irgendwelche Schulden abzuzahlen. Jeder, der schon mal mit Bennie gearbeitet hatte, wußte, daß er so was nicht machte. Er hätte niemals so einen Vertrag ausgehandelt, ohne die Band vorher zu informieren und darüber abstimmen zu lassen, und ich kann mir nicht vorstellen, daß er von den ganzen neuen Leuten in der Band erwartete, daß sie umsonst spielen würden. Aber so sah es im Endeffekt aus, und wir konnten nichts dagegen unternehmen.

Jeder sah, daß Bennie genauso erschrocken war wie wir. Aber die Band brach nicht auseinander, was wieder mal zeigt, wie sehr die Jungs ihn mochten und respektierten. Und wie üblich kam Bennie mit einer Sache raus, die den Tag rettete. Ich weiß nicht mehr, was mit den Hotelrechnungen passierte. Ich glaube, einige Leute mußten ein paar Sachen verhökern. Eddie Barefield jedenfalls behauptet, er hätte seine Klarinette verkauft und sich die von Jack Washington ausgeliehen, weil Jack sich sowieso mehr und mehr auf das Bariton konzentrierte.

Irgendwie holte uns Bennie jedenfalls da raus und kam dann mit einem Typ aus dem Ort an, Archie Robinson, eine Art Promoter und Geschäftsmann. Sie verschafften uns einen Aufnahmetermin, und Archie besorgte uns von irgendwoher einen Bus, und so fuhren wir von Philadalphia zu den Aufnahmestudios von Victor nach Camden, New Jersey, und machten dort die besten Platten, die je eine Band von Bennie gemacht hat.

Archie Robinson war wirklich ein großer Freund der Band, und er half aus, wo er nur konnte. Er hatte das berühmte Fest am Pool Table organisiert, von dem so viele Leute in den Jahren immer wieder gelesen oder gehört haben. Als wir nach Camden kamen, hatten wir schon eine ganze Zeit nichts Richtiges mehr gegessen, aber wir gingen gleich ins Studio und nahmen die Stücke auf, die die meisten

Leute mit Bennie Moten verbinden. Das waren *Toby, Moten Swing, Blue Room, Imagination, New Orleans, The Only Girl I Ever Loved, Milenburg Joys, Lafayette* und *Prince of Wales.*

Ich weiß nicht mehr, ob das auch die Reihenfolge ist, in der wir sie aufgenommen haben, jedenfalls sind sie alle das Ergebnis dieser einen langen Session. Als wir dann gegen sechs Uhr fertig waren, war Archie in der Zwischenzeit schon rumgelaufen und hatte was zu essen für uns aufgetrieben. Er führte uns in eine Poolhall, und da standen ein riesiger Kaninchenbraten, ein Topf Bohnen und Fleisch und ein großes Brot, alles auf dem Pooltisch ausgebreitet. Dann ließen wir uns alle nieder und aßen. Mir läuft noch heute das Wasser im Mund zusammen, wenn ich daran denke.

Alle waren dabei, außer Jimmy Rushing und Ben Webster, die beiden Hunde hatten sich in ein Restaurant um die Ecke verdrückt. Sie hatten immer zwei oder drei Dollar in Reserve. Ich glaube, die Familie von Ben schickte ihm gelegentlich was, und Jimmy hatte bestimmt noch ein paar Dollar aus der Zeit mit den Blue Devils. Ich glaube, Jimmy hätte sich nie Sorgen ums Essen machen brauchen. Er hob sich immer was für schlechte Zeiten auf.

Ben Webster und ich saßen im Bus immer nebeneinander, und er hatte nie Zigaretten und schnorrte sich immer welche von mir. Ich weiß noch, irgendwann hatte ich auch keine mehr. Also meinte er: »Komm, Basie, ich hol' dir Zigaretten«, und er kaufte jedem eine Schachtel. Dann stiegen wir wieder ein, und jedesmal, wenn ich mir eine Zigarette anzündete, schnappte er mit den Fingern danach und rauchte sie weiter. Er rauchte meine ganze Schachtel. Als ich ihn dann um eine von seinen bat, schaute er mich an, als sei das ein Skandal: »Mensch, Basie, ich habe dir gerade eine ganze Packung gekauft, und jetzt willst du meine haben.«

Am Neujahrstag fuhren wir zurück nach Kansas City, ich glaube, wir hatten trotz allem noch immer den Bus. Alle, die nach Hause gefahren waren, mußten mit dem Zug fahren, ein paar hatten sich auch das Geld schicken lassen. Ich weiß nicht mehr, wie wir von Cincinnati aus gefahren sind, Bennie holte uns da irgendwie raus, und wir versuchten, uns auf dem Weg ein bißchen Taschengeld zu verdienen. Aber es lief alles ziemlich mies in diesen kleinen Städten in Indiana und Missouri, und als wir dann

schließlich in Kansas City landeten, waren wir ziemlich runterge-
kommen.

Keiner von denen, die weggefahren waren, wollte die Band wirklich für immer verlassen. Sie wollten nur Weihnachten nicht von zu
Hause weg sein. Aber in der Stadt und der Umgebung gab es nicht
genügend Gigs, um eine Band wie unsere zusammenzuhalten. Es gab
zwar all die wunderbaren Kneipen, und in den meisten wurde auch
Live-Musik gespielt, aber es traten fast nur Combos auf, Duette,
Trios, und in vielen hatten sie einen eigenen Pianisten. Alle reden
immer davon, wie großartig die Jam Sessions damals waren, aber
man konnte von Jam Sessions nicht leben, und außerdem war das
sowieso eher etwas für kleine Bands.

Deshalb gingen uns in der Zeit auch einige wichtige Mitglieder
verloren. Ich glaube, Eddie Barefield ging als erster nach Columbus,
Ohio, in die Band von Zack Whyte. Später habe ich erfahren, daß er
auch eine Zeitlang bei McKinney's Cotton Pickers gespielt hat und
sich dann der Band von Cab Calloway anschloß. Dann zog Eddie
Durham ab und ging erst nach New York in die Band von Willie
Bryant im Connie's Inn, dann überredeten ihn Paul Webster und
Eddie Tompkins, zwei seiner Kumpel aus Kansas City, in der Band
von Jimmie Lunceford zu spielen. Ben Webster blieb noch eine
Weile.

Auf einen Job im Fairyland-Park konnten wir uns diesmal nicht
mehr freuen. In dem Jahr hatten sie Thamon Hayes da. Wir spielten
noch immer häufig auf den großen Tanzpartys, und es gab noch
genug Arbeit in den Clubs in der Gegend. Alles in allem lief das
Geschäft jedoch träge. Manchmal waren die Pausen zwischen den
Gigs so lang, daß ein paar auch Jobs in anderen Bands übernahmen.
Aber sobald Bennie was aufgetrieben hatte, kamen sie wieder zusammen. Bloß — das war immer seltener.

Irgendwann im nächsten Sommer (1934) — wir spielten gerade in
Little Rock — berief Bennie eine Versammlung ein, um mal zu sehen,
wie denn die Aktien so stünden, und das führte zu einer der schwersten und traurigsten Entscheidungen, die ich jemals in meinem Leben
fällen mußte. Es lief nämlich darauf hinaus, ob Bennie weiter Bandleader bleiben sollte oder nicht. Bennie sagte dann: »Also, wenn ihr

so darüber denkt, dann okay.« Und dann ging er raus, damit sie abstimmen konnten.

Sie diskutierten immer weiter, und dann riefen sie mich plötzlich, und ich sollte nach vorn kommen, und ich wunderte mich schon. Wieso ich? Denn ich war nicht einer von denen, die sich beklagt hatten. Das brachte mich in arge Verlegenheit, denn ich hatte Bennie sehr gern, und ich haßte es, eine Entscheidung gegen ihn zu treffen, aber ich sagte auch, ich sei dabei, wie immer die Band entscheiden würde. Sie entschieden, zusammenzubleiben und Bennie abzuwählen. Ich konnte das nicht fassen.

»Scheiße«, sagte ich zu dem, der gerade neben mir saß. »Was ist bloß los?«

Dann kam der nächste Hammer. Sie mußten sich ja noch auf einen neuen Leader einigen, daran hatte ich überhaupt nicht gedacht. Ich schwöre, ich hätte nie und nimmer erwartet, daß sie Bennie höchstpersönlich feuern würden, als ich in die Versammlung ging. Ich wußte zwar, daß es eine »Commonwealth-Band« war und die Mitglieder über alles bestimmen konnten, wenn sich genug zusammenfanden, aber daß das so weit gehen würde? Bevor ich das alles verkraften konnte, hatten sie mich schon auserkoren, seinen Platz einzunehmen.

Jetzt war ich erst recht in Verlegenheit. Ich ging zu Bennie und berichtete ihm, was vorgefallen war und daß ich die Band zusammenhalten wollte, bis er zurückkam, denn keiner könnte ihn wirklich ersetzen. Ich muß allerdings ehrlich gestehen, daß ich schon den Ehrgeiz hatte zu beweisen, daß ich es auch als Bandleader schaffen würde. Ich meinte das ehrlich, was ich ihm sagte, ich hatte nichts dazu beigetragen, gewählt zu werden, und ich hätte sofort meinen Platz geräumt, wenn er zurückgekommen wäre, und ich war absolut sicher, daß das über kurz oder lang auch der Fall sein würde.

Die Band nannte sich jetzt »Count Basie and His Cherry Blossom Orchestra«.

Bennie wechselte in den Club Harlem in der 15. Straße. Er kam dort mit George E. Lee unter irgendeinen besonderen Vertrag, und natürlich blieben auch einige aus der Band bei ihm, wenn ich mich recht entsinne, Jack Washington, Willie McWashington und Dan Mirror. Ich glaube, Ben Webster blieb noch eine Weile bei uns und ging dann zu Andy Kirk. Es fällt mir aber schwer, mich zu erinnern, wer wann wohin ging.

Ich weiß nicht mehr, wann Herschel Evans nach Kansas City kam und ob er derjenige war, der anstelle von Ben Webster am Tenor in die Band kam. Irgendwann im Laufe des Jahres spielte er jedenfalls mit uns im Cherry Blossom, und zu der Zeit kam auch Lester Young in die Stadt. Man hat mir gesagt, daß Lester vorher ein Jahr oder so bei den Blue Devils gewesen sein soll, aber die waren im Osten irgendwo baden gegangen, und er hatte sich dann nach Kansas City abgesetzt.

Natürlich wußte ich, daß er auf der Szene war und an den Jam Sessions im Subway teilnahm, zusammen mit Herschel und Ben Webster und einigen anderen erstklassigen Tenorsaxophonisten aus der Gegend. Lange vor der berühmten »Battle of the Saxes«, die im Cherry Blossom stattfand, als der großartige Coleman Hawkins im Herbst mit der Fletcher Henderson Band nach Kansas City kam. Ich würde sagen, die meisten Musiker in der Stadt hatten schon von ihm gehört und wußten nur zu genau, was er auf dem Horn alles brachte.

Jetzt aber zu dieser berühmten »Schlacht der Saxophone«. Ich kann mich nicht erinnern, daß das irgend jemand, der dabei war, für so besonders außergewöhnlich hielt. Ich war schließlich auch dabei, aber ich habe sie nicht so im Gedächtnis wie anscheinend viele andere, und ich muß ehrlich sagen, daß ein paar von den Geschichten, die ich so im Laufe der Jahre gehört habe über das, was an dem Abend und danach alles passiert sein soll, bei mir absolut keine Erinnerung auslösen. Ich will damit nicht sagen, daß keine stimmt, ich habe die ganze Sache eben nur anders in Erinnerung.

Ein paar von denjenigen, die an dem Abend im Cherry Blossom dabeigewesen sein wollen, meinen, daß einige Saxophonisten aus der Gegend Hawkins das Leben da schwergemacht hätten und daß er deswegen länger als beabsichtigt in Kansas City blieb und daß er immer noch dagewesen wäre und gespielt hätte, als Fletcher und seine Band schon zum nächsten Gig nach St. Louis aufgebrochen waren. Als dann Hawk doch endlich den Dreh kriegte, soll er angeblich wie ein Verrückter mit seinem Auto nach St. Louis gerast sein, um noch rechtzeitig anzukommen. Jeder, der die Geschichte so erzählt, behauptet, Lester Young sei der Hauptgrund gewesen, warum Hawkins so besessen war. Nach der Geschichte sollen Herschel und alle anderen Spieler große Fans von Hawkins gewesen sein und nur gespielt haben, weil sie ihm zeigen wollten, wieviel sie von ihm gelernt hätten. Alle − außer Lester. Er hatte einen ganz eigenen Stil und, so wird erzählt, spielte einen Chorus nach dem anderen, und das hätte Hawk gereizt. Er mußte natürlich zurückschlagen, aber Lester hätte auch nicht aufgeben wollen. Nun ja, später sollen sich deswegen auch die Gefühle zwischen Herschel und Lester etwas abgekühlt haben.

Ich habe das alles ganz anders in Erinnerung. Ich war damals dabei, wenigstens ein paar Stunden, und ich weiß noch, daß Herschel, Ben Webster, Lester und einige andere gerade eine Jam Session machten, als Hawkins vorbeikam und beschloß, auch sein Instrument zu holen. Irgend jemand hatte ihn bekniet, doch auch zu spielen, also ging er schließlich zu seinem Hotel gegenüber, und als er mit seinem Horn zurückkam, saß ich gerade mit John Kirby und noch ein paar Freunden am Tisch, und John meinte, daß sei ja was ganz Neues.

»Das habe ich ja noch nie erlebt«, sagte er.

»Ich auch nicht«, sagte ich. Hawkins machte so was damals einfach nicht. Hawk hatte vorher noch nie zu einer Jam Session sein Saxophon mitgebracht.

Ich weiß von keinem, der Hawkins damals herausgefordert haben soll. Vielleicht hatten das ein paar von den Typen vor, aber so wie ich das in Erinnerung habe, trat Hawk einfach auf und spielte eine Weile mit ihnen, und als er sich aufgewärmt hatte, fing er mit diesen unmöglichen Tonarten an. Daran kann ich mich hauptsächlich erinnern. Von irgendwelchen schlechten Gefühlen zwischen Herschel und Lester deswegen weiß ich nichts. Ich weiß nur, daß Herschel und Lester nicht zusammen in meiner Band waren. Herschel spielte noch bei mir und Lester bei Bennie Moten und George E. Lee. Dann tauschten sie ihre Jobs, und Lester kam zu mir, und Herschel ging zu Bennie. Erst viele Jahre später spielten sie zusammen in einer Band, und zwar in der, die ich im Reno-Club hatte.

So kam es, daß Lester in der Band war, mit der ich vom Cherry Blossom im nächsten Frühjahr nach Little Rock fuhr. Wir arbeiteten dort für Sam Baker, der da unten ein Hotel hatte und der schon vorher die Band einige Male unter Vertrag genommen hatte. Ich glaube, er hatte die Band auch für ein paar kleine Touren in der Gegend verpflichtet.

Jedenfalls spielte die Band gerade in Sam Bakers Hotel in Little Rock, als Lester ein Telegramm von Fletcher Henderson bekam, der ihn nach Detroit einlud und ihn anstelle von Coleman Hawkins in der Band haben wollte. Der war nämlich nach England gegangen. Lester stieg also aus, und der Tenorsaxophonist, der dann seinen Platz einnahm, war ein Typ namens Buddy Tate. Er kam aus Texas und hatte dort mit einigen von den besten Bands gespielt, wie Troy Floyd und T. Holder, und war außerdem ein alter Bekannter von Herschel Evans.

Die anderen Mitglieder der Band damals waren Lips Page, Joe Keys und Dee Stewart, Trompete, Dan Minor, Posaune, Buster Smith, Alt, und Lester an den Rohrblattinstrumenten. Claude McTear, Gitarre, Walter Page, Baß, Jo Jones, Schlagzeug und ich am Klavier. Jo war im Dezember im Cherry Blossom zu der Band gestoßen. Er meinte zunächst, er hätte nicht genügend Erfahrung als Schlagzeuger, um in so einer Band mithalten zu können, und machte dann doch mit, weil Ben Webster, Herschel und Walter ziemlichen Druck auf ihn ausübten. Bislang hatte er sich immer für einen Pianisten gehalten, der auch singen und tanzen konnte.

Aber trotz dieser Veränderungen hielt sich unsere Band danach nicht mehr lange über Wasser. Lips Page und Jimmy Rushing gingen zurück nach Kansas City zu Bennie, und Joe Keys und Buster Smith gingen mit Buddy zu Nat Towles nach Dallas. Nach kurzer Zeit waren Jo Jones und ich die einzigen, die noch da unten blieben, und eine Zeitlang mußten wir in meinem Auto schlafen. Meistens hingen wir in Jones Poolhall rum, aus Sam Bakers Hotel mußten wir ausziehen, denn er brauchte die Zimmer. Er holte sich eine Spitzenband aus St. Louis. Der Leiter war ein Pianist namens Eddie Johnson, und er hatte diesen wunderbaren Saxophonisten Tab Smith dabei.

Jo und ich lernten in der Zeit ein paar Leute kennen, die sehr nett zu uns waren, besonders Sweets Davis. Er hatte einen kleinen Laden, in den wir uns ab und zu mal schleichen durften, um zu spielen und uns ein bißchen Trinkgeld zu verdienen. Dann gab es da noch einen anderen netten Kerl. Sie nannten ihn Black Mack. Ihm gehörte ein kleines Gästehaus, und er überließ mir schon mal ein Zimmer und eine Mahlzeit, wenn ich sie mir bei den Gigs nicht irgendwo schnorren konnte. Er war wirklich ein ganz feiner Kerl.

Wie auch dieser Schneider, mit dem ich öfter ausging. Irgendwie lerne ich immer solche Leute kennen. Eines Tages sagte er, ich solle mal bei seinem Laden vorbeikommen, er hätte da einen Anzug, der mir wahrscheinlich passen würde. Er schenkte ihn mir und bewahrte mich so vor dem Knast, in den ich sonst wegen Erregung öffentlichen Ärgernisses gekommen wäre. Ich war nämlich ziemlich auf den Hund gekommen da unten. Ich hatte bestimmt noch Klamotten in Kansas City, aber die Hosen, mit denen ich da unten rumlief, waren so abgetragen, daß ich mich immer ganz dicht an der Häuserwand entlangschlich, damit man das zerrissene Gesäß nicht sehen konnte.

Alles zusammengenommen, hing ich etwa ein paar Monate in Little Rock rum. Wir waren ungefähr Anfang März angekommen, und ich bin ziemlich sicher, daß Jo und ich bis nach Ostern dort blieben. Dann ging Jo nach Omaha und Minneapolis, und ich kratzte genug Fahrgeld für den Bus nach Kansas City zusammen. Als ich dort ankam, ging ich sofort in die Brooklyn Avenue, in ein Haus, daß ich meine zweite Heimat nennen möchte.

Meine Wirtin wurde einfach »Tante Lucy« genannt. Eigentlich hieß sie Lucy Smith, ihr Mann, Howard Smith, arbeitete für irgendein hohes Tier in der Politik. Sie war ein wunderbarer Mensch. Seit Vivian und ich uns getrennt hatten, kurz bevor ich nach Little Rock fuhr, wohnte ich bei ihr. Übrigens war das auch ein Grund, warum ich es nicht so eilig hatte mit dem Zurückkommen, aber nicht der einzige. Der Hauptgrund war der, daß damals für uns als Band in Kansas City nicht viel zu holen war.

Ich sprang die Treppe hoch und klopfte an die Tür von Tante Lucy, und sie schaute raus und sah mich. »Es ist schon jemand in deinem Zimmer«, sagte sie.

»Das macht nichts«, antwortete ich. »Ich kann hier draußen im Windfang schlafen.«

»Komm rein«, sagte sie. »Ich habe dich schon die ganze Zeit vermißt.«

Ich trat ein und folgte ihr in die Küche und setzte mich an den Tisch.

»Da bist du ja endlich«, sagte sie. »Ich hätte nicht gedacht, daß du so lange fort bleibst.«

Keiner konnte einem das Gefühl, daß man zu Hause war, besser vermitteln als Tante Lucy. Gott hab' sie selig.

Ich hielt gleich mal Ausschau, in was ich mich wieder reinhängen könnte. Das Geschäft war für die Bands schon eine ganze Zeit lang nicht gut gelaufen, aber das hieß nicht, daß in den ganzen Kneipen nichts mehr los war. Im Gegenteil, sie waren sogar noch lebendiger geworden. Natürlich war der Yellow Front Saloon meine persönliche Zentrale. Der Chef wollte keinen fest anstellen, aber das Klavier stand noch immer da, und seine Politik der offenen Tür für jeden, der spielen wollte, hatte sich nicht geändert.

Über die Miete machte ich mir keine großen Gedanken. Und was das Essen betraf, wenn man mal wirklich schlecht dran war, konnte man immer damit rechnen, in irgendeiner der Kneipen genug zusammenzukriegen. Aber so schlecht war ich nie dran. Damals bekam man für fünfundzwanzig Cents ein ausgezeichnetes Essen und für fünfunddreißig sogar ein Festmahl mit Nachtisch und extra Brötchen oder Biskuits.

Als ich damals in Kansas City herumstrolchte, ging ich des öfteren in die Baptistenkirche in der 19. Straße, Centennial Avenue, und spielte dort Orgel. Ich hatte mich mit Roy Dorsey angefreundet, ein Bruder oder Halbbruder von Harry Smith, und ich vermute, er war Mitglied der Gemeinde, denn er fragte mich immer, ob ich nicht vorbeikommen wollte, um zu spielen.

Es war die Kirche von Reverend Mackie, und sie hatten da drin eine schöne, große Orgel, auf der ich immer gern spielte. Ich riß mich also zusammen und ging ab und zu in die Kirche, und das tat auch Jimmy Rushing. Jimmy sang immer bei den Sonntagsmessen, *Rose in the Bud*, glaube ich, und ein paar andere Kirchenlieder. Jimmy fühlte sich bei den Kirchenleuten gleich zu Hause, und sie mochten ihn auch sehr gern. Sie waren uns beiden sehr dankbar für die Musik. Ich schätze, das beweist, daß wir trotz der Rumhängerei in den Kneipen unsere gute Erziehung nicht vergessen hatten.

Allerdings war das nichts Besonderes, daß Musiker auch in die

Kirche gingen. Beispielsweise hatte der Reverend Mackie einen Sohn, der Schlagzeug spielte. Ich lernte ihn auch sehr gut kennen, und an den Wochentagen brachte er immer sein Schlagzeug mit in die Kirche. Wir schlichen uns immer rein, öffneten die Orgel und spielten. Es war höllisch laut, aber nichts Lästerliches. Es war so laut, als ob der Heilige Geist über die ganze Gemeinde gekommen wäre.

In der Zwischenzeit hatte Bennie Moten wieder angefangen, eine Band aufzubauen, und hatte Pläne, wieder auf Tour zu gehen. Ich nahm sofort die Gelegenheit wahr, wieder für ihn zu arbeiten, obwohl er mir kein regelmäßiges Gehalt zahlen konnte und sogar von jedem Musiker erst mal kassieren mußte, so wie er das vor sechs Jahren, als ich zu der Band gekommen war, auch getan hatte. Ich war froh, wieder dabeizusein, und er hätte mir keinen herzlicheren Empfang bereiten können. Er war eben ein wunderbarer Kerl.

Es war eine gute Band, und Bennie und Maceo setzten viel Hoffnung in sie und hatten große Pläne. Es war nicht die gleiche Band, die damals auseinandergegangen war. Eddie Durham und Eddie Barefield waren ja schon davor ausgestiegen, und Ben Webster war zu der Zeit wahrscheinlich mit Fletcher Henderson in New York, aber Jack Washington, Lips Page, Dan Minor, Bus Moten und Jimmy Rushing waren alle wieder dabei, auch Buster Smith. Ich weiß nicht mehr, wann Herschel Evans ausgestiegen war. Ich glaube, Lester war mittlerweile in Minneapolis und Walter Page wahrscheinlich bei den Jeter Pillars in St. Louis, und an seine Stelle holte Bennie Bill Hadnot. Bill Saunders und Pimpy waren an den Rohrblattinstrumenten, McTear spielte Gitarre und ich wieder Klavier.

Ich krieg' die Gigs nicht mehr auf die Reihe, die wir bis zum Frühjahr spielten, aber eine kleine Sache muß ich doch erwähnen. Sie passierte, als wir im Club Harlem spielten. Das genaue Datum weiß ich nicht mehr, ist ja auch egal, jedenfalls kreuzten sich zum zweitenmal die Wege von mir und Catherine Morgan.

Mittlerweile war sie wohl zwanzig, und nachdem ich sie das letztemal mit den Withman Sisters gesehen hatte, war sie jetzt Fächertänzerin geworden und trat auch als Solokünstlerin auf. Später hörte ich, daß sie in dem Vorjahr auf der Weltausstellung in Chicago gewesen war und bei Sally Rand persönlich etwas Unterricht genommen hatte. Eine Anzeige im »Kansas City Call« kündigte sie als

Katherine Scott an. Für Bühne und Film verwendete sie später andere Namen, vor allem »Princess Aloha«. Aber worauf ich hinauswill mit dieser Geschichte, ist dies: Als ich sie im Club Harlem wiedersah, war es das zweitemal, daß ich sie nicht richtig kennenlernen sollte. Ich hätte durch sie sogar beinahe meinen Job verloren und wäre im Knast gelandet.

Ich war nämlich hinter der Bühne, und die Tür zur Garderobe stand offen, und ich dachte, ich könnte ja mal reingehen und versuchen, mit ihr ins Gespräch zu kommen, zum Beispiel ihr sagen, daß wir mal im gleichen Programm im Lafayette Theatre aufgetreten sind, als sie bei den Whitman Sisters war. Aber sie hatte mich schon entdeckt, und bevor ich was sagen konnte, fing sie schon an, hysterisch zu werden: »Hei, komm mal schnell einer her. Dieser Klavierspieler aus Bennie Motens Band – ich hab' ihn erwischt, wie er versucht hat, hinter meinen Fächern den Spanner zu machen!«

Das stimmte natürlich ganz und gar nicht, und das wußte sie auch. Ich verdrückte mich blitzschnell, und immer wenn ich später damit ankam, als wir uns dann endlich kennengelernt und geheiratet hatten, nahm sie mich jedesmal auf den Arm und meinte, sie sei damals schon ein Star gewesen, während ich immer noch der kleine Aushilfspianist von Bennie Moten war.

Jo Jones sagt, daß er zufällig mit einer Show zurück nach Kansas City gekommen war, als Bennie wieder eine Band um sich sammelte, und Bennie fragte ihn gleich, ob er nicht auch mitmachen wolle. Erst mußte er aber noch mit der Show nach Oklahoma, dann wollte er zu uns kommen. So kam es, daß er im nächsten Frühjahr wieder dabei war, als wir nach Denver fuhren.

Wir sollten eine Woche lang im Rainbow Gardens auftreten. Bennie kam nicht mit der Band nach Denver, er und Maceo waren schon eifrig damit beschäftigt, die nächste Tour zusammenzustellen. Er blieb also zurück in Kansas City, um die Tour auszuarbeiten und weil er sich die Mandeln herausnehmen lassen wollte. Ich kann mich nicht daran erinnern, daß er jemals vorher an Mandelentzündung gelitten hatte, und als wir dann abfuhren, hatte ich den Eindruck, daß es nur eine kleine Sache war, die er noch in Ordnung bringen wollte, bevor er für längere Zeit wieder auf Tournee ging. Ich glaube, er sollte uns nicht in Denver treffen, sondern irgendwo unterwegs.

Denver war schon ziemlich aufgeteilt unter den Gruppen, aber Bus Moten brachte noch was zustande. Worauf Bennie sich wirklich vorbereitet hatte, war die Tour danach und ein Vertrag, der uns zurück nach Chicago und in den Grand Terrace bringen sollte. Ich weiß nicht, wo er uns treffen wollte. Aber wir ließen ihn zu Hause zurück, und das nächste, was wir von ihm hörten, war, daß er tot war. Er war während der Operation gestorben.

Wir waren gerade bei der Probe, als die Nachricht kam. Der Rainbow Gardens Club lag in einem anderen Teil der Stadt, und als wir in das Hotel zurückkamen, hatte Bus gerade die Nachricht bekommen. Wir waren ins Hotel zurückgekehrt, weil wir uns für die Eröffnung der Show umziehen wollten. Und dann das. Wir waren so geschockt, wir konnten es einfach nicht glauben. Jeder stand nur einfach da rum. Dann gingen wir alle auseinander, und jeder war einen Moment allein, dann kamen alle zurück und sagten Bus, daß wir natürlich weitermachen würden.

Dann mußten wir zurück und am gleichen Abend zur Eröffnung spielen. Zur Beerdigung nach Kansas City konnten wir auch nicht, denn wir waren für eine ganze Woche in dem Rainbow Garden engagiert. Nur Bus fuhr zurück. Es war ein harter Verlust, denn Bennie war nicht nur ein Mensch, den man gern haben mußte. Wenn man für ihn spielte, dann gehörte man zu einer großen Familie. Wir spielten also noch die ganze Woche und schlugen uns tapfer. Wir wollten schließlich seinen Namen nicht in Verruf bringen.

So habe ich das alles in Erinnerung. Ich war in Kansas City nicht dabei, ich weiß also nicht, was da passiert war, und ich will mich auch nicht an den Geschichten und Spekulationen beteiligen. Es war so ein Schock, daß auch viel dummes Zeug geredet wurde. Es sollte ja nur eine kleine Operation sein, eine Routinesache, aber er verblutete auf dem Operationstisch. Viele Leute schoben die Schuld natürlich auf den Arzt, aber Dr. Bruce war einer von Bennies besten Freunden. Sie hockten immer zusammen. Keiner hat Bennie mehr geliebt als Dr. Bruce, und er war auch ein erstklassiger Arzt und, soweit ich weiß, damals Chefchirurg am Wheatley-Provident-Hospital.

Ich weiß wirklich nicht, was genau passiert war. Es war nun mal passiert, und keiner war trauriger und verletzter als Dr. Bruce. Er verließ sofort danach die Stadt. Es war wirklich ziemlich hart für ihn.

Die Trauerfeier fand in der Centennial M. E. Church in der 19. Straße, Woodland Avenue statt, und die alten Leute erzählen noch heute, daß das die größte in den letzten zwanzig Jahren gewesen sein soll. Die Kirche war natürlich überfüllt, und als dann die Prozession zum Highland-Friedhof langsam die 19. Straße herunterkam, standen zu beiden Seiten Massen von Menschen, auch in der Vine Street, der 18. Straße und in der Woodland Avenue. Und es wird erzählt, daß die meisten ganz furchtbar heulten.

Dabei will ich es belassen. Ich will erst gar nicht den Versuch unternehmen zu beschreiben, was für ein Verlust das für mich persönlich war. Ich will nur sagen, daß es eine ganze Zeit gedauert hat, bis ich akzeptieren konnte, daß ich ihn das letztemal gesehen hatte.

Durchbruch im Reno
(1935–1936)

Nach der Woche im Rainbow Ballroom in Denver fuhr die Band zurück nach Kansas City. Unser nächster Job war in einem Club in der Troost Avenue irgendwo zwischen der 34. und 35. Straße. Ich glaube, wir sollten dort zwei, drei Wochen spielen, und wir waren auch schon für eine Reihe anderer Gigs gebucht, aber ich stieg während der zweiten Woche aus. Es lief immer noch ganz gut mit uns, aber ohne Bennie war es einfach nicht mehr dasselbe.

Ich begann mich also umzutun, was in den Clubs so lief, ich wollte sehen, was für mich drin war. Das sagte ich Bus auch, als wir uns mal zusammensetzten und alles besprachen, und er hatte absolut nichts dagegen, daß ich loszog. Bus und ich waren immer gute Freunde gewesen, seitdem ich das erstemal in der Band mitgespielt hatte, und ich brauchte nur zu sagen, ich hätte da selber schon was für mich gefunden, und er meinte, das sei doch großartig.

Zugegeben, ich hatte nichts, worauf ich mich *wirklich* verlassen konnte, aber ich hatte ein paar gute Möglichkeiten im Auge. Ich hatte keinen Ehrgeiz, wieder eine Big Band aufzustellen oder so. Ich hatte zwar ein bißchen Erfahrung als Bandleader im Cherry Blossom und in Little Rock gesammelt, bevor wir da auf Grundeis liefen, aber was ich mir wünschte, war ein Job in einem von diesen kleinen Clubs, mit einer Combo oder so etwas. Ich hatte nichts Festes, ich wollte nur mal sehen, was so für mich drinsteckte.

So kam es, daß ich der erste war, der nach dem Tod von Bennie Moten aus der Band stieg, und daß ich nicht dabei war, als sie sich dann ein paar Wochen später endgültig auflöste. Ich sah mich in ziemlich vielen Kneipen um, eine von denen, die bis morgens geöffnet hatten, war ein Laden, in dem Jo Jones und ich oft rumhingen, und der hieß Pretty Nell. Natürlich blieb der Yellow Front Saloon mein Hauptquartier. Dort konnte ich immer vorbeikommen und mit Ellis Burton reden, wenn ich mal ganz dringend etwas Geld brauchte.

Dann erhielt ich die Möglichkeit, im Reno-Club in der 12. Straße, Cherry, zu spielen, und ich glaube, den Job habe ich jemandem geklaut. Jemand anders spielte dort, und der wollte für ein paar Tage einen anderen Job übernehmen, und er bat mich, ihn zu vertreten, und dann geschah es. Ich kam an und blieb. Der Typ hieß Art Soundso, seinen Nachnamen habe ich vergessen. Vielleicht kannte ich ihn auch nur unter dem Namen Art. Jedenfalls wollte er für eine Woche oder so mal was anderes machen, und es hörte sich nach einem ganz guten Gig an.

Ich war zwar schon ziemlich lange in Kansas City, aber den Stadtteil kannte ich überhaupt nicht, meistens hielt ich mich entweder in der 18. oder in der 12. Straße auf oder dazwischen. Über die Troost Avenue bin ich nie gekommen, das war nicht mein Revier.

Ich ging also zur 12. Straße, Cherry, um zu sehen, was da so lief. Sie hatten da einen Schlagzeuger und ein paar Bläser, aber der einzige Name, an den ich mich jetzt erinnere, ist Slim Freeman. Er spielte Tenor und kündigte auch die Nummern an. Ich hatte noch mit keinem der Jungs vorher mal gespielt, aber Gig sah okay aus, und ich sagte Art, daß ich das für ihn übernehmen würde. Natürlich hatte ich den Job auch nötig, und mittlerweile war ich neugierig geworden, wie das wohl sein würde, mal zur Abwechslung in dieser Gegend der Stadt zu arbeiten. Die Bezahlung war achtzehn Dollar die Woche.

Das Reno war nicht einer von den großen schicken Läden, wo man eine Treppe runtergehen muß und all das. Es war einfach ein kleiner Club in einer Seitenstraße. Wenn man drin war, sah man, daß es ein Cabaret war, mit einem kleinen Podium für die Band und Platz für die Floorshows, mit einer Bar vorne und sogar einer kleinen Galerie. Man konnte sich auch Mädchen als Tanzpartner bestellen. Es war ein guter Arbeitsplatz. Ich mochte die Atmosphäre da unten. Es war immer viel los, es gab in dem gleichen Block noch mindestens vier weitere Cabarets, und sie boten alle Live-Musik an und hatten lange geöffnet.

Der Manager vom Reno war ein kleiner gedrungener Typ, der Sol Steibold hieß, und von Anfang an verstanden wir uns ganz gut. Aus irgendeinem Grund hatte er sofort ein besonderes Interesse an mir. Wenn ich zwischen den Sets mal von dem Podest runterkam, gab er immer einen Drink für mich an der Bar aus, und manchmal standen wir auch nur so rum und tranken etwas und unterhielten uns eine Weile.

So fing das mit dem Reno-Club an. Nachdem ich eine Woche als Vertretung gearbeitet hatte, standen Sol und ich eines Abends zwischen zwei Sets an der Bar, und er fragte mich, ob ich den Job nicht für immer übernehmen wollte. Ich wußte, daß er mich ganz gern hatte, aber das überraschte mich doch, und als ich fragte, was denn mit Art sei, zuckte er nur mit den Schultern.

»Wenn du willst, gehört der Job dir.«

Als Art dann zurückkam, suchte ich ihn auf und erzählte es ihm, und er schaute mich eher erleichtert als überrascht an: »Oh, Mann, wenn du den Gig haben willst, dann nur zu. Ich möchte sowieso was anderes machen.«

Also übernahm ich seinen Platz. Um die Wahrheit zu sagen, hatte ich gehofft, daß sich alles so entwickeln würde. Ich mußte einfach was tun, und da unten gefiel es mir ganz gut, und der Boß war schon auf meiner Seite. Es war einer von diesen seltenen Zufällen, wo eins zum anderen führt, und bevor man sich versieht, wird 'ne größere Sache daraus, die man sich nicht einmal im Traum vorgestellt hätte.

Als Sol und ich eines Abends wieder an der Bar saßen, fragte er mich, ob ich die Band nicht ganz übernehmen wollte, und ich sagte, ich dachte, sie gehört Slim Freeman. Er meinte nur, das sei jetzt mein Job und die Band arbeite für mich und ich bekäme automatisch eine Lohnerhöhung auf einundzwanzig Dollar die Woche und dazu die ganzen Trinkgelder, die jeden Abend zum Klavier geschickt wurden, und auch eine gemeinsame Kasse. Es kam völlig überraschend, aber dieses Mal ging mir ein Licht auf, und die Räder da oben fingen an zu ticken. Ich sagte also okay, und damit konnte ich meinen ersten Schritt machen, denn ich fing sofort an, mir Gedanken über ein paar Änderungen in der Zusammensetzung der Band zu machen.

Ich ließ die Dinge eine Zeitlang laufen wie vorher, und dann, als ich das Gefühl hatte, daß Sol und ich vertraut genug waren, um auch übers Geld reden zu können, sagte ich ihm, daß ich ein paar Männer mehr haben wollte. Sol war ein wirklich netter Kerl, und er machte mit, und so fing ich an, mir meine erste eigene Band zusammenzu-stellen. Seitdem bin ich wirklich Bandleader.

Es wird oft behauptet, ich hätte die Band von Bennie Moten nach seinem Tod übernommen, aber so war es nicht. Ganz und gar nicht. Sol Steibold stellte mir etwas Geld zur Verfügung, damit ich für die Band im Reno noch ein paar Leute hinzugewinnen konnte. Ich fuhr also nach Oklahoma City und überredete Jack Washington und Big'Un mitzukommen, dann fuhr ich weiter nach Dallas und holte mir Buster Smith und Joe Keys. Die Bennie Moten Band war da schon längst auseinandergegangen, und der Rest der Musiker war überall verstreut. Ich habe mir keinen aus der Band genommen, als Bus sie noch hatte. Außerdem waren mehrere, die dann bei mir spielten, gar nicht in der letzten Band von Bennie Moten gewesen. Walter Page hatte nicht zur Band gehört, Lester auch nicht, und ich glaube, Herschel Evans war nach Kalifornien gegangen, als ich in Little Rock war, denn er war nicht mehr dabei, als ich dann wieder zurück zu Bennie kam.

Lips Page und Jimmy Rushing waren in Kansas City geblieben, aber sie kamen als Mitglieder mit besonderem Status mit uns. Ich weiß nicht mehr, wer zuerst kam, jedenfalls machte Lips auch den Conférencier und Entertainer. Er spielte auch schon mal mit der Band, war aber kein reguläres Mitglied. Jimmy Rushing war auch nicht gekommen, um sich meiner Band anzuschließen. Er kriegte einen Job als reine Einzelnummer und war ein Teil der Show. Er war ein Hit, er hätte für immer im Reno-Club bleiben können.

Als Sol mir die Band überließ und mir sein Einverständnis für die Umbesetzungen gab, holte ich mir ein paar von meinen alten Kum-pel, was natürlich hieß, daß die anderen gehen mußten. Ich glaube, da gab's viel schmutzige Wäsche, aber da es meine Band war, wollte ich Leute drin haben, mit denen ich schon mal gespielt hatte und die ich natürlich für die Größten hielt. Und Big'Un und Prof zählte ich zu den Größten, seitdem ich die Blue Devils das erstemal gehört hatte.

Nach denen war ich schon verrückt, bevor ich mich überhaupt für Bennie Moten interessierte.

Was da im Reno vor sich ging, war ungefähr das gleiche, was Eddie Durham und ich gemacht hatten, als ich in der Bennie Moten Band Fuß gefaßt hatte. Ich fing an, mir ein paar Blue Devils reinzuholen, und schon nach kurzer Zeit hatte ich drei Trompeten, drei Rohrblattinstrumente und drei für den Rhythmus, also nannten wir uns »Three, Three and Three«. Zuerst hatten wir keine Posaune, ich konnte sie mir noch nicht leisten. Eigentlich hatte ich sogar nur zwei Trompeten, denn erst mit Lips waren es drei. Die beiden anderen waren Joe Keys, der auch in Bennies Band gewesen war, und Carl Smith, auch bekannt als Tatti, der mal in der berühmten Alphonso Trent Band in Dallas, Texas, gespielt hatte. Ich glaube, Big'Un und Jack Washington hatten uns in Oklahoma City bekannt gemacht.

Ich weiß nicht mehr, wie viele Schlagzeuger wir insgesamt hatten, bevor Jo Jones kam. Ich glaube, Jesse Price hat mal mit uns gespielt, und auch Willie McWashington konnte ich mal bewegen, uns auszuhelfen. Als ich noch bei Bennie Moten war, war er meistens der Schlagzeuger gewesen, aber als Bennie starb, war er nicht mehr in der Band, statt dessen Jo Jones. Willie Mac war also auch kein Mitglied mehr, als die Band sich auflöste, ich glaube, es ging ihm auch damals nicht gut. Vielleicht war das der Grund, warum wir mit Jo Jones Kontakt aufnahmen. Er spielte damals bei den Jeter-Pillars im Plantation-Club und kam sofort.

Zuerst dachten wir, es gäbe mit den Leuten in St. Louis Ärger deswegen, denn Jo hatte ihnen nicht Bescheid gesagt. Wir machten uns ziemlich Sorgen, denn es gab da harte Typen, die ihre Anteile an dem Club hatten, und die konnten ziemlich übel werden, wenn man versuchte, ihnen die Musiker oder Entertainer zu klauen. Ich weiß nicht, was Jo Jones alles am Hals hatte, ich weiß auch nicht, was passierte, ob ein paar Freunde von Sol Steibold die Sache in Ordnung brachten, jedenfalls lief alles gut. Sie gaben nach, und Jo war frei. Er ersetzte dann Willie McWashington, und dann erst fing die Band richtig an zu swingen.

Ich hatte noch bei einer anderen Sache Glück. Ich war mit dem Stadtteil etwas vertrauter geworden und ging immer gern in den Musikladen von Jenkin. Man konnte einfach hingehen und Orgel spielen. Das war natürlich ganz nach meinem Geschmack, und zufällig lernte ich da einen von den hohen Tieren vom WHB-Radiosender kennen. Er hörte mich spielen und fragte, ob ich nachmittags nicht ein kleines Orgelprogramm übernehmen wollte, und ich sagte natürlich: Klar, ist ja schön – oder so was. Und so fing ich an, als Solist im Radio aufzutreten.

Das Studio befand sich in dem gleichen Gebäude, in dem auch der Musikladen von Jenkins war, im ersten Stock, und dort stand eine Wicks-Orgel. Ich bin mir ziemlich sicher, daß es eine Wicks war. Jedenfalls war das Programm für mich eine spannende Sache. Es dauerte fünfzehn Minuten und wurde an jedem Wochentag nachmittags gesendet, und das einzig Schwierige war, daß ich mich nun immer hinsetzen und mir jeden Tag überlegen mußte, was ich denn nun spielen wollte. Ich fing also an, jeden Tag zu komponieren. Manchmal hatte ich die Idee auf dem Weg, und manchmal ging ich einfach nur hin, fing an zu spielen, irgend etwas, und machte von da aus dann weiter. Sie brauchen die einzelnen Nummern nicht anzusagen, was mir sehr gelegen kam. Was hat das immer Spaß gemacht!

Es dauerte nicht lange, dann wurde auch die Band aus dem Reno im Radio übertragen, auf W9XBY, einem Lokalsender. Zweimal in der Woche kamen sie mit einer Übertragungsapparatur an, und die Leute hörten uns bis nach Minneapolis und Chicago und an der Ostküste sogar bis zu den Staaten an der Golfküste.

Der W9XBY kam fast immer regelmäßig an den Wochenenden, aber auch an anderen Tagen. Man wußte eigentlich nie im voraus, wann man auf Sendung war. Ich glaube, sie hatten es ganz gern, wenn sie einen erwischten, wenn alles ganz so wie sonst auch war. Die Übertragungen waren überhaupt kein Problem, denn es gab damals so gut wie keine Programmplanung. Sie kamen einfach rein und machten die Sendung, und das dauerte dann etwa eine Stunde oder so. Es war immer spätabends. Man hatte auch keinen Vertrag oder so, es lief alles über das Reno, und wir waren froh, daß wir das überhaupt machen konnten, denn das war für den Club gute Werbung – natürlich auch für uns. Noch Jahre später kamen Leute im Mittleren Westen und unten im Süden oft an und erzählten mir, daß sie uns das erstemal im Radio gehört hätten, als wir aus dem Reno-Club übertragen wurden. Roy Eldridge hat mir mal erzählt, er hätte die Sendung immer in Chicago gehört, als er mit Fletcher Henderson da war, und sogar Fletcher hat sie gehört und schickte mir daraufhin ein paar Arrangements.

Ich hatte damals keine großen Pläne mit der Band. Ich meine, ich hatte nicht vor, mit ihr auf Tournee zu gehen oder so etwas. Ich hatte nur endlich mal die Gelegenheit, eine Gruppe aufzubauen und in so einem Laden zu arbeiten und einfach nur Spaß zu haben. Ich machte mir das mit der ganzen Sendezeit, die wir kriegten, gar nicht richtig klar. Ich hatte nicht die leiseste Ahnung, wie wichtig das war. Das begriff ich erst viel später, nachdem sich so einiges für unsere Band getan hatte, aber damals gehörte es mit zu der Sache im Club, und es war gut fürs Geschäft. Wir machten uns also keine Gedanken darüber, was wir spielen würden, wir hatten nie ein Programm, man mußte auch nichts vorher klären, und man bekam von der Radiostation ja auch nichts dafür.

Manchmal fing ich einfach an zu spielen, und nach anderthalb Stunden Sendezeit gingen uns die Stücke aus, und wenn dann der Moderator immer fragte, was denn jetzt drankäme, spielte ich einfach irgendwas, irgendeinen Titel. So lief das meistens, und so erarbeiteten wir uns eine unserer Standardnummern. Eines Abends waren wir wieder auf Sendung und hatten noch zehn Minuten. Der Moderator fragte, was wir denn jetzt machen wollten, und ich sagte, ich wüßte auch nicht. Wir standen ein Stück vom Mikrophon weg, es gab damals sowieso immer nur ein Mikrophon, das von dem Moderator. Ich sagte dann: »Ich fang' einfach mal an zu spielen«, und er fragte: »Wie heißt es denn?«, und ich sah, wieviel Minuten wir noch hatten, es war kurz vor eins, also sagte ich: »Nenn's doch einfach den *One O'Clock Jump*.« Es fing mit der Rhythmusgruppe an, und dann kamen die Riffs, und die blieben hängen. Wir fingen mit Des an und machten in F weiter.

Eine andere Sache, zu der ich Sol Steibold überreden konnte, nachdem ich schon eine Zeit im Reno war, waren die Breakfast Dances. Ich kannte sie aus New York, schon vor Jahren. Ich erzählte ihm das, und er griff meinen Vorschlag auf. Dann ließ ich einige Einladungen drucken, die ungefähr so lauteten: »Vorladung: Sie haben sich hiermit zur Spook Breakfast Party im Reno, 12. Straße, Cherry, einzufinden« und so weiter und so weiter. Spook war damals ein Modewort in der Unterhaltungsbranche. Es hatte nicht direkt was mit der Hautfarbe oder Geistern zu tun, so nannten sich damals nur viele Entertainer. Ich weiß nicht genau, woher das eigentlich kam. Vielleicht hatte es was damit zu tun, daß die meisten Nachteulen waren. Wir waren eben in den Nachtstunden auf, den Geisterstunden.

Das war ja auch der Gedanke dahinter. Wir schickten die Einladungen hauptsächlich an andere Unterhaltungskünstler und Leute im Showbusineß und wußten natürlich: Wenn die kommen, dann kommen auch viele andere Leute mit ihnen. Darauf konnte man immer gehen. Wir hatten es für Sonntag nachts geplant, sehr spät. Es sollte erst anfangen, wenn die anderen Clubs schon geschlossen hatten, etwa gegen drei Uhr. Und was passierte? Schlag drei kamen sie ins Reno, und die Party dauerte bis sechs oder sieben Uhr morgens, also Montagmorgen. Sonntag abends fingen wir erst um zwölf Uhr an, Whiskey war dann ja erlaubt. Ich weiß nicht, wie sie das gedreht haben, denn wenn ich mir das jetzt so überlege, Samstag abends hatten sie auch durchgehend geöffnet, und sie verkauften auch noch nach zwölf Uhr Whiskey. Ich weiß nicht, wie sie das hingekriegt haben, jedenfalls störte sich da nie einer dran.

Innerhalb der Woche fingen wir um neun Uhr an und hörten um drei oder vier Uhr morgens wieder auf. Wir begleiteten die Show und spielten auch ein paar Tanznummern. Eine meiner Lieblingskünstlerinnen in der Show war Hattie Noels. Jimmy Rushing machte natürlich auch mit bei der Show, und der alte Lips Page hielt das Ganze auf Trab, als Conférencier, und dann spielte er mit Joe Keys und Tattie Smith bei den Trompetern mit und brachte diese wunderschönen Bläser-Riffs, die er immer parat hatte. Als Dämpfer benutzte er immer ein Glas, und wenn er das Glas ansetzte . . . oh, Mann − er war wirklich einmalig!

Irgendwann machte ich Sol Steibold den Vorschlag, für die Band einen erhöhten, muschelförmigen Orchesterpavillon zu bauen, und er hielt das für eine gute Idee. Ich kannte die Leute, die den Pavillon im Cherry Blossom gebaut hatten, und sie bauten auch den im Reno. So konnte man die Band sehr schön sehen. Aber es war da oben auch ziemlich eng, denn sie setzten auch noch einen kleinen Flügel drauf. Außerdem hatten wir vergessen, daß ja auch der Tubaspieler mit draufpassen mußte. Der alte Big'Un mußte also immer nach draußen gehen und durchs Fenster spielen. Er ließ das Instrument drinnen und setzte sich nach draußen auf einen Stuhl. Es machte ihm nichts aus, denn er zog da hinten immer seine kleine Show ab und konnte sich gelegentlich einen genehmigen. Wenn wir mal den großen Baß brauchten, stand er natürlich auch auf dem Pavillon, gleich neben dem Klavier. Es war verdammt eng da oben, und als das mit den Sendungen so gut lief, haben wir den Baß sicher regelmäßig gebraucht. Ich glaube, daran erinnern sich die meisten Leute, nicht an die Tuba, und dabei spielte er sich die Finger wund auf dem Ding, da konnte man drauf gehen.

So spielte die Band also erst mal eine Weile weiter. Dann fing ich an, von einem Mann in New York, er hieß John Hammond, kleine »Botschaften« zu kriegen. Es waren keine Briefe oder Telegramme oder Anrufe oder ähnliches. Er schrieb für »Down Beat« oder irgend so ein Musikmagazin, und in seinen Artikeln stand immer was darüber, daß er unsere Sendung in seinem Autoradio gehört hätte.

Irgend jemand sagte einem immer Bescheid, wenn mal was über einen in der Zeitung oder einer Zeitschrift stand, und ich bin ziemlich sicher, daß mir auch jemand diese Artikel zeigte. Ich dachte mir nicht viel dabei. Sogar als er mal erwähnte, er würde sich freuen, von mir zu hören, und ich sollte ihm doch mal kurz schreiben oder so, fand ich nichts dabei. Ich wußte wirklich nicht, was ich von seinen ganzen Artikeln halten sollte.

Dann, wieder in einem Artikel, schrieb er, daß er sich darüber wunderte, warum ich nicht geantwortet hätte. Er muß das mehr als einmal geschrieben haben, denn ich erinnere mich an einen Satz, der etwa lautete: »Ich kann mir nicht erklären, warum Count Basie nicht antwortet« oder so ähnlich. Schließlich setzte ich mich mit einem Freund in Verbindung und schrieb an John, und der schrieb zurück, daß er nach Kansas City kommen würde und meine Band hören wollte. Ich wußte immer noch nicht, was ich davon halten sollte, ich konnte mir nicht vorstellen, daß er von so weit her kommen würde, nur um uns zu hören. Ich glaube, es war einfach so, daß ich damals nicht daran dachte, bis ganz nach oben zu kommen, ich war nur daran interessiert, was Kleines aufzubauen, was sich gut anhörte.

Er kam schließlich, und wir verstanden uns sofort, und seitdem sind wir Freunde. Als er an dem Abend reinkam, setzte er sich gleich neben mich auf die Klavierbank.

Es war ein Sonntagabend, und wir waren auf Sendung, und da kommt dieser ganz junge Kerl und setzt sich einfach neben mich. Zuerst fiel er mir gar nicht besonders auf, so etwas kam eigentlich öfters vor, besonders im Reno. Ich war auch gerade dabei, zu überlegen, was wir wohl als nächstes spielen könnten, und wollte das dann dem Ansager mitteilen. Nachdem ich das dann getan hatte, schaute ich zur Seite, und dann erst fiel mir auf, daß ich den Kleinen da neben mir überhaupt nicht kannte.

»Hei«, sagte er und grinste breit. »Ich bin John Hammond.«

Zu der Zeit trank ich noch ganz ordentlich Gin, und er bestellte mir ein Gläschen, und wir hatten das ganze Set lang unseren Spaß, und er blieb die ganze Vorstellung. Die Band spielte an dem Abend aber auch außergewöhnlich gut. Ich weiß auch nicht, es hörte sich plötzlich so an, als hätten die Jungs irgendein neues Register gezogen oder so. Es lag nicht daran, daß John da war, keiner wußte, wer John Hammond war. Es war einfach einer von diesen guten Abenden, wo die Band in prima Stimmung war. Sie hätten die ganze Nacht spielen können, immer weiter. Wir wußten nicht, daß jemand extra kommen würde, um uns mal anzutesten, aber so wie die Jungs an diesem Abend spielten, gab das ganz gut wieder, was wir so draufhatten.

Und dieser junge Kerl war begeistert. Als unsere letzte Nummer vorbei war, blieb er noch da und unterhielt sich mit uns, und wir zogen dann in andere Kneipen, die noch geöffnet hatten. Er hatte genau den gleichen Geschmack wie ich. Er mochte besonders Blues. Wir gingen also mit ihm zum Sunset, damit er sich mal Pete Johnson und Big Joe Turner anhören konnte, von denen er natürlich schon gehört hatte. Es hätte ihn fast umgebracht. Er saß nur da, schüttelte mit dem Kopf und klatschte in die Hände.

Der Kleine machte auf mich einen riesigen Eindruck. Und wen er alles kannte! Laufend erwähnte er irgendwelche Namen. Ich meine, es waren Namen von Musikern und von Kneipen dabei, auf die nicht mal Leute aus Harlem oder aus dem Teil von Kansas City gleich gekommen wären, wenn sie nicht gerade aus der bestimmten Gegend kamen.

Kommt dieser Kleine daher und fragte mich über Leute und

Kneipen in Städten aus, die ich fast völlig vergessen hatte! Er erzählte mir sogar, wo er mich das erstemal gesehen hatte, mit Bennie Moten im Lafayette, und daß er sogar schon mit mir gesprochen hätte, an der Bar in Convans Marocco-Club, als er selbst noch ein kleiner Schuljunge aus der Fifth Avenue war, der sich in Harlem rumtrieb und in den Clubs, wenn sie ihn reinließen. Er war einfach einmalig!

Er muß etwa noch ein, zwei Tage geblieben sein, denn er besuchte mit uns ein KMBC-Studio in der Stadt, wo es einen Empfang oder so etwas gab, und ich machte 'ne kleine Session an der Orgel, mit ein paar Leuten, und ich glaube, dann kam er noch mal ins Reno, bevor er wieder fuhr. Aber da wußte ich schon längst, daß er unser Mann war.

Ich glaube, John kam in dem Jahr noch zwei weitere Male nach Kansas City. Das erste Mal war im Frühjahr, dann kam er im Sommer noch mal. Aber bevor er uns dann zum zweitenmal besuchte, kam Dave Kapp von Decca vorbei und erzählte mir, er sei ein Freund von John, und der hätte ihm über uns erzählt, und so sei er gekommen, weil er uns hören wollte. Und dann bot er mir einen Vertrag an, drei Jahre lang jeweils vierundzwanzig Stücke aufzunehmen.

So kam ich zu meinem ersten Plattenvertrag, und das war mein großer Fehler. Er erwähnte irgendwie, daß Decca auch für den Transport aufkommen würde, wenn die Band zu Aufnahmen nach Chicago fahren sollte, und das hörte sich nach einem Bombengeschäft an. Ich fragte noch einmal nach, aber er meinte: »Ja, ja«, und dann ging ich darauf ein. Ich brachte den Jungs also die gute Nachricht, und die Sache mit den Transportkosten machte auf die meisten auch einen guten Eindruck.

Ich werde nie vergessen, was Lester sagte, als ich ihn zur Seite nahm und ihm das erzählte. Ich glaube, den anderen Jungs hatte ich es schon erzählt, bevor Lester an dem Abend im Reno auftauchte. Als er dann kam, rief ich ihn zu mir, bestellte uns was zu trinken, und wir gingen nach draußen zur Tür, die zur hinteren Straße führte, wohin wir uns immer verkrochen, wenn wir uns privat mal einen genehmigen und mal 'ne Runde quatschen wollten.

»Also«, sage ich, »ich habe großartige Nachrichten. Wir mieten uns einen Bus und fahren nach Chicago und nehmen für Decca auf.«

Er schaute einfach weiter in die Gegend, als hätte er nichts gehört oder als würde er an etwas anderes denken. Dann sah er mich an.

»Was hast du da gerade gesagt? Was war das?«

»Ja«, sagte ich. »Wir fahren nach Chicago und nehmen für Decca auf.«

Wieder rührte er sich nicht, schaute mich an, dann wieder weg und dann wieder zu mir. Dann begann er zu sülzen: »Hör mal, Lady B, alles in Ordnung?«

»O ja«, antwortete ich. »Alles okay. Ich habe einen Vertrag mit Decca.«

Er blieb noch immer ruhig stehen und nickte nur mit dem Kopf und war in Gedanken, und dann sprach er fast zu sich selbst: »Also gut. Wollen mal sehen, was passiert.«

Dann leerte er sein Glas, schaute mich wieder an und murmelte irgendwas und fing wieder an zu sülzen.

»Hör mal zu. Ich will dir mal was sagen, Lady B. Wir gehen wieder rein und trinken noch einen Kleinen, und vielleicht sagst du's mir dann noch mal.«

Als John kurz darauf wieder nach Kansas City kam und den Vertrag sah, wäre er fast an die Decke gegangen. Völlig ahnungslos hatte ich mich damit einverstanden erklärt, zwölf Platten im Jahr aufzunehmen, für insgesamt 750 Dollar, ohne Tantiemen! Ich wußte absolut nichts über Tantiemen. John war fassungslos. Er konnte uns nicht aus dem Vertrag pauken, aber er konnte Decca dazu bewegen, die Bezahlung für die Musiker auf ein Minimum anzuheben. Ich glaube, ich hatte vorher noch nie was von Mindestlohn gehört, und wenn, dann habe ich nie auf so etwas geachtet. Ich glaube, ich mußte ganz schön Lehrgeld zahlen für manches.

Das Dumme an der Sache war, daß John nur deswegen nach Kansas City zurückgekommen war, weil er mich über einen Vertrag informieren wollte, den er mit Brunswick Records ausgehandelt hatte. Das war natürlich ein viel besserer Vertrag, und John hatte ihn in die Wege geleitet, weil er uns mochte und wollte, daß uns die Leute auf Platte hören konnten. Für ihn selber wäre dabei nichts rausgesprungen.

Joe Glaser, ebenfalls ein bekannter Promoter zu der Zeit, kam auch in dem Sommer nach Kansas City. Er war der Chef der Associated

Booking Corporation. Ich weiß nicht, ob er gekommen war, weil er uns hören wollte oder Lips oder wen auch immer, ich weiß nur soviel: Er wollte ein Programm mit Lips an der Spitze. An dem Abend, als Glaser die Show sah, war Lips wirklich sensationell, keine Frage. Also sprach er mit Lips und überredete ihn, den Vertrag zu unterzeichnen. Dann kam Lips zu mir und erzählte es mir.

»Hör mal«, sagte er. »Ich geh' mit Joe Glaser.«

»Ach ja?« sagte ich.

»Ja«, sagte er. »Ich gehe nach New York, und ich möchte, daß ihr auch alle kommt. Ich brauche euch da.«

»Was soll das heißen, ›daß ihr auch alle kommt‹?« fragte ich.

»Ich stehe zwar vorne, aber die Band gehört immer noch dir«, sagte er.

»Das weiß ich wohl«, antwortete ich, »aber wir wollen gar nicht gehen. *Du* gehst.«

»Das ist 'ne große Sache, Mann«, antwortete er. »Das ist unsere große Chance.«

»Ich weiß. Also mach schon. Ich treff' dich dann später dort.«

Ich weiß noch, wie ich dann später mit Joe Glaser in der Loge saß. Ich glaube, er wollte mich sprechen. Jedenfalls saß ich da und hörte ihm zu, und er konnte wirklich gut reden. Aber als er zu dem wichtigen Teil kam und meinte, er würde Lips vorne die Band dirigieren lassen, sagte ich: »Moment mal«, und ich erzählte ihm, daß ich da noch was anderes hätte, das vielleicht klappen würde, oder irgend so etwas, und er sah ein, daß er uns nicht alle für diese Sache gewinnen konnte. Ich hatte nämlich kurz vorher von John Hammond gehört, er schrieb, er würde zurückkommen und einiges mit uns regeln, damit wir nach New York und Chicago konnten.

Eigentlich mochte John die Band so, wie sie war, als er sie das erstemal gehört hatte. Aber Willard Alexander, ein Konzertagent, den John für uns aufgetan hatte, meinte, die Auftrittsmöglichkeiten einer Band in der Größe seien zu begrenzt. Wir fingen also mit der Posaunengruppe an und holten uns Hunt, Spitzname Rabbit. Später kam noch Dan Minor dazu.

Dann kam Herschel Evans zurück aus Kalifornien, und er war der erste der beiden Tenorsaxophone. Herschel und Lester waren ziemlich eng befreundet, schon seit meiner Zeit im Cherry Blossom, als sie mit ihren Gigs zwischen meiner Band und der von Bennie Moten und George E. Lee im Harlem-Club hin- und herwechselten. Mit den beiden Spitzensolisten hatten wir was ganz besonders Feines in der Rohrblattabteilung zu bieten. Aber das wurde mir erst viel später klar.

Herschel brachte auch Buck Clayton in die Band, er war zusammen mit ihm aus Los Angeles gekommen. Als Herschel spitzkriegte, daß wir noch einen in der Trompetergruppe brauchten, weil Lips sich von uns trennen und unter die Fittiche von Joe Glaser begeben wollte, meinte er, er kenne da einen Typen namens Buck Clayton, der ordentlich Trompete spielte, und dann brachte er ihn mit. Buck war vorher mit einer Band in China gewesen, und er hatte auch in Los Angeles eine Zeitlang seine eigene Band gehabt. Er hielt sich nur deswegen in Kansas auf, weil er aus Parsons, Kansas, stammte und auf dem Weg zur Ostküste mal vorbeischauen wollte. Als Herschel ihn dann ins Reno mitbrachte und er kurz mit uns spielte, blieb er.

Prof war nicht der Meinung, daß wir ganz groß rauskommen würden, glaube ich. Als Claude Hopkins auf der Durchreise in Kansas City war, bot er ihm einen Job in seiner Band an, und Prof ging mit ihm. Herschel und Buck nahmen daraufhin Kontakt mit Couchy Roberts in Los Angeles auf, und er stieg ein. Couchy war auch in der Band von Buck in China gewesen, Herschel und Buck brauchten also nur ein Wort zu sagen, und schon kam er.

Als ich im Reno noch dabei war, die Band aufzubauen, hatte ich schon ziemlich genaue Vorstellungen davon, wie sie sich anhören sollte. Ich wußte, wie sich die einzelnen Gruppen in der Band anhören sollten, also wußte ich auch, wie sich jeder einzelne anhören sollte. Ich wußte, warum ich den und den an einer bestimmten Stelle haben wollte. Schon damals, als ich Eddie Durham die Arrangements für die Bennie Moten Band diktierte, hatte ich die Band im Ohr, hörte ich, wie sie bestimmte Passagen spielen würde, noch während wir daran arbeiteten. Und so schrieb sie Eddie dann auch auf. Er schrieb sie so auf, wie ich sie hörte. Er konnte die Stimmen für jede Gruppe schreiben, genau so, wie ich das haben wollte.

Ich habe meine eigene Vorstellung, wie man bestimmte Leute dazu bringt, bestimmte Sachen zu spielen – oder auch nicht zu spielen. Ich hatte da meine eigene Methode, ihnen die Tür zu öffnen, damit sie reinkommen und es sich bequem machen konnten, aber dann entließ ich sie auch wieder. Und das ist eigentlich während der ganzen Jahre das Rezept für die Band gewesen. Es ist mehr oder weniger immer das gleiche Muster gewesen, und alle unsere Arrangeure wissen, was ich gerne höre und wie ich gern an die Dinge herangehe.

Gerade kürzlich hat mich jemand gefragt, ob Orgelspielen irgend etwas mit meiner Fähigkeit zu tun gehabt hätte, Arrangements für große Bands wie die von Bennie Moten zu schreiben. Ich weiß nicht mehr, wer das war, aber er meinte, ob nicht dieser Gesamtsound, den man auf einer Orgel erzeugt, Einfluß darauf hätte, wie man einzelne Gruppen und Ensembles in einer Band einsetzen würde. Ich denke, schon. Ich kann vielleicht so denken, aber ich kann es nicht so spielen, nicht so wie etwa Wild Bill Davis, den mir John Hammond mal Jahre später an einem Ostersonntag im Small's vorgestellt hat. Wild Bill ist der Meister. Er *ist* ein Orchester. Er kann das wirklich alles auf der Orgel spielen. Man hört im Hintergrund die Bläser, zu dem, was er sonst gerade spielt, und die Soli und alles das. Ich könnte ihm die ganze Nacht zuhören.

Zurück zur Band. Manchmal spiele ich gern laut. Und schnell. Manchmal muß man schon ein bißchen Lautstärke haben, und dann ein paar Nummern im rasenden Tempo. Aber ich hab's auch gern, wenn die Band nur ganz leicht swingt, wie zum Beispiel bei *Softly, With Feeling.* Dann habe ich's aber auch wieder gern, wenn man so richtig rausplatzt, wenn es sein muß. Ich höre das alles schon in meinem Kopf, bevor die Band spielt. Und gute, schreiende Blechbläser, das habe ich immer gern. Ein guter Blech-Chorus. So haben wir auch gespielt. Langsam komme ich wieder darauf zurück. Gute laute Blech-Chorusse, Mann . . . das ist wirklich was! Wenn man 'ne gute laute Blechbläsertruppe in seiner Band hat, kann nichts mehr schiefgehen.

Als wir mit den Arrangements für die große Band im Reno anfingen, wußte ich sofort, wo ich die beiden Tenöre hinhaben wollte. Nach ein paar Modulationen und Breaks wußte ich genau, welches wann einsetzen sollte, und manchmal war es das eine, manchmal das andere. Jedes hatte seine Eigenheit, aber ich hatte ursprünglich nicht wirklich vor, sie gegeneinander antreten zu lassen. Jedenfalls nicht zuerst. Ich wollte nur zwei unterschiedliche Stile benutzen, zum Vorteil der Band.

Die Band nannte sich die »Barons of Rhythm«. Wir wurden immer angekündigt als »Count Basie and his Barons of Rhythm«. Das hatte sich jemand als Masche für die Radioansage bei W9XBY ausgedacht. Ich weiß nicht, vielleicht hat das jemand verwechselt, als er meinte, so wäre ich zu meinem Namen Count gekommen. Aber wie ich schon sagte, war ich bereits einige Jahre vor den Radiosendungen als Count Basie aufgetreten. Damals gab es zwar noch keine Barons of Rhythm, aber schon einen Count.

Wir beschlossen, die Band aus dem Reno abzuziehen, denn ich brauchte einen bequemeren Platz und etwas mehr Zeit, um einige Dinge auszuarbeiten, die wir für die Auftritte fertig haben wollten, die Willard Alexander über die MCA für uns organisierte. Wir legten also eine Pause ein, um zu proben und ein paar neue Sachen einzubauen, aber hatten so auch die Möglichkeit, hier und da mal Erfahrung zu sammeln, bei Auftritten in der Gegend. Ich holte mir Maceo Birch in die Band, damit er mit uns an den Details feilen konnte. Maceo war damals sicher der beste Kontaktmann in Kansas City.

Damals bekamen wir auch unseren ersten Bus. Ich ging zu Greyhound, und sie überließen mir einen ihrer Busse. Wir fuhren gleich nach Oklahoma, ich glaube, die Band ist in Tulsa, Muskogee, Okmulgee und Oklahoma City aufgetreten, und auch in Wichita und Omaha. Es waren alles Gigs in Tanzsälen, also immer nur für einen Abend. Auf diesen kleineren Reisen spielten wir noch nicht in Theatern oder Clubs, aber die Gigs waren ziemlich wichtig für die Band, so sammelten wir Erfahrung für zukünftige Tourneen.

Das erinnert mich an eine Gewohnheit, die wir in der Band damals hatten, sogar noch bevor wir ins Reno einstiegen. Ich führte immer ein kleines Buch, wir nannten es »den Malblock«. Auf der einen Seite stand, was sich die Jungs geliehen hatten, und gegenüber, was sie noch an Gehalt kriegten. Das eine waren immer nur ganz unbedeutende Beträge, für die kleinen Annehmlichkeiten des Lebens, die sie sich von Zeit zu Zeit mal gönnten. Einer wollte 75 Cents, ein anderer 35. Lester holte sich immer entweder 55 oder 60 Cents. Mehr als eineinviertel Dollar konnte man jedoch nicht abheben, das war die Grenze. Aber damals kriegte man ja auch so einiges für ein paar Cents. Für 35 Cents gab es ein mehrgängiges Menü. Eine ganze

Packung Zigaretten kostete nur 10 Cents, man bekam auch lose Zigaretten für einen Penny das Stück. Und eine Zigarre für 10 Cents war schon was ganz Tolles.

Das nächste große Tier, das aus New York nach Kansas City anrückte, um uns zu hören, war Joe Belford, Manager im Roseland Ballroom. Er hatte so viel über John und Willard von uns gehört, daß er sich schließlich selber auf den langen Weg von New York gemacht hatte, nur um uns zu hören. Er schickte ein Telegramm und teilte uns mit, wann wir ihn am Bahnhof abholen könnten.

Natürlich war ich ein bißchen aufgeregt, aber die Band war an dem Nachmittag bestens auf ihn vorbereitet. Die Atmosphäre war ganz prima, er selbst war ein netter Kerl, und alles verlief entspannt und freundlich. Er saß hinten und hörte sich alles an, was wir für ihn spielten, und er nickte immer mit dem Kopf und lächelte. Übrigens war er auch ein Fan von Fletcher Henderson. Joe war der eigentliche Grund, warum Fletcher in den Jahren im Roseland immer wieder auftrat.

»Das hört sich gut an. Das hört sich gut an. Sehr gut.«

Und wir spielten immer weiter und hatten unseren Spaß dabei. Wir spielten die regulären Sachen, wir hatten nichts Besonderes für die Probe erarbeitet.

Dann legten wir eine kleine Pause ein und tranken ein bißchen, und er sagte immer wieder, wie sehr ihm alles gefallen hätte und wie sehr sich das von allem unterschied, was er bisher gehört hätte. Das machte mich ganz stolz, und ich trank noch ein bißchen, und wir unterhielten uns weiter. Und ich werde nie vergessen, was er dann sagte.

»Count Basie«, sagte er, »also, wie wär's denn nun mal mit einem Tango?«

Ich bin ziemlich sicher – ja, ich bin verdammt sicher –, daß mir die Kinnlade herunterfiel, und ich weiß noch, daß ich im Magen so ein komisches Gefühl hatte.

»Tango«, sagte ich und hätte mich beinahe verschluckt.

»Ja, Tango«, sagte er. »Ich habe bisher noch keinen Tango von dir gehört. Habt ihr keine Tangos in eurem Repertoire?«

Ich bin beinahe umgefallen. Ich glaube, wir hatten damals nicht einmal einen Walzer im Repertoire. Ich wußte sofort, daß das Kapitel damit erledigt war, ich glaube, ich wußte nicht einmal richtig, was ein verdammter Tango überhaupt war. Ich bin sicher, daß ich den Rhythmus im Radio erkannt hätte, oder im Film oder so, aber ich hätte nicht sagen können: Das ist ein Tango, und das ist Samba oder sonstwas. Das war Musik aus einer ganz anderen Welt für mich.

»Der Tango ist neuerdings im Roseland wieder groß in Mode«, sagte er.

Ich konnte nur dumm rumstehen und schaute einfach in die andere Richtung, ich wußte nicht, was ich dazu sagen sollte. Als ich mich wieder zu ihm umdrehte und ihn ansah, mußte er schon lachen, was mich ein bißchen versöhnte, aber dann versöhnte er mich ganz: »Mach dir keine Sorgen deswegen«, sagte er. »Das kannst du noch nachholen. Laß uns irgendwohin gehen und was trinken.«

Wir zogen in eine Kneipe an der Ecke und unterhielten uns noch den ganzen Nachmittag. Er war ein wundervoller Mensch, wirklich. Aber er konnte nichts fest versprechen oder so, er schickte nur seinen Bericht nach New York und teilte ihnen mit, daß sie die Band für das Roseland engagieren sollten. Kurz darauf erhielten wir die Nachricht, daß wir es geschafft hatten.

Es passierte noch etwas anderes Wichtiges in der Zeit, als wir versuchten, die Band für die Tour an die Ostküste zusammenzustellen: Der Chief starb. Er hatte mir in den ganzen Jahren in Kansas City sehr viel geholfen und mich immer in dem unterstützt, was ich mit der neuen Band vorhatte, auf alle nur erdenkliche Art und Weise.

Als Sol mir zum erstenmal den Job als Bandleader im Reno anbot, war er es, zu dem ich gegangen war, um mir Rat zu holen. Ich weiß noch genau, was er sagte: »Das könnte deine große Chance sein. Warum also nicht?«

Ich hatte schon längst entschieden, daß ich das wollte, ich hatte ja sogar gehofft, daß es dazu käme, und hatte darauf hingearbeitet, sogar versucht, ihn jemandem wegzuschnappen. Aber dann, als ich den Job tatsächlich kriegen sollte, mußte ich erst mal mit jemandem darüber reden. Dann erst konnte ich voll zustimmen.

»Du hast recht«, meinte ich zu ihm. »Aber ich mach's so, wie du's gern hättest.«

»Nun, da kann ich nichts zu sagen«, sagte er. »Tu das, was du für richtig hältst, aber dann auch ganz, und laß dir nicht reinreden.«

Immer wenn ich es mal wieder nötig hatte, konnte ich mich bei ihm erst einmal aussprechen, er tat alles für mich. Und dann, als es gerade so gut für uns aussah . . . Ich erfuhr, daß er sehr krank war, und als ich zu ihm kam, ließen sie keinen zu ihm rein.

Aber ich schlich mich an ihnen vorbei und ging rein. Vor ihm war eine Trennscheibe, nur die Ärzte und Schwestern durften zu ihm. Ich schaute zu ihm runter, ich wollte, daß er wußte, daß ich es war.

»Chief«, sagte ich. »Hei, Chief. Mach dir keine Sorgen. Es wird bald jemand nach dir sehen. Mach dir keine Sorgen.«

»Na ja«, sagte er mit einer schwachen Stimme, »sag ihnen, sie sollten sich beeilen.«

Dann hörte ich die Schwester draußen: »Jemand hat sich in das Zimmer geschlichen«, sagte sie. »Holt ihn da raus.«

Es war das letztemal, daß ich ihn lebend sah. Es war so, daß sich auch für ihn gerade etwas Gutes aufgetan hatte, und das, worüber wir uns zuletzt unterhielten, war, daß die Band hier immer eine neue Heimat haben würde, wenn sie in Zukunft von einem großen Club zum nächsten rumfahren würde. Er sah so aus, als ob das sehr bald der Fall sein würde.

An einem Montag standen wir wieder in der Paseo Hall und spielten unseren letzten Gig als Lokalband. *Die* große Attraktion des Abends aber war Duke Ellington, der gerade im Texas Centennial in Dallas einen sensationellen Erfolg hatte. Es war für uns alle ein besonderer Abend, denn Duke war bis dahin zwar schon mehrere Male in Kansas City aufgetreten, aber noch nie bei einer Tanzparty in der Paseo Hall. Vorher war er immer in den großen Theatern in der Stadt engagiert gewesen.

Ich fand es immer interessant, Duke einfach nur zuzuschauen, neben der ganzen Musik, versteht sich. Ich meine, wenn man ihn beobachtete, konnte man verstehen, woher die Musik kam und wie er auf der Bühne umherwanderte und sie hervorzauberte. Das war vielleicht ein Bild. Man mußte ihn sehen und hören. Er hatte eine komische Art, die Band zu dirigieren, und dann, wenn er sich ans

Klavier setzte, dann wollte das was heißen. Sobald er mit seiner kleinen Einlage fertig war, stand er auf und fing wieder an umherzuwandern. Es war wirklich was Besonderes. Er war so schillernd, ich habe ihn sehr verehrt. Er war überhaupt der Boß. In den ganzen Jahren bin ich immer wieder hingegangen, um ihn zu hören, und ich wußte immer genau, wo er war, ich konnte ihn fühlen.

Ellington spielte eine ganz andere Musik, eine besondere Art von Musik. Er spielte Musik, die niemals offensiv war. Er spielte Musik, der man immer zuhören konnte. Es war Musik, die nie laut war. Und wenn sie mal laut war, dann war es immer noch nicht lärmend, und es war auch wiederum nicht zu schnell. Aber es war irgendwie doch schnell, und es ergab alles einen Sinn. Wie in einer Geschichte. Alles, was er machte, war wie ein kleines Buch mit Geschichten, mit einer Geschichte für jeden Solisten. Er war ein bemerkenswerter Mann.

An unserem letzten Abend in Kansas City konnte ich ihn nicht mehr hören, denn wir traten zuerst auf und konnten danach nicht mehr bleiben, weil wir noch in der Nacht nach Chicago fahren sollten. Unser Bus wartete sogar schon draußen, bereit, sofort abzufahren, wenn wir drin waren und unsere Instrumente aufgeladen hatten. Unsere Koffer hatten wir schon eingepackt, meine Taschen waren in meinem Buick, den Maceo fahren sollte, ich wollte mit den Jungs im Bus fahren.

Wir traten also schon früh auf, und natürlich gaben wir unser Bestes, die Leute ein bißchen aufzumuntern. Das konnten wir ja ganz gut. Als dann die berühmten Musiker um Duke langsam ankamen, konnte die Menge ihre Aufregung nicht mehr zurückhalten. So viele Freunde und Leute, die unser Bestes wollten, wir in Kansas City auch hatten, ich glaube, nur etwa ein Dutzend brachte uns an den Bus und winkte.

Aber der Duke selber kam raus, und er war sehr nett. Ich hatte nie die Gelegenheit gehabt, ihn persönlich kennenzulernen. Natürlich waren Sonny Greer und ich alte Kumpel aus der Heimat in New Jersey, und Tricky Sam kannte ich schon aus der Zeit, als er in der 133. Straße zwischen Lenox und Fifth Avenue auftrat, und Otto Hardwick kannte ich auch, vom Barron's, und der alte Sonny und ich waren immer mal wieder zusammen, wenn sie in die Stadt kamen.

Ich hatte nicht einmal den Versuch unternommen, in die Nähe des Duke zu kommen, es war einfach immer zu viel los um ihn herum. Vielleicht war er mal im Cherry Blossom gewesen, vielleicht habe ich da sogar mal mit ihm ein paar Worte gesprochen, er war ja immer so freundlich, aber trotzdem hatte ich nie wirklich die Gelegenheit, ihn kennenzulernen.

An dem Abend jedenfalls kam er persönlich aus der Paseo Hall, um uns viel Glück zu wünschen, und er sagte ein paar aufmunternde Worte zu mir und gab mir dann, gerade als ich in den Bus steigen wollte, einen Klaps auf die Schulter. Er war wunderbar.

»Mach's gut«, sagte er. »Du schaffst es.«

Das bedeutete mir sehr viel. Nichts hätte mir mehr bedeuten können, egal, von wem. Er war schließlich der Boß.

Auf dem Prüfstand
(1936–1937)

Ein paar von uns blieben fast die ganze Nacht wach. Die Jungs unterhielten sich, lachten und tranken auch mal was, und der Bus fuhr weiter durch Missouri nach St. Louis. Ich weiß nicht mehr, worüber sie sich unterhielten in der Nacht, aber ich habe noch den Klang der Stimmen im Ohr und das Geräusch von dem Bus, und ich weiß noch, wie komisch ich mich auf einmal fühlte, jetzt, wo der erste große Schritt mit meiner eigenen Band getan war.

Ich kann nicht sagen, daß ich mir irgendwelche besonderen Sorgen machte, ich glaube, ich war immer ganz gut darin, die Dinge so zu nehmen, wie sie kamen. Aber irgend etwas war diesmal anders. Es war nicht meine erste Reise als Bandleader, ich hatte die Band ja schon vom Cherry Blossom aus auf ein paar Reisen mitgenommen. Aber das hier war meine erste Erfahrung als Bandleader außerhalb des eigenen Reviers. Das war etwas völlig anderes, und irgendwie mußte ich wohl auch geahnt haben, daß ich Kansas für immer verlassen würde, nachdem ich dort neun phantastische Jahre verbracht hatte, die ich um nichts in der Welt eintauschen wollte.

Nachdem wir die Brücke über den Mississippi hinter St. Louis überquert hatten, befanden wir uns schon in Illinois und fuhren dann weiter Richtung Norden über Springfield nach Chicago. Das war damals die schnellste Verbindung, und wir hielten immer nur kurz an, um uns um den Bus zu kümmern und um die dringenden natürlichen Bedürfnisse zu erledigen. Wir wollten möglichst schnell da sein, denn wir sollten vor der Premiere noch ein paarmal mit der neuen Show in der Grand Terrace proben.

Erst als wir in Chicago ankamen und mir klar wurde, auf was wir uns da eingelassen hatten, wurde es mir doch etwas mulmig. Ich wußte zwar, daß wir die Nachfolgeband von Fletcher Henderson und seiner großartigen Truppe waren, aber erst als ich noch an dem Abend ins Terrace ging und sah, wie locker Fletcher und Horace und die großen Jungs die Show abräumten und sich darauf einstellten, die restlichen Abende jetzt auch noch hinter sich zu bringen, kapierte ich, worauf ich mich da eigentlich eingelassen hatte.

Aber am nächsten Tag ging es erst richtig los. Als wir zur Probe kamen, sah ich, daß die Musik, die wir spielen sollten, ein spezielles Arrangement der *Poet-and-Peasant-Ouvertüre* war. Ich brauchte nur einen kurzen Blick auf die Sachen zu werfen – und schon kam mir das Grausen. »Scheiße, sollen sie sich doch an die Gewerkschaft wenden oder sonstwen und sich jemanden bestellen, der das spielen kann, ich kann das nämlich verdammt noch mal nicht.« Das waren meine Gedanken. Sie besorgten sich dann schließlich eine Frau, und die spielte es dann.

Aber das sollte nur der Anfang sein. Wir kriegten gleich eins aufs Dach, als wir versuchten, die Shownummern zu spielen, es gab sofort Spannungen in der Band. Ich glaube, etwa zwei von unseren Leuten hatten beschlossen, sich nicht einmal an diesen speziellen Arrangements zu versuchen. Sie waren nicht hergekommen, um bei so einer Art von Show mitzuspielen, dazu hatten sie einfach keine Lust. Nicht jeder dachte so, aber es reichte, die Band umzuhauen. Wir kriegten es einfach nicht richtig hin.

Dann gab es da noch ein kleines Problem ganz besonderer Art. Ich sollte ein paar Sätze sagen, obwohl ich doch sonst nie viel Worte mache, ich krieg' ja nicht einmal mein Gestammel hier in dem Buch gut hin. Das Ganze sollte auch noch am Anfang der Show sein. Ich stehe also im Hintergrund, und die Mädchen tanzen ihre erste Nummer und gruppieren sich dann zu zwei Reihen, und ich sollte dazwischen bis ganz nach vorn zum Rampenlicht schreiten und irgendwas sagen.

Dann sollte der Ansager folgen. »Und hier kommt Count Basie.« Er hätte mich auch gleich auf den elektrischen Stuhl schicken können. Ich schaffte es schließlich doch bis nach vorne und sah die Leute, die zu mir aufschauten, lachen und gespannt warten, und ich glaube, ich muß irgendwie gesagt haben: »Abba, abba, abba –

blablabla −«, und dann ging ich zurück zum Podium und riß so schnell wie möglich die erste Nummer an.

Natürlich gibt es bei Premieren immer Probleme, keiner erwartet, daß bei der ersten Vorstellung gleich alles klappt. Aber unsere Vorstellung war wohl wirklich die allerschlechteste, die man jemals gesehen hat. In der Besprechung einer Chicagoer Zeitung wurde dann auch kein Blatt vor den Mund genommen. Der Reporter schrieb was von einer Band, die in Kansas angeblich die Top-Attraktion sei, und dann: »Wenn Sie diese Zeilen lesen, befindet sie sich bereits auf dem Rückweg nach Kansas City.«

Der einzige Teil in der Show, mit dem wir wunderbar zurechtkamen, war der mit den Tänzern, besonders der mit Alma Smith und Elmer Turner. Die beiden werde ich nie vergessen.

»Keine Sorge«, sagte Alma gleich zu Anfang. »Spielt einfach irgendwas bei mir.«

Sie war einer der großen Stars in der Show, und einmal lauschte ich, wie sie sich mit einem von den Bossen der Show über uns unterhielt: »Warum legst du nicht mal 'ne Pause ein?« sagte sie. »Take it easy. Es sind einfach nette Jungs vom Lande. Gerade erst in die Stadt gekommen. Das ist alles noch neu für die. Was soll's, eines Tages bist du vielleicht wie verrückt hinter ihnen her. Warte nur ab. Ich hoffe bloß, daß ich das noch erlebe, wenn sie dir eine Abfuhr erteilen.«

Ich werde sie nie vergessen. Sie war sehr freundlich.

John Hammond kam in der Woche, in der wir Eröffnung hatten, auch nach Chicago, und er legte sich natürlich für uns ins Zeug. In dieser ersten Woche machte ich auch meine ersten Platten für John auf Vocalion. Wir nahmen sie nicht unter meinem Namen auf, und wir hatten auch nicht die ganze Band dabei, weil die Count Basie Band noch in dem Vertrag steckte, den ich für Decca unterzeichnet hatte.

Bei der Aufnahme spielte Tattie Smith Trompete, Lester Tenor, Big'Un Baß, Jo Schlagzeug, Jimmie war der Sänger, und ich spielte Klavier. Wir nannten uns Jones, Smith Incorporated. An dem Tag nahmen wir *Shoe Shine Boy, Evening, Boogie Woogie* und *Oh, Lady Be Good* auf. John wollte eigentlich Buck als Trompeter, aber der hatte an dem Tag eine rauhe Lippe, weil er immer für die anderen

Trompeter in der Gruppe einspringen mußte. Er war der Beste im Notenlesen. Übrigens steht in allen Diskographien, die ich gesehen habe, daß diese Session am 9. Oktober stattgefunden hat. Ich weiß nicht, wer das in die Welt gesetzt hat, denn wir fuhren ja erst Ende Oktober aus Kansas City weg. Als wir nach Chicago kamen, hatten wir schon November.

Die Session war ziemlich locker. John war ganz zufrieden, und wenn uns jemand nach Kansas City zurückschicken wollte, dann hätten er und Willard Alexander das nicht zugelassen. Sie wollten uns wirklich eine Chance geben. Willard meinte, wir brauchten einfach nur mehr Erfahrung. Er hielt uns zugute, daß die ganze vierzehnköpfige Band ja erst seit ein paar Monaten zusammen war. Auf jeden Fall war er eifrig dabei, Termine klarzumachen, die uns den Weg nach New York in den Roseland Ballroom ebnen sollten.

Im »Defender« aus Chicago erschienen aber auch positive Besprechungen. Damals schrieb ein Reporter namens Jack Ellis regelmäßig im Unterhaltungsteil eine Kolumne über Orchester, und er war ganz auf unserer Seite. Ich vermute, daß er einige unserer Sendungen aus dem Reno gehört hatte, denn schon in der Woche bevor wir überhaupt in Chicago auftraten, schrieb er einen netten, kleinen Leitartikel über uns: »Dieser einzigartige, synkopische Stil, den dieser Haufen spielt, macht sie zur Spitzenklasse«, und er behauptete, daß unsere Musik was Neues sei.

Zu dem Engagement in der Grand Terrrace gehörte auch, daß man jeden Abend eine Sendung aufnehmen mußte. Der Grand-Terrace-Club war unter anderem deswegen so berühmt, weil man überall im ganzen Land die Sendungen mit Earl Hines und seinem Grand Terrace Orchestra oder den großen Fletcher Henderson und seine Band gehört hatte, so wie auch Duke und dann Cab Calloway aus dem Cotton-Club. Wir wußten, daß das zum Vertrag gehörte, und ich glaube, wir hatten damit auch keine Schwierigkeiten, obwohl wir immer viele Standard-Arrangements von Schlagern spielen mußten. Ich glaube, wir haben mindestens genausoviel Standards gespielt wie eigene Sachen, wenn nicht sogar mehr.

Auch das gehörte zu dem Vertrag. Ich meine, das war völlig normal in vielen Radioprogrammen, daß man immer wieder diese Schlager einschob. Wir kamen also gar nicht dazu, viel eigene Sachen zu spielen, wie wir das gern gemacht hätten. Aber mit den Standards gab es keine Probleme, und die Sendungen waren nur gut für unseren Ruf.

Ich hatte auch das Gefühl, daß wir mit dem Publikum im Grand Terrace eigentlich ganz gut auskamen. Unser großes Problem war die Show und natürlich die Künstler. Die Leute im Publikum waren auf der Seite der Band, sogar während der Show. Das konnte ich in ihren Gesichtern sehen. Sie kamen lachend und gutgelaunt und freundlich rein und verhielten sich dann auch nicht so, als würden wir ihnen die Stimmung vermiesen oder so. Das taten wir wahrhaftig nicht, man konnte sehen, daß sie mit uns gingen, und wenn wir unsere Tanzeinlagen spielten, kam das wirklich gut rüber.

Je mehr Erfahrung wir sammelten, desto besser wurden wir. Trotzdem war unser Repertoire noch immer nicht groß genug, und die meisten Sachen, die wir spielten, waren bekannte Arrangements. Wir erarbeiteten uns neue Sachen, und Henry Snodgrass überließ uns ein paar Arrangements aus Smacks Repertoire. Er hatte uns schon mal welche geschickt, als wir noch im Reno waren, das war eine große Hilfe gewesen.

Wir bekamen noch mal viel Publicity, als der Chicago »Defender« uns bat, auf der alljährlichen Bud-Billiken-Thanksgiving-Party für Kinder zu spielen, einer großen Nachmittagsvorstellung im Regal Theatre. Es wurden noch ein paar andere Nummern aus der Grand-Terrace-Revue geboten an dem Samstagnachmittag, aber unsere Band wurde besonders erwähnt. »Wir beglückwünschen in dieser Woche besonders Count Basie, der uns auf seine wunderbare Art den neuen Jazz servierte, auf der Chicago-›Defender‹-Thanksgiving-Party des Bud-Billiken-Club im Regal Theatre. Der Count wird sie wohl so schnell nicht vergessen. Die Kleinen bereiteten ihm einen wundervollen Abschied.«

Nach dem letzten Auftritt im Grand Terrace fuhren wir weiter Richtung Osten und spielten hintereinander mal hier, mal da, jeden Abend woanders. In Buffalo trafen wir auf Mal Hallett und sein Orchester und schlugen unsere erste »Battle of Music«. Wir traten irgendwo zusammen mit ihm auf, saßen aber noch draußen und hörten zu, wie er einige Tanzbegleitungen spielte, und dachten, daß es wohl nicht allzu schwierig werden würde.

Bei dem nächsten Set kam er dann aber in Fahrt, und die Fetzen flogen, und die Köpfe rollten. Es war mörderisch, als hätte er mit Knarre und Axt nur so um sich gehauen. Er vertrieb uns förmlich. Dann eröffnete er das Feuer mit seinen schweren Geschützen, und das werde ich nie vergessen. Der Junge wußte Bescheid, plötzlich schien die Band wie verwandelt. Sie spielten ihr erstes Set, und dann kamen wir und spielten ein, zwei kleine Sachen, und dann kamen sie wieder auf die Bühne und zogen alle Register, und wir waren erledigt. Er hatte eine der besten Bands im Showgeschäft. Diese Erfahrung werde ich nie vergessen.

Ich weiß nicht mehr, wie oft wir in den Wochen darauf noch aufgetreten sind, jedenfalls hatten wir es am Heiligen Abend bis nach New York geschafft. An dem Tag sollten wir im Roseland Ballroom eröffnen. Wir hatten alle ein ganz gutes Gefühl bei der Sache, aber als Jo Jones und ich am Broadway, 52. Straße, standen – und das ganze Stadtgetümmel um uns herum – und wir dann unter den ganzen anderen Schildern auch unsere Ankündigung sahen: »Count Basie And His Orchestra«, da wurde mir doch etwas mulmig. Ich sollte zum erstenmal im Roseland Ballroom auftreten. Ich war bislang nur ein einziges Mal da drin gewesen, als mich Fletcher Henderson mal mitgenommen hatte und förmlich drängte, am Klavier Platz zu nehmen, und ich nur hochschaute und die ganzen Sachen in den schwierigen Tonarten sah.

Sie hatten viel Reklame für uns gemacht, Anzeigen und Plakate drucken lassen, auch Flugblätter und Briefsendungen, auf denen stand: »Ja, es gibt einen Weihnachtsmann, und er beschert Ihnen dieses Jahr Count Basie im Roseland Ballroom.« So wurden wir angekündigt. »Für Sie das größte Weihnachtsgeschenk. Wir kennen den Weihnachtsmann.« Mit dieser ganzen Promotion, da mußten die Leute in New York einfach wissen, daß wir in der Stadt waren.

Aber auch dort rissen wir die Leute nicht gleich vom Hocker. Es war nicht ganz so schlecht wie im Grand Terrace, aber auch mit Sicherheit kein Hit im Roseland, und die Besprechung, an die ich mich erinnern kann, hatte auch kein Erbarmen mit uns: »Wir erwischten die große Count Basie Band, die angeblich ein ganz heißer Tip sein soll und meinte, sie müsse hierherkommen, damit auch das

Roseland Feuer fangen würde. Keine Angst, das Roseland steht noch.«

Dann ging es ungefähr so weiter: »Ich sag' nur so viel: Wenn Sie nicht glauben wollen, daß die Band verkehrt spielt, brauchen Sie sich nur die Rohrblattinstrumente anzuhören. Wenn Sie nicht glauben können, daß die Rohrblattinstrumente verkehrt spielen, dann brauchen Sie sich nur die Bläser anzuhören. Und wenn Sie das auch nicht glauben, dann brauchen Sie sich nur die Band anzuhören.«

Es gab noch eine neue Band im Roseland. Sie wurde von einem jungen Mann namens Woody Herman geleitet. Dort habe ich Woody zum erstenmal gesehen, er war sehr nett. Er und seine Jungs waren schon ein paar Wochen vor uns da. Sie kannten sich also aus und machten ihre Sache ganz cool. Sie kannten die ganzen alten Stücke und wußten, wie man die Standards in so einem Club am besten spielt.

Sie verstanden ihr Geschäft, und Woody war sehr hilfreich, sehr großzügig. Er hat das erste Walzerarrangement für mich geschrieben, ich glaube, das war Nummer 63. »Immer mit der Ruhe«, sagte er, »reg dich ab, und die Sache läuft. Denk einfach nicht zuviel drüber nach.«

Das werde ich nie vergessen, und ich werde auch nie den Gitarristen vergessen, den er damals hatte. Wenn ich von der Bühne kam, schwitzte ich jedesmal wie verrückt, und ich mußte immer an ihm vorbei. Er grabschte mich regelmäßig am Ärmel und gab seinen blöden Kommentar ab.

»Hei, wieso schwitzt du denn so verrückt?«

Jedesmal wenn wir vorbeikamen, riß er den gleichen Witz.

»Hast es wieder mal geschafft«, sagte er immer. »Hör doch auf, so hart zu arbeiten, Mann. Warum rackerst du dich denn so ab?« Ich hätte ihn jedesmal umbringen können.

Wir hatten geglaubt, wir könnten einfach auf die Bühne und wie verrückt spielen und sie abräumen. Jedenfalls hatten wir das vor. Aber das Publikum konnte absolut nichts mit uns anfangen. Schauderhaft. Sie standen alle hinten an der Wand und hörten zu, und nach zwei, drei Minuten verdrückten sie sich und meinten: »Oh, Mann, bloß weg hier.« Manche Leute wären auch ganz gern nach vorne gekommen, ans Podium, weil sie wissen wollten, was los war, aber die Besitzer wollten, daß sie sich bewegten und tanzten.

Das war vielleicht ein Trip da drin, ein echter Horrortrip! Egal, in wie vielen Ballrooms man schon aufgetreten war, im Roseland lief immer alles anders. Heute noch. Man braucht sich nur 'ne Band anhören, wenn sie mal im Roseland spielt — und sie spielt anders als sonst. Wenn man da auftritt, spielt man immer anders.

Wir waren für die ganze Weihnachtszeit dort engagiert, und ich muß sagen, Joe Belford hat es bis zum Schluß mit uns ausgehalten. Unsere Zusammenarbeit klappte ebensogut wie an dem Nachmittag im Streets' Blue Room in Kansas City, als wir ihm vorspielten. Er sagte immer wieder, wir wären gut. Eines Tages erschien er zu einer Probe und bestellte mich in sein Büro: »Komm, wir trinken einen zusammen«, sagte er.

Er schüttete uns ein Gläschen ein und meinte, ich sollte mir keine Sorgen machen, immer mit der Ruhe, weitermachen so wie immer. Und dann, ich ging gerade zur Tür raus, rief er hinter mir her: »Und die Tangos nicht vergessen!«

Unser Gig im Roseland dauerte noch bis ins neue Jahr hinein, und im Januar hatten wir unsere ersten Aufnahmetermine mit Decca. Wir nahmen *Honeysuckle Rose* auf und *Pennies From Heaven, Swinging at the Daisy Chain* und *Roseland Shuffle,* was wir auch *Count and Lester* nannten. Den Job, den wir dann hatten, werde ich ganz sicher nicht vergessen. Es war der Job, der uns nach Pittsburgh brachte.

Willard Alexander hatte uns in die Chatterbox im William-Penn-Hotel verpflichtet. Das war schon etwas Besonderes, und der Pittsburgh »Courier« nahm das auch schnell auf. Unter einem großen Bild von mir im Unterhaltungsteil war folgendes zu lesen: »Vergangene Woche begann Count Basies Band ein Engagement in der Chatterbox im William-Penn-Hotel, Pittsburghs Nobelherberge. Es ist das erstemal, daß dort eine schwarze Band auftritt. Sie erregte Aufsehen, als man sie vor ein paar Monaten jeden Abend im Rundfunk live aus dem Grand Terrace in Chicago hören konnte.«

Auch mit diesem Engagement in der Chatterbox hatten wir so unsere Probleme. Ich glaube, die Leute waren einfach noch nicht soweit für die Musik, die wir spielten.

Ich hatte den Eindruck, sie fühlten sich eher gestört, als wir da zum erstenmal auftraten. Willard ließ uns wie Soldaten aufmarschieren, in Reih und Glied, und man hörte aus dem Publikum nur die Messer und Gabeln, wie sie ganz eben die Teller berührten. Ich sehe den Raum noch heute vor mir. Als wir uns hinsetzten, waren sie immer noch am Essen. Dann legten wir los. Mir läuft jetzt noch ein Schauer über den Rücken, wenn ich dran denke.

Damals fing ich die meisten Nummern noch nicht mit dem Klavier an. Unser erstes Stück war *I Found a New Baby*. Die Leute saßen brav da und aßen ihr Dinner. *Clink... clink... clink,* und wir hauen voll rein, *WHAM!* Alles erstarrt auf seinem Platz, wie im Film. Die Kellner bleiben wie angewurzelt stehen und verharren in der Haltung. Ich sah den Ausdruck auf ihren Gesichtern.

»Scheiße«, dachte ich, »ist wohl nicht das richtige.«

Sie saßen alle da wie Eisblöcke und blieben auch so während des ganzen Sets. Sie aßen nicht weiter, und dann marschierten sie geschlossen raus.

Zum Glück sollte die Übertragung im Radio erst um elf Uhr anfangen, wenn das Dinner vorbei war und die Leute Gelegenheit hatten, sich ein paar Drinks zu genehmigen. Die Cocktails halfen ein bißchen nach. Als wir dann wieder reinkamen, hatte sich die Atmosphäre schon etwas entspannt, und wir waren offensichtlich nicht mehr so schockierend für sie. Aber mir war klar, daß wir uns da anpassen mußten, wenn wir nicht rausfliegen wollten. Die Leute konnten nicht ihr Dinner verspeisen, wenn wir so spielten wie bei dem ersten Set. Woher sollten wir wissen, was man bei einem Dinner so spielt? Wir hatten vorher noch nicht einmal so einen Raum von innen gesehen, wie soll man da wissen, was man da spielen soll.

John setzte sich mit uns zusammen, und nach ein paar Änderungen und Proben hatten wir die Sache im Griff. Zunächst mal spielten wir leiser, dann Stücke, die man langsam aufbauen konnte und bei denen man auch mal ein Solo machen konnte, Oldies und Schlager, die alle kannten. Wenn dann die Stimmung gestiegen war, konnten wir zur Sache kommen und beim Tempo ein bißchen zulegen. Es war eine gute Erfahrung, und als wir dann wieder aufbrechen mußten, hatten wir es ganz gut raus.

Unsere nächste große Sache in New York war das Apollo Theatre.

Vorher aber, gleich nachdem wir uns wieder im Woodside angemeldet hatten, kam John Hammond vorbei und sagte, da sei eine Sängerin, die ich mir unbedingt anhören müßte. Wir gingen zu Clark Monroes Club in der 134. Straße, Seventh Avenue, der gleiche Laden, der früher das Barron's war. An diesem Abend hörte ich also Billie Holiday zum erstenmal.

Sie war eine Wucht!

Ich war sofort begeistert von ihr. Sie war umwerfend. Ich fand, sie war wunderschön. Eine sehr, sehr attraktive Lady. Sie sang in einem völlig neuen Stil. So was hatte ich noch nie gehört, und ich war so begeistert, daß ich zu John sagte, ich würde gerne mit ihr arbeiten, wenn sich das irgendwie arrangieren ließe. John stimmte dem natürlich zu, er hatte die Idee schon gehabt, bevor er mich zu ihr brachte. Also leitete er das in die Wege.

Sie machte sich so gut, daß sich alle sofort in sie verliebten. Natürlich war sie für viele auch keine Fremde mehr. Sie und Lester kannten sich schon, er hatte sie kennengelernt, als er meine Band in Little Rock verließ und nach New York zu Smack gegangen war. Sie waren eng befreundet, und später dann gingen sie, Lester und Freddie Green sehr häufig auf Tournee.

Bevor wir die Saison im Apollo eröffneten, gaben wir noch ein paar Gastspiele. Billies erster Gig war in einer Art Park in Binghamton. Er hieß Enna-Jettick-Park. Immer wenn wir auf unseren Reisen in diese Gegend von Connecticut kommen, muß ich daran denken, wie Billie sich anhörte und wie sie aussah, als sie zum erstenmal in die Band kam.

Unseren ersten Auftritt im Apollo Theatre werde ich wohl nie vergessen. Damals fing man mit der Band im Orchestergraben an, und die erste Nummer war wie eine Ouvertüre, bevor die Show losging. Wir spielten also *I May Be Wrong, But I Think You're Wonderful*, was die Erkennungsmelodie vom Apollo war, und die spielten wir – wie ich glaube – recht ordentlich. Dann mußten wir für die Shownummern auf der Bühne weiterspielen. So war die Reihenfolge. Der musikalische Direktor für alle Shows im Apollo damals war Tom Thaley. Er studierte die Musik ein, die die Band für jede Nummer zu spielen hatte, und war dafür verantwortlich, daß die ganze Sache synchron lief, und auf dem Gebiet war er natürlich ein

Experte. Am Tag der Premiere aber war er immer sehr nervös und lief rum und sorgte sich um alles, was vielleicht schieflaufen könnte. Armer Tom. Wir kamen auf die Bühne und hauten ihn vom Stuhl. Wir brachten alles durcheinander. Für die erste große Nummer spielten wir die Musik noch so, wie wir es geprobt hatten. Aber dann, für die kleineren Nummern in der Mitte, wie die Soft-Shoe-Nummer und das, was die Mädchen vor der nächsten großen Nummer machten, spielten wir unsere eigenen Arrangements. Die Nummer zu *Honeysuckle Rose* zum Beispiel spielten wir mit der gleichen Anzahl von Takten, aber mit unserem eigenen Dreh. Der alte Tom wollte seinen Ohren nicht trauen. Sein Gesicht kann man sich vorstellen. Dann platzte er, und ich bin sicher, die Leute in den ersten Reihen haben ihn gehört.

»Was für'n Scheiß spielt ihr denn da? Was soll die Scheiße? Was für eine Scheiße geht hier vor?«

Aber er konnte nichts machen, die Band hatte sich schon voll eingerichtet im Graben. Jo Jones spielte wie ein Besessener, er warf die Sticks nicht durch die Luft und machte auch sonst keine Tricks, er spielte einfach das ganze Zeugs runter. Und die Band war auch hellwach. Wir waren mitten im Auftritt, und die Tänzer nahmen das Tempo gleich auf und auch das Publikum. Und als sie fertig waren und von der Bühne gingen, mußten sie noch Zugaben spielen. Dafür klopfe ich mir ganz gern auf die Schultern.

So weit, so gut. Für den zweiten Teil der Show mußte man auf die Bühne. Das war, als sie die Band als die Hauptattraktion der Woche brachten. Das war der eigentliche Test. Als der Film lief, machten wir eine Pause – übrigens lief damals »Great Gun« mit James Cagney –, und dann, als die kleinen Beiträge kamen und die Vorankündigungen für die nächsten Attraktionen und die Band sich bereit machte für die Bühne und ich noch an der Seite stand, sah ich diesen blöden Typen, der da arbeitete und mir lauter Zeichen machte.

Ich bin schon ganz aufgeregt, und dieser Scheißkerl steht da hinten und arbeitet an einem Kabel oder irgendwas und redet so laut, daß ich ihn hören kann.

»Da ist er ja wieder, der große Count Basie! Der große Count Basie! Also, das muß ich ja gehört haben. Der große Count Basie! Wollen doch mal sehen, was der so in New York macht. Also, das will ich mir doch auf keinen Fall entgehen lassen. Der große Count Basie! Das muß ich sehen.«

Ich seh' zu ihm rüber, aber er hört nicht auf. Er wird sogar noch schlimmer.

»Hei, warum schaut er mich denn so an? Ich stehe doch nur hier und warte, daß es losgeht, wenn der große Count Basie da draußen steht. Geh schon. Du sollst mich nicht so anglotzen. Okay, alle, alle bereit! Jetzt werden wir sehen, was der große Count Basie im Apollo bringt. Jetzt endlich wollen wir es auch in New York sehen. Alle bereit! Vorhang auf.«

Das war der blödeste Mist, den ich jemals hinter der Bühne gehört hatte. Dann ging ich auf die Bühne, und sie hatten da ein Mikrophon, das aus dem Boden hochgeschoben wurde. Man durfte das Mikrophon auf keinen Fall anfassen. Aber ich ging raus und schnappte mir das Scheißding, und es verschwand nach unten! Und es war ganz mit Fett eingerieben! Es war das erstemal, daß ich auf so einer Bühne stand. Das Podium für die Band war eigentlich ein Wagen, der von hinten gesteuert wurde. Wenn man die Nummer mit seiner Band spielen sollte, dann fuhren sie einen bis nach vorn an das Rampenlicht. Dann sollte ich die nächste Nummer vom Mikrophon aus ankündigen, und auch das verpatzte ich, ich war nie gut als Conférencier. Als ich mich dann umdrehte, um den Einsatz für die nächste Nummer zu geben, sah ich, daß der Wagen nach hinten von mir weg fuhr. Ich hielt also an und rannte hinter dem Wagen her, und die Leute im Publikum bogen sich vor Lachen. Sie brüllten.

Ich rannte tatsächlich los, um das Ding einzuholen. Was habe ich mich geschämt, ein zweites Mal zum Mikrophon zu gehen und dann zurück auf den Wagen. Danach ließ ich das Ding nie mehr aus den Augen. Immer wenn er zurückfuhr, sprang ich auf. Ich kam einfach auf die Bühne, verbeugte mich und − bam − fing gleich mit der ersten Nummer an. Eigentlich brauchte man nur die Sängerin oder Tänzerin oder das Paar ankündigen oder was auch immer, und das Podium rollte zurück, damit man mehr Platz hatte. Und wenn man fertig war mit der Ankündigung: »Hier sind Moke und Poke −« oder sonstwer, dann ging man einfach zurück dahin, wo der Wagen angehalten hatte. An dem ersten Abend jedenfalls rannte ich hinter dem Scheißding her, als würde es gleich durch die Wand verschwinden.

Billie Holiday im Programm hat uns sehr geholfen. Der Reporter von »Age« nannte sie die Sensation der Show. Aber er mochte auch die Band. Er schrieb, wir wären eine Wucht, und er schrieb auch, bei Jimmy Rushing würden sich die Balken biegen, er hätte eine Stimme, die noch mal ganz groß rauskommen würde. Billies Name war nicht aufgeführt in den Werbeanzeigen der Show, aber der Reporter schrieb mehr über sie als über Jeni Le Gon, eine der beliebtesten Einzelnummern damals. Er mochte besonders, wie Billie *I Cried for You* sang, und *My Last Affair* und *One Never Knows*.

Nach dem Apollo machten wir noch mal eine Gastspieltournee nach Ohio. Dort trieben wir Earl Warren auf. Wir suchten gerade einen neuen Altisten, weil Couchie Roberts zurück nach L. A. wollte. Earl spielte abwechselnd mit uns und der Band im Cincinatti-Cotton-Club, aber ich hörte ihn erst, als Herschel mir von ihm erzählte. Herschel meinte, er sei genau der Mann, den wir brauchten, um Couchie zu ersetzen, und er hatte recht.

Übrigens habe ich selber nie Leute »entdeckt« und sie eingestellt, nachdem ich einmal Big'Un und Jack Washington und Prof Smith damals an jenem Abend ins Reno gebracht hatte. Irgendeiner hat sie mir immer vorgeschlagen, die Jungs brachten immer welche rum. Ich weiß nicht mehr, wer mir den Tip gab, Ed Lewis zu holen, als Joe Keys ausstieg. Natürlich kannte ich Ed schon aus unserer gemeinsamen Zeit in der Bennie Moten Band, aber ich bin ziemlich sicher, daß mich jemand anders auf die Idee brachte, wieder mit ihm Kontakt aufzunehmen. Natürlich stimmte ich dem zu, denn ich wußte ja, was er draufhatte. Es gibt an der ersten Trompete keinen Besseren. Bobby Moore war ein Tip von John Hammond, und so kam es, daß er für Tattie Smith in die Band kam.

Immer wieder werde ich gefragt, wie ich mich denn damals im Frühjahr bei der »Battle of Bands« mit Benny Goodman im Adams Theatre in Newark gefühlt hätte und wie ich da rausgekommen wäre. Ich hatte vorher nie gewußt, daß der Gig übehaupt eine Schlacht gewesen sein soll. Ich glaube, wir traten als erste auf, denn Benny war ja der Star. Er war damals die stärkste Zugnummer im Land, die

Leute waren seinetwegen gekommen. Wir standen nur deswegen auf dem Podium, damit es irgendwie losging, und ich glaube, wir haben lediglich unser Set gespielt und uns dann schnellstens verdrückt, zurück nach New York. An eine »Schlacht« kann ich mich nicht erinnern. Vielleicht wurde es so angekündigt, aber so konnte man das nicht nennen. Ich glaube, wir haben Benny an dem Abend nicht mal gehört.

In der ersten Juniwoche sollten wir wieder im Apollo auftreten, und ich glaube, es muß alles ganz gut gelaufen sein, denn danach waren wir schon im Savoy Ballroom. Was bedeutete, daß wir innerhalb eines Monats in den beiden Spitzenshowbühnen in Harlem als die Hauptattraktion angekündigt waren. Das war sehr entscheidend für uns, denn das Apollo war die beste Schule, wenn man in solchen Theatern auftreten wollte. Die Erfahrungen, die man dort sammelte, konnten einem überall von Nutzen sein. Damals gab es noch das Nixon Grand in Philadelphia, das Howard in Washington und viele andere große Theater, aber an dem Apollo kam man nicht vorbei.

Das Savoy nahm bei den Ballsälen die gleiche Stellung ein. Ich hatte meinen Namen ja schon, als wir im Roseland waren, am Broadway gesehen, aber wenn man von der Seventh Avenue aus dem Woodside zur Lenox kam und dann seinen Namen da vor dem Savoy prangen sah, das war noch mal was ganz Besonderes. Aber es lief einem auch der kalte Schauer über den Rücken, denn das Savoy war eine Klasse besser, alle Top-Swingbands des Landes wollten da auftreten. Es war immer ein Risiko, ob sie es schaffen würden, mit den Tänzerinnen und dem Publikum.

Was mir die größte Sorge bereitete, als ich damals dort auftrat, waren die Tempi. Egal, was man spielte, das Tempo war wirklich entscheidend, wenn man die Leute auf der Tanzfläche zusammenkriegen wollte. Viele Leute plazierten sich auch immer genau vor das Podium, sie wollten einfach nur die Musik hören, und dann wußte man nicht, ob man für sie spielen sollte oder für die Leute auf der Tanzfläche. Aber das war eigentlich nicht das Problem. Manchmal spielte man etwas Langsames, aber immer noch mit Swing, und sie fanden es alle gut, und dann, wenn die Leute auf der Tanzfläche mal richtig loslegen wollten, baten sie einen, das Tempo etwas anzuziehen. Dann fing gewöhnlich das »Rug Cutting« an, es bildeten sich Kreise um einzelne Tänzer oder ein Pärchen oder mehrere Pärchen.

Im Savoy zu spielen machte uns viel Spaß, es war die schönste Zeit, die die Band bis dahin gehabt hatte. Von da an gingen wir immer gerne dorthin zurück, es war einfach wunderbar. Das Roseland war damals für Standardtänze der beste Ballsaal. Dort wurden die »klassischen« Tänze getanzt. Wenn man Walzer und Foxtrott, Onesteps und Twosteps, Congas und solche Sachen tanzen wollte, dann war das Roseland der ideale Ort. Jitterbug habe ich da kaum gesehen. Aber das Savoy hielt immer, was der Beiname versprach: »Home of the Happy Feet.« Die Leute, die dort hin kamen, wollten tanzen und swingen.

Nach den ersten paar Abenden hatten wir die Sache raus, und es lief, und die Leute kamen aufs Podest und begrüßten uns, und so lernten wir viele neue Leute kennen. Die »Politik« des Hauses gefiel uns sehr: Man konnte alles spielen, was man wollte, keiner aus dem Management kam und sagte einem, was man zu spielen hätte. Wenn man im Savoy auftrat, dann spielte man das, was man auch selbst spielen wollte. Das machte viel aus, und man fühlte sich gleich wie zu Hause.

Die Gäste warteten schon immer auf der Tanzfläche, wenn man ankam. Zuerst hörten sie und versuchten herauszufinden, was die Band so machte, und dann hatten sie's raus. In der Zwischenzeit versuchten Big'Un und ich zu spüren, wie die Leute so drauf waren. Es war ein bißchen so wie beim Schachspiel. Sich auf das Tanzpublikum einzulassen ist ganz besonders wichtig als Bandleader. Das hatte ich bei Bennie Moten schon gelernt, wenn wir in den Ballsälen außerhalb unseres Reviers spielten. Ich hatte also keine Schwierigkeiten damit, denn Bennie war Meister in Sachen Tempi.

Damals machten wir die einzigen Aufnahmen von Billie Holiday zusammen mit meiner Band: Mitschnitte von Radiosendungen, die jeden Abend sehr spät vom Savoy Ballroom ausgestrahlt wurden. In diesem Programm hatte sie zwei Nummern. Eine war *They Can't Take That Away From Me,* das wir mit mittlerem Tempo spielten, und das andere war *Swing Brother, Swing,* das wir etwas schneller spielten und auch etwas härter.

Die Tür zum Ruhm
(1937–1939)

Unser erster großer Auftritt Anfang des zweiten Jahres in New York war eine »Battle of Music« mit dem großen Chick Webb im Savoy Ballroom an einem Sonntag Mitte Januar. Ein paar von uns hatten an dem Tag eigentlich zwei Gigs, und Benny Goodman gab am gleichen Abend sein erstes Konzert in der Carnegie Hall. John Hammond hatte es irgendwie gedreht, daß ich mit Buck, Lester, Freddie und Big'Un dahin gehen konnte, weil wir mit einigen aus seiner Band eine Session machen wollten. Von da aus rasten wir dann direkt zu unserem Auftritt mit Chick.

Das Savoy war an dem Abend ausverkauft, die Werbung dafür war ein Volltreffer. Der Gig selbst brachte uns viel positive Publicity, denn die Besprechungen lasen sich immer so, als hätte sich meine Band mit Chick um den Meistertitel geschlagen. Das machte viele Leute neugierig auf uns, mehr als jemals zuvor. Es verhalf uns zu größeren und besseren Engagements und tat auch den Verkaufszahlen der Platten nur gut. Zu der Zeit hatte *One O'Clock Jump* gerade angefangen einzuschlagen. Viele Bands nahmen es langsam in ihr Repertoire auf, auch Benny Goodman, der wahrscheinlich zu der Zeit mehr Platten als sonst einer verkaufte.

Der Reporter der New Yorker Zeitung »Amsterdam News« schrieb über die Ereignisse im Savoy wie ein Sportberichterstatter über einen Boxkampf. Und auch der Reporter vom »Metronome«, der uns damals im Roseland Ballroom so fertiggemacht hatte, schrieb ähnliches: »Während des ganzen Kampfes, der an Intensität nie nachließ, übernahm Chick die aggressive Rolle, wohingegen der Count eher gelöst spielte und insgesamt musikalischer, vom wissenschaftlichen Standpunkt aus gesehen. Von Chicks energischem Schlagzeug, das das Publikum zu Begeisterungsstürmen hinriß und die Schweißperlen nur so auf die Becken trieb, unbeirrt, behielt der Count Gelassenheit und Selbstsicherheit. Chicks stürmische Schwinger wehrte er stets mit aufreizenden Läufen und Arpeggios ab, die wiederum mehr und mehr Energie aus seinem Gegner kitzelten.«

Ziemlich viele der Zuhörer stimmten auch für uns, als sie beim Ausgang an der Wahlurne vorbeikamen. Billy Rowe vom »Courier« schrieb sogar, daß sich die Fans ungefähr gleichmäßig aufgeteilt hätten und daß das Ergebnis sehr knapp war: »Von unserer Warte aus war Basie knapper Sieger. Aber das ist nur die Meinung eines einzelnen, jemand, der in der Kunst des Dur und Moll nicht besonders bewandert ist. Auf der anderen Seite kann man die Entscheidung der Jungs im Savoy nicht allzu ernst nehmen, denn das ist Webbs Zuhause, und man kann nicht erwarten, daß ein Outsider ihn schlägt, selbst wenn er ein Tupfen besser ist. Angesichts der geteilten Meinung der Massen würde ich mich über eine Wiederholung dieser historischen ›Schlacht des Swing‹ nur freuen − einer Schlacht zwischen zwei der besten Swingbands irgendwo außerhalb von New York und dem Savoy Ballroom. Erst dann können wir die Krone des Swing auf das musikalische Haupt von Basie oder Webbs setzen.«

»Metronome« war völlig für uns eingenommen. Die Überschrift lautete: »Basies brillante Band schlägt Chicks: Zeitungsleute entschieden sich in der ›Schlacht im Savoy‹ für Count . . . Solide Swings für den Körper triumphierten über sensationelle Bläsereinlagen für den Kopf.«

Und jetzt der Hammer: »»Metronome« vollzog an jenem Abend eine vollständige Kehrtwendung, obwohl es doch sonst immer so stolz auf seine Vorhersagen war. Es entschuldigt sich in aller Öffentlichkeit bei denen, die der Band immer den Rücken gestärkt haben und die seit Monaten Lobeshymnen auf sie singen, in die ›Metronome‹, bislang unbeeindruckt von Basies Aufstieg, nie hatte einstimmen können.«

Dann ging's wieder auf die Straße, wir fuhren nach Washington, D. C., und Harrisburg, Pennsylvania, und dann eines Abends in der ersten Februarwoche nach Baltimore, wo im Armory eine »Battle of

Music« mit der Lucky Millinder Band stattfinden sollte. Es wurde wieder viel Werbung dafür gemacht, und es wurde wieder eine dieser Fastniederlagen. Es war als »Schlacht« angekündigt, und genau die wurde ausgetragen.

Wir traten zuerst auf und spielten schon etwa fünfzehn oder zwanzig Minuten, als Lucky und seine Band gerade erst auftauchten. Ich fand unseren Kram eigentlich ganz gut, also machten wir so weiter, und als wir mit dem ersten Set fertig waren, setzte ich mich in eine der Ecken und fing an, mich mit jemandem zu unterhalten, während die andere Band aufbaute. Dann weiß ich nur noch, daß Lucky angesprungen kam und auf die kleine Box hüpfte, auf die er sich immer stellte, und als dann die Band loslegte, hörte bald alles auf zu reden, und als ich mich umsah, zogen alle von der Tanzfläche rüber zum Podium. Lucky und seine Jungs räumten ab, verdammt noch eins, sie hatten's drauf. Teufel auch!

Es wurde ein harter Abend für uns. Lucky hatte erstklassige Musiker in der Band. Billy Kyle am Klavier, Tab Smith, Alt, und Don Byas, Tenor, Carl »Bama« Warwick und Harry Edison bei den Trompetern und Walter Johnson am Schlagzeug. Ich bin mir ziemlich sicher, daß Andy Gibson damals schon Arrangements für sie schrieb, aber ich weiß nicht, ob er auch bei den Trompetern dabei war. Lucky selbst spielte kein Instrument. Er stand vorne, einer der besten Bandleader im Geschäft, er machte damals Cab Calloway und Willie Bryant ordentlich Konkurrenz.

Der »Courier« und ein paar andere Zeitungen gaben uns auch diesmal wieder so gerade eben den Vorzug. Ich werde mich hüten, dem zu widersprechen, ich fand nämlich, daß wir ungefähr gleich stark waren, aber immerhin haben wir eins von Lucky abgewonnen an dem Abend, und das war Sweets Edison. Jo Jones und Big'Un hatten schon in St. Louis bei den Jeter-Pillars mit ihm gespielt, also überredeten wir ihn, doch mit uns zu kommen, und er machte sich auch gleich gut neben Buck Clayton und Ed Lewis. Ich weiß nicht mehr, wann genau nach dem Abend er in die Band kam, aber Mitte Februar spielte er schon Trompete bei der Aufnahme von *Every Tub, Swinging the Blues* und *Sent For You Yesterday*. Sweets ist ein Typ, der viel Humor ins Spiel bringt. Sehr viel Humor. Ich meine, es steckt viel Leben drin, und er kann swingen wie verrückt, mit oder ohne Dämpfer, und mit einem Derby erst mal, großartig!

In dem Februar gab es noch eine andere wichtige Veränderung in der Band. Lady Day hatte sich entschlossen, noch vor unserem einwöchigen Engangement im Apollo auszusteigen. Die »Amsterdam News« brachten ein Bild von mir und Billie im Unterhaltungsteil unter einer breiten Überschrift: »Count Basie jetzt ohne Billie Holidays Gesang.«

Ich soll sie entlassen haben, weil ich angeblich ohne Sängerin besser arbeiten könnte, aber Billie ging, weil sie woanders mehr Geld verdienen konnte. Das Gerede, daß ich keine Sängerin mehr haben wollte, widerlegte ich ganz schnell, als ich Billie durch Helen Humes ersetzte. Wir haben versucht, sie so lange wie möglich zu halten – und das waren vier Jahre.

Nachdem Helen Humes sich uns angeschlossen hatte, machten wir eine Tournee, die längste, die bis dahin für uns zusammengestellt worden war. Wir fingen in der dritten Märzwoche in Harrisburg an und waren fast bis Mitte Mai unterwegs. Wir grasten ein ganz schönes Gebiet ab.

Jeden Abend in einer anderen Stadt: Von Harrisburg aus ging es nach Wheeling, West Virginia, dann nach Akron, Ohio, dann runter nach Lexington, Kentucky, dann wieder rauf zum Cotton-Club in Dayton und von da zur Vanity Fair nach Huntington, West Virginia, dann nach Mount Hope, Bluefild und Charleston, West Virginia, und am letzten Tag spielten wir in Louisville, Helens Heimatstadt.

Aber sie hatte keine Zeit, auch nur ein paar Leute zu treffen, denn wir mußten schon am nächsten Tag in Memphis sein. Den Tag darauf fuhren wir nach Birmingham, der Heimatstadt von Jo Jones, besser gesagt, eine der Städte, von denen er behauptete, sie seien seine Heimatstadt. Samstag abend traten wir im Masonic Temple auf, und ich glaube, an dem Montag noch mal woanders in der Stadt. Unser nächster Gig war in Chattanooga, dann sollten wir runter nach Atlanta ins Sunset-Casino. Ich weiß nicht mehr, ob wir das noch packten oder nicht, aber ich weiß, wohin es gehen sollte, als wir den Südosten verließen. Unser Ziel war Kansas City, und wir fuhren über Bowling Green und St. Louis.

An dem Samstagabend hielten wir nur kurz in Kansas City an und fuhren gleich weiter zu einer Tanzparty nach Omaha. Am Montag darauf ging es zurück nach Kansas City zu unserem großen »Homecoming«-Fest im New Municipal Auditorium. Nach einem Zeitungsartikel sollen an dem Abend viertausend Zuhörer dagewesen sein.

Es waren jedenfalls ganz schön viel Leute da an dem Abend. Ich glaube, alle waren sie gekommen. Es waren so viele Freunde von mir da, daß ich erst gar nicht versuchen will, sie alle aufzuzählen. Eigentlich war ich die ganze Zeit so mit Feiern beschäftigt, daß es an ein Wunder grenzt, daß ich überhaupt irgend etwas von dem wilden Wochenende behalten habe. Natürlich war mein Kumpel Piney Brown da, er kümmerte sich ums Geschäft, wie immer, und auch Sol Steibold, aus dem Reno, war gekommen. Der Ansager bei diesem Fest war Jerry Burns vom Sender WHB.

Es war aber noch jemand da an dem Abend, ich kann mich an seinen Namen nicht erinnern und will es auch gar nicht. Ich weiß noch, wie er aussah, und unser Zusammentreffen werde ich nie vergessen. In der Pause schreite ich so über die Tanzfläche, und alle Leute winken, und ich werfe ihnen Handküsse zu, die Leute stehen am Rand der Tanzfläche und oben auf der Galerie, und dann drehe ich mich um und sehe, wie dieser Scheißkerl hinter mir herläuft. Ich kann mich im Augenblick nicht drum kümmern, denn ich erreiche langsam die Mitte der Fläche, aber da erwischt er mich und jubelt mir sein Ding unter.

Er zieht etwas aus seiner Innentasche, und als er es mir überreicht, sehe ich, daß es eine Vorladung ist, weil ich irgend jemandem in der Gegend was schuldete. Er ließ mich eiskalt bis zur Mitte laufen, in meinem ganzen Stolz, und überreicht mir dann diese verdammte Vorladung. Ich zischte nur: »Du verdammter Scheißkerl.« Aber – keep smiling, keep smiling.

Jeder wußte, worum es sich handelte, jeder kannte den Scheißkerl. Ich nahm es also an und hielt es hoch und sagte: »Yeah, schon verstanden!« Mehr konnte ich nicht tun. Verstecken konnte ich es nicht. Ich winkte einfach weiter und machte meine Verbeugungen, bis ich auf der anderen Seite der Fläche angekommen war. Was aus der ganzen Geschichte geworden ist, weiß ich gar nicht mehr.

Schon am nächsten Morgen verließen wir Kansas City und fuhren

Richtung Texas, über Topeka und Wichita, Tulsa, Muskogee und Oklahoma City. Für die meisten von uns war das ja altbekanntes Revier aus Blue-Devils- und Bennie-Moten-Zeiten. Die einzigen, die die Strecke nicht schon mal mit einer von den beiden Bands zurückgelegt hatten, waren Freddie Green und Helen Humes.

Nach Fort Worth, dem ersten Halt in Texas, kurvten wir zurück nach Louisiana und machten Station in Shreveport. Den restlichen April verbrachten wir mit Gastspielen in Texas, und zwar in Waco, San Antonio, Port Arthur, Galveston, Beaumont, dann wieder Houston, Dallas und kürzten dann, Anfang Mai, wieder über Fort Worth ab.

An die Ostküste zurück ging es über Little Rock, St. Louis, Evanston, Louisville und Lexington, Kentucky. Auf dem letzten Abschnitt zurück nach New York spielten wir in Charleston, West Virginia, unten in Durham, North Carolina.

Zurück in Harlem, machten wir erst mal ein paar Tage Pause, bevor wir in der dritten Maiwoche wieder im Apollo auftreten sollten. Im »Courier« erschien dafür eine nette kleine Werbung. Die Titelgeschichte für die Ausgabe vom 7. Mai trägt die Überschrift: »Count Basie in New York sehr gefragt.«

»Count Basie und seine faszinierende Swingmusik sind zwar weit weg, aber bei weitem nicht vergessen. Wie man aus anderen Städten hört, sind Count Basie und sein Orchester ein ganz großer Hit geworden auf ihren Tourneen und eine der wenigen Tourneegruppen, bei denen Promoter von Tanzpartys was verdienen oder wenigstens ohne Unkosten rauskommen können. Mit seinem Auftritt hier kommt er nun dem Wunsch vieler nach, sich endlich einmal wieder hier blicken zu lassen.

Sein letzter Auftritt im Apollo Theatre ist den Swing Cats in der ganzen Stadt immer noch in heißer Erinnerung, also entschloß sich das Management des Hauses, den Count noch einmal für den 13. Mai zu engagieren. Der bevorstehende Auftritt der neuen Swingsensation im Harlem Theatre ist bereits der fünfte nach seinem Debüt im letzten Jahr.«

Möglich, daß ich da etwas durcheinanderbringe, aber ich glaube, wir waren schon wieder einige Zeit in der Stadt, als ich aus dem

Woodside auszog in eine Wohnung im Haus 120 West, 138. Straße. Es lag in der Nähe vom Renaissance Ballroom und der Abyssinian Baptist Church, direkt gegenüber vom Red Rooster in der Seventh Avenue. Aber das war ein Eliteschuppen, also hing ich da nie rum. Ich glaube, ich bin nicht einmal reingegangen.

Chick Webb wohnte auch in 120 West, als ich dort einzog, und Jimmy Mundy ebenfalls. Ich habe dann ein paar Jahre dort gewohnt, mußte aber am Ende ausziehen, weil meine Mutter einen ziemlich schweren Unfall hatte. Sie stürzte auf der Treppe und brach sich den Hals, und als ich sie aus dem Krankenhaus abholte, mußte ich mir eine größere Wohnung besorgen, damit sie von da an bei mir wohnen konnte.

Ich zog dann nach 555 Edgecombe und stellte ein paar Schwestern an, die sich Tag und Nacht um sie kümmerten, auch als sie schon wieder aufstehen und laufen konnte. Sie hatte eine Pflegerin für den Tag und eine für die Nacht, und wenn sie sich gut genug fühlte und mal wieder nach Red Bank wollte, um ihre alten Freunde zu besuchen, kriegte sie einen Chauffeur.

Es war wirklich fürchterlich, als das meiner Mutter passierte, aber wir können noch von Glück reden, daß es zu einem Zeitpunkt passierte, als ich genügend Mittel hatte, mich um sie zu kümmern, und zum Glück konnte sie sich noch mit mir zusammen über die angenehmen Sachen freuen, die sich so langsam für mich auftaten.

Ich weiß wie gesagt nicht genau, wann der Umzug in die 138. Straße war, aber ich wohnte auf jeden Fall schon da, als der zweite Joe-Louis/Max-Schmeling-Kampf stattfand, denn ich weiß noch genau, wie ich auf dem Weg vom Yankee-Stadion im Woodside vorbeikam, um an der Feier teilzunehmen.

Hier ist meine kleine Geschichte zu diesem Kampf: John Hammond nahm mich als sein Gast mit rein, er hatte Karten für Plätze direkt am Ring. Was passiert also? Gerade als der Kampf anfängt, kommen wir zu unseren Plätzen, und ich lasse meinen verdammten Strohhut fallen, und er rollt an meinen Füßen vorbei, und ich versuche, ihn zu schnappen. Ich beuge mich nach vorn und suche nach dem Hut, damit ich mich wieder hinsetzen kann, um in Ruhe zu sehen, wie Joe den Typ auseinandernimmt, und alle springen auf die Beine, kreischen, und ich schaue hoch, und der Scheißkampf ist vorbei.

Anfang Juli war das eine Jahr vorbei, das Eddie Durham versprochen hatte zu bleiben, und er beschloß, auszusteigen und für 'ne Weile was anderes zu versuchen. Von da an schrieb er Arrangements für Glenn Miller, ich weiß nicht, wie viele insgesamt, aber ich weiß, daß er unsere Sache überarbeitete, die wir zu *Nagasaki* geschrieben hatten, als wir noch bei Bennie Moten waren, und er nannte es dann *Slip Horn Jive.*

Unser Ersatzmann für Eddie Durham in der Posaunengruppe wurde der einzigartige »Brother Dicky Wells«, ein großartiger Jazzer und ein wunderbarer Solist. Er paßte von Anfang an gut in die Gruppe. Er war erst ein paar Wochen bei uns, da nahmen wir schon *Texas Shuffle* auf, und er ist voll dabei und bläst fleißig neben Prez und Herschel, als hätte er schon die ganze Zeit zur Familie gehört. Er hat auf der Platte zwei Soli und auch einen kleinen Part in *Jumping at the Woodside,* das wir am gleichen Tag aufnahmen. Natürlich war Dicky kein Fremder für uns. Ein paar von uns hatten ihn kennengelernt, als ich im Cherry Blossom arbeitete und er mit der Band von Fletcher Henderson nach Kansas City kam. Er war in Louisville aufgewachsen, der Heimatstadt seines Idols, des großen Posaunisten Jimmy Harrison. Vor seiner Zeit mit Fletcher hatte er bei Charlie Johnson gespielt und bei Benny Carter und einigen anderen. Mit der Band von Teddy Hill war er sogar in Europa gewesen.

Kurz nachdem Dicky in die Band gekommen war, ergatterten wir einen Gig, der sich geradezu als Durchbruch erwies. Wir wurden im »Famous Door« engagiert. John Hammond und Willard Alexander stöberten den kleinen Club in Midtown, in der 52. Straße, 66 West, der von Jerry Brooks und Al Felshin geleitet wurde, auf. Als die beiden versuchten, Jerry und Al zu bewegen, eine ganze Band in den Club aufzunehmen, hielten die das erst für völlig lächerlich. Ich glaube, es war tatsächlich auch ziemlich lächerlich für so einen kleinen Schuppen, wo nur Sänger und Combos auftraten und kleine Nummern. Aber John und Willard blieben dran, und sie schafften es.

Ich weiß nicht genau, was sie ausgemacht hatten, aber ein Teil des Vertrages bestand darin, daß John und Willard sie beim Einbau einer

Klimaanlage unterstützen sollten. So war es möglich, in einem Laden von der Größe überhaupt genügend Leute unterzubringen, damit sich eine vierzehnköpfige Band und zwei Sänger auch lohnten. Es war schon ziemlich eng, das Podium war sogar noch enger als das im Reno in Kansas City.

Aber eigentlich war es der andere Teil des Vertrages, der uns so viel einbrachte. John und Willard besorgten einen CBS-Radioanschluß, so daß wir mehrmals in der Woche von da aus senden konnten. Das war das Beste, was der Band passieren konnte, denn wir hatten exzellente Sendezeiten. Es war die Zeit des Radios, das darf man nicht vergessen. Die Leute erzählten uns, wie sie im Central Park spazierenfuhren und uns im Autoradio hörten. Auch die Fahrer von den Bustaxis in Chicago, die immer die South Parkway rauf- und runterfuhren, hörten uns gern, und wenn wir mal da waren, sagten sie uns das.

Ein Artikel im »Billboard«-Magazin beschreibt, wie es in der ersten Woche für uns so lief:

»In der vergangenen Woche eröffnete Count Basie sein erstes Engagement im ›Famous Door‹, einem Midtown-Nachtclub, und nach dem Empfang zu urteilen, scheint er länger dort zu verweilen. Seine Leute, vierzehn an der Zahl, haben nicht gerade viel Platz, aber das tut ihrem Swing keinen Abbruch. Unter der Führung von Counts großartigem Klavierspiel leisten sie gute Arbeit. Es gibt keinen Grund anzunehmen, daß Basie nicht ebenso populär werden könnte wie Louis Prima.«

Wir bekamen viele gute Besprechungen in der Art, und zusammen mit den landesweit ausgestrahlten Radiosendungen fingen wir langsam, aber sicher an zu spüren, daß wir den großen Sprung machten. Aber wir hatten noch immer nicht richtig begriffen, *wie* bekannt wir schon waren, bis wir wieder auf Tour gingen, in solche Orte wie Cleveland, Dayton und Cincinnati.

Natürlich hatte New York und Umgebung das alles sofort registriert, und natürlich war das Apollo der Auftrittsort schlechthin, aber wenn man in solchen anderen Orten unterwegs war und eigentlich überall, wo man hinkam, die Leute einen von Sendungen und den Platten her kannten und nur darauf warteten, die Band auch mal live zu sehen, besonders Jimmy Rushing, Prez, Herschel, Jo Jones und

Big'Un, dann war das ein gutes Gefühl. Es war wichtig für die Band und für MCA. Denn es gab viele sehr gute Bands, die außerhalb von New York kaum Auftrittsmöglichkeiten hatten.

Übrigens, bei einer dieser Übertragungen aus dem Famous Door fing Sweets Edison mit seiner kleinen Nummer an, auf die das Publikum dann später immer schon gespannt war. Ich spiele zu irgend etwas einen Klavier-Chorus, und plötzlich kommt aus dem Hintergrund ein ganz helles, eindringliches Stimmchen: »Count Basie!«

Das war der alte Sweets aus der Trompetengruppe, der seine Stimme so verstellte, daß sie sich wie ein kleines Mädchen anhörte. So hört er sich auch im Hintergrund bei meinen Soli an, auf den beiden Aufnahmen von *Indiana*, die von einem Mitschnitt stammen, im September und Oktober des gleichen Jahres, und die später auf einer Platte der Jazz Archives (JA 41), »Count Basie at the Famous Door«, rauskamen.

»Count Basie. Yeah, Count Basie. Play it, Count Basie!«

Wir blieben ungefähr bis Mitte November im Famous Door. In der Zwischenzeit machten wir wieder ein paar Platten für Decca und nahmen am 1. September auf Randall's Island an einem Swing-Festival teil, das von Martin Block veranstaltet wurde. Martin Block war damals einer der bekanntesten Rundfunksprecher. Er arbeitete bei WNEW und war wahrscheinlich der erste, den man als Diskjokkey bezeichnen könnte. Er hatte schon mal Ende Mai so ein Swing-Festival veranstaltet, auch auf Randall's Island, aber das hatten wir versäumt.

Ob eine Nummer wirklich ein Hit war, erkannte man damals hauptsächlich daran, ob sie immer wieder verlangt wurde. Ich meine, es hatte nichts damit zu tun, wieviel Platten man verkauft hatte, da kann ich sowieso nicht viel zu sagen. Aber wenn in den verschiedensten Städten immer wieder die gleiche Nummer velangt wurde, dann wußte man, daß da was im Busch war. Sie kannten sie entweder aus dem Radio oder von der Platte, woher sollten sie sonst wissen, welche Nummer sie haben wollten. Damals spielten sie im Radio viel Instrumentals, nicht nur Schlager und neue Sachen.

Ungefähr eine Woche nach der Aufnahmesession traten wir sieben

Tage lang im Paramount Theatre in Newark auf. Mittlerweile war es Ende November. Dann fuhren wir zurück und traten noch mal eine Woche im Paramount am Times Square auf. Mit uns in der Show war das Tanzteam Buck and Bubbles, eine zweite Tanznummer, bekannt als die Berry Brothers, Sister Rosetta Tharpe, die Gospelsängerin, und wir hatten natürlich Helen und Jimmy zu bieten, sie sangen Pop und Blues.

Von da aus fuhren wir nach Philadelphia, wo wir im Earle auftraten, dann nach Baltimore ins Hippodrome. Eine Gastspieltournee in den Mittleren Westen führte uns mehrmals nach Cleveland und auch nach Dyton und Cincinnati. Kurz vor Weihnachten kamen wir dann wieder zurück nach New York, um bei John Hammonds »Spirituals-to-Swing«-Konzert in der Carnegie Hall dabeizusein.

John hatte eine phantastische Show zusammengestellt. Der Abend wurde mit drei der besten Boogie-Woogie-Klavierspieler eröffnet, Albert Ammons am Wandklavier und Meade Lux Lewis und Pete Johnson vierhändig am Steinway. Dann begleitete Pete Johnson allein Big Joe Turner, der noch immer die gleichen wundervollen Lieder sang, die ich schon von ihm kannte, als er noch als Barkeeper in einer Kneipe in der Independence Avenue arbeitete.

Dann trat Sister Rosetta Tharpe auf, John ließ sie von einem Trio begleiten mit Albert Ammons am Klavier, Jo am Schlagzeug und Big'Un am Baß. Sie sang einige Gospelsongs, die das Haus fast zum Einstürzen brachten, ganz solide, biedere Kirchenlieder, die die coolen New Yorker fast vom Hocker rissen. Vielen war diese Art Gesang völlig unbekannt, und sie kam ganz groß an.

Gleich nach Sister Rosetta Tharpe schickte John einen Bluessänger auf die Bühne, Ruby Smith, zusammen mit dem großen James P. Johnson am Klavier, die waren natürlich auch sehr gut. Dann kam ein richtiger Kirchenchor aus North Carolina, die Mitchell's Christian Singers, sie sangen *What More Can Jesus Do* und *Ain't That Good News,* und anschließend kam Sonny Terry mit seiner Mundharmonika.

Die Combo, die John für die New-Orleans-Nummern engagiert hatte, trat mit dem großen Sidney Bechet am Sopransaxophon auf, mit Tommy Ladnier an der Trompete und einer Verstärkung von drei Leuten aus meiner Band, Dan Minor, Posaune, Jo Schlagzeug, und

Big'Un, Baß. Sie spielten den *Weary Blues* in einer etwas schnelleren Version, gefolgt von *I Wish I Could Shimmy Like My Sister Kate.* Dann kam noch eine Combo, die John die Kansas City Six nannte und die auch mit Jo, Big'Un und Dan auftraten, dazu noch Buck, Trompete, Lester, Tenor, und Leonhard Ware, elektrische Gitarre.

Im ersten Teil des Programms trat auch noch ein richtiger Blues-sänger und Gitarrist auf, Big Bill Broonzy, er wurde begleitet von Jo und Big'Un und Albert Ammons, Klavier. In der zweiten Hälfte kam dann meine Band dran, und ich glaube, daß der Höhepunkt unseres Auftritts die Nummer *Blues With Lips* war. John hatte mit Joe Glaser gesprochen, damit Lips als Gaststar auftreten konnte, und so feierten wir unsere erste Reunion, nachdem er im Reno ausgestiegen war. Eigentlich hatte er noch nie vorher mit der vollzähligen Band gespielt, aber weil wir unseren Titel erst beim Spielen erarbeiteten, fühlten sich alle gleich wie zu Hause, und Lips machte was sehr Nettes draus.

Übrigens hatten wir kurz vor diesem »Spirituals-to-Swing«-Gig einen neuen Trompeter in unsere Gruppe aufgenomen, Shad Collins. Er stieg bei Buck, Ed Lewis und Sweets ein, und seitdem haben wir immer wenigstens vier Trompeter gehabt. Mit vier Trompetern erreicht man einfach einen satteren Klang in der Harmonie.

In der ersten Januarwoche nahmen wir *My Heart Belongs to Daddy* mit Helen Humes und *Sing for Your Supper* mit Jimmy auf. Dann ging's wieder nach Philadelphia ins Nixon Grand, nach Washington ins Howard und anschließend noch in ein paar andere Orte wie Norfolk, Richmond und Baltimore und dann wieder zurück. Kurz vor unserem ersten Auftritt im Apollo im neuen Jahr nahm ich noch mal fünf von diesen Honky-Tonk-Nummern auf, nur mit Freddy am Klavier und Jo und Big'Un. *Oh, Red, Fare Thee Well, Honey, Dupree Blues, When the Sun Goes Down* und *Red Wagon,* auch bekannt als *Little Red Wagon* oder *Your Red Wagon.*

Nach dem Apollo gingen wir wieder mit der ganzen Band ins Studio und nahmen in drei Tagen *You Can Depend On Me* und *Evil Blues* mit Jimmy Rushing auf, *Blame It On My Last Affair* und *Thursday* mit Helen, dann zwei Instrumentalstücke, *Cherokee, Parts I and II,* die auf der 78er Platte damals beide Seiten beanspruchten, *Jive at Five* und *Oh, Lady Be Good.* Übrigens ist das erste Tenorsolo auf dieser Platte von Chu Berry, den wir uns von Cab Calloway ausgeliehen hatten, denn Herschel fühlte sich nicht wohl an dem Tag. Chu war damals einer der besten Tenöre auf der Szene. Fletcher Henderson hatte ihn endlich als Ersatz für Coleman Hawkins akzeptiert, und er war auch die tragende Säule in Cabs Band.

Wir holten ihn nur für ein paar Tage in die Band, dann kam Herschel zurück. Wir machten uns gerade fertig, wieder auf Reise zu gehen, um den restlichen Februar im Mittleren Westen und in Tennessee zu verbringen. Anschließend wollten wir für ein, zwei Tage nach Kansas City, um den 1. März herum, auch nach Topeka und dann über St. Louis, Chicago, Detroit und Cleveland für die letzten beiden Märzwochen ins Southland nach Boston.

Herschel hatte sich schon seit Wochen auf die Reise gefreut, denn dieses Mal sollten wir endlich wieder in Chicago spielen. *Blue and Sentimental* war da unten im Radio ein ganz großer Hit geworden, und er hatte nie die Gelegenheit gehabt, seine Fans mal kennenzulernen und es ihnen persönlich vorzuspielen. Seit unserem Auftritt in der Grand Terrace waren wir nicht einmal durch Chicago durchgefahren. Wir freuten uns alle drauf, und dieses Mal sollten wir schon in wenigen Tagen auf einer Tanzparty im Savoy Ballroom in Chicago auftreten.

Aber, wie das Schicksal so will, Herschel schaffte es auf dieser Tour nur bis Hartford, Connecticut. Er war viel schwerer krank, als wir zuerst annahmen. In Hartford brach er auf dem Podium zusammen, und da hörten wir dann auch, was er wirklich hatte – einen Herzfehler. Es war eine sehr ernste Sache, und er mußte sofort zurück nach New York ins Krankenhaus gebracht werden. Natürlich waren wir alle ziemlich besorgt, aber als wir weiter durch Pittsburgh und Youngstown fuhren, hofften wir immer noch, daß er zu unserem geplanten zweitägigen Auftritt nach Chicago zurückkommen würde.

So vergingen Montag, Dienstag und Mittwoch mit banger Hoffnung. Als wir am Donnerstag in Toledo spielten, wurde uns mitgeteilt, daß wir ihn verloren hatten. Er war um halb eins morgens im Wadsworth-Hospital in der 185. Straße West in Manhattan gestorben. Wir waren so geschockt, wir konnten es kaum glauben. Alles war so schnell gekommen, und wir waren alle in der Band so enge Kumpels und achteten aufeinander. Jeder kümmerte sich auch um den anderen, ich meine, ich kann von Glück sagen, daß die Jungs immer ganz wundervoll waren.

Der Verlust von Herschel war für uns alle sehr hart, aber keiner vermißte ihn so sehr wie Lester. Eine Zeitlang wollte er gar nicht mehr weitermachen. Es war jeden Abend ein Theater, ihn überhaupt auf die Bühne zu bringen, und dann mußte Jack Washington während der ganzen Gigs laufend dafür sorgen, daß er auch da oben blieb. Es war gräßlich, aber natürlich konnten wir alle verstehen, wie er sich fühlte.

Für den Rest des Monats holten wir uns Skippy Williams als Tenor. Die endgültige Neubesetzung erfolgte dann mit Buddy Tate. Ich weiß nicht mehr, wer ihn zuerst erwähnte, wahrscheinlich Jo Jones. Wenn ich mich nicht täusche, wollte er erst Pimpy Washington, der auch in der Band war, mit der ich vom Cherry Blossom nach Little Rock gefahren war und der auch in der letzten Bennie Moten Band spielte, aber der war jetzt mit Walter Barrens Band auf Tournee. Daher nahmen wir Kontakt mit Buddy auf, der dann in Kansas City zu uns stieß.

Blue and Sentimental hatte den Ausschlag gegeben, seine Art, es zu spielen, bei einem Gig, kurz nachdem er zu uns gestoßen war. Ich glaube, es war auf dem College-Campus in Lawrence, Kansas, und die Leute wollten immer wieder diese Nummer hören, sie war auch da unten zu einem richtigen Hit geworden. Ich fragte ihn also, ob er sie kennen würde, und er meinte, er könnte es ja mal probieren, und dann legte er los und haute sie alle um, sogar Prez. Später kriegte ich raus, daß Prez von Anfang an für ihn gewesen war, und Buddy war gleich darauf eingegangen. Wir hatten also immer noch unsere kleine, besondere Masche mit den zwei Tenören, denn Buddy spielte ähnlich wie Herschel, konnte also dessen Part übernehmen.

Von Chicago aus fuhren wir einmal kurz für Aufnahmen nach New York. John Hammond hatte das arrangiert, denn wir waren endlich aus dem Vertrag mit Decca raus und machten unsere erste Session mit Vocalion. Dafür mietete er die Liederkranz Hall in der 58. Straße, 111 East; er meinte, die hätte die beste Akustik in der

Stadt. Wir fuhren also am Sonntag- und am Montagmorgen hin und rechtzeitig für den Auftritt am gleichen Tag jeweils wieder ab.

Drei Stücke, die wir in den beiden Tagen aufgenommen haben, wurden Standards in unserem Repertoire. *Rock-a-Bye Basie, Taxie War Dance* und *Baby Don't Tell On Me. Rock-a-Bye-Basie* verdient noch aus einem anderen Grund Erwähnung, auf ihm ist Buddy Tates erstes Solo mit uns aufgenommen, und man hört, wie schnell und sanft er den Stuhl von Herschel eingenommen hat, er war ja erst gerade mal zwei Wochen in der Band. Ich finde, das sagt auch was über den Geist aus, der in der Band zwischen den Jungs herrschte.

Eigentlich fing es mit einem Riff an, das Shad in die Band gebracht hatte. Nachdem es durch die Aufnahme zu einer unserer Standards geworden war, fanden wir heraus, daß Shad es wahrscheinlich von Dizzy Gillespie hatte, als die beiden zusammen in Teddy Hills Band waren. Dizzy soll gesagt haben, daß die Jungs in Teddys Band das Stück immer *Dizzy Crawl* nannten. Wir machten einfach eine Improvisation aus dem Riff, mit dem Shad immer rumspielte, dann verarbeitete Jimmy es zu einem Arrangement und setzte Shads Name dazu und meinen und Lesters für unsere Teile. So entstehen viele Stücke, eine Standardnummer entsteht erst dann, wenn jemand aus so einer Melodie was macht, es kommt darauf an, was er drum herum baut.

Damals in Chicago sah ich mir zum erstenmal die kleine Straße an, in der das Regal Theatre lag. Für manche Leute ist das vielleicht nichts Besonderes, aber für mich schon. Ich hatte es nie vergessen, und natürlich brachte das auch Erinnerungen zurück, als Bus Moten und ich oben auf dem Balkon saßen und Dave Peyton sahen, der unten im Graben seine phantastische Band leitete.

Wir hatten damals viel Spaß in Chicago. Die Leute waren alle sehr nett zu uns, wo wir auch hinkamen. Die Radiosendungen und die Platten hatten uns ziemlich bekannt gemacht, wir hatten sehr viele liebe Fans da. Ich will gar nicht erst anfangen, mich an die ganzen Partys und Dinners und diese Sachen zu erinnern, zu denen uns die Leute einluden oder einfach mitnahmen. Nur eine will ich erwähnen.

Ungefähr eine Woche vor Schluß gaben ein paar Leute eine »Krönungsfeier« mit einem Bankett irgendwo in einer der Vorstädte in einem Laden, der Apex Road House hieß. Während der Zeremonie setzte der Bürgermeister von Bronzeville mir eine Krone auf und nannte mich den »King of the Swing Kings«. Der Bürgermeister von Bronzeville bedeutete für Chicago das, was der Bürgermeister von Harlem für New York bedeutete. Er hieß Robert Miller, und sein Assistent war J. L. Kelly, der Chef der Gewerkschaft der Kellnerinnen, Kellner und Köche, Ortsgruppe 444. Es waren auch Geschäftsleute aus dem Ort anwesend, zum Beispiel Nelson Sykes, dem das Brass-Rail-Café gehörte, und Warren La Rue, der Manager des New-Deal-Cafés.

Bevor wir Chicago verließen, machten wir noch mal eine Aufnahmesession bei Vocalion, nur Lieder, drei mit Helen und eins mit Jimmy. Schlager waren gerade groß in Mode, und ich glaube, einer von den Leuten bei Vocalion wollte, daß wir auch welche rausbrachten. Helen machte das wunderschön, sie sang *Young Can Count On Me, You and Your Love* und *Sub-Deb Blues.* Jimmy sang bei der Session den Schlager *How Long Blues,* wovon wir mit der Rhythmusgruppe schon mal eine andere Version aufgenommen hatten.

Am Abend nach unserem letzten Auftritt im Panther Room spielten wir auf einer Tanzparty im Lake-Shore-Club, dann fuhren wir über Gary, South Bend, Youngstown und Columbus zurück nach New York. Aber bevor es wieder im Famous Door losging, spielten wir noch einmal in Brooklyn und machten einen Abstecher nach Atlantic City.

In der zweiten Juniwoche fingen wir also wieder im Famous-Door-Club an, und sie behielten uns dort den ganzen Sommer über. Wir bekamen wieder die alte Sendezeit, und es wurde genausogut wie im Jahr zuvor. Ja, das Geschäft lief eigentlich sogar noch besser, und zwar so viel besser, daß Al und Jerry ihren Laden ausbauen mußten, damit alle Leute, die reinwollten, auch reinkamen.

In diesem Sommer (1939) fand in Flushing Meadows die Weltausstellung statt. Es kamen also noch mehr Leute von außerhalb in die Stadt als in dem Jahr zuvor, obwohl sie da auch schon für ausverkaufte Vorstellungen gesorgt hatten. Dann noch die Stammgäste, viele kamen mehr als einmal zurück, manche sogar zwei-, dreimal in der Woche, und man gewöhnte sich an die Gesichter, die man jeden Abend sah, besonders Musiker und Showleute, aber auch andere.

Die Band brachte die ganze Atmosphäre wirklich jeden Abend in

Schwung, es war einfach großartig. Kein Wunder mit den wundervollen Arrangements von Jimmy Mundy in unserem Programm, die wie Feuerwerkskörper einschlugen. Bei den Proben gab es immer was von Jimmy, an dem man arbeitete, manchmal hatte er zwei, drei neue Sachen für uns in einer Woche.

Gleichzeitig schrieb er ja immer noch die sagenhaften Arrangements für Benny Goodman. Jimmy Mundy war wirklich einmalig. Er gehörte schon zu den besten Arrangeuren im Geschäft, als er noch bei Earl Hines in Chicago war und in der Rohrblattgruppe dieser Band spielte. Von ihm sollen auch die Arrangements für *Cevernism, Fat Babies, Lightly and Politely, Up Jumped the Band, Easy Rhythm* und viele andere Stücke noch stammen. Ich weiß nicht, wie viele in Benny Goodmans Repertoire aus seiner Feder sind, aber bei *Sing, Sing, Sing, Swingtime in the Rockies, Solo Flight* und *Fiesta in Blue* bin ich mir sicher. Er hat eine Zeitlang so viel für uns geschrieben, daß ich etwas den Überblick verloren habe, aber seine besten Sachen waren *Cherokee, Miss Thing, Easy Does It, I Want a Little Girl, Tune Town Shuffle* und *Super Chief.*

Während unserer Zeit im Famous Door traf ich auch Catherine Morgan wieder. Nachdem ich durch sie beinahe aus dem Club Harlem geflogen wäre, als ich noch bei Bennie Moten spielte, hatte ich sie nicht mehr gesehen. In dem Sommer trat sie gegenüber bei Leon und Eddie auf, und fast jeden Abend schaute sie bei uns vorbei, setzte sich in die hinterste Ecke und hörte sich eins unserer Sets an.

Das war schon eine ganze Zeit lang so gegangen, bis es mir einer von den jungen Burschen, die dort arbeiteten, erzählte. Eines Abends fragte er mich: »Hei, sag mal, wer ist eigentlich die kleine Süße, die immer herkommt, um dich zu sehen?«

»Sie kommt wegen mir?« Ich hatte keine Ahnung, wovon er redete, aber ich war neugierig geworden.

»Ja. Sie sitzt jede Nacht da hinten, jedesmal 'ne andere Frisur.«

Sie kam rein, setzte sich hinten an die Wand und hörte zu. Wahrscheinlich kannte sie Al und Jerry ganz gut und konnte so zwischen ihren eigenen Sets bei Leon und Eddie mal auf einen Sprung rüberkommen. Wenn ich selber mal 'ne Pause einlegte und sie immer noch da war, lächelte ich zu ihr rüber oder zeigte mit dem

Finger, wenn ich wieder nach vorne mußte, aber ich versuchte immer noch nicht, mit ihr ins Gespräch zu kommen.

Erst viel später in diesem Sommer konnte ich mal ein paar Worte mit ihr wechseln. Sonntags hatte die Band frei, und manchmal fuhren dann ein paar von uns nach Atlantic City, und an einem dieser Sonntage traf ich sie da unten. Sie saß mit ein paar Freunden an der Bar, und ich lud sie alle zu einer Lokalrunde ein. Ich werde nie vergessen, was sie dann sagte: »Oh, der letzte ›Big Spender‹, was?«

Ich mußte schmunzeln und zeigte mit dem Finger auf sie und kniff dabei ein Auge zu, als wollte ich auf sie zielen. Sie wollte sich keinen Whiskey von mir ausgeben lassen, die anderen bestellten alle Schnäpse und Cocktails, aber sie wollte nur was ohne Alkohol. So lernte ich sie also kennen, aber irgendwie kam ich immer noch nicht weiter. Später erzählte sie, man hätte sie vor mir gewarnt. Die Leute, mit denen sie zusammen war, kamen aus Philadelphia, und ich kriegte spitz, daß eine Miss Soundso, die dort ein Gästehaus betrieb, ihr gesagt hätte, sie solle sich von mir fernhalten oder von solchen Typen wie mir.

Ich habe den ganzen Nachmittag versucht, sie anzumachen, und als sie dann aufbrach, begleitete ich sie zu ihrem Wagen, den kleinen Finger in ihrem untergehakt. Dann stieg sie ein, und ich hielt wieder meinen Zeigefinger auf sie gerichtet, diesmal mit angewinkeltem Daumen, und dann sagte ich etwas, das ich niemals vergessen werde.

»Macht nichts. Eines Tages kriege ich dich schon. Eines Tages mache ich dich zu meiner Frau.«

Sie blieb im Auto sitzen und grinste mich nur an.

»Yeah?«

»Yeah«, sagte ich. »Ganz bestimmt. Du wirst schon sehen. Eines Tages wirst du meine Frau sein.«

Sie schaute mich wieder an und schüttelte nur mit dem Kopf, als sei ich völlig übergeschnappt, dann fuhr sie ab. Aber als ich Anfang der Woche wieder zur Arbeit ging, suchte ich sie vom Podium aus, und nach ein paar Abenden kam sie wieder. Weiter bin ich in dem Sommer nicht gekommen.

In dem Sommer kam Coleman Hawkins nach fünf Jahren aus Europa zurück und, wie viele andere auch, gerade noch rechtzeitig, bevor im

September der Krieg ausbrach. In einem Artikel im »Defender« stand, daß am Hafen über fünfhundert Musiker und Fans ihm aufgewartet hätten. Es gab auch Gerüchte, daß er eine eigene Band zusammenstellen wollte und MCA die Vermittlungsagentur sein sollte. Darüber weiß ich nichts Genaues, ich weiß nur, wohin er ging, sobald er sein Gepäck losgeworden war. Er kam schnurstracks zum Famous-Door-Club und suchte Herschel Evans.

Er hatte *Blue and Sentimental* in Europa gehört und war begeistert. Aus irgendeinem merkwürdigen Grund hatte ihn die Nachricht von Herschels Tod im Februar nicht erreicht. Er kam also auf der Stelle zu uns und wollte sehen, wie's ihm so ging, er kannte Herschel ja schon aus der Zeit in Kansas City, wenn er mit Fletcher Henderson mal in der Stadt auftrat, wußte demnach also auch, daß Herschel ihn sehr schätzte.

Auf jeden Fall kam er direkt zu uns, und natürlich freuten sich alle, daß er wieder da war, aber er interessierte sich nur für Herschel und *Blue and Sentimental*. Alle wollten wissen, wie es ihm in Europa ergangen war und was er denn jetzt vorhätte, und er erkundigte sich die ganze Zeit immer nur nach Herschel.

»Wo ist Herschel? Ich will endlich hören, was der Kleine hier unten so treibt. Was macht er denn so? Ich will hören, wie er jetzt so spielt.«

Schließlich erfuhr er, daß Herschel gestorben war, und die Nachricht traf ihn verdammt hart. Das gab der Wiedersehensfreude einen ziemlichen Dämpfer. Jo Jones erzählt, Hawk hätte tagelang in seinem Zimmer gehockt und immer wieder *Blue and Sentimental* gespielt. Ich weiß das nicht aus eigener Erfahrung, und ich weiß auch nicht, ob er wirklich Herschel im Sinn gehabt hat, als er dann *Body and Soul* aufnahm, wie Jo Jones behauptet.

Die einzigen Studioaufnahmen von uns in dem Jahr, als wir im Famous Door auftraten, waren zwei Instrumentalstücke und zwei Schlager. Das heißt, man machte Platten mit 78 Umdrehungen, jede mit einem Instrumentalstück auf der einen und einer Gesangsnummer auf der anderen Seite. Auf einer Platte war Helen mit *Moonlight Serenade,* auf der Rückseite das Instrumentalstück *Song of the Islands*. Auf der anderen sang Jimmy Rushing *I Cant't Believe That You're in Love With Me* und *Clap Hands, Here Comes Charlie* auf der Instrumentalseite.

In der Woche nach unserem Engagement im Famous Door nahmen wir *Dicky's Dream* und *Lester Leaps In* auf Platte auf, nur mit Buck Blayton, Dicky Wells, Lester und der Rhythmusgruppe. Wir nannten diese Combo die »Kansas City Seven«, und als die beiden Aufnahmen erschienen, griff das Publikum sie sofort auf und wünschte sie sich oft. Beide Stücke sind eigentlich von Lester, aber Dickys Solo auf dem ersten gefiel uns so sehr, daß John Hammond es kurzerhand nach ihm benannte, und seitdem ist Dicky immer wieder nach diesem Stück gefragt worden.

Big-Band-Jahre
(1939–1950)

Im Herbst unternahmen wir endlich unsere erste Reise nach Kalifornien. Wir fuhren gegen Ende September aus New York los, zunächst nach Buffalo, dann Richtung Westen über Cleveland, Indianapolis, St. Louis, Kansas City, Omaha und Denver, wo wir auch überall Gastspiele gaben. Weiter westlich war ich bisher noch nie gekommen. Anfang Oktober schafften wir es dann bis an die Westküste.

Laut Plan sollten wir eine Woche im Palomar Ballroom in Los Angeles spielen und dann zwei Wochen lang in San Francisco bei der Weltausstellung auf der Treasure Island auftreten. Aber ein Promoter namens John Bon-Ton engagierte uns für ein paar Tage vor dem Termin in Los Angeles in den Sweets Ballroom in Oakland. Als wir in der Bay Area ankamen, wartete schon eine große Überraschung auf uns.

Ein Agent vom MCA-Büro aus Oakland stand schon am Bahnhof, stellte sich vor und fragte: »Sind Sie Count Basie?«

»Yeah«, sagte ich.

»Sie wollten doch ins Palomar, oder?«

»Stimmt«, sagte ich und dann: »Ich weiß schon, es ist abgebrannt.«

Ich hatte das nur so zum Spaß gesagt, aber er blieb ernst. Er schaute mich nur überrascht an und nickte mit dem Kopf.

»Stimmt. Woher wußten Sie das?«

Das war vielleicht was! Das war das letzte, worauf ich gefaßt war. Das mit dem Brand war sehr merkwürdig. Das Palomar war der bekannteste Café-Ballsaal in der Gegend von Los Angeles und Hollywood, da traten die Topbands der Weißen auf. Wir sollten die erste schwarze Band sein. Vor uns war Charlie Barnet drin, und wir sollten eine ganze Woche spielen, aber als wir dann nach Los Angeles kamen, hörten wir, daß fast alle seine Instrumente und seine Ausrüstung verbrannt waren. Ein paar hatten ihre Instrumente zufällig mit nach Hause genommen und konnten sie so retten.

Unsere Enttäuschung währte aber nicht lange, Willard Alexander hatte uns schon ins Paramount Theatre verpflichtet, als wir in Los Angeles ankamen. Der Reporter des Chicago »Defender« an der Westküste schrieb einen ganz netten Bericht über unsere Ankunft:

»Trotz des Brandunglücks, das ihr vielversprechendes Auftreten hier etwas beeinträchtigte, traf die berühmte Gruppe doch guter Laune hier an. Wie Soldaten eines Eroberungsfeldzuges kamen sie aus Oakland, California, wo sie am Vorabend noch auf einer Tanzparty gespielt hatten . . . und wurden gleich von den heißen Rhythmen einer Swingband begrüßt, die die schwarze Ortsgruppe der Musikergewerkschaft geschickt hatte, sowie von einer Horde Freunde und Bewunderer, die die neue Union Station geradezu überrannten.«

Als ich hörte, daß Charlie Barnet alle seine Musiknoten bei dem Brand verloren hatte, ließ ich ihn sofort alle Stücke aus meinem Repertoire, die er haben wollte, kopieren. Ich hielt nämlich ziemlich viel von Charlie, und das hat er mir nie vergessen. Er erwähnte es immer wieder und sagte: »Bill, wenn du irgendwas brauchst, wenn du irgendwas haben willst, brauchst's mir nur zu sagen.« Unsere kleine Enttäuschung, daß wir nun nicht mehr in dem millionenschweren sagenumwobenen Ballsaal auftreten konnten, war wirklich nichts im Vergleich mit der Situation, in der sich Charlie und seine Band befanden.

Unser Erfolg hätte im Palomar nicht größer sein können als der im Paramount. Wir blieben sieben Tage, dann spielten wir noch in einem Ballsaal in Los Angeles und gaben noch ein Gastspiel in San Diego, bevor wir wieder zurück zur Weltausstellung in die Bay Area fuhren.

An diesen Gig kann ich mich noch gut erinnern. Wir mußten jeden Morgen um fünf Uhr aufstehen, damit wir noch rechtzeitig die Sechs-Uhr-, vielleicht war es auch die Sieben-Uhr-Fähre nach Treasure Island kriegten, und so frühmorgens war es verdammt kalt in San

Francisco, besonders auf dem Wasser. Wir mußten uns Mäntel für die Überfahrt anziehen, es war wirklich saukalt da draußen. Aber dann, so gegen neun, wurde es warm auf der Insel, sogar ziemlich heiß, heißer als in der Wüste. Wenn wir mit der ersten Show anfingen, etwa um zehn, hatte ich meinen ersten Scotch intus, und dann konnte es losgehen.

Wir waren etwa zwei Wochen da draußen, bis Ende Oktober. Unter den Zuhörern entdeckte ich einmal auch meine Exfrau Vivian. Sie war schon seit längerem in Kalifornien, und als sie mit einigen Freundinnen dort auftauchte, grüßte sie mich, als wäre unsere Zeit zusammen das reinste Vergnügen gewesen. Kaum zu glauben, daß das dieselbe Frau sein sollte.

Ich glaube, ich belasse es mal dabei, ich habe schon viel zuviel über diese Person erzählt.

In der zweiten Novemberwoche fuhren wir wieder zurück an die Ostküste über die südliche Route durch Texas und Louisiana, über Fort Worth, San Antonio, Galveston, Houston, Henderson und Port Arthur, dann Baton Rouge, New Orleans und Monroe, Louisiana. Dann düsten wir hoch nach Little Rock, wieder runter nach Birmingham, Alabama, nach Atlanta, dann ganz runter nach Jacksonville, Florida, wo wir ein paar Abende auftraten, dann wieder in nördliche Richtung über Macon, Georgia, Knoxville, Tennessee, Louisville und Bowling Green, Kentucky.

Am 1. Dezember waren wir in Evansville, Indiana, und fuhren von da weiter nach St. Louis, streiften Chicago und Detroit und kamen dann endlich über Columbus, Ohio, Huntington, West Virginia, Pittsburgh und Baltimore wieder nach New York. In den folgenden beiden Wochen gaben wir hier und da Gastspiele in der Nähe von New York, in Bridgeport, Trenton, Washington und Newark.

Am Heiligen Abend nahmen wir an Johns zweitem »Spirituals-to-Swing«-Konzert in der Carnegie Hall teil. Für dieses Konzert hatte er einige Änderungen vorgenommen. Die Spirituals übernahmen diesmal das Golden Gate Quartet mit *Gospel Train* und *I'm On My Way*, dann holte er sich die große Miss Ida Cox, ebenso erste Klasse wie Bessie, Mamie, Trixie und Clara Smith, sie sollte Blues singen, und sie war wirklich großartig. Außerdem holte er noch das Benny Goodman Sextet, dazu gehörten: Charlie Christian, Gitarre, Lionel

Hampton, Vibraphon, Fletcher Henderson, Klavier, Arlie Bernstein, Baß, Nick Fatool, Schlagzeug, und natürlich Benny Goodman, Klarinette. Sie spielten zum Beispiel *I Got Rhythm, Flying Home, Memories of You, Stomping at the Savoy* und *Honeysuckle Rose* und beschlossen das Programm mit einer Jam Session zu *Lady Be Good* mit unserer Band, Pete Johnson, Albert Ammons und Meade Lux Lewis.

Es gab noch einen Unterschied zum ersten »Spirituals-to-Swing«-Konzert in der Carnegie Hall, John Hammond übernahm nicht mehr selbst die Rolle des Conférenciers, sondern holte sich dazu Sterling Brown, Dichter und Professor an der Howard University. Er sollte die einführenden Worte sprechen und die Nummern ankündigen. Ich kannte damals ehrlich gesagt weder ihn noch seine Bücher, aber er war ein alter Freund von John und kannte sich in Geschichte und Musik ziemlich gut aus, besonders über Bluessänger wußte er viel. Es war also eine große Ehre, ihn kennenzulernen.

John hat das erste Konzert etwas besser gefallen als das zweite, aber ich kann nur sagen, daß wir auf beiden unseren Spaß hatten.

Das neue Jahr eröffneten wir in Philadelphia, kamen aber wieder zurück nach New York und gaben ein Gastspiel in Brooklyn. Eine Woche später fing im Apollo wieder eins unserer Sieben-Tage-Engagements an. Dieses Mal war Jackie Mabley mit in der Show und Taps Miller, und natürlich machten auch alle Revuetänzerinnen — diese phantastischen Harperettes — wieder mit.

In der Woche darauf ging es nach Washington, wo wir sieben Tage lang im Howard auftraten. Zurück in New York, spielten wir vierzehn Tage in dem Golden Gate Ballroom in der 142. Straße, Lenox Avenue.

Ich weiß nicht mehr, wie die Sache zustande kam, aber vielleicht gibt es ja in dem Promotion-Artikel des »Defender« einen Hinweis darauf. Unter der Zeile »Goldenes Piano verliehen« war da nämlich folgendes zu lesen:

»Anläßlich seines Eröffnungskonzerts wird Basies herausragendes musikalisches Können durch die Verleihung des kleinsten Pianos der Welt durch die Musiker der Ortsgruppe 802 angemessen gewürdigt werden. Das Piano besteht aus massivem Altgold, selbst die Tasten.

Es ist etwa einen halben Meter lang, aber hat die klanglichen Qualitäten eines normalen Pianos mit 88 Tasten. Fast alle Maestros aus New York und Umgebung werden zu dieser Zeremonie erwartet.«

Tatsache aber ist, daß ich mich an kein goldenes Piano erinnern kann! Wenn sie mir eins gegeben haben, dann frage ich mich, was zum Teufel damit passiert sein soll. Vielleicht haben sie mir ja eins verliehen, aber es kann auch ganz einfach ein Gag der Promotionsabteilung gewesen sein, der nicht geklappt hat. Tut mir ja selber leid, aber ich kann mich nicht daran erinnern, daß mir irgendwer ein goldenes Piano verliehen hat.

Die nächsten Monate des Jahres 1940 waren ziemlich gleichmäßig mit Auftritten in New York, kurzen Tourneereisen und Studioaufnahmen aufgeteilt.

Unser nächstes Engagement war für das Armory in Newark geplant. Es sollte ein großes Fest zu meinen Ehren werden, für jemanden also, der aus dem Bundesstaat kam und es geschafft hatte. Es mußte abgesagt werden. Die Stadtverwaltung und das Militär behaupteten, daß nach den neuen Richtlinien des Kriegsministeriums wegen des Krieges in Europa das Armory für soziale und zivile Zwecke nicht mehr zur Verfügung stehe.

Es gab eine Anklage wegen Diskriminierung, aber ich weiß nicht mehr, wie die Sache ausgegangen ist, denn an dem Wochenende fuhren wir nach Rocky Mount, North Carolina. Den Rest des Monats verbrachten wir mit Gastspielen, die uns bis nach Johnson City, Tennessee, führten. Dann ging es zurück über Ohio und Indiana, und am Tag danach, dem 4. Juli, eröffneten wir im Regal Theatre in Chicago.

Es war unser erster Bühnenauftritt in Chicago, und zur gleichen Zeit lief in der Stadt die große »Negro Exposition«, die sich auch »Negro World's Fair« nannte. Unsere Show knüpfte direkt an den Teil der Ausstellung an, der sich damit beschäftigte, was unsere Leute zur Musik beigetragen haben. Das Publikum war mal wieder begeistert.

Die Schlagzeilen nach unserer Eröffnung sagten, daß wir den Besucherrekord im Regal Theatre gebrochen hätten. Die ganze Woche war einfach phantastisch. Ist doch schon interessant, wie sich die Dinge so entwickeln können. Als ich seinerzeit für die Plattenaufnahmen mit Bennie Moten und Bus Moten nach Chicago gekommen war und unten im Graben vom Regal Theatre Dave Payton seine Band dirigieren sah und ich dem Bus sagte, eines Tages würde ich mit meiner eigenen Band oben auf der Bühne stehen, konnte ich natürlich nicht ahnen, was für ein phantastisches Gefühl das erst in Wirklichkeit sein würde.

Nach dem Regal waren wir eine Woche in Cincinnati in einem Laden, der Coney Island hieß, gaben ein Gastspiel in Dayton und fuhren dann nach Detroit, wo wir im Greystone Ballroom auftraten und ich zufällig das Tanzduo Billy und Milly, zwei alte Freunde aus den Tagen im Reno-Club, wiedertraf. Bei dieser Gelegenheit muß ich Catherine Morgan wiedergesehen haben.

Diesmal lernte ich sie dann richtig kennen. Sie war zusammen mit Milly und Billy, die auch zwei alte Freunde von ihr waren, ins Greystone gekommen, und Milly wollte mich gerade vorstellen, als ich Catherine nur anschaute und sah, wie sie dastand, und ich zielte mit meinem Finger auf sie und sagte: »Bam!« Ich konnte mein Glück kaum fassen. Billy und Milly waren nämlich ganz auf meiner Seite, und das schaffte eine viel angenehmere Situation, sie besser kennenzulernen. Wenigstens hatte ich diesen Eindruck und versuchte, das Beste daraus zu machen.

Sobald die Band mit dem letzten Set fertig war, gingen wir vier irgendwohin. Ich weiß nicht mehr, wo oder worüber wir uns unterhalten haben, obwohl − mein Gelaber kann ich mir aber schon vorstellen! An eine Sache jedoch kann ich mich noch genau erinnern: Als der verdammte Kellner die Rechnung brachte, da war das die dickste Rechnung, die ich jemals in meinem Leben gesehen hatte. Ich hätte mich am liebsten in Luft aufgelöst. Fünfzig Dollar! Das war damals ungeheuer viel Geld.

Ich mußte Maceo Birch Bescheid sagen, daß er mich da irgendwie rausholte, und ich erzählte ihm, was los war, und ich sagte ungefähr: »Verdammt, Mann, so eine Rechnung kann ich im Augenblick wirklich nicht gebrauchen.«

Wir standen etwas abseits, als wir uns unterhielten. Er warf einen Blick auf mich und meine Gäste und meinte: »Es waren doch deine Getränke, oder? War doch deine Party, oder? Also los, bezahl.«

Damals in Detroit wurde das mit Catherine dann verdammt ernst.

Danach ging es erst richtig los: Telefongespräche und Briefe und Besuche und Geschenke und all das Zeugs. Von da an gingen wir zusammen. Vor zehn Jahren hatte ich sie das erstemal gesehen, als ich noch bei Bennie Moten spielte und sie zu der Zeit, wie sie immer sagte, nur ein fünfzehnjähriges Mädchen aus Cleveland war, das in der Whitman Company tanzte.

Ich will damit nicht sagen, daß es in all den Jahren keine anderen gegeben hat, es gibt genug Leute, die das besser wissen als ich. Man muß darüber nicht mehr erzählen als notwendig, es spielt eigentlich für unsere Geschichte keine Rolle. Ich glaube, ich habe schon genug darüber erzählt, wie wir uns unsere Stücke erarbeiteten, damit keiner irgendwelche Verbindungen zwischen unserer Musik und jemandes persönlichen Geheimnissen konstruieren kann, über die manche sicher gerne klatschen würden. Warum also mehr davon erzählen? Wenn ich ein Musiker wäre, der viele Liebeslieder geschrieben hätte, dann läge die Sache anders.

Anfang Oktober grasten wir wieder die Ostküste ab, von Columbus, Georgia, aus, waren in der Mitte der dritten Woche schon bis nach Rochester gekommen und machten dann einen Schlenker nach Detroit. Am Ersten waren wir wieder zurück im Apollo. Den Rest des Monats blieben wir in New York, denn die einzigen Termine in der Woche nach dem Engagement im Apollo waren drei Gastspiele: eins in Baltimore, eins in Bridgeport und eins irgendwo in einem kleinen Ort in Connecticut.

Bei der Aufnahmesession, die John für Ende des Monats arrangierte, nahmen wir nur zwei Platten für Okeh auf. Helen sang eine nette kleine Melodie, *All or Nothing at All*. Jimmys Stück handelte von etwas, woran jeder in dem Herbst damals dachte, *Draftin' Blues*. Als wir die Aufnahme machten, ging der Krieg in Europa schon ins zweite Jahr. Die Vereinigten Staaten hatten noch nicht eingegriffen, aber Verteidigungspläne wurden bereits ausgearbeitet, und die Musterungskommissionen riefen bereits die jungen Männer dazu auf, sich zum Militärdienst zu melden. Man wußte nicht, wann die eigene Nummer drankam und man bei der Kommission erscheinen mußte. *Draftin' Blues* war kein neues Lied. Erst kürzlich wurde ich daran erinnert, daß Maceo Pinkard, der auch *Sweet Georgia Brown* komponiert hat, das Lied schon während des Ersten Weltkrieges geschrieben hat.

Auch der Titel des Instrumentalstücks, das Buck Clayton für den Aufnahmetermin lieferte, paßte in die Zeit. Es hieß *What's Your Number?* Die wichtigste Nummer damals war nicht irgend jemandes Telefonnummer oder die Gewinnzahlen im Lotto, sondern die Musterungsnummer, an die sich vielleicht nicht viele erinnern, die aber zu der Zeit, als Buck das Stück schrieb, von besonderer Bedeutung war.

Der November war kein guter Monat. Wir gaben nur eine Woche lang Gastspiele in New England, aber wir hatten noch einen zweiten Aufnahmetermin für Okeh. Bei der Session spielten wir Don Redmans Arrangement zu *The Five O'Clock Whistle. Love Jumped Out* ist von Buck, und das dritte Instrumentalstück war eine tolle Nummer von Henrie Woode und McRae, *Broadway,* was vorerst das letzte Stück sein sollte, das Lester mit uns aufnahm.

Irgend jemand hat das Märchen in die Welt gesetzt, daß Lester deswegen die Band verlassen mußte, weil er zu einem Aufnahmetermin an einem Freitag, dem 13., nicht erschienen war. Sogar der »Defender« brachte einen Artikel darüber mit einer riesigen Schlagzeile:

»Lester Young verläßt Count: . . . aus dem Umkreis des ›Jump King of Swing‹ ist zu hören, daß Lester gefeuert wurde, nachdem er sich angeblich geweigert hatte, zu einem Aufnahmetermin am Freitag, dem 13., zu erscheinen. Lester soll gesagt haben, an einem Freitag, dem 13., sollte man absolut keine Musik machen. Basie geriet angesichts dieses aufsässigen Verhaltens in Rage und händigte Lester, der einer der tragenden Säulen in der Saxophongruppe war, seine Entlassungspapiere aus, nachdem er mehrere Stunden vergeblich im Aufnahmestudio auf ihn gewartet hatte.«

Ich weiß nicht, wer das erfunden hat, aber es klingt ziemlich lächerlich. In all den Jahren mit Lester habe ich nie was davon gehört, daß er abergläubisch gewesen sein soll. Die Wahrheit ist: Er wollte von sich aus gehen und sich mal umtun, was er in einer kleineren Gruppe erreichen könnte. Ich glaube, daß Herschels Tod auch eine Rolle spielte. Er wollte ja schon gehen, als das gerade erst passiert war, und je länger er bei uns blieb, desto schwieriger wurde es für ihn, darüber wegzukommen. So entschloß er sich also, mal die Tapeten zu wechseln.

Es gab noch etwas anderes, was ihn dazu brachte, zu gehen. Anfang Dezember stand die Band finanziell nicht gerade gut da. Wir hatten zwar immer noch Arbeit, aber zwischen den Gigs mußten wir weite Strecken zurücklegen, so daß wir eigentlich kein Geld verdienten. Das Problem lag in der Art und Weise, wie wir von MCA behandelt wurden, jedenfalls glaubte ich das damals. Seit Willard Alexander nicht mehr dazugehörte, hatten sich die Dinge da geändert. Mil Ebbins, sein Nachfolger, war ganz okay. Es war nicht sein Fehler, aber offensichtlich hatte es in den höheren Etagen einen Kurswechsel gegeben. Ich weiß nicht, was da oben im einzelnen vor sich ging, ich will mich auch nicht lange damit aufhalten, jedenfalls kamen wir an einen Punkt, wo ich nur noch aus dem Vertrag mit MCA aussteigen und zu Willard und seiner William Morris Agency übertreten wollte.

Sofort kamen neue Zeitungsgerüchte auf, daß die Band vielleicht auseinanderbricht und daß Benny Goodman mir fünfhundert Dollar die Woche angeboten hat, wenn ich in seinem Programm auftreten würde. Ich will nicht sagen, wie diese Gerüchte nach draußen gelangten und plötzlich als Zeitungsbericht erschienen, aber sie schadeten letzten Endes unserer Sache nicht. Der Chicago »Defender« brachte eine Schlagzeile, die quer über den ganzen Unterhaltungsteil ging:

»Bricht Count Basie mit MCA-Management? . . . Als letzter Versuch, seine Schwierigkeiten mit seinen Betreuern, der Music Corporation of America, aus dem Wege zu räumen, wird Count Basie seinen Fall am Freitag nachmittag dem Bundesvorsitzenden der Musikergewerkschaft, James Petrillo, vortragen. Die Beratung findet im Hauptquartier des New Yorker Ortsverbandes 802 in der 50. Straße statt. Petrillo wird extra aus seinem Büro in Chicago hierherkommen, um persönlich anwesend zu sein.«

Mit MCA handelten wir eine vorübergehende Vereinbarung aus, aber in der Zwischenzeit war Lester endgültig ausgestiegen, und deswegen war er auch nicht bei unserem nächsten Aufnahmetermin dabei, der am Freitag, dem 13. Dezember, stattfand. Wir holten uns

Paul Bascomb für diesen Termin, er ist also auf *Stampede in G Minor* und *Rocking the Blues* zu hören und natürlich auch auf den beiden Schlagern, die wir am gleichen Tag aufnahmen. *It's the Same Old South* mit Jimmy und *Who Am I* mit Helen.

Zu dem Stück *Stampede in G Minor* gibt es eine kleine Geschichte. Ich bekam es eines Tages von einem Mann namens Clinton P. Brewer zugeschickt, der lebenslänglich im New-Jersey-Staatsgefängnis einsaß. Er hatte schon neunzehn Jahre hinter sich und hatte sich nur so zum Zeitvertreib Komponieren beigebracht.

In dem Frühjahr entschloß sich auch Helen auszusteigen, die ewigen Busreisen seien eine zu große Belastung für ihre Gesundheit, meinte sie, also kündigte sie. Es fiel mir nicht leicht, sie so einfach gehen zu sehen, und Jimmy Rushing auch nicht, denn trotz anderslautender Gerüchte waren die beiden immer sehr gut miteinander ausgekommen.

Damals wechselten wir auch die Agentur. Mit Willard Alexander arbeiteten wir einen Vertrag aus, damit er uns von MCA loskaufen konnte. So traten wir zur William Morris Agency über, wo er angestellt war, und sofort befanden sich unsere Segel wieder im Aufwind. Die Angebote erhöhten sich und ebenso unsere Gage. Mit uns wechselte auch gleich Milt Ebbins zur Morris Agency, wo er die gleiche Position wie bei MCA übernahm. Er war der Road Representative der Agentur, und Maceo Birch blieb mein persönlicher Roadmanager.

Im nächsten Juli traten wir auch wieder im Ritz Carlton in Boston auf. Der Vertrag sah unter anderem vor, daß wir an sechs Abenden in der Woche über NBC landesweit im Radio ausgestrahlt wurden. Hazel Scott stand diesmal auf der Bühne, und sie war ein sensationeller Erfolg. Die Leute waren einfach verrückt nach ihr, aber ich glaube, daß sich dieses Mal auch die Band ganz gut schlug. Nach den Zeitungsartikeln zu urteilen, müssen wir alle Zuschauerrekorde im Ritz Carlton gebrochen haben. Laufend wurde ich eingeladen, doch hier und da persönlich zu erscheinen, und ich weiß nicht, wie viele Radiointerviews ich damals gegeben habe.

Man organisierte sogar eine »Count Basie Record Week«, die angeblich von all unseren Fans an der Ostküste begangen wurde, und die Jukebox Operators und Plattengroßhändler in Boston und Umge-

1. Backstage mit Mister B.

2. Mit Freddie Green und dem einzigartigen Norman Granz

3. Die Combo im Brass Rail in Chicago: Jimmy Lewis, Baß, Buddy De Franco, Klarinette, Gus Johnson, Schlagzeug, Wardell Gray, Tenor, Freddie Green, Gitarre, und Clark Terry, Trompete

1

2

3

4

4. Die erste Birdland Band, wegen
der beiden Tenorsolisten auch die
Lockjaw Davis-Paul Quinichette
Band genannt

5. Erste Europatournee. Diese
Besetzung wird auch oft die Two
Franks Band genannt, weil Frank
Wess, oben rechts, und Frank Fo-
ster, dritter von oben, Davis Quini-
chette ersetzt hatten. Zwischen den
beiden Franks sind noch Bill
Hughes, Posaune, und Joe Wilder,
Trompete. Ed Jones, zweiter von
links, war der neue Bassist.
Mrs. Basie steht vorne, Mitte

6. »Sixteen Men Swinging«

5

6

16

17

16. Mit dem Dichter Richard
Wright und dem Sänger Paul
Robeson im Studio, um ein
Stück zu Ehren von Joe Louis
aufzunehmen

17. Benny Goodman und
Sarah Vaughan kamen vor
jedem Eröffnungskonzert
vorbei und wünschten
einem viel Glück

18. Mit Ella Fitzgerald und
Frank Sinatra – der First Lady
of Swing und dem Chairman
of the Board

19. Basie plus Tony Bennett
garantiert ein volles Haus

18

19

11

12

13

11. Neal Hefti wurde zu Zeiten der Combo
und des Comebacks ein ständiger Mitarbeiter
der Band und hat in den vergangenen zwölf
Jahren viel für das Repertoire geschrieben

12. Ernie Wilkins. In der alten Band waren
Eddie Durham und Buck Clayton die wichtig-
sten Arrangeure von außen. In der jetzigen ist
Ernie der erste und wichtigste aus der eigenen
Truppe

13. Billie Holiday war die erste Sängerin der
Band. Auch als sie ein Star wurde, kam sie
immer noch gerne zu uns

14. Quincy Jones war jahrelang ein freier Mitarbeiter der Band. 1963 standen gleichzeitig
vier Jones/Baise-Alben auf der Bestsellerliste:
zwei Gesangsplatten, eine mit Frank Sinatra,
eine mit Ella und zwei Instrumentalplatten

15. Benny Carter, ein feiner Musiker und
Mensch

14

15

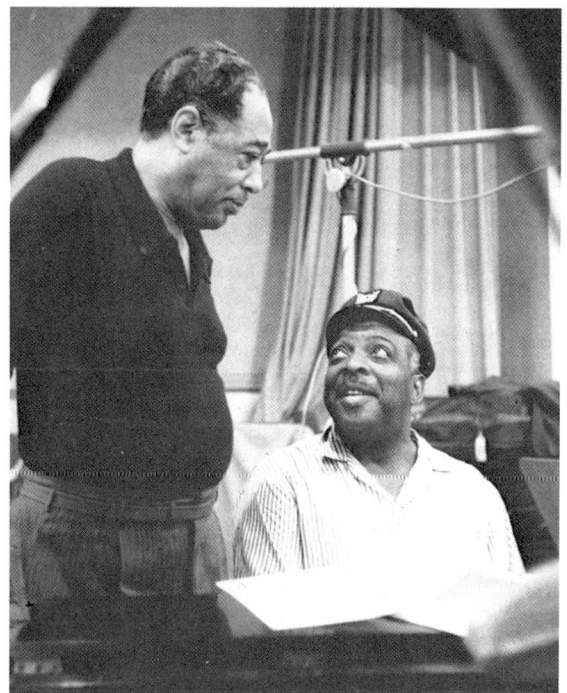

9. The Count meets the Duke

10. Aufenthalt in Honolulu auf dem Weg nach Japan, 1963. Von links nach rechts, vordere Reihe: Buddy Catlett, Frank Foster, Freddy Green, Benny Powell, Don Rader, Sonny Cohn, unbekannt, Marshall Royal, Old Base. Von oben nach unten: Charlie Fowkles, Jimmy Witherspoon, Gastsänger, Frank Wess, Henry Coker, Al Aarons, Fip Ricard, Eric Dixon, Grover Mitchel und Sonny Payne

9

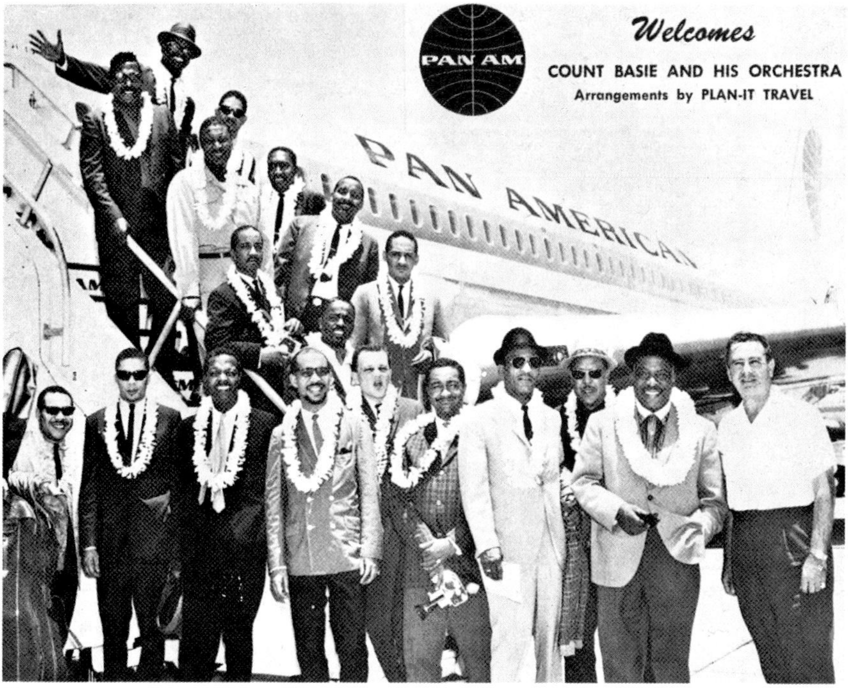
PAN AM
Welcomes
COUNT BASIE AND HIS ORCHESTRA
Arrangements by PLAN-IT TRAVEL
PAN AMERICAN

10

7. Der Count aus Red Bank, New Jersey, wird Ihrer Königlichen Hoheit, der Queen of England, vorgestellt

8. Mit Joe Williams

7

8

20

21

22

23

20. Improvisationen mit Fred Astaire in einer Fernsehshow

21. Sammy Davis, Mister Entertainment

22. Oscar Peterson. Was der am Klavier hervorbringt, ist einfach unglaublich. Ein Monster!

23. Basie fährt mit seinem Amigo Scooter vor. Von links nach rechts: Bill Hughes, Posaune, Danny Turner, Alt und Flöte, Willie Cook, Trompete, und Grover Mitchell, Posaune

24. Noch einmal das Zigeunerleben
25. Ole Base

24

25

bung schmissen eine riesige Party für mich in Boston. Unsere Platten verkauften sich in dem Sommer auch ganz gut. Es waren *I Want A Little Girl, 9:20 Special, Tune Town Shuffle, Music Makers* und *Down, Down, Down.*

Ich stattete in der Woche auch ziemlich vielen Plattenläden einen Besuch ab, und überall kamen die Leute in Scharen. Allein in Sandlers Musikladen in Gloucester, Massachusetts, sollen über zweitausend Leute dagewesen sein, man mußte sie mit der Polizei zurückhalten. Bei unserer Abfahrt erzählte mir der Geschäftsführer, sie hätten an einem Nachmittag allein über 950 Platten verkauft.

Das große Ereignis für uns damals in New York, zu Beginn der Herbstsaison, war der Gig im Café Society Uptown in der 58. Straße, East, zwischen Park und Lexington Avenue, nicht weit vom Kaufhaus Bloomingdale. Nach dem Famous Door war das unser erster Auftritt in einem Club in New York.

Es gab auch ein Café Society Downtown, am Sheridan Square in Greenwich Village. Das war eigentlich das ursprüngliche Café Society, das gleich nach John Hammonds erstem »Spirituals-to-Swing«-Konzert in der Carnegie Hall eröffnet hatte. Es ist ihm und dem Konzert zu verdanken, daß Barney Josephson, Besitzer und Manager des Café Society, sich Pete Johnson, Meade Lux Lewis und Albert Ammons, drei der besten Boogie-Woogie-Pianisten des Landes, holte und damit das Café Society zur New Yorker Zentrale dieser Musik machte. Es war auch das »Hauptquartier« von Hazel Scott und Teddy Wilson und seinen Combos. Billie Holiday feierte dort ihre Erfolge und auch Lena Horn.

Der Club fand so viel Anklang, daß Barney nach etwa einem Jahr einen zweiten aufmachen konnte und den dann Café Society Uptown nannte. Als wir dort im September auftraten, war da die Hölle los. John Hammond hat unseren Gig dort als einen unserer besten Clubauftritte in Erinnerung. Der Musiker des Hauses war Teddy Wilson, und für die Dinnershow holten wir uns noch Buck Clayton, Buddy Tate, Dicky Wells und seine Rhythmusgruppe und spielten ziemlich soft und swinging.

Bei der Hauptvorstellung hielten wir dann die ganze Band auf Trab. Jimmy Rushing zog seine Bluesnummer ab, und Earl Warren wurde die Sensation als Schlagersänger. CBS sendete zweimal in der

Woche direkt aus dem Club. Von einigen Mitschnitten zwischen September und November haben wir später Platten gemacht, auf denen der Sound der Band bei Live-Auftritten gut rüberkommt.

Wir machten noch zwei weitere Aufnahmesessions im November. In der ersten Woche nahmen wir Earl mit *I Struck a Match in the Dark* auf. Das war einer unserer kleinen Neuheiten mit Earl. Eigentlich sollte es mit einer ganz dunklen Bühne anfangen, und Earl sollte ein Streichholz anzünden, was auch das Zeichen für den Einsatz war. Aber an dem Abend, an dem wir das zum erstenmal so machen wollten, hatte Jo ein Briefchen mit nassen Streichhölzern in Earls Tasche gesteckt. Als Earl dann auf der Bühne stand, passierte nichts, bis ich kapierte, daß uns da jemand hereingelegt hatte. Natürlich wollte es damals keiner gewesen sein. Das Instrumentalstück auf der Platte ist *Platterbrains,* auch eins von Tab Smith' Arrangements. Der zweite Schlager war *All of Me,* den Jimmy Mundy für Lynne Sherman arrangiert hatte.

Der zweite Aufnahmetermin lag in der Mitte des Monats und sollte für das Jahr auch der letzte sein. Wir nahmen drei Instrumentalstücke und zwei Schlager auf. Der eine war *More Than You Know* mit Lynne Sherman, der andere mal wieder einer von Rushs großen Hits aus der Zeit. Er hieß *Harvard Blues,* und der Text stammt von George Frazier, einem Harvard-Absolventen, der Artikel über Jazzmusik schrieb und einer unserer größten Fans aus Boston war. Das Stück war ein glatter 12-Takt-Blues, arrangiert von Tab Smith, Don Byas schrieb uns einen wunderbaren 24-Takt-Chorus dazu. *Harvard Blues* ist die Platte, an die sich die meisten Leute erinnern, wenn es um Don Byas und unsere Band geht. Die übermütige Posaune hinter Rush stammt von Mr. Dicky Wells.

Die drei Instrumentalstücke sind *Feather Merchant, Coming Out Party* und *Down for Double.* Bei den ersten beiden habe ich wieder ein bißchen diktiert, und Jimmy hat die Noten aufgeschrieben. Sweets spielt die erste Trompete auf *Feather Merchant,* und auch das Klavier hat 'ne Menge zu tun. Ich weiß nicht mehr, von wem der Titel stammt. Wir haben noch vor kurzem darüber gesprochen, und jemand erwähnte die Feather Merchants in dem Comic »Snuffy Smith«.

Down for Double war Freddie Greens Idee. Buck Clayton hat das

Arrangement dazu geschrieben. Dicky Wells spielt das Posaunen-
solo, und Jo Jones spielt ein bißchen mit seinem Schlagzeug, ganz
pfiffig, kommt gut an. *Down for Double* bedeutet beim Pokern den
Einsatz verdoppeln – kam bei uns ja nicht selten vor. Irgend
jemand spielte immer.

Unser größter Fan in dem Sommer im Ritz Carlton war eine sehr
nette junge Dame namens Sally Sears. Sie war noch sehr jung, aber
ziemlich locker, und sie war vernarrt in die Band. Sie kam regelmäßig mit ihren Eltern auf den Dachgarten. Wir freundeten uns ganz
gut an, und ich mußte ihr versprechen, daß die Band zu ihrem
Debütball, der im Herbst stattfinden sollte, zurück nach Boston
kommen würde. Daher die Nummer *Coming Out Party,* das zweite
Instrumentalstück bei der Session im November. Jimmy Mundy hat
das Arrangement geschrieben, und für den Anlaß hielten wir es in
einem mittleren Tempo, aber mit einem guten, soliden Beat dazu
kann man gut drauf tanzen.

Nach sechs wunderbaren Wochen war Schluß im Café Society, und
wir spielten im Strand am Broadway, bevor wir wieder den Zug in
den Mittleren Westen bestiegen. Ich kann mich nicht an alle Gastspiele auf der Tour erinnern, aber an Wichita, denn dort hielt ich
mich am 7. Dezember auf. Jemand weckte mich an dem Sonntag-
morgen, als das mit Pearl Harbor in den Radionachrichten kam.
Dann hörte ich Roosevelt und seine berühmte Rede, in der er Japan
den Krieg erklärte.

Bis dahin hatte man von dem Krieg nur aus den Schlagzeilen in
den Tageszeitungen und den nächtlichen Nachrichtensendungen
gehört, und natürlich nahm er in den Wochenschauen im Kino
immer den meisten Platz ein. Aber es war immer noch in Übersee,
in Europa, und die amerikanischen Soldaten nahmen noch nicht
daran teil. Die Vereinigten Staaten hatten die jungen Leute in die
Armee gerufen, für ein zweijähriges Training, und jeder wußte, daß
es wohl nur noch eine Frage der Zeit war, bis man zusammen mit
den Alliierten auch Truppen schicken mußte. Mit Pearl Harbor
änderte sich das alles auf einen Schlag. Von da an spielte sich alles
ganz dicht vor der Haustür ab und rückte mit jedem Tag näher.
Uncle Sam fing an, immer mehr Militärbasen und Ausbildungslager

einzurichten, und produzierte immer mehr Waffen und Munition, und das wichtigste für uns wurde die Musterungsnummer.

Das war die Hauptsorge für die meisten, denn viele waren in der Tauglichkeitsstufe I-A. Meine Hauptsorge waren die Ausbildung und die Manöver. Irgend jemand versuchte mir einzureden, daß schon alles gutgehen würde, als Musiker bräuchte ich sicher nicht an den Kämpfen teilzunehmen. Ich sagte ihnen gleich, daß ich nirgendwohin gehen würde, ich würde die Ausbildung und das ganze Zeugs nicht mitmachen, nicht in die Manöver ziehen und über die Gräben springen, mit diesen verdammten Schlangen und all dem Gesocks in den Sümpfen. Ich sagte, ich würde das auf keinen Fall tun, und das meinte ich ganz ernst. Sie hätten mir nichts Schlimmeres antun können, als mich in die Manöver zu treiben.

Ende Januar 1942 war im Pittsburgh »Courier« zu lesen, daß seine Leser uns zum zweitenmal hintereinander zur besten Swingband des Jahres gewählt hatten. Diese Art von Publicity war immer gut fürs Geschäft, und ich muß sagen, die Aussichten für das Jahr standen nicht schlecht. Wir sollten sogar in ein paar Filmen mitwirken. An die Details kann ich mich nicht mehr erinnern. Die Zeitungen hatten angefangen, über einen Vertrag mit Columbia Pictures zu berichten, aber es gab in der Richtung noch nichts Konkretes. In der ersten Jahreshälfte traten wir weiter hauptsächlich an der Ostküste und im Mittleren Westen auf.

Unser erster großer Gig in Chicago war etwa Anfang März. Wir traten im Oriental Theatre im Loop District auf. Es war eine große Show und mit einigen wirklichen Stars. Whiteys Jitterbug-Gruppe aus dem Savoy war mit dabei und Baby Lawrence, einer der großen Steptänzer, und dann noch das Tanzduo Apus und Estrelita. Jimmy Rushing und Earl Warren trugen Nummern von Rogers und Gordon vor. Übrigens stieß bei diesem Termin in Chicago Maceo Birch als Co-Roadmanager neben Milt Ebbins wieder zu der Band.

Danach traten wir mit Ethel Waters im Palace Theatre in Cleveland auf. Gordon und Rogers waren diesmal selbst mit in der Show. Am Eröffnungstag formierte sich die Schlange an der Eintrittskasse schon ganz früh morgens, und innerhalb kürzester Zeit mußten sie das Schild »Nur noch Stehplätze« aushängen. Es war eine tolle Woche.

Mit Ethel Waters zusammenzuarbeiten hat mir sehr viel Spaß gemacht. Sie war eine der größten Künstlerinnen, und ich war seit Jahren ganz vernarrt in sie. Schon allein mit so einem großen Star auf einer Bühne zu stehen, das war wirklich was. Ich war total aufgeregt.

Nach dieser Woche im Palace in Cleveland traten wir eine Woche im Paradise Theatre in Detroit auf, kamen dann wieder zurück nach Chicago und gingen für eine Woche ins Regal. In der Zeit verließ Tab Smith die Band, die dann irgendwann im April zwei Stücke aufnahm, *Basie Blues* und *I'm Gonna Move to the Outskirts of Town*. Louis Jordan und die Tympany Five hatten damit einen großen Hit gelandet, aber Jimmy Rushings Version war auch ganz gut. Irgend jemand kam auf die Idee, das Instrumentalstück *Basie Blues* zu nennen, denn es war fast nur für Klavier und einen schreienden Bläserchorus. Ich selber habe meinen Namen nie in den Titel von irgendwelchen Stücken gesetzt. *Rock-a-Bye Basie* und *Basie Boogie* haben andere erfunden, und ich war einverstanden, weil das gute Werbung für die Band war.

Die nächste Station nach Chicago war Milwaukee. Apus und Estrelita und Baby Lawrence waren wieder mit in der Show, und wenn man den Zeitungsmeldungen glaubt, hatten wir den größten Zuschauerandrang nach dem ausverkauften Konzert von Benny Goodman zwei Jahre zuvor. Das war schon erstaunlich, denn wir hatten ja schon in Chicago zweimal eine Woche lang vor ausverkauften Häusern gespielt, und Milwaukee war eigentlich nicht so weit entfernt. Ich meine, die Leute aus Milwaukee hätten ich bequem auch eine Vorstellung in Chicago ansehen können, aber sie warteten lieber da oben auf uns. Es kamen aber auch viele Fans aus Chicago, die uns noch mal sehen wollten.

Unseren großen Auftritt im Savoy Ballroom in diesem Jahr hatten wir bei der »Battle of Music« mit Lionel Hampton. Er hatte eine wahnsinnige Band. Zwei Jahre vorher hatte er angefangen, sie aufzubauen, nachdem er vier Jahre lang als Gaststar in Benny Goodmans Band aufgetreten war. Er hatte eine der heißesten Gruppen zusammen, die es so gab, und wie zu erwarten bei Hamp, verstand sie es auch, sich gut in Szene zu setzen. Es war einer von diesen Sonntagabend-Wettbewerben, und die Zeitungen behaupteten, daß an dem Abend fast siebentausend Leute dagewesen sein sollen.

Hamp hatte solche Leute wie Illionois Jacquet, Jac McVea, Dexter Gordon, Joe Newman, Ernie Royal, Milt Buckner und Irving Ashby um sich versammelt, und sie waren angetreten, uns kleinzukriegen. Sie gaben nicht einmal nach. Wir waren natürlich auch nicht gerade verpennt! Buck, Al Killian, Dicky, Don Byas, Jo und die ganzen Jungs warteten nur darauf, loszulegen. Sie wichen nicht mal vom Podium zwischen den Sets, nur mal für 'ne Sekunde, wenn sie sich einen kippen wollten oder mal »für kleine Jungs« mußten. Sie blieben einfach da oben und hörten sich Hamp an, damit sie sich schon mal überlegen konnten, was sie ihm als nächstes auftischen sollten.

Die große Nummer, die sie an dem Abend auf unserem Rücken abzogen, war *Flying Home*. Sie fingen genau vor unserem letzten Set damit an und spielten einfach weiter und weiter, ohne aufzuhören. Jemand meinte, es hätte eine Viertelstunde gedauert, aber es kam mir vor wie eine ganze. Als sie es ein paar Wochen später aufnahmen, wurde es sofort ein Hit. Es war eine von Hamps größten Nummern und ist noch immer ein Jazz-Standard. Es war auch die Platte, die Illinois Jacquet berühmt gemacht hat. Jeder erinnert sich an sein Solo auf der Platte, viele können es heute noch Note für Note mitsingen.

Es war natürlich hart, auf so ein Set zu folgen, also gingen wir mit dem Tempo erst mal herunter, spielten ein bißchen Swing, bauten dann langsam auf und kamen dann wieder in Fahrt. Ich glaube, wir haben uns ganz gut geschlagen, zumindet haben sie uns nicht rausgeworfen. Natürlich hatten wir unsere Fans dabei, die zu uns hielten, und wir wollten sie ja auch nicht im Regen stehen lassen. Als dann alles vorbei war, gab es ein totes Rennen: Wir kriegten den Punkt für musikalisches Können und Hamp für die Darbietung.

Gegen Ende Juli des gleichen Jahres fuhren wir wieder zurück nach Los Angeles. In den Zeitungen stand, wir hätten Glenn Millers bisher unerreichten Besucherrekord im Orpheum Theatre geschlagen. Wir traten auch in einem großen Filmmusical mit Ann Miller auf und hatten zwei Aufnahmetermine im Columbia-Studio in Hollywood.

An eine irrsinnig komische Szene in Los Angeles kann ich mich noch erinnern. Es war auf einer Party bei Hattie McDaniel, die damals ein ganz großer Filmstar war. Zwei oder drei Jahre davor hatten sie in »Vom Winde verweht« mitgespielt, der Film, der sie weltberühmt gemacht hatte. Sie hatte sich gerade ein Landhaus am South Harvard Boulevard gekauft, dort fand auch die Party statt, und der Chicagoer »Defender« schrieb darüber unter der großen Schlagzeile quer über den ganzen Unterhaltungsteil weg: »Galafeier für Count Basie, Hattie McDaniel Gastgeberin der berühmten Band«.

Es war eine tolle Party, die meisten Leute aus dem Showbusineß der Stadt waren gekommen und auch viele andere. Ethel Waters, Clarence Muse, Lena Horne, Hall Johnson, Dorothy Dandridge, Cab Calloway, Les Hite, Timmy Rogers, Sunshine Sammy, und ich weiß nicht, wie viele andere, und natürlich Freunde aus der Gegend und von außerhalb. Selbstverständlich war auch mein alter Kumpel Stuff Crouch da. Ich hab' mich zwar köstlich amüsiert an dem Abend, aber daß die Party nur für mich sein sollte, davon habe ich, ehrlich gesagt, nichts mitgekriegt. Ich war nur einfach hingegangen, weil ich meinen Spaß haben wollte und weil es so eine sagenhafte Sache war.

Das Komische an diesem Abend war ein kleiner Typ, der mir eher zufällig auffiel. Man sah sofort, daß er zu denen gehörte, die sich immer irgendwo einschleichen. Ich weiß nicht, was es war, aber irgend etwas an ihm war mir aufgefallen, und der alte Sweets, vielleicht auch jemand anders, war mit mir, und ich sagte: »Behalte den mal im Auge.« Wir verloren ihn also nicht aus den Augen, als er so durch die Menge strich, und schließlich kam er endlich in den Teil des Raums, wo das Buffet aufgebaut worden war. Wir sahen, wie er sich den Teller auflud und den Tisch entlangging. Es war ein erstklassiges Buffet mit allen möglichen Horsd'œvres, Entrees, Salaten, Obst und Käse und allen möglichen Kleinigkeiten, schon die Dekoration allein war phantastisch.

Wir beobachteten also den Kleinen, wie er sich den Teller auflädt und zum Ende vom Tisch kommt, wo eine große Kristallvase steht, in der wundervoll duftende Gardenienblüten schwimmen. Der Kleine reicht ganz cool und würdevoll rein und holt sich ein paar Gardenien raus und legt sie auf seinen Teller, dann noch ein Salatdressing dazu und verschwindet wieder in der Menge. Ich konnte es einfach nicht glauben, aber es ist die Wahrheit.

Sweets und ich lachten uns fast tot. Ich sehe ihn noch, wie er das Salatdressing über die Gardenien schüttet. Er muß irgendwann was gemerkt haben, aber bevor er die Gardenien wieder loswerden konnte, hatte er schon eine Handvoll gegessen. Als er dann später wieder reinkam, stellten wir uns hinter ihm auf, und der alte Sweets (oder war ich es?) meinte: »Hei, wie war denn das Salatdressing von vorhin, Kumpel?«

Im Spätsommer des gleichen Jahres beschlossen Catherine Morgan und ich, endlich zu heiraten – oder, wie sie immer sagt, überredete ich sie dazu. In den drei Jahren, seitdem wir das erstemal in Detroit richtig miteinander ausgegangen waren, hatten wir uns häufig gesehen. Wenn die Band lange außerhalb gastierte und sie etwas Zeit hatte zwischen zwei Jobs, kam sie mich immer besuchen, besonders gern, wenn wir Auftritte in Chicago oder Los Angeles oder anderen großen Städten hatten.

Sie machte damals als Tänzerin und Sängerin selber Karriere, weswegen es ja auch so lange gedauert hatte, bis sie sich entschloß, eine feste Bindung einzugehen. Ich hatte Verständnis dafür, aber ich wußte auch, wie schwierig es war, als Entertainer ganz auf sich allein gestellt zu sein – besonders als Frau. Ehrlich gesagt, ich wollte, daß sie das alles aufgab und meine Frau wurde, schon als ich noch bei Bennie Moten war und sie noch ein kleines sechzehnjähriges Mädchen bei den Whitman Sisters.

Ich wollte, daß sie sich irgendwo niederließ und einen Hausstand gründete, damit wir eine richtige Familie haben konnten. Das hatte ich mir immer gewünscht. Ich wollte nie nur einfach so mit ihr zusammensein. Ich erzählte ihr sicher viel Unsinn, aber ich habe immer wieder versucht, sie dazu zu bringen, mich zu heiraten. Als sie dann endlich ja sagte, heirateten wir im August. Es war keine große Zeremonie. Wir suchten uns einen Friedensrichter in Seattle und gaben das Ereignis erst an meinem Geburtstag bekannt. Die Hochzeitsreise verbrachten wir auf der Straße, unterwegs mit der Band. Wir gaben damals eine ganze Reihe von Gastspielen.

Im September fuhren wir wieder an die Westküste und hatten einen kleinen Auftritt in einem Film, »Reveile With Beverly«, einem Musical mit der Steptänzerin Ann Miller. Wir mußten immer sehr früh morgens aufstehen, um von der West Side in die Studios zu kommen, aber ich weiß gar nicht mehr genau, was wir da eigentlich zu tun hatten, nicht einmal, ob ich den Film überhaupt gesehen habe, als er rauskam. Wenn ja, dann kann ich mich nicht mehr an ihn erinnern.

Über die Arbeit im Studio kann ich nur sagen, daß Freddie Green mit dabei war. Einmal gingen wir während der Pause in die Stadt, und er hatte seinen Musterungsbescheid nicht dabei und durfte nicht wieder zurück. Green geht gerne Shopping. Wenn wir unterwegs sind und der Bus gerade mal kurz anhält, steigt er aus und geht Shopping, auch wenn's nur zwei Minuten sind, und zack ist er weg. Dieses Mal hatten sie ihn erwischt. Niemand wußte, wo er steckte. Er schlenderte irgendwo die Straßen entlang und sah sich die Schaufenster an. Sie hielten ihn an, und er hatte seinen Bescheid nicht dabei, also nahmen sie ihn gleich mit und steckten ihn in den Knast, und als er nicht rechtzeitig für die Aufnahmen zurückkam, mußte Snodgrass seine Rolle übernehmen und so tun, als spiele er Gitarre. Freddie kam später natürlich wieder raus, aber eine ganze Zeit lang wußten wir nicht, was passiert war.

Damals in Hollywood machten wir auch unsere erste Radiosendung für die Truppen. »Metronome« schrieb, daß sie an die alliierten Truppen in 32 Länder ausgestrahlt wurde. Die anderen Mitwirkenden bei dem Programm waren Clark Gable, Bette Davis, Dinah Shore, Carmen Miranda und Jerry Colonna.

Bei der Gelegenheit lernte ich Clark Gable persönlich kennen. Das werde ich nie vergessen, denn ich hatte ihn immer bewundert. Als ich an seiner Garderobe vorbeikam, stand seine Tür zufällig offen, und ich sah, wie er auf einem Stuhl saß und irgendwas las. Vielleicht war es ein Drehbuch oder so, jedenfalls saß er ganz allein da, und ich klopfte einfach an und stieß die Tür etwas weiter auf. Sicher keine gute Manieren, aber ich konnte einfach nicht widerstehen, ich mußte ihm einfach etwas sagen.

Ich stellte mich also vor und sagte: »Es ist mir ein großes Vergnügen. Ich hoffe, Sie haben nichts dagegen, daß ich mal guten Tag sage.«

»Natürlich nicht«, sagte er. »Ich weiß, wer Sie sind. Ich weiß alles über Sie, Count.«

Viele Filmstars versuchen immer, die Personen, die sie auf der Leinwand spielen, auch darzustellen, wenn man sie privat trifft, sie sind nie ganz offen und natürlich wie andere Menschen. Dann gibt es die, die man immer für etwas steif gehalten hat, es aber eigentlich gar nicht sind, und zu denen gehörte Clark. Er schaute auf von dem, was er gerade las, drehte sich um, schlug die Beine übereinander, und wir unterhielten uns ein paar Minuten. Später ließ er sich dann zusammen mit mir im Studio fotografieren. Das fand ich ganz toll.

Bette Davis verhielt sich auch ganz natürlich und war sehr nett. Sie sah mir zu, wie ich am Klavier saß und wir uns aufwärmten, und sie kam einfach aus ihrer Kabine zu mir rüber und stellte sich vor und setzte sich neben mich auf die Bank und fing ein Gespräch an. So kamen die Fotografen zufällig zu ihrem Bild von uns beiden. Man hatte sie nicht gebeten, für das Foto zu posieren, sie kam von sich aus her und setzte sich neben mich und erzählte mir, wie sehr sie die Band mochte.

Dann natürlich Dinah Shore, sie war auch sehr nett und wurde ein sehr guter Freund der Band. Wenn sie gerade in der Nähe von dem Ort war, wo wir auftraten, kam sie immer auf ein paar Nummern vorbei, auch wenn es nur für Minuten war. Ich weiß noch, einmal, als wir in einer kleinen Lounge neben dem Chicago Theatre spielten, wo sie eine Woche lang auftrat, schaute sie immer mal wieder vorbei, was wir denn so machten, und winkte uns jeden Abend auf ihrem Nachhauseweg »auf Wiedersehen«. Viele Jahre später, als sie ihr eigenes Fernsehprogramm hatte, wollte sie mit uns eine Show machen, und jemand von den Mitarbeitern hatte schon eine andere Band im Sinn, aber sie wollte nicht darauf hören.

»Nein, ich will Basie.«

Das habe ich auch nie vergessen.

In dem ersten Monat des neuen Jahres blieben wir einige Wochen in New York und spielten Gigs in der Stadt, gaben ein paar Gastspiele in der Nähe und traten bei Shows in Theatern auf. Ende Februar spielten wir auf der Geburtstagsparty der NAACP im Golden Gate Ballroom, und im März gingen wir wieder für eine Woche ins Regal nach Chicago und dann eine Woche nach Milwaukee. Im April spielten wir in Philadelphia und Boston, und im Mai fuhren wir wieder an die Küste.

Unser Gig in Chicago war im White City Ballroom in der 47. Straße, South Parkway. Von da fuhren wir zu einer Tanzparty nach

St. Louis und nach einem kurzen Aufenthalt in Kansas City wieder nach Los Angeles und Hollywood und blieben dort bis Oktober.

Catherine begleitete mich auf der Reise, und wir wohnten in dem Haus von meinem guten alten Freund Stuff Crouch. Wie viele Leute in Los Angeles hatte Stuff in seinem Garten ein kleines möbliertes Gästehaus mit Wohnzimmer, Schlafzimmer, Bad und einer Kochnische, und dort machten wir es uns bequem. Es war genau das, was Catherine und ich suchten, denn zu der Zeit erwarteten wir unser erstes Kind.

Die Band spielte in drei Filmen von Universal Pictures mit. Der eine war ein kurzes Musical, »Choo Choo Swing«, in dem auch die Delta Rhythm Boys, eine großartige Gesangsgruppe, drin vorkam. Wir spielten *Swinging the Blues,* und Jimmy Rushing sang *Sent For You Yesterday.* Ich weiß nicht mehr genau, was die Delta Rhythm Boys in dem Film sangen, ich habe ihn seit Jahren nicht mehr gesehen. Sie spielten mit uns noch in einem anderen Film, einen von diesen Achtzig-Minuten-Dingern mit dem Titel »Crazy House«. An den kann ich mich aber auch nicht mehr gut erinnern, nur daß Olsen und Johnson, diese beiden total verrückten Komiker, darin vorkamen.

Der andere Film für Universal hieß »Top Man«, ebenfalls ein richtiges Musical mit Donald O'Conner. Jemand hat mir erzählt, wir hätten *Basie Boogie* da drin gespielt, in einer Szene auf einem College-Campus, aber an die Geschichte kann ich mich nicht mehr erinnern. Ich weiß wohl, daß *Basie Boogie* damals eine Nummer war, die wir sehr oft spielten.

Big'Un war bei den meisten Filmspots dabei, aber gegen Ende des Sommers mußte er aussteigen, und weil wir nicht wußten, wie lange er wegbleiben würde, holten wir uns erst mal Vernon Alley in die Band und einigten uns dann auf Rodney Richardson. Rodney war ein sehr netter junger Kerl, und er leistete wunderbare Arbeit bei uns, vier Jahre lang, bis Ende des Krieges. Natürlich waren wir nicht gerade froh darüber, daß Big'Un ging, aber er brauchte erst mal eine Pause, nachdem er die ganze Zeit mit uns gereist war, und mußte sich außerdem mal um einige private Dinge kümmern. Wir hatten keine Ahnung, daß er sehr lange wegbleiben würde, aber darauf lief es dann hinaus.

Der nächste große Auftritt in New York war unser wunderbares Engagement im Blue Room im Lincoln-Hotel. Es wurde für uns zu einem der drei besten Showauftritte in Manhattan in den noch verbleibenden Kriegsjahren. Die anderen beiden waren im Roxy Theatre und im Aquarium. Wir traten dort jedesmal mindestens vier Wochen auf, mit einer möglichen Verlängerung. Ich weiß wirklich nicht mehr, wie wir das geschafft haben, in den Blue Room zu kommen. Das Lincoln-Hotel gehörte Miss Maria Cramer, und der Manager der Band da drin war Jack Carney, aber soweit ich weiß, war sie es, die uns unbedingt haben wollte.

Als ich sie das erstemal wirklich zu Gesicht kriegte, wollte ich mir gerade einen Scotch mit Milch bestellen. Es war entweder bei einer Probe kurz vor der Eröffnung oder während einer Pause am Premierenabend, da stellte mich jemand Miss Cramer vor. Sie war eine wundervolle Person.

Wir wurden sehr gute Freunde, und sie sprach immer nur gut über die Band. Immer wenn sie sich wieder mit jemandem anlegen mußte, weil sie unbedingt uns in den Blue Room haben wollte, sagte sie: »Tut mir leid, aber ich will den Count hier drin haben. Ich bin sehr zufrieden mit dem Count.«

Sie war wirklich sehr nett. Ich werde nie vergessen, wie sie jeden Abend während einer der Pausen hinter die Bühne kam. Ich sah mich um, und da stand sie.

»Nun, willst du einen ›kleinen Spaziergang‹ machen und dir was genehmigen?«

»Ich bin dabei, Boß-Lady.«

»Nein, ich bin dabei, Kumpel.«

Der »kleine Spaziergang«, das war eigentlich nur zwischen zwei Türen hinter dem Podium für die Band. Aber sie kam jeden Abend, und wir genehmigten uns einen und unterhielten uns dort ein paar Minuten. Jeden Abend. Sie verstand es, eine angenehme Atmosphäre zu verbreiten, die anderen konnten sich noch so sehr bemühen. Und sie war der Boß!

Dann schlug wieder mal die Musterungskommission zu. Der nächste Tribut an Uncle Sam war Jack Washington. Im Blue Room war er noch mit dabei, aber ich glaube, im Roxy nicht mehr. Ehrlich gesagt, hab' ich es vergessen, nur einen Ersatzmann am Bariton und Alt, den habe ich nicht vergessen, das war nämlich Rudy Rutherford. Rudy hatte den Sound auf der Klarinette wirklich raus. Er ist auf der V-Disc-Aufnahme von *Kansas City Stride* und spielte dann ein ganzes Jahr lang die meisten Klarinettensoli.

Wir waren immer noch im Roxy, als Catherine mit Diane in New York ankam. Ich sehe Catherine noch immer vor mir, wie sie aus dem Flugzeug steigt, mit einem modischen Hut auf dem Kopf und in den Armen das Kind. Ich werde nie vergessen, was das für ein Gefühl war, meine Familie an dem Tag vom Flughafen zurück nach Hause zu bringen. Old Basie, seine Frau und seine Tochter.

Wir zogen dann in das Mayor-La-Guardia-Apartmenthaus um, in 1274, Fifth Avenue, südlich von der 110. Straße, gleich gegenüber Central Park. Earl Warren und seine Frau Clara wohnten in dem gleichen Haus, und sie wurden Dianes Pateneltern.

Übrigens, der Pfarrer, der Diane taufte, war Reverend Adam Clayton Powell jr., der Pastor der Abyssinian Baptist Church in der 138. Straße, Seventh Avenue. Das war noch ein paar Jahre bevor er auch Kongreßabgeordneter für Harlem wurde, aber er war damals schon einer der herausragendsten Führer der Schwarzen-Szene in Harlem. Auch auf Bundesebene. Ich kannte ihn schon recht lange, ich weiß nicht mehr, woher, aber er gehörte zu den Priestern, die sich auch in der Unterhaltungsbranche auskannten. Er saß also auch immer im Café Society Uptown. Ein Jahr später heiratete er meine gute alte Freundin Hazel Scott.

Im darauffolgenden Frühjahr ging die Band wieder für vier Wochen zurück ins Roxy Theatre. Ich werde nie über eine kleine Sache hinwegkommen, die damals passierte. Sarah Vaughan und ich lachen uns noch heute tot, immer wenn sie mal wieder erwähnt wird.

Eigentlich war ich der Dumme. Ich hatte mich mit Sassy, wie wir sie auch nannten, in der Zwischenzeit ganz gut angefreundet. Sie war ganz vernarrt in die Band, und sie kam auch mit den Jungs prima aus. Immer wenn wir eine Zeitlang in derselben Stadt auftraten, kam sie vorbei, manchmal täglich, und hing mit den Jungs hinter der Bühne rum und auch in meiner Garderobe.

Für diesen besonderen Auftritt im Roxy suchte ich nun eine Sängerin, die den Platz von Thelma Carpenter einnehmen sollte.

Zwischen den Sets hörte ich mir also die Bewerberinnen an. Es gab ein Klavier in meiner Garderobe, und dort schickte der Pförtner am Bühneneingang die Anwärterinnen hin. Ich weiß nicht mehr, wie lange das so ging, aber manchmal kam Sassy vorbei, und dann fragte ich sie, was sie denn so von dieser oder jener halten würde, und dann machte sie mich auf bestimmte kleine Dinge aufmerksam, und ich mußte ihr zustimmen.

Eines Tages war sie wieder da, und jemand rief von der Tür, daß sich auch wieder eine Bewerberin gemeldet hätte. Ich glaube, ich hatte mir schon zwei oder drei an dem Tag angehört und mich auf die Couch gelegt, um mich vor der nächsten Vorstellung etwas auszuruhen. Ich murmelte also vor mich hin, ich sei zu müde, um an dem Tag noch irgendeine Bewerberin zu begleiten, und dann kam sie herein.

»Ich übernehme die Begleitung«, sagte sie. »Warum bleibst du nicht einfach liegen und hörst zu und läßt mich spielen.«

»Na gut, wenn es dir wirklich nichts ausmacht«, sagte ich.

Sie spielte also Klavier, und ich ließ das Mädchen singen, und dann fragte ich sie, was sie von ihr hielte, und wir kamen überein, daß wir uns lieber noch ein paar mehr anhören sollten. So lief das ein paar Wochen lang weiter. Sie kam jeden Tag vorbei und spielte für mich, ich brauchte also zwischen den Auftritten nur auf meiner Couch zu liegen und zuzuhören. Einmal brachte sie sogar selber ein kleines Mädchen vorbei, das ich mir anhören sollte.

Ich mußte die ganze Zeit immer nur daran denken, was sie doch für eine tolle Freundin war, daß sie das für mich machte. Erst später wurde mir klar, daß ich während der ganzen Zeit, die ich mit der Suche nach einer Sängerin verbrachte, eine der größten Sängerinnen der Welt vor mir hatte, die jeden Tag vorbeikam und Klavier spielte, damit ich mir andere Sängerinnen anhören konnte.

Ich meine, sie war damals schon großartig, und ich wußte auch, wie gut sie war, aber wir standen uns so nah, daß ich ganz einfach vergessen hatte, was sie konnte. Sie war nur einfach mein Kumpel, der mir einen Gefallen tat. Weiter habe ich nicht gedacht. Erst als George Treadwell das einige Zeit später erwähnte, wurde mir klar, was da passiert war. George wurde ihr Manager, und sie waren auch mal verheiratet.

»Verdammt, Basie«, sagte er immer. »Du hattest die größte Sängerin der Welt vor deiner Nase, und du läßt sie bei Proben Klavier spielen.«

Oh, Mann, darüber komme ich einfach nicht weg. Als ich Sassy das nächstemal sah, fragte ich sie, warum sie denn nichts gesagt hätte, sie hätte doch nirgendwo gearbeitet zu der Zeit. Aber sie lachte nur.

»Ich dachte, du wolltest mich nicht«, sagte sie. »Ich dachte, ich wäre nicht das, was du suchst.«

Oh, Mann! Übrigens konnte sie sehr gut Klavier spielen. Sie hätte selbst in Earl Hines Band auftreten können, so gut war sie.

Als wir Mitte Mai in New York für die nächste V-Disc Aufnahmesession antraten, gab es auch bei den Trompetern einige kleine Umbesetzungen. Al Killian und Joe Newman stiegen aus, und Karl George und Snookie Young stiegen ein. Für diesen Aufnahmetermin hatten wir fünf Trompeter, denn Buck Clayton war auch mit dabei. Ich weiß nicht mehr, wie wir das gedeichselt hatten, denn er war ja zu der Zeit noch in der Armee. Aber er war ganz in der Nähe, in New Jersey, stationiert, und er verbrachte sowieso die meiste Zeit im Theresa-Hotel. Ich vermute also, daß er freigestellt war, und dann waren diese V-Discs ja auch für die Armeesender gedacht, das kann also auch eine Rolle gespielt haben. Er ist der, der Mr. Bones auf *High Tide* folgt, und mein alter Kumpel Taps Miller macht diesen Scat-Gesang. Lucky Thompson spielt Tenor und Rudy Rutherford Klarinette, Sweets und Snooky unterstützen Taps ein bißchen bei dem Gesang.

Lucky und Rudy spielen Tenor und Klarinette auf *Tipping on the Q. T.,* und J. J. Johnson bringt eine kleine acht Takte lange Einlage. Ich weiß nicht mehr, wer J. J. Johnson in die Band brachte, aber er blieb eine Zeitlang bei uns. Dann ging er seine eigenen Wege und machte sich einen Namen als der Bop-Posaunist schlechthin.

Wir blieben fast das ganze Frühjahr über an der Ostküste. Dann fuhren wir wieder quer durch den Mittleren Westen nach Kalifornien. Eine Zeitlang hatten wir anstelle von Thelma Carpenter eine sehr schöne Sängerin, Maxine Johnson, aber sie blieb nur kurz; nach ihr kam Anne Moore. Auch sie blieb nicht sehr lange. Bei der nächsten Aufnahme für Columbia haben wir aber mit ihr eine Nummer produziert, *Jiving Joe Jackson.*

Die wichtigste Neubesetzung kam mit Illinois Jacquet aber erst in Los Angeles in die Band. Lucky Thompson wollte im Herbst aussteigen und an der Küste bleiben und seine eigene kleine Gruppe gründen. Wenigstens ging das Gerücht um, und Illinois muß das mitgekriegt haben, denn er kam einfach her und meinte, er würde jetzt den Job übernehmen. Wir waren gerade im Aufbruch, und Lucky hatte sich schon verspätet, und als er dann endlich an den Bus kam, saß Illinois schon auf seinem Platz.

Als wir im Oktober *High Tide* aufnahmen und auch *Queer Street,* war Jacquet schon in der Rohrblattgruppe. Er spielte das Tenorsolo, und sobald er einsetzt, hört man, wie sehr er Lester verehrt. Er war ganz verrückt nach Herschel und Lester und saß ja auch auf Lesters Platz und wußte sehr wohl, was er da tat, aber hatte seinen Spaß dabei.

Im späten Oktober ging es wieder zurück an die Ostküste. Über das Earle Theatre in Philadelphia kamen wir dann schließlich nach New York. Für den Rest der Weihnachtssaison gingen wir dann wieder ins Apollo.

Anfang Januar nahmen wir das Instrumentalstück *The Mad Boogie* und einen Schlager mit Jimmy Rushing, *Patience and Fortitude,* auf. Dicky Wells war da schon aus der Band ausgestiegen, und an seiner Stelle hatten wir einen sehr guten Mann namens Georg Mathews. Aber es gibt eben nur einen Dicky Wells.

Anfang Februar kam Jo Jones wieder aus der Armee zurück. Bei unserem nächsten Aufnahmetermin machten wir *Lazy Lady Blues* mit Jimmy Rushing und drei Instrumentalstücke, *Rambo Stay, Cool* und *The King,* was eine von Jacquets großen Nummern mit uns war. Die andere war *Mutton Leg,* die wir bei dem Termin danach machten, zusammen mit *Hob Nail Boogie* und *Danny Boy.*

Jack Washington und Walter Page kamen in dem Frühjahr auch wieder zurück in die Band, waren also bei dem Termin im Juli dabei. Jack war auch aus der Armee entlassen worden, und er nahm die Stelle von Jimmy Powell am Alt ein. Big'Un kam dann auch auf die Idee, daß es doch langsam Zeit wurde, zurückzukommen.

In den letzten Tagen des Juli und fast den ganzen August traten wir im Aquarium am Broadway auf. Wir bekamen von dort auch ziemlich viel Sendezeit. Die Sendungen wurden überallhin ausgestrahlt, wahrscheinlich gibt es also noch irgendwie Mitschnitte. Von einem Mitschnitt weiß ich mit Sicherheit, denn von der Sendung, als ich Gast bei der Benny Goodman Show vom 12. August war, gibt es eine LP.

Die Gruppe bestand damals aus Ed Lewis, Sweets, Snookie und Emmett Berry, Trompete, Eli Robinson, Ted Donnelly, George Mathews und Bill Johnson, Posaune, Jack Washington, Buddy Tate, Rudy Rutherford und Paul, Rohrblattinstrumente, und natürlich unserer alten Rhythmusgruppe sowie Jimmy Rushing und Anne Moore, Gesang. Das war auch die Zusammensetzung, mit der wir zurück an die Ostküste kamen, nachdem wir die Weihnachtssaison im Avedon verbracht hatten und gleich im Januar des neuen Jahres unsere nächste Platte machten.

Das einzige längere Engagement in dem Sommer war im Club Paradise in Atlantic City. Eigentlich lief das Geschäft nicht mehr so gut wie in den Jahren davor, die Zahl der Gigs ließ langsam nach, und manchmal mußte die Band für ein paar Tage auch Zwangspausen einlegen.

Wir mußten alle mit etwas weniger auskommen, denn wir mußten runter mit der Gage, damit wir überhaupt auftreten konnten. Aber trotz der langen Arbeitszeit und den hohen Lebenshaltungskosten in Atlantic City hatten wir immer noch unseren Spaß. Zunächst einmal war die Show selber große Klasse. Sie war das, was in den Zeitungen immer als »schwarze All-Star-Revue« bezeichnet wird. Ziggy Johnson war der Produzent, der den Vergleich mit Larry Steele nicht zu scheuen brauchte, wenn es um die Zusammenstellung großer Shows ging, mit hübschen Revuegirls, Sängerinnen und Komikern. Für große Produktionsnummern mit fabelhaften Kostümen und Sets war er genau der Richtige. Für eine Nummer mit den Revuetänzerinnen besorgten sie mir sogar eine Orgel, die brauchte ich nämlich ganz dringend für *Paradise Squat.*

Larry Steele war eigentlich unsere große Konkurrenz in dem Sommer, denn er gastierte mit seiner eigenen Show im Club Harlem in Atlantic City. Sie hieß »Smart Affairs« und hatte Derby Wilson, Moms Mabley, Billy Daniels, Top und Wilder und zwölf Revuegirls zu bieten. Das war unsere schärfste Konkurrenz, aber auch ein Grund, warum die ganze Sache für uns so toll wurde: Die beiden Gruppen verstanden sich nämlich prima miteinander. Und der zweite Grund waren unsere alten Freunde, die von der ganzen Ostküste nach Atlantic City kamen.

Katy kam am Wochenende immer aus St. Albans rüber und fuhr montags wieder zurück, was mich darauf bringt, daß ich noch gar nicht erwähnt habe, daß wir in dem Jahr davor aus dem La-Guardia-Apartmenthaus ausgezogen waren, weil wir ein Haus in Jamaica, Queens, gekauft hatten. So wichtig dieser Umzug auch war, ich kann nicht viel darüber erzählen, denn ich erinnere mich an kaum etwas. Ich weiß noch, daß Catherine mich losschickte, mir ein paar Häuser anzusehen, als ich mal in der Stadt war. Es wurde viel gebaut damals, und die Leute zogen aus der Stadt. Aber daß wir umgezogen waren, das erfuhr ich erst über Telefon, als ich irgendwo unterwegs war. Wir hatte uns schon eine ganze Weile unterhalten, als sie mir sagte: »Übrigens, ich muß dir noch unsere neue Adresse geben.«

Der Arbeitstag in Atlantic City war zwar lang, aber wir hatten immer Zeit genug für andere Dinge. Jack Washington, Paul Gonsalves und einige andere organisierten ein Softballteam und veranstalteten Wettkämpfe gegen andere Mannschaften, die entweder auch gerade irgendwo in Atlantic City einen Gig hatten, so wie Harry Smith oder Louis Prima, aber auch gegen einheimische Feuerwehrleute, Polizisten, Barkeeper oder Arbeiter. Wir kamen immer erst gegen fünf Uhr morgens aus dem Club, und manchmal fanden zwei oder drei Spiele in der Woche statt – und alle morgens.

Ich glaube, der Sommer in Atlantic City war für uns alle sehr schön. Ein paar von den Jungs hatten auch ihre Familien mitgebracht, sie gingen mit den Kindern zu den Vergnügungsparks oder an den Strand oder unternahmen sonstwas. Manche Familien hatte sich auch zusammengetan und irgendwo was gemietet, um Geld zu sparen.

Trotzdem konnten wir nicht den ganzen Sommer bleiben. Wir bekamen das Angebot, für drei Wochen im Strand Theatre am Broadway aufzutreten, mit dem Film »Deep Valley« mit Ida Lupino und Dane Clark. Wir mußten also schon vor Ende August wieder abreisen, sonst wären wir gern bis Labor Day, dem Ende der Saison, geblieben.

Es kommt immer wieder gut an, wenn man auf einer der Spitzenbühnen am Broadway wie dem Strand einen Erfolg vorzuweisen hat. Für die Herbstsaison wollten wir ein ganz besonderes Paket zusammenstellen. Ziggy Johnson machte also aus der Cabaretshow, die im Club Paradise so ein Erfolg gewesen war, eine Bühnenshow für die Theatertournee. Damit traten wir im Apollo auf, als das mit dem Strand wieder auslief.

Irgend jemand kam auf die Idee, das Ganze »The One O'Clock Revue« zu nennen. Es wurde dann viel darüber geredet, daß der »Package-Deal« der neue Trend im Showgeschäft sei. Larry Steel machte nämlich auch aus der Show, mit der er im Club Harlem aufgetreten war, eine Bühnenshow mit June Richmond und ungefähr vierzig Künstlern und Musik von Coleridge Davis.

Ich kann nicht behaupten, daß eine von den beiden Shows irgendeinen Trend setzte, sie kamen in dem Jahr 1948 beide nicht sehr weit. Der Hauptgrund waren die großen All-Star-Pakete, mit denen die Agenturen jetzt anrückten, mehrere namhafte Sänger, zwei oder drei berühmte Gruppen und eine namhafte Band, alles zusammen in einem Paket. Buck Clayton, Lester, Hawk, Roy, Illinois, Ben Webster und viele andere machten eine ganze Zeit lang bei solchen Touren mit, und das griff dann um sich.

Der Bebop war mittlerweile auch aufgetaucht, und es gab nicht mehr so viele Auftrittsmöglichkeiten in den Ballsälen und Tanzdielen wie vorher. Dann kamen langsam auch die Gesangsgruppen hoch, damals fingen sie an, sich die Bühnen zu erobern. Ich will gar nicht versuchen, die Situation zu analysieren oder so, sondern nur beschreiben, wie sich aus meiner Sicht die Dinge damals langsam veränderten.

Das neue Jahr hatte gerade angefangen, als mal von einer Europatournee die Rede war, aber es klappte nicht. Wir stellten die »One O'Clock Revue« wieder auf die Beine und traten noch ein paarmal in Theatern damit auf. Ich habe keine Unterlagen mehr darüber, wohin uns die Tour führte, aber der »Defender« schreibt, daß wir es immerhin ins Regal nach Chicago, Ziggys Heimatstadt, brachten, und es ist gut möglich, daß wir auch nach Baltimore und Washington gekommen sind. Aber ich weiß nicht mehr, was dort los war, ich glaube, danach haben wir die ganze Sache an den Nagel gehängt.

Im Frühjahr, nach ein paar Wochen im Adams Theatre in Newark und noch einer im Apollo in Harlem, spielten wir in einigen Orten unten im Süden. Im Mai waren wir dann wieder im RKO-Theatre in Boston mit einer dieser großen All-Star-Revuen und Billy Eckstine und den Nicholas Brothers als zusätzliche Attraktionen.

Anfang Juli gingen wir wieder ins Paradise in Atlantic City. Diesmal konnten wir nur zwei Wochen bleiben, denn in der dritten Juliwoche mußten wir wieder im Strand sein. Wir hatten eigentlich gedacht, wir könnten länger dort unten bleiben, der Club hatte sogar extra angebaut, damit auch alle Leute, die wir im letzten Jahr schon angelockt hatten, Platz hatten.

Aber das Strand konnte man nicht so ohne weiteres sausenlassen, denn dieses Mal starteten wir zusammen mit der Weltpremiere von »Key Largo«, mit Humphrey Bogart und Laureen Bacall, zwei der größten Hollywoodstars damals. Auf der Bühne standen Billie Holiday, Stump und Stumpy und die Two Zephyrs, und wir hatten zusätzlich noch Extranummern für Jimmy Rushing und Bob Bailey. Wir hatten zuerst einen Vertrag für drei Wochen mit einer möglichen Verlängerung auf sechs oder sieben.

So lange blieben wir auch. Als der Gig zu Ende war, hatte es einige Veränderungen in der Besetzung gegeben. Der erste große Verlust war Jo Jones. Eines Tages kam jemand in meine Garderobe und stellte mir eine Frage, die mich völlig überraschte.

»Was ist denn mit Jo Jones los? Haut er ab oder was?«

»Nicht daß ich wüßte«, sagte ich. »Was soll die Frage?«

»Es scheint aber so«, antwortete er. »Ich sah gerade, wie er mit seinem Schlagzeug und seinen Sticks und allem verschwand.«

Als ich zur Bühne kam, war Jo weg, er hatte sich einfach davongemacht. Ich mußte mich also aufraffen und sofort jemand für die nächste Show suchen, und wenn ich mich recht entsinne, kam erst ein junger Typ aus der Band vom Apollo für kurze Zeit, dann konnten wir wieder Shadow Wilson für die Band gewinnen.

Nachdem der Gig im Strand zu Ende war, gab es erneut Probleme, denn wir mußten wieder runter mit den Gehältern. Es gab Gerüchte, daß die Band auseinandergehen würde, daß Jimmy Rushing aussteigen wollte, um seine eigene Band zu gründen. Am Ende stellte sich heraus, daß die wichtigsten Leute, die wir verloren, Buddy Tate und Ed Lewis waren. Buddy wollte einfach öfters in New York sein und sehen, was er da erreichen konnte, und Ed Lewis hatte sich entschlossen, die Musik für eine Weile ganz aufzugeben.

Diese beiden großen Musiker zu verlieren, nachdem sie im Laufe der Jahre zu einem Teil der Band geworden waren, das machte viel aus. Aber wir konnten Wardell Gray als Buddys Ersatz für die Gruppe gewinnen, und Jimmy Nottingham übernahm als erster Trompeter den Platz von Ed Lewis. Wardell hatte in der Band von Billy Eckstine gespielt und davor bei Earl Hines und Billy Carter, sogar in Benny Goodmans Sextett. Jimmy war besonders für seine hohen Töne bekannt und hatte in Lionel Hamptons großartiger Band, aber auch bei Charlie Barnet und Lucky Millinder gespielt.

Die Band, mit der wir Mitte September im Royal Roost am Broadway am Longarce Square auftraten, bestand aus Sweets, Emmett Berry, Clark Terry und Jimmy Nottingham, Trompete, Dicky Wells, Ted Donnelly, George Mathews und Bill Johnson, Posaune, Paul Gonsalves, Earl Warren, Bernie Peacock, Jack Washington und Wardell an den Rohrblattinstrumenten, Shadow Wilson, Schlagzeug, Singleton »Cookie« Palmer, Baß, und Freddie, Gitarre. Auch wenn die Gerüchte und die Zeitungsartikel anders lauteten, Jimmy Rushing übernahm wie immer den Gesang.

Bei unserer Eröffnung im Royal Roost waren viele Reporter von Zeitungen und Zeitschriften dabei, die hören wollten, wie wir so spielten, aber es kamen auch viele Freunde vorbei, die uns nur Glück wünschen wollten, John Hammond natürlich und Duke, Benny Goodman, Sarah Vaughan, und ich weiß nicht, wer sonst noch.

Was die Leute am meisten beschäftigte, war die Frage, ob und wieviel Bop wir spielen würden. Nun, ich hatte nichts gegen Neuerungen, solange sie irgendeinen Sinn ergaben, wir hatten also ein paar Bop-Einlagen und auch Bop-Soli, vor allem von Paul und Wardell und Clark Terry. Wir brachten auch die lauten, kurzen Licks und Chorusse, und natürlich mußte der Rhythmus stimmen. Es ging ja nicht darum, einfach nur einen neuen Sound zu kreieren, es mußte ja auch alles Feeling haben.

Der Auftritt im Royal Roost war ganz gut, und wir blieben bis in den frühen Oktober. Als wir dann Richtung Detroit fuhren, über das Three Rivers Inn in Syracuse, reichte Shadow Wilson seine Kündigung ein, und wir holten Butch Ballard aus Philadelphia ans Schlagzeug. Wir blieben eine Woche im Paradise Theatre in Detroit und fuhren dann, nach einem ausverkauftem Gig im IMA Auditorium in Flint, Michigan, den ganzen Herbst über im Süden rum und Mitte Dezember wieder zurück in den Norden in Frank Palumbos Click-Club in Philadelphia.

Das Click war vor Weihnachten unser letzter großer Gig außerhalb, vom Neujahrstag an traten wir dann für eine Woche im Apollo auf. Pearl Bailey war auch in der Show, ebenso Teddy Hale und das Patterson-Jackson-Team. Für die Weihnachtssaison konnte man immer mit einer großen Bühnenshow im Apollo rechnen, und diesmal sogar auch noch mit mehr Gewinn als sonst. Natürlich würden viele kommen, um sich die neuen Leute mal anzuhören, vielleicht hatten sie diejenigen verpaßt, die jetzt weg waren, aber ich glaube, wir haben sie auch nicht enttäuscht mit dem, was sie jetzt zu hören kriegten. Paul Gonsalves, Clark Terry und Jimmy Nottingham machten ihre Sache ausgezeichnet. Sie brachten das Ganze in Schwung.

Der erste Auftritt im neuen Jahr führte uns ins Howard Theatre nach Washington, gefolgt von einer Woche im Royal Theatre in Baltimore. Ende des Monats wurde die Lage kritisch. Trotzdem konnten wir uns noch genügend Termine sichern, die uns bis zum Frühjahr wieder an die Westküste bringen würden, und als wir dann dort waren, gingen wir zum erstenmal nach über einem Jahr wieder in ein Aufnahmestudio. Wir nahmen *Brand-New Doll, Cheek to Cheek* und noch einmal *Old Manuscript* und *Katy* auf.

Das letzte Stück, das Jimmy zusammen mit der Band aufgenommen hat, war bei einer Session in der vierten Juliwoche, es hieß *Walking Slow Behind You.* Natürlich wußte niemand, daß das überhaupt unsere letzte Aufnahme mit ihm werden sollte, und ich kann auch nicht behaupten, daß ich mich als solche an sie erinnere. Aber es wurde tatsächlich die letzte Aufnahme. Die beiden Instrumentalstücke, die wir bei der Session machten, sind *Wonderful Thing* und *Mine Too.* Die Arrangements für beide stammten von unserem jungen dritten Altisten C. Q. Price. Er wollte in dem neuen Bebop-

Stil komponieren, und ich ließ ihn gewähren, solange es, wie gesagt, Sinn machte – und solange es swingte.

Für die Band, die ich aus Kansas City mitgebracht hatte, war es auch das letzte Jahr. Jimmy Rushing und Jack Washington waren außer mir die einzigen, die von der alten Truppe aus dem Reno noch übriggeblieben waren. Aus den frühen Tagen vor dem Famous-Door-Club waren noch Freddie Green, Earl Warren, Sweets und Dicky Wells bei mir.

Die Aussichten für Big Bands wurden ohnehin immer schlechter, und schließlich hatte ich keine Lust mehr, den wenigen Terminen auch noch hinterherzujagen. Als wir dann von einer Tour im Westen auf dem Weg zurück an die Ostküste in Memphis landeten, entschloß ich mich, vorerst Schluß zu machen. Das war's also! Ich erzählte vorher keinem etwas davon, nicht mal Jimmy Rushing.

Ich fällte einen einsamen Entschluß, rief sie dann alle zusammen und teilte es ihnen mit. Ich sagte auch, daß ich nicht wüßte, was als nächstes laufen würde, wenn meine Pause vorbei wäre und ich Zeit genug gehabt hätte, nachzudenken. Ich wußte einfach noch nicht, ob ich ein Trio aufmachen sollte, eine Gruppe mit sechs Leuten oder wieder eine Big Band.

»Aber ich besorge mir schon jemand, der wieder was zusammenstellt, und ich sag' euch dann Bescheid. Wenn ihr von mir hört, geht's wieder los.«

Ich hatte wirklich keine Pläne. Ich wollte einfach nur mal untertauchen, nur Zeit für mich haben, sehen, was so los ist und was so passieren würde. Genau das tat ich dann auch in den folgenden Monaten, bis Willard Alexander mich wegen eines vierwöchigen Jobs in einem neuen Club in Chicago ansprach. Mittlerweile hatten wir Ende Herbst, ich brauchte den Job und das Geld. So fing ich also doch wieder an zu arbeiten, in der ersten Hälfte des neuen Jahres als Leiter einer Combo aus sechs Leuten.

Ich hatte mich mit Willard so geeinigt, daß er mich engagieren sollte, denn ich wollte nicht wieder zurück zur Agentur Morris. Ich sollte mit einer kleinen Gruppe im Brass Rail auftreten. Willard half mir dabei, die kleine Gruppe zusammenzustellen. Er schlug mir Buddy de Franco für die Klarinette vor, wozu ich mein Okay gab, dann holten wir Clark Terry, und der schlug Bob Graf als Tenorspieler vor, ein Freund von ihm aus St. Louis. Ans Schlagzeug holten wir uns Bus Gus Johnson, und wer Jimmy Lewis vorschlug, weiß ich nicht mehr, er spielte jedenfalls Baß, und so sah die Combo aus, mit der wir im Februar und März in Chicago auftraten.

Übrigens hörte ich bei der Gelegenheit Joe Williams zum erstenmal als Sänger. Er kam immer nur so vorbei und blieb vorne stehen und spielte jeden Abend immer das letzte Stück mit uns, draußen vor der Tür, nicht mal drinnen. Darüber müssen wir heute noch lachen. Eines Abends fing er einfach an zu singen. Das werde ich nie vergessen. Trotzdem hätte ich mir nie träumen lassen, daß er eines Tages einer meiner größten Stars sein würde, meine Nummer eins.

Zurück in New York, wurde aus uns ein Septett. In Chicago hatten wir Freddie Green noch nicht mit dabei, aber als wir zurückkamen, stieg er einfach bei uns ein. Eines Abends spielten wir irgendwo, und als ich zur Arbeit kam, stand er da mit seiner Gitarre und allem.

»Was machst du denn hier?« fragte ich ihn.

Er schaute mich nur an, dann zu der Mauer oder einfach in die Luft oder irgendwohin und schüttelte mit dem Kopf.

»Was soll das heißen, was mache ich hier? Du arbeitest doch heute abend, oder nicht?«

Das war alles, und seitdem ist er in der Band.

Als wir im April zurück nach New York kamen, mußten wir die Combo etwas erweitern, damit wir ein Engagement im Strand annehmen konnten. Dafür gab es ein paar Dinge bei diesem Gig, die ich nie vergessen werde.

Die Starsängerin zum Beispiel, denn das war Billie Holiday, und wenn mich nicht alles täuscht, war das nach längerer Zeit wieder ihr erstes Konzert in New York. Ich glaube, ihre Arbeitserlaubnis für Cabarets war widerrufen worden, und sie durfte nur in Theatern auftreten. Dazu will ich mich lieber nicht äußern, denn es geht mich nichts an. Ich will nur sagen, daß es für sie ein ganz wichtiger Auftritt war, sie hatte sehr viele Fans, die nur darauf warteten, sie endlich wieder live in Manhattan hören zu können. sie war ohne Zweifel die große Attraktion in der Show. Sie sah wundervoll aus und war bereit, ihr Letztes zu geben.

Bevor sie mit ihrem ersten Set dran war, passierte noch etwas sehr Schönes. Das Will Mastin Trio mit dem jungen Sammy Davis jr. nahm auch an der Show teil, und als sie auf die Bühne kamen und der Kleine anfing, all die berühmten Filmstars und Sänger zu imitieren, fing das Publikum an zu rasen. Ich weiß nicht mehr, wie lange sie das Trio und ihn nicht von der Bühne ließen.

Der Applaus wollte einfach nicht enden, und sie mußten immer wieder vortreten und sich verbeugen, bis schließlich Sammy einfach dablieb und anfing, Lady Day anzukündigen. Und das war einfach hinreißend, denn er brauchte fast ganze zwei Minuten, um sie anzukündigen, und schon standen sie wieder und applaudierten.

Nach dieser Ankündigung hätte sie sich einfach nur zu verbeugen brauchen, das hätte genügt. Es war wunderbar, einfach großartig. Als das Publikum dann endlich zur Ruhe kam, trat Billie auf, und wenn dann noch irgend jemand seine Zweifel hatte, ob sie immer noch Miss Lady Day war, dann räumte sie damit auf, und zwar gründlich. Sie sang *Fine and Mellow, Billie's Blues, Crazy, He Calls Me* und noch ein paar andere Lieder, die nur sie so vortragen konnte.

Diese Show war eigentlich ihr großes Comeback und für Sammy Davis der Anfang einer großen Karriere. Je mehr Erfolg die Gruppe hatte, desto mehr erkannten die Leute, daß Sammy eigentlich der Star in der Nummer war, obwohl es für ihn persönlich weiterhin das Will Master Trio blieb, und zwar so lange, bis sich das Trio aus dem Showgeschäft zurückzog und Sammy allein Karriere machte.

Comeback
(1950—1954)

Billy Eckstine war der »Hauptschuldige«, daß ich mir wieder eine vollzählige Band aufbaute — und dafür bin ich ihm sehr dankbar. Er war einfach immer hinter mir her, unermüdlich, ließ mich nicht in Ruhe, bis ich endlich nachgab und sagte: Okay, ich mache mit.

Für viele Leute aus der Zeit damals ist die Band, mit der ich dann in dem Jahr darauf arbeitete, immer noch einfach *die Birdland Band,* und da ist was dran. Das Birdland — am östlichen Ende des Broadway, in der Gegend der 52. Straße — galt damals nämlich als *der* Treffpunkt der Jazzer überhaupt, und dort fing die neue Band auch an zu laufen, so wie vierzehn Jahre vorher im Famous Door die erste Band in das große Geschäft einstieg.

Ich werde also das Birdland nie vergessen und auch nicht Norman Granz. Denn ohne all die phantastischen Gigs im Birdland wäre sicher alles anders verlaufen. Aber auch die ganzen Platten, die Norman bei Mercury, dann Clef und schließlich bei Verve herausbrachte, waren sehr, sehr wichtig. Sie haben entscheidend dazu beigetragen, die Band überall im ganzen Land bekannt zu machen.

Die ersten Platten waren keine großen Hits, aber die Discjockeys legten sie trotzdem auf, und sie waren in den Jukeboxes. Überall, wo wir hinkamen, wenn wir unterwegs waren, gab es Leute, die uns schon erwarteten, denn sie kannten schon unsere Platten *Bleep Bleep Blues, Sure Thing, Why Not?, Fancy Meeting You, Cash Box* und *Tom Whaley,* die Norman landesweit vertrieb, zusammen mit seinen »Jazz-in-the-Philharmonic«-Platten, die damals so populär waren.

Es gibt Typen, die behaupten hartnäckig, ich hätte während der ganzen Zeit mit der Combo nur über Big-Band-Sound geredet und wie sehr er mir doch fehlen würde. Sogar meine Frau meint, ich sei brummig im Haus herumgelaufen und hätte mich darüber beklagt, daß ich meine Musik nicht mehr so hören könnte wie früher.

Aber die Combo war gut. Es gab keine Probleme, Engagements zu finden, und die Jungs bliesen jeden Abend jedes Set sauber runter. Die Arbeit war gar nicht so einfach, aber ich gewöhnte mich dran, und dann machte es mir auch Spaß. Wirklich. Eines Abends kam Billy vorbei. Ich weiß das Datum nicht mehr genau, aber es war, als wir in der Capitol Lounge in Chicago auftraten. Ist ja auch egal, jedenfalls fing er wieder mit seiner Predigt an, und das war nur der Anfang.

»Mann«, sagte er, »warum gibst du dich mit diesem Scheiß hier ab?« Natürlich wissen alle engen Freunde von Billy, daß er »niemals« diese netten kleinen Wörter wie »Scheiße« oder so gebrauchen würde, aber tun wir mal so, als ob. Eigentlich hatte er nämlich die dreckigen Wörter gar nicht nötig, um richtig böse zu sein. Es war nur einfach seine Art zu zeigen, wie gern er einen mochte. Anstatt einfach zu sagen, daß er einen liebte, fing er an, über einen zu fluchen, so wie andere ihre Wiedersehensfreude ausdrücken, indem sie den anderen anrempeln oder sich mit ihm raufen.

»Mann, verdammt, du versauerst ja hier, mit diesem Scheißkram. Wir brauchen dich da draußen, mit 'ner Big Band.«

Immer das gleiche!

»Mann, warum gibst du dich mit diesem Zeugs für ein, zwei Leutchen ab? Stell endlich deine verdammte Big Band wieder auf die Beine! Sieht einfach zu komisch aus, wie du mit diesem Kleinkram hier rummachst. Mach dir doch nichts vor! Das ist doch Hühnerscheiße für dich, Base. Das ist einfach nicht dein Kaliber. Dein Kaliber ist 'ne Big Band, verdammt noch mal.«

Billy stand damals ganz oben im Showgeschäft. Er hatte eine ganze Reihe von Hitplatten rausgebracht und bekam Spitzenengagements in den größten Theatern. So blieb es auch einige Jahre lang. Er gehörte schon zu den besten Sängern mit einer Band, als er noch bei Earl Hines war. Gegen Ende des Krieges und noch einige Jahre danach hatte er seine eigene kleine, wunderbare Band, in der alle großen Stars versammelt waren: Dizzy Gillespie, Charlie Parker, Fats Navarro, Sarah Vaughan, Budd Johnson, Gene Ammons, Art

Blakey, und ich weiß nicht, wie viele andere. Er war der beste männliche Sänger im Land, alle sprachen sie von dem großen Mr. B., und überall, wo man hinkam, hörte man seine mächtige, wundervolle Stimme aus dem Radio.

Das Geschäft lief damals bestens für ihn, er redete also nicht nur einfach so daher. Er hatte sehr genaue Vorstellungen, was er mit mir machen wollte. Und er meinte es ehrlich. Er machte damals viele Konzerttourneen. Er war sogar schon mit einer großen Unterhaltungsshow unterwegs gewesen, zu der auch das George Shearing Quintet gehörte und eine zweite Combo, die sich aus Benny Green, Posaune, Joe Newman, Trompete, Eddie »Lockjaw« Davis, Tenor, Tommy Potter, Baß, und Kenny Clarke, Schlagzeug, zusammensetzte. Aber er wollte eine Big Band.

»Ich brauche dich da draußen, Base«, sagte er und erzählte dann, daß sie wieder auf eine Tournee mit 131 Konzerten gehen würden und daß es sich allein für diesen Job lohnen würde, eine Band zu gründen. »Das ist doch nichts für dich, hier so rumzuspielen«, sagte er immer wieder. »Du solltest mit mir kommen. Also, raff dich auf, Base.«

»Ach, ich weiß nicht, Mann.«

Und er: »Na los, brauchst dich auch um nichts zu kümmern, wegen Geld oder so. Wir regeln das schon. Du stell nur wieder was Ordentliches zusammen, und laß den Kram hier sausen.«

Er ließ nicht locker, er ließ einfach nicht locker. Das hat mich schließlich überzeugt, es doch noch mal mit einer Big Band zu versuchen, und dann geschahen all die wundervollen Dinge in den folgenden Jahren. Deswegen bewundere ich seinen Mut so und vermisse ihn, immer wenn ich ihn eine Zeitlang nicht sehe, und bin überglücklich, wenn ich das Glück habe, ihn irgendwo mal wieder zu erwischen. Wenn wir in demselben Engagement arbeiten, kündigt er mein Set immer dem Publikum an und erzählt irgendwelche Geschichten, zum Beispiel, daß ich dieses Anhängsel aus drei Noten am Ende von *One O'Clock Jump* zum erstenmal als ein »Amen« nach der Segnung zum Abendmahl gespielt hätte und solche Sachen.

Wenn ich ihn sehe, frage ich ihn jedesmal: »Wann hörst du endlich mit diesen Lügengeschichten über mich auf?« Und ich weiß immer im voraus, was er dann antwortet.

»Verbrenn dir nicht den Mund, Alter. Leg dich nicht mit mir an. Kriegst 'nen Tritt in 'n Arsch. Laß dich nicht mehr blicken. Wie geht's Base? Gottverdammt, ich liebe dich.«

In der zweiten Februarwoche fing unsere erste Tournee unter Billy Eckstine an. Sie begann in Houston, und in dem Monat traten wir in ich weiß nicht wie vielen Städten im Süden auf. Wahrscheinlich erinnere ich mich deswegen nicht mehr an Einzelheiten bei all diesen Gastspielen, weil es für mich nur so aussah, als würden wir einen Gig nach dem anderen runterspielen. Während der ganzen Zeit hatte ich immer noch nicht endgültig entschieden, ob ich wieder in das Big-Band-Geschäft einsteigen wollte oder nicht. Ich überließ also alles Billy und ließ mich mitziehen. Natürlich war er wunderbar und nahm sich aller Sachen an.

So waren wir auch übereingekommen. Als er mich endlich soweit hatte, sagte ich: »Okay, ich komme mit, aber ich will mit der Organisation nichts zu tun haben. Du regelst alles für mich.« Immer wenn jemand kam und was von mir wollte, zeigte ich einfach auf ihn, er hatte ja seine Leute.

Das einzige, worauf man bei Billy achten mußte, war, daß er sich nicht gleich mit jemandem anlegte, wenn der ihm dumm gekommen war. Er ließ sich von keinem was gefallen, egal, von wem – bis heute nicht. Immer wenn sich in die Richtung was anbahnte und es so aussah, als käme ihm jemand dumm, warnte ich den anderen: »Erzähl ihm das bloß nicht, der schlägt hier alles kurz und klein.«

Aber er setzte sich durch. Auf irgendeiner dieser Reisen fragte er mich mal zufällig in einer Unterhaltung, wieviel mir die Promoter oder sonstwer denn so zahlen würden, und als ich es ihm sagte, ging er fast an die Decke. »Mann, hei, das ist doch kein Geld!« Er ging sofort zu dem Verantwortlichen und brüllte: »Sie geben ihm sofort mehr Geld. Wie soll er von Ihrem Scheißgeld leben?« Sie verdoppelten fast meine Gage, und zwei Wochen später erhöhten sie sie noch einmal.

Wir traten bei dieser Tour auch auf vielen Militärbasen auf. Manchmal flogen sie uns dann in diesen Transportflugzeugen der Air Force von der einen zur anderen, was damals noch eine ziemlich strapaziöse Art der Fortbewegung war. Mit dem Bus war es schon

schlimm genug. Aber das hier war während des Koreakrieges, und
wenn man in diesen Dienstflugzeugen flog, dann mußte man sich
immer ein Fallschirmgeschirr überziehen. Man saß auf den Schalen-
sitzen an der Wand und benutzte den Fallschirmrucksack als Kissen.

Mit dem Gesicht saß man zum Mittelgang wie in der U-Bahn, und
manchmal mußte man sich auch in so viele Armeedecken wie
möglich einwickeln, um bei großen Höhen warm zu bleiben, denn in
den Flugzeugen gab es nicht wie bei normalen Passagierflugzeugen
einen Druckausgleich. Dazu kam noch der ganze Lärm von den
Motoren, den Propellern und dem Wind, und jede kleine Veränderung in dem Klang oder in der Bewegung konnte man sofort hören
oder fühlen. Ich habe Fliegen nie besonders aufregend gefunden, und
das Rumrütteln und Schütteln hat nicht gerade dazu beigetragen,
meine Meinung zu ändern.

Natürlich hatte ich regelmäßig auch noch das Pech, in der Nähe
der Ausstiegsluke zu sitzen. Ich hätte also als erster springen müssen,
wenn irgendwas passiert wäre. Das stärkte meine Moral auch nicht
gerade. Und dann, natürlich, auf einem dieser Flüge in Texas, wir
saßen da und schwitzten uns zu Tode, kam kurz vor der Landung
einer von der Besatzung nach hinten und guckte irgendwas nach, und
man sah gleich — wenigstens hatte ich den Verdacht —, daß es
Schwierigkeiten gab. Irgendwas mit dem Fahrwerk stimmte nicht.
Sie drehten also weiter ihre Schleifen und versuchten, den Schaden
zu beheben. Zum Glück funktionierte dann alles wieder, ich wäre auf
keinen Fall als erster gesprungen. Ich wäre erst gesprungen, wenn
auch die Besatzung sich die Fallschirme geschnappt hätte.

Als wir nach unserer ersten Tournee mit Billy durch den Süden
wieder zurück nach New York kamen, traten wir im Savoy auf, wo
Eddie »Lockjaw« Davis in die Rohrblattgruppe kam. Ich hatte noch
nicht viel über Eddie gehört damals. Ich kann mich nur noch daran
erinnern, daß wir schon etwa drei oder vier Wochen lang im Savoy
waren. Wir hielten auch unsere Proben dort ab, und er kam immer
vorbei und brachte seine kleine Tochter mit. Sie war noch sehr klein,
und ich hatte sie sehr ins Herz geschlossen, sie war so süß.

Immer wenn ich mich mal umdrehte, sah ich Jaws direkt hinter mir
auf der Treppe in der Nähe von dem Klavier. Ich weiß nicht, ob
Candy Johnson schon gekündigt hatte oder nicht, aber Jaws sagte

immer wieder: »Du brauchst mich in der Band.« Und ich: »Nein, ich brauche dich nicht. Ich brauche überhaupt keinen.« Aber er wiederholte: »Du brauchst mich da.« Und ich wieder: »Ich brauche dich nicht, Junge, du kommst nirgendwo rein.«

Irgendwann holte ich ihn dann doch in die Band, und sofort bildete er den gleichen Kontrast zu Paul Quinchette am Tenor, den erst Herschel und dann Buddy zu Lester gebildet hatten. Aber wir setzten diese Gegensätze nicht mehr so wie vorher ein. Wir brachten sie nicht mehr so häufig in derselben Nummer unter. Paul hatte meistens seine eigenen Einlagen und Jaws die seinen. Bei den alten Sachen spielten natürlich beide kurz hintereinander. Trotzdem blieb der Kontrast der beiden Stile immer da, und viele kennen die Band nur als die, zu der Paul Quinchette und Eddie »Lockjaw« Davis gehörten. Ich verstehe das schon, aber sie dürfen nicht vergessen, daß auch Joe Newman, auch bekannt als »Pootman«, eine wichtige Rolle spielte.

Als wir gegen Ende Juli wieder Plattenaufnahmen für Norman machten, stellte Paul seine Kunst auf einer Bearbeitung von Ernie Williams unter Beweis, von einer unserer Erkennungsmelodien, *Basie Talks,* manchmal auch *Basie English, Basie Kicks* oder nur *Basie* genannt.

Am letzten Tag im Studio nahm ich meine ersten beiden Stücke mit einem phantastischen jungen Pianisten auf. Es war Oscar Peterson. Wir spielten *Blues for Count and Oscar,* mit Oscar am Klavier, mir an der Orgel, Paul und Jaws am Tenor, Freddie Green, Gitarre, Ray Brown, Baß, und Gus, Schlagzeug. Bei *Extended Blues* kamen dann die Tenöre zu Wort, und dann spielte Oscar noch einmal mit der ganzen Band auf *Be My Guest,* und natürlich reißt er uns mit. Er bringt den Laden immer zum Kochen, er kann einfach nicht anders.

Damals begann er gerade seine Karriere als einer von Norman Granz' Stars. Ich hatte ihn vor Jahren schon das erstemal gehört, als er noch ganz jung war, so klein, daß seine Füße kaum die Pedale erreichten, aber er konnte damals schon viele klassische Stücke spielen. Er war unglaublich. Ich trat in einem Theater in Toronto auf, und sie brachten ihn eines Tages vorbei, damit ich ihn mir mal anhören konnte.

Das zweitemal sah ich ihn Jahre später, ich war gerade in Buffalo und saß irgendwo mit Coleman Hawkins, und wir unterhielten uns mit ein paar Freunden, und Coleman meinte: »Du mußt dir diesen Kleinen mal am Klavier anhören. So was hat man noch nicht gehört.« Sie stellten ihn mir dann vor, und als er auf die Bühne trat, spielte er Swing, und ich meine, er brachte es voll. Er war einfach großartig. Hawk und ich konnten nur dasitzen und zuhören, und Hawk nickte mit dem Kopf und lächelte mir zu: »Was habe ich dir gesagt?«

Die Zusammensetzung der Band auf den Platten ist ungefähr die gleiche wie bei unserem ersten Birdland-Gig im Sommer. Wir traten dort zwei Wochen lang auf, und die Geschäfte entwickelten sich ausnehmend gut für uns. Bei einigen Terminen hatten wir Bixie Crawford als Sängerin dabei, jedoch nicht im Birdland, denn wenn ich mich richtig erinnere, gehörte es nicht zu ihren Gepflogenheiten, eine Sängerin plus Big Band auftreten zu lassen.

Die Wochen im Birdland waren in vielerlei Hinsicht ein Erfolg für uns. Es ist immer gut für eine neue Band, wenn sie die Gelegenheit hat, sich irgendwo niederzulassen und eine Zeitlang jeden Abend an einem Ort zu spielen. Es ist die beste Möglichkeit, die ich kenne, sich irgendwie zusammenzuraufen und auch Neues auszuprobieren. Man erkennt immer den Unterschied zwischen einer Band, die irgendwo mal zur Ruhe kommt und Zeit für sich hat, und einer, die das nicht kann. Man kann es hören, und man spürt es auch.

Was Besseres als das Birdland konnte man sich gar nicht wünschen. Man war wieder im Big Apple und sozusagen an der Basis des Jazz, vor Ort, da, wo es abging. Das hatte man woanders nicht, und die Angestellten im Birdland, angefangen bei Morris Levy, dem Manager, bis runter zum Toilettenmann, waren alle auf unserer Seite. Es herrschte ein wunderbares Arbeitsklima, die Gäste waren sofort aufgeschlossen uns gegenüber, man redete über uns, und man sah viele, die regelmäßig wiederkamen − so wie in den alten Zeiten im Famous Door.

Im Herbst gingen wir mit Billy Eckstine wieder auf eine Gastspieltournee. Es war eigentlich Billys Vertrag, aber dieses Mal stieg Norman Granz auch mit ein als Promoter. Über die geschäftlichen Arrangements zwischen Billy und Norman wußte ich genausowenig wie über die mit Howard Lewis.

Als wir damals unterwegs waren, nahmen wir eine wichtige Umbe-

setzung vor, und zwar am Baß. In Denver stieg Jimmy Lewis aus, und
wir holten uns Gene Ramey in die Band. Ich weiß nicht mehr, wie
sein Name ins Gespräch kam, ich schätze, das Gus Johnson ihn uns
empfohlen hatte. Sie waren alte Freunde. Sie waren zusammen in der
Rhythmusgruppe von Jay McShanns wunderbarer Band, in der auch
mal Charlie Parker, Walter Brown, Al Hibbler, Orville Minor und die
ganzen Jungs drin waren.

Als diese Konzerttournee mit Billy Eckstine vorbei war, fuhren wir
wieder zurück nach New York. In der ersten Dezemberhälfte arbeiteten wir jenseits des Hudson, in Englewood Cliffs, New Jersey, in der
Rustic Cabin, womit wir wieder gleich im Zentrum des Geschehens
gelandet waren. Norman Granz organisierte ein paar Aufnahmetermine für uns, aber die ganze Band hatten wir nur bei einem dabei, bei
den anderen nur Combos zwischen fünf und neun Spielern.

In der ersten Januarwoche waren wir wieder unterwegs. Diesmal
hatte Billy als Gastsängerin die wundervolle Ruth Brown dabei. Ihr
großer Hit von damals war *Mama, He Treats Your Daughter Mean*,
dann kam *Shake a Hand*. Aber auch *Cry, Cry, Cry* und *Jim Dandy*
liefen ganz gut. Sie stellte sich auf die Bühne und hatte mit allem
Erfolg, und das jeden Abend. Mr. B. und sie hatten ein Duett, das das
Haus fast jeden Abend zum Einstürzen brachte, egal, wo wir hinkamen.

Dann fuhren wir wieder in den Süden in solche Orte wie Richmond, Atlanta, New Orleans, Memphis und einige Dutzend anderer.
Als wir im April zurück nach New York kamen, traten wir in einem
neuen Club am 1680 Broadway auf, der Band Box. Mr. B. war auch
in der Show der Star, aber eine zweite Attraktion war eine Combo,
die von einem jungen Pianisten geleitet wurde, Dave Brubeck.

Im Juli traten wir in der Band Box im gleichen Programm mit Duke
auf. Das war wirklich spannend. Für mich war es schon immer etwas
Besonderes gewesen, nur in der Nähe des Maestros zu sein. Ehrlich
gesagt, wollte ich, wie die meisten Bandleader, einen guten Eindruck
auf ihn machen. Und es waren die Publicity-Leute, die den Gig als
»Battle of Band« verkauften. Nicht ich. Sie hielten so einen Wettbewerb für ein prima Geschäft. Ich wußte ja, was der Duke einem
antun konnte, wenn er wollte.

Er konnte sich aber auch auf eine verdammt gute Aufstellung verlassen. Jonny Hodges und Lawrence Brown waren damals noch nicht wieder in der Band. Aber die tolle Stimme von Harry Carney am Bariton war noch da. Und Jimmy Hamilton, Russell Procope, Rick Henderson und Paul Gonsalves an den Rohrblattinstrumenten. Auf Lawrence' Platz bei den Posaunisten saß Britt Woodman neben Quentin Jackson und John Sanders. Ray Nance, Cat Anderson, Willie Cook und Clark Terry spielten Trompete, und in der Rhythmusgruppe waren Wendell Marshall am Baß und Louis Bellson am Schlagzeug. Clark Terry und Paul Gonsalves waren beide aus meiner Band weggegangen und zu Duke übergewechselt – mir war also nur zu bekannt, wozu diese Monster in der Lage waren.

Natürlich hielten unsere Fans immer zu uns, und ich wußte auch, daß ich mich bestens auf all die jungen Kerle in meiner Band verlassen konnte, so daß wir wenigstens nicht ganz gedemütigt würden. Sie wollten ja auch einen guten Eindruck auf Duke machen. Trotzdem soll mir keiner einreden, er könne den Duke abräumen. Das ist ungefähr so, als stünde man mit Joe Louis im Ring und die Fans feuerten einen von der Seite an, während einem der Kopf zu Brei geschlagen wird. Sie stehen draußen und feuern dich an, aber du stehst da oben und mußt die Scheiße ausbaden.

Ich fand, es verlief alles in freundschaftlicher Stimmung, und ich hatte meinen Spaß. Wir traten auf und spielten, so gut wir konnten, denn was der Duke machte, war einfach immer schön. So melodisch, und es fehlte nichts. Es hatte Schönheit und Swing, alles, es war einfach wundervoll. Wenn er wollte, daß es swingt, dann swingte es auch, und er konnte einem ganz schön die Füße unterm Hintern wegswingen. Manchen fällt das vielleicht gar nicht auf, aber mir schon. Ich weiß es.

Ich weiß noch, ich ging mal eine Treppe runter, als Duke da unten seine Sachen spielte. Ich war gerade von irgendwoher zurückgekommen, und als ich halb unten war, schlug mir plötzlich die Musik entgegen. Ich mußte auf der Stelle kehrtmachen und wieder an die kleine Bar oben gehen und noch einen Drink zu mir nehmen und dann langsam wieder die Treppe hinuntergehen. Es war einfach zuviel. Ich mußte zurück und mich erst aufraffen, um der Sache ins Auge blicken zu können.

Er konnte mit fünf Leuten auftreten, und es hörte sich an wie fünfzehn. Sie haben versucht, seinen Sound zu kopieren, oder vielleicht sollte ich lieber sagen, versucht, *etwas* von seinem Sound zu kopieren, aber sie brauchen dafür ein ganzes Orchester mit tausend Musikern. Wenn er mit 'ner Band aus fünfzehn oder sechzehn Leuten in ein Studio gehen wollte und neun ließen sich nicht blicken, dann machte ihm das nichts aus. Er schnappt sich einfach diejenigen, die da sind, und spielt mit ihnen schon was ein, während sie noch auf den Rest warten. Wenn man das kann, dann ist man der Champion, der Boß!

Er war einfach herrlich. Ich habe ihn sehr verehrt. Es machte mir einfach Riesenspaß, nur in seiner Nähe zu sein. Genauso wie es mir immer einen Riesenspaß gemacht hat, in der Nähe eines anderen Champions zu sein und mit ihm zu sprechen, jemand, der Joe Louis hieß. Wenn man neben ihm stand, fühlte man sich einfach gut. Neben dem Duke nur zu sitzen tat mir sehr wohl. Es wird nie wieder einen geben wie ihn.

Die Show, mit der wir dann im Herbst loszogen, hatte auch »Sugar« Cane Robinson, den Champion im Mittelgewicht, im Programm. als besondere Attraktion brachte er eine komische Tanzeinlage. Sugar wollte zur Abwechslung ein bißchen Urlaub vom Ring nehmen und beschloß, sich mal eine Zeitlang im Showbiseß umzutun. Damals war er einer der allergrößten Boxer und hatte gegen Jake LaMotta, Rocky Graziano, Fritzie Zivic und Kid Gavilan gekämpft, um nur einige zu nennen. Die Sportjournalisten hatten ihn zwar schon in Pension geschickt, aber nach ein paar Jahren tauchte er wieder auf und zeigte es allen noch mal ordentlich.

Auf dieser Tour faßte ich übrigens auch den endgültigen Entschluß, im Big-Band-Busineß zu bleiben. Als wir wieder in New York landeten, machte Norman einen Termin im Studio klar, und wir nahmen acht von insgesamt zehn Stücken auf, die er dann auf einer Platte mit dem Titel »Count Basie Dance Session« rausbrachte.

Für die Weihnachtssaison und den Jahreswechsel gingen wir wieder zurück ins Birdland. Es war das zweitemal hintereinander, daß wir am Neujahrstag im Birdland spielten. Man braucht sich nur die Mitschnitte von den Rundfunksendungen der NBC »All-Star Parade of Bands« anzuhören, und man spürt gleich, wie gut sich die Band bei diesem Gig gefühlt hat. Wir waren zwar noch immer keine Einheit, so wie später, aber die Jungs spielten schon verdammt gut.

Wenn mich nicht alles täuscht, fingen wir zu der Zeit auch an, mal etwas Neues auszuprobieren, nämlich Frank Wess Flöte spielen zu lassen. Er war ein hervorragender Flötist, aber das fand ich erst heraus, als er schon eine ganze Weile bei uns spielte. Don Redman hatte mich ganz neugierig gemacht. Wir spielten irgendwo einen Gig, und er war vorbeigekommen und erkundigte sich nach Frank und fragte dann: »Hat er dir schon mal was auf seiner Flöte vorgespielt?« Und ich sagte: »Davon weiß ich ja gar nichts.« Und Don: »Warum hörst du's dir nicht mal an?«

Bei einer Jam Session im Savoy meinte ich dann eines Tages zu Frank: »Warum spielst du nicht mal ein paar Chorusse auf deiner Flöte? Hast du sie dabei?«

Und er schaute mich ganz erstaunt an: »Soll ich wirklich?«

»Yeah«, sagte ich, »spiel ein bißchen. Wir wollen mal sehen, wie es so läuft.«

Er holte also seine Flöte, spielte ein paar Takte und riß alle mit sich, und da wurde mir klar, daß wir damit als was ganz Neues im Birdland auftreten konnten. So fing das mit der Flöte an, und es schien mir, als würde es jedem gefallen.

»Hei, was ist das?«

»Was macht der denn da, verjazzt die Flöte?«

»Yeah«, sagte ich.

»Also . . .«

Und kurz danach, überall, wo man hinblickte, war plötzlich die Flöte wieder da, nur noch Flöten überall, nur noch Flöten. Die Arrangeure schmissen Sondereinlagen raus und holten sich Flöten. Später brachten wir auch Flötenduette und kleine Passagen für Flötenensembles. Das machen wir immer noch.

Vielleicht steht in den Büchern was anderes, aber Frank Wess war derjenige, der die Flöte in den Jazz eingeführt hat, und zwar da unten im Birdland.

Europa swingt
(1954–1959)

Es war der Anfang eines sehr unterschiedlichen Jahres für uns. Im März hatten wir endlich zum erstenmal die Möglichkeit, nach Europa zu fliegen. Es war schon länger davon die Rede gewesen, aber als es dann so aussah, als ob es tatsächlich klappen würde, freuten sich die Kids aus der Band natürlich besonders drauf, wie ein Team, das sich auf eine Weltmeisterschaft oder so was vorbereitet. Joe Newman hat darüber neulich erzählt: »Ein paar Tage bevor wir nach Kopenhagen fliegen sollten, traten wir auf einem Luftwaffenstützpunkt auf. Das Adrenalin floß geradezu in Strömen. Jeder freute sich wie wild darauf, endlich loszufahren. Ich will dabeisein! Ich will dabeisein! Die Gruppen, die Solisten. Alle.«

Es war eine ziemlich aufregende Sache für mich, meine erste Reise nach Übersee, aber ich glaube, ich habe während des ganzen Flugs so angestrengt versucht, einzuschlafen oder mich wenigstens etwas auszuruhen, daß ich mich an den Teil der Reise kaum noch erinnern kann. Ich weiß nur noch, über den großen Teich zu fliegen war mir genauso verhaßt wie mit den Militärmaschinen von einer Militärbasis zur anderen. In so einer Situation vertraute ich immer auf ein bißchen Hilfe von »Mr. Scotch« oder »Mr. Bourbon«, aber ich kann nicht sagen, daß mir je einer wirklich geholfen hat. Vielleicht ein bißchen. Jedenfalls nicht genug.

Als wir in Kopenhagen landeten, warteten da schon die Empfangskomitees und Reporter und Fotografen am Flughafen auf uns, und als wir dann in die Stadt fuhren, gab es noch mal Empfänge und Interviews. Ich muß schon sagen, es war wundervoll, weil sie sich alle freuten, uns zu sehen, und schon so viel von unserer Musik wußten. Sie waren richtig interessiert, nicht nur die Reporter, auch ganz normale Fans kamen an und erkundigten sich nach Mitgliedern und Ereignissen und persönlichen Dingen, die wir schon seit Jahren vergessen hatten.

Es war eine wunderbare Erfahrung. Es hieß aber auch, daß man nicht viel Zeit zum Ausruhen hatte oder um mal ein paar Minuten allein zu sein. Vielleicht hatten ja ein paar von den Jungs mal die Gelegenheit, auszubrechen und eine Sightseeing-Tour zu machen und Geschenke einzukaufen, und vielleicht noch für was anderes, wovon ich lieber nicht erzähle, denn es geht mich nichts an. Ich jedenfalls hatte keine Zeit. Sightseeing hat mir nie sonderlich viel Spaß gemacht, ich erfreute mich also hauptsächlich an den Dingen, die da so passierten, und ruhte mich dann vor dem Eröffnungskonzert etwas aus.

Nach den Zeitungsartikeln zu urteilen, sollen achttausend Leute dagewesen sein, und die Besprechungen waren gut. Der Anfang war also gemacht, und so ging es dann weiter von Kopenhagen nach Stockholm und Amsterdam, von da nach Brüssel und Lille, dann nach Straßburg und Metz und runter nach Lyon und Dijon und dann für einige Tage nach Paris. Von Paris aus fuhren wir nach Deutschland und spielten in München, Stuttgart und Hamburg. Die letzten drei Tage verbrachten wir in der Schweiz und traten in Basel, Zürich und Genf auf. Einige von diesen Engagements waren ganz normal, aber ich erinnere mich, daß wir auch auf amerikanischen Militärbasen aufgetreten sind.

Ich werde nie vergessen, wie der Abend, an dem wir in Stockholm auftreten sollten, beinahe ins Auge gegangen wäre. Einer der größten Promoter hatte mich und Dean Dixon, den berühmten Dirigenten des Symphonieorchesters, zum Essen eingeladen. Ich traf ihn damals zum erstenmal, und es war auch mein erstes Dinner, bei dem ich rohes Fleisch gegessen habe, auch als »Tatar« bekannt. So ein Dinner dauert da zwei Stunden. Man fängt mit Wodka oder so was an, dann servieren sie das rohe Fleisch mit den ganzen scharfen Gewürzen. Wir probierten mal dies, mal das und dann wieder einen Drink und dann noch etwas und dann wieder einen Drink, und so ging das weiter und weiter, und sie sagten, wir hätten genügend Zeit zu essen und würden schon rechtzeitig zum Konzertsaal kommen. Als wir dann aber endlich zum Hauptgang kamen, konnte ich den nicht mal mehr sehen.

Sie mußten mich raustragen und zum Hotel bringen. Dort steckten sie mich in das kälteste Zimmer, in dem ich in meinem ganzen Leben gewesen war. Es gab keine Heizung da drin, die einzige Wärme kam von einer Steppdecke, die sie mir gaben. Ich weiß nicht, was sie alles mit mir anstellten, aber irgendwie schafften sie es dann doch, mich noch rechtzeitig für das Konzert wieder auf die Beine zu stellen.

Es war gerade noch mal gutgegangen! Es gab aber noch eine kleine Überraschung, die ich auch erwähnen möchte: Einer von den amerikanischen Musikern, die vorbeikamen, um uns zu sehen, stellte sich als der kleine Schlagzeuger heraus, mit dem ich bei Gonzelle White und der Big Jazz Jamboree schon zusammengearbeitet hatte, derjenige, der immer seine kleinen Tricks und Nummern abzog, wenn wir die Zugaben machten und die Verbeugungen. Er machte sich ganz gut da drüben und sah fast noch immer so aus wie an dem Tag vor fünfundzwanzig Jahren, als ich ihn zum letztenmal gesehen hatte.

Ich sagte: »Hallo« und redete ihn mit seinem Künstlernamen an, den ich noch behalten hatte, und er griff mich am Ärmel, bevor ich was sagen konnte.

»Schhhh . . . Ganz ruhig, Mann. So heiße ich nicht mehr. Keiner hier kennt diesen Namen.«

Ich verstand sofort. Ich hatte mal wieder geplappert, ohne nachzudenken, und ich spürte das sofort, als ich den Namen aussprach und dann seinen Blick sah. Ich will den Namen nicht einmal mehr wiederholen, er kommt ja schon in dem Kapitel über Gonzelle White vor.

Als wir endlich in Paris ankamen — das war vielleicht ein Erlebnis! Wir alle freuten uns auf die Konzerte dort. Mir war bekannt, wie sehr die Pariser unsere Musik schätzten. Ich wußte es nicht erst seit meiner Bekanntschaft mit Hugues Panassié, als er in die Vereinigten Staaten gekommen war und wir noch im Famous Door auftraten. In dem ersten Jahr außerhalb von Kansas City hatte ich den Leuten doch vorgemacht, ich sei auf dem Weg nach Paris. Ich spielte Orgel im Eblon Theatre, und als ich das Telegramm von Walter Page erhielt, die Einladung, mich den Blue Devils anzuschließen, war ich doch überallhin und erzählte den Leuten, ich sei auf dem Weg nach Paris. Ich zeigte ihnen die Adresse auf dem Telegramm, aber hielt einen Teil mit einem Finger zu, so daß sie denken mußten, es sei Paris in Frankreich und nicht Paris, Texas.

Aber schon lange davor war mein Kopf voller Geschichten über Paris. Immerhin war ich schon Teenager, als die amerikanischen Soldaten während des Ersten Weltkriegs nach Übersee gingen. Und ich glaube, ich habe Musiker und Entertainer über keine andere Stadt in der ganzen Welt so viel erzählen hören wie über Paris. Irgend jemand fuhr immer gerade hin oder kam wieder mit noch mehr phantastischen Märchen darüber zurück.

Was soll ich also zu meinem ersten Aufenthalt in Paris sagen? Ich selber hatte einen Riesenspaß! Es war einfach alles großartig, und ich glaube, jeder in der Band kann das bestätigen. Trotzdem kann ich darüber keine Einzelheiten erzählen, denn es passierte da so viel, an so vielen verschiedenen Stellen in der Stadt, mit so vielen verschiedenen netten Leuten, daß ich fast nicht mitkriegte, wo ich eigentlich die ganze Zeit über war. Man hatte nie Zeit, mal von dem ganzen Trubel weg und ganz für sich zu sein und über irgendwas nachzudenken. Aber das ist wohl der Preis, den man zahlen muß, wenn man die Hauptattraktion ist. Es ist völlig anders, als wenn man einfach nur so auf Besuch ist. Statt daß man herumschlendert und sich die Stadt anschaut, schaut einen die Stadt an. Und wenn man dann endlich doch zur Ruhe kommt, versucht man natürlich, ein bißchen Schlaf nachzuholen, bevor man zur Arbeit geht. Und man sagt sich, daß man zurückkommen muß an diesen wundervollen Ort, wenn man mal mehr Zeit für sich selbst hat.

Dieses Mal gaben wir vier Konzerte in Paris, und die Reporter, die bei allen vieren dabei waren, schrieben, daß wir einen guten Start gehabt hätten und uns bis zu dem letzten sogar noch gesteigert hätten. Ich hatte das auch gespürt, und ich kann mir vorstellen, daß die Jungs in der Band das ebenfalls so sahen. Gegen Ende der Konzerte waren sie jedesmal geradezu wild aufs Spielen. Sie waren Feuer und Flamme für Paris.

Über Deutschland hatte ich viele Geschichten im Hinterkopf. Als wir ankamen, war es zuerst ein bißchen komisch, aber dann entwickelte sich alles ganz gut. Damals waren in weiten Gebieten die

Verwüstungen und Zerstörungen des Krieges noch nicht beseitigt worden, aber es gab auch viele nette, saubere Städtchen. Wir kamen auch durch viele kleine Ortschaften, die ganz merkwürdig aussahen. Ich erinnere mich noch an einige Burgruinen in den Bergen, die fast gespenstisch wirkten, wie in den Geschichten aus der Kindheit oder im Spätprogramm des Fernsehens.

Die Menschen waren sehr freundlich. In manchen von den kleinen Orten sprachen sie nicht so gut Englisch, aber sonst war das völlig anders. Fast überall, wo man hinkam, konnten die Leute die Fremdsprache ziemlich gut, und sie verstanden einen. Man selber konnte dagegen ihre Sprache nicht sprechen. Das war eine komische Situation, und manchmal wäre ich schon etwas weiter gekommen, wenn ich wenigstens ein paar von ihren Redewendungen und Ausdrücken gekannt hätte.

Ich weiß noch, einmal hatte ich etwas nicht verstanden, und es wurde fast peinlich: Wir spielten in einer großen Halle. Ich weiß nicht mehr, in welcher, aber es war eine sehr schöne Halle, und als wir auftraten, fingen die Leute plötzlich an, mit den Füßen zu trampeln. Ich wußte erst gar nicht, was das sollte. Ich glaube, sie haben auch irgendwas gerufen, aber das brachte mich auch nicht weiter, ich konnte ja nicht verstehen, was sie sagten oder brüllten oder sangen. Es wurde verdammt brenzlig, vielleicht schickten sie sich da unten ja an, uns von der Bühne zu vertreiben mit ihrem Fußgetrampel. Aber das sollte das natürlich nicht bedeuten. Sie mochten uns einfach.

Zurück in den Staaten, arbeiteten wir uns einmal quer durchs ganze Land bis an die Küste und zurück, bevor wir wieder mal ins Birdland gingen. In der Zwischenzeit mußten wir jemand für Joe Wilder bei den Trompeten finden, und Frank Wess empfahl Thad Jones. Jedenfalls stieg er sofort ein und wurde einer von uns. Als wir im Juni ins Studio gingen und alle achtzehn Stücke aufnahmen, die Clef-Records dann auf unseren nächsten beiden Platten rausbrachte, da war er schätzungsweise nicht einmal einen ganzen Monat bei uns. Das Trompetensolo auf *Ska-di-dle-dee-bee-doo* ist von ihm.

Als wir diese Aufnahmen machten, waren die meisten Stücke schon eine ganze Zeit lang im Repertoire. Schon vor Europa hatten wir Ernie Wilkins *Sixteen Men Swinging,* Frank Fosters *Blues Backstage* und Neal Heftis *Two Franks* gespielt, um nur einige zu nennen. Denn das Repertoire wuchs natürlich ständig an, weil die Arrangeure immer neue Sachen brachten.

Wir hatten alle die wunderbaren Stücke von unseren eigenen Leuten aus der Band, die auch komponierten, und dann brachten Neal Hefti und einige andere noch was von draußen rein. Zu der Zeit hatten wir ungefähr ein Dutzend Originalstücke von Neal im Programm, und ich glaube, Norman hat sie fast alle aufgenommen. Auf den ersten Platten der neuen Band ist jedesmal eine Sache von ihm drauf.

Ich finde, Neal hat viele schöne Stücke für uns geschrieben. Obwohl seine Kompositionen irgendwie anders waren und nicht ganz unserem Stil entsprachen, waren sie doch sehr musikalisch. Wir haben immer noch ein paar von seinen Stücken im Repertoire. Eins zum Beispiel, das er etwas später geschrieben hat, *Li'l Darlin,* ist eins von unseren Standards geworden.

Mit den ganzen neuen Komponisten und ihren Stücken, dazu den Umbesetzungen innerhalb der Band, sah es fast so aus, als ob wir ein ganz neues Repertoire aufbauen wollten. Aber eigentlich war das nicht der Fall, denn ich spielte immer noch sehr viele Stücke aus der alten Zeit und tue das heute auch noch. Das Publikum hat nie aufgehört, sich solche Stücke wie *Jumping at the Woodside* zu wünschen oder *Swinging the Blues, 9:20 Special, Every Tub* und die Sachen. Und den Neuen in der Band scheinen sie genausoviel Spaß zu machen wie alles andere auch.

Wir fügen also eigentlich nur neue Sachen zu den bereits vorhandenen hinzu, und das ist bis heute so geblieben. Natürlich gibt es da Unterschiede, denn die Komponisten und Spieler wechseln ja auch, und ich selber, ich verändere mich auch. Wenn es also um die Unterschiede im Sound und im Stil der beiden Bands geht, der in der Famous Door und im Birdland, dann braucht man sich nur daran zu erinnern, wie sich die andere Band bei den Stücken anhörte, die sie in der Zeit kurz vor der Auflösung spielte.

Manche Leute nennen die neue Band eine »Ensemble-Band«, aber wir hatten ein paar von den gleichen Ensembles schon in der Band, mit der wir *Wonderful Thing, Mine Too* und *Normania* aufgenommen hatten.

Aber ich sagte ja schon mal an anderer Stelle, daß mich diese Unterschiede nicht besonders interessierten. Die Band im Famous Door hatte ihren eigenen Stil und die im Birdland auch, aber beide swingten. In der neuen Band waren nicht die großen Stars wie in der anderen, aber sie fetzte los, und jeder von den Solisten verstand sein Handwerk.

Ich erlebe es so, daß sich die Band permanent verändert. Immer wenn wir aus dem Urlaub wieder zusammenkommen, höre ich genau hin, ob sie sich nicht ein bißchen anders anhört, obwohl es die gleiche Aufstellung wie vorher ist. Wenn ich natürlich jemand Neues reinhole, dann wird er auch sicher was Neues bringen, und ich bin immer ganz gespannt, was das wohl sein wird. Ehrlich gesagt, immer wenn einer nach vorne an das Solomikrophon tritt, bin ich irrsinnig gespannt, was er diesmal wohl macht. Man weiß ja nie.

Mitte August fuhren wir nach Chicago und traten zwei Wochen im Blue Note auf, damals der Jazz-Club Nummer eins dort. Wir hatten auch da Erfolg, aber eigentlich erinnere ich mich an den Gig nur deswegen, weil in der Pause einer Tanzparty im Trianon in der South Side folgendes passierte: Rennald Jones, mein erster Trompeter, kam ganz aufgeregt an und erzählte mir von einem Sänger, den er gerade gehört hätte.

»Hei, Base! Hei Mann!« sagte er. »Ich bin gerade mal eben die Straße runter, und da ist 'n Typ, den du dir unbedingt mal anhören mußt. Yeah, Mann, du *mußt* dir unbedingt anhören, wie *der* Blues singt. Er ist wirklich Spitze, Mann. Du mußt dir den Kleinen einfach anhören, Base.«

»Nun, mal langsam«, sagte ich. »Wenn er so gut ist, warum gehst du nicht zurück und bringst ihn mit, und in der nächsten Pause guck' ich ihn mir mal an.«

Zufällig machte der andere Laden auch gerade Pause, und als Jonesy den Kleinen reinbrachte, sah ich, daß es derselbe junge Sänger war, der sich immer draußen vor dem Brass Rail rumgetrieben hatte und mit der Combo sang, mit der ich drei, vier Jahre vorher dort aufgetreten war.

Er kam also rein, ging auf die Bühne und sang ein bißchen Blues, und alle waren sofort begeistert. Ich traf auf der Stelle meine

Entscheidung, ich brauchte erst gar nicht groß überlegen oder sonst irgendwas machen. Kaum hatte er angefangen zu singen, wußte ich, daß die Band ihn gut gebrauchen konnte.

»Ist ja riesig«, sagte ich. »Wundervoll. Also, jetzt hör mir mal zu. Ich fahre morgen ab, also pack deinen Koffer, und sei rechtzeitig vor neun Uhr, wenn der Bus fährt, wieder hier vorm Blue Note.«

So fing diese Ehe an, aber er konnte sich uns erst ein paar Monate später anschließen, kurz vor Weihnachten in New York. Er kam gerade noch rechtzeitig, um sich etwas frisch zu machen und dann gleich mit uns auf Reise zu gehen, über Washington, Maryland und Virginia. Seit dieser Busreise vor vielen Jahren ist er noch immer dabei. Ich weiß nicht mehr, ob ich mich noch an seinen Namen aus der Zeit im Brass Rail erinnerte, aber er war noch nicht lange bei uns, da hatten bereits überall sehr viele Leute den Namen Joe Williams gehört.

Anfänglich mußte er sich einiges gefallen lassen, aber nicht lange. Als es wieder Zeit fürs Birdland wurde, weigerten sie sich erst, ihn zu nehmen. Sie wollten nicht die zusätzlichen Steuern für einen Sänger zahlen. Joe Williams war bis dahin völlig unbekannt, also hieß es: »Nein, wir wollen keinen Sänger. Die Band braucht keinen.«

Und ich sagte darauf: »Okay. In Ordnung. Ich bringe ihn mit und nehme es auf eigene Kappe.« Joe trat auf und haute sie alle um. Danach kamen sie wieder an, und ich meinte nur: »Ihr wollt ihn also nicht, was?« Und sie: »Hei, Moment mal. Ist ja wohl was anderes jetzt.« Und ich sagte: »Ach ja? Ganz sicher. Wir werden uns jetzt mal zusammensetzen und uns unterhalten. Und zwar übers Geschäftliche.«

Als wir dann kurz darauf nach Philadelphia fuhren, wollten ihn die Besitzer von dem Laden da auch erst nicht reinlassen. Nach unserem letzten Auftritt hatten wir dann noch eine ganze Woche bis zum nächsten Gig. Und was passiert? Sie wollten den Vertrag verlängern, aber nur für ihn allein. Über die Band verloren sie kein Wort.

Ende Oktober, an einem Sonntagabend, gab ein Komitee unter der Leitung von John Hammond, Willard Alexander und Allan Morrison, dem damaligen New Yorker Herausgeber der Zeitschrift »Ebony«, ein riesiges Bankett für mich im Waldorf Astoria. Auf der Einladung stand, man feiere meinen zwanzigsten Geburtstag als Bandleader. Wenn ich jetzt so drüber nachdenke, frage ich mich, wie sie damals bloß auf die zwanzig Jahre gekommen sind, es sei denn, sie haben von dem Zeitpunkt aus gerechnet, als ich im Cherry Blossom zum Leiter der Band gewählt wurde und Bennie Moten zum Club Harlem wechselte. Das ist wirklich ganz interessant, denn immerhin sind ja alle, mich eingeschlossen, zu Bennie Moten zurückgekommen, nachdem wir in Little Rock gestrandet waren. Die meisten dachten nämlich, ich wäre erst im Reno-Club zum Bandleader geworden, also erst nach Bennies Tod. Das wären aber nicht zwanzig Jahre gewesen.

Damals war mir das gar nicht aufgefallen. Ehrlich gesagt, war ich von der ganzen Sache so überrascht, daß ich mich ziemlich beeilen mußte, um noch rechtzeitig dazusein. Als ich dann schließlich ankam, wartete eine noch größere Überraschung auf mich. An dem Abend hatten sich etwa vierhundertfünfzig Leute da oben versammelt. Das sind verdammt viele Freunde auf einmal in einem Raum. Das muß einen einfach berühren, und wenn man noch so sehr an Applaus gewöhnt ist.

Selbst mein Vater und ein paar Leute aus meiner Heimatstadt waren da und eine ganze Reihe Redner, sogar ein Kongreßabgeordneter. Dann traten Nat King Cole, Lena Horne, Benny Goodman, Joyce Bryant und Marshall Stearns vor und sagten lauter nettes Zeug über mich. Auch Dr. James Parker aus Red Bank erzählte ein paar Kleinigkeiten aus meiner Kindheit, die die Leute von zu Hause, die nun *wirklich* wußten, wie Willie Basie als Junge war, ganz schön in Erstaunen versetzt haben müssen.

Der alte Lips Page machte den Conférencier, aber die große Überraschung des Abends kam erst, als sich der Vorhang am anderen Ende des Saales hob und ich die ganzen Musiker aus der alten Band da sitzen sah. John Hammond hatte sie zusammengetrommelt, um bei der Gelegenheit eine Reunion zu feiern. Er hatte Jack Washington aus Oklahoma herfliegen lassen, Lester unterbrach seinen Gig in Chicago, Walter Page, Jimmy Rushing, Jo Jones, Earl Warren, Buck Clayton, Ed Lewis, Dan Minor, Emmett Berry und natürlich Freddie Greene, der damals schon mit mir zusammenarbeitete und noch immer dabei ist, sie alle saßen da und waren bereit, loszulegen, und Erroll Garner saß am Klavier.

Ich hörte den Typen eine Weile zu, dann mußte ich aufstehen und mich vom Tisch entschuldigen und zu ihnen gehen und mitmachen. Ich glaube, das fand niemand weiter erstaunlich. John Hammond hatte sich sowieso schon gefragt, wieviel Takte ich es wohl aushalten würde, bevor ich den ersten Schritt machte. Die Jungs auf dem Podium zogen sofort vom Leder.

»Da kommt er ja. Hei, Mann, was machst du denn hier oben? Du bist doch angeblich der Ehrengast. Das ist deine Party.«

Und ich: »Schon ganz recht, das ist meine Party! Deswegen lasse ich es nicht zu, daß nur ihr euer Vergnügen habt.«

Erroll ließ mich ans Klavier, und wir machten gleich ein paar alte Nummern, *Every Tub, Sent For You Yesterday* und natürlich *Jump*. Wir beschlossen dann den Abend mit meiner neuen Band, und denen gefiel besonders, in Anwesenheit von all den Jungs aus den alten Tagen zu spielen.

Ende August des nächsten Jahres gingen wir auf unsere zweite Europatournee. Auf dem Weg nach Stockholm betraten wir auch zum erstenmal englischen Boden, aber nur für einen fünf- oder sechsstündigen Aufenthalt auf der U. S. Air Force Base in Burtonwood. Wir brachten den GIs eine kleine Show mit, und das war auch schon alles in England. Wir hatten uns eigentlich auf einen Ausflug nach London gefreut und in andere Städte, wir wußten, daß wir dort viele Freunde hatten, aber irgendwie klappte es damals noch nicht.

Also ging es weiter nach Schweden, wo wir mit einem Open-air-Konzert im Park von Galve vor einem Publikum von sechstausend Leuten eröffneten. Ein wunderschöner Ort, die Leute waren so nett, man mußte sie einfach gern haben. Sobald ich sie mit *Jumping at the Woodside* eingestimmt hatte, wußte ich, daß die Band schon längst heißgelaufen war, und als dann *Shiny Stockings* folgte, hatte ich nur noch lauter Monster auf der Bühne, die nicht zu bändigen waren. Ich habe die Stücke nicht mehr gezählt, aber anschließend kamen die Reporter zu mir und wollten wissen, warum ich ausgerechnet dreizehn Instrumentalstücke ausgewählt hätte. Ich sagte, es gäbe keinen besonderen Grund, wir hätten einfach irgendwann einen bestimmten Punkt erreicht und Sonny Payne mit *With Friends* freien Lauf gelassen. Dann übernahm Joe Williams und riß sie alle noch weiter mit.

Das Konzert fand um acht Uhr statt. Um zehn traten wir dann in einer großen runden Halle auf einer Tanzparty auf, die eigentlich zu einem zweiten Konzert wurde. Normalerweise paßten in die Halle zweitausend Leute, aber nach den Schätzungen der Polizei sollen sich an dem Abend sechstausend Leute in den Laden gequetscht haben. Sie wurden geradezu bis nach vorne ans Podium gedrückt.

Im April des Jahres darauf machten wir endlich unsere erste Tour nach England. Es war herrlich. Noch am Tag unserer Ankunft hatten wir einen phantastischen Auftakt in der Royal Festival Hall in London, und so lief es weiter, überall, wo wir in den drei Wochen haltmachten.

Ich glaube, das Eröffnungskonzert bleibt für immer unvergessen. Wir hatten kein Auge zugetan, denn wir waren gleich nach unserem letzten Stück im Blue Note von Chicago aus direkt zum Flughafen gefahren und nach England geflogen. Bei der Ankunft gab es erst mal die Empfänge und Interviews, und als wir in den Konzertsaal kamen, stellte sich heraus, daß wir in der ganzen Aufregung und Eile alle Noten in Chicago gelassen hatten.

Unvorstellbar, aber es war nun mal passiert. Nach der ganzen Promotion konnten wir dem Premierenpublikum aus lauter erfahrenen und ernsthaften Zuhörern nur ein paar leere Notenständer bieten. Das hätte jeden erschaudern lassen, nicht aber unsere Jungs! Sie waren eben anders. Sie hatten sich so auf den Gig gefreut, daß sie sich ihn durch so eine Kleinigkeit nicht kaputtmachen ließen. »Keine Sorge, Boß«, meinten sie zu mir. »Wir können das sowieso alles auswendig.«

Sie spielten tatsächlich alles auswendig. Traten souverän auf die Bühne und spielten alles richtig, und das Publikum reagierte genauso, wie man sich das im Traum immer vorgestellt hatte. Wenn man spielte, waren sie ruhig, daß man eine Nadel hätte fallen hören können, sie verfolgten jede Note, es gab kein Geräusch im Saal, kein Summen, kein Stühlerücken und Scharren, einfach nur Zuhören. Dann kam der Applaus, und sie ließen einen wissen, daß es sich für sie gelohnt hatte, so lange auf dieses Konzert zu warten.

Wir gaben an dem Abend zwei Vorstellungen, eine um sechs, die andere um neun, und wir haben sie nicht nur deswegen so gut in

Erinnerung, weil die Band in diesem phantastischen Saal vor einem erlesenen Publikum so ein großer Erfolg war, sondern auch aus einem anderen Grund. Jemand hatte uns von der königlichen Loge erzählt. Wenn sie erleuchtet war, bedeutete das, daß ein Mitglied der königlichen Familie anwesend war, was eine große Ehrerweisung bedeutete. Wir waren so mit den Überlegungen beschäftigt, was wir spielen sollten, daß ich an nichts anderes denken konnte.

Aber kaum hatten wir angefangen, sah ich, daß die Lichter da oben angegangen waren, und dann hieß es, daß Prinzessin Margaret mit einer Gruppe da sei. Das machte alles an dem Abend noch irgendwie spannender. Ich will gar nicht erst versuchen, zu erklären, warum, aber es packte einen, und die Band machte auch mit. Natürlich konnte ich mich nicht zurückhalten, mal in Richtung Loge zu blicken.

In so einer Situation konnte man sich auf die Jungs in der Band immer voll und ganz verlassen, und ich glaube, sie müssen das mitgekriegt haben, denn als wir uns wieder für die Vorstellung um zehn Uhr bereit machten, hörten wir, daß die königliche Loge wieder erleuchtet war. Die Prinzessin war zurückgekommen und blieb auch dieses Mal bis zum Schluß.

So etwas war vorher noch nie geschehen. Das sorgte natürlich für Schlagzeilen: »Königliche Hoheit grüßt Count Basie Band, Prinzessin besucht beide Shows«, so stand es im »Melody Maker«.

»Das war das größte Kompliment an den Jazz. Dienstagabend stattete Prinzessin Margaret Count Basie in der Royal Festival Hall einen überraschenden Besuch ab – und blieb vier Stunden. Sie war in Begleitung einer Gruppe von sechs anderen, die gegen 18.20 Uhr ankamen, kurz nachdem das erste Konzert angefangen hatte, und verschwand genauso still durch den Künstlereingang, als das Konzert zu Ende war . . . Kurz nach neun Uhr jedoch kehrte die Prinzessin mit ihren Begleitern in die königliche Loge zurück, um sich auch das zweite Konzert anzuhören. Mehr als einmal führte sie den Applaus an – besonders für Sonny Paynes beliebtes, effektvolles Schlagzeugsolo.«

Nach der Rückkehr hatten wir wieder unsere regelmäßigen Auftritte im Birdland, und es gab auch wieder eine zweite Tournee mit den

Birdland-Stars. Billy Eckstine, Sarah Vaughan und Jeri Southern waren in dem Jahr die Sänger in der Birdland-Besetzung, zu den Combos gehörten das Bud Powell Trio, das Phineas Newborn Quartet und das Terry Gibbs Quartet. Sie sollten zusammen mit Lester, Zoot Sims und Chet Baker spielen.

Im Juni sollten wir einige Wochen lang im Starlight Roof Room im Waldorf Astoria auftreten. Ich habe gehört, das sei damals eine große Sache gewesen, weil es zum erstenmal eine schwarze Band da oben war, aber es war gar nichts Besonderes dabei, wir traten einfach auf und spielten den Gig, es war total ausverkauft, und allen hat's gefallen. Dann wurde verlängert, und als endlich Schluß war, wußten wir schon, daß sie uns wiederhaben wollten. Übrigens, wo wir gerade bei schwarzen Künstlern sind, die andere große Attraktion da oben war Ella Fitzgerald.

Im Juli fuhren wir auf das Newport Festival. Das Konzert ist auf dem letzten Album, das wir für Verve gemacht haben, bevor Norman Granz aus dem Plattengeschäft ausstieg und nach Europa ging. Ab September produzierten wir dann für Morris Levi, unseren Freund und Boß aus dem Birdland, der eine neue Plattengesellschaft gegründet hatte, die Roulette Records. Die nächsten Platten erschienen als Teil einer Reihe, die sich die Birdland Series nannte.

Die Besetzung bei den Aufnahmen ist dieselbe, mit der wir eine Woche darauf zu unserer zweiten Englandtournee aufbrachen. Sie verlief noch besser als die erste. Gleich nach dem Eröffnungskonzert in der Royal Festival Hall erschien im »Melody Maker« unter der Überschrift: »Basie schlägt wieder zu« ein Artikel. »Im Vergleich zu Count Basies ersten Londoner Konzerten würde ich seine ›neuen‹ Fähigkeiten als Orchesterleiter noch höher einschätzen . . . Die Band spielt noch lebendiger und feuriger als im April.«

Das war aber erst der Anfang, denn auf dieser zweiten Tournee durch England sollte ich etwas wirklich Sensationelles erleben. Wir traten in der Royal Variety Show im London Palladium auf, dem alljährlichen Höhepunkt der Unterhaltungsbranche. Auch die königliche Familie war anwesend, und ich wurde der Queen vorgestellt.

Die Varietéshow dauerte drei Stunden. Ich weiß nicht, wieviel Nummern es sonst noch gab, aber an Judy Garland und Mario Lanza kann ich mich noch erinnern. Ich weiß nicht, ob sie die ersten amerikanischen Sänger waren, die daran teilnehmen durften, aber alle sagten, wir seien die erste amerikanische Band gewesen, die man eingeladen hätte.

Wir hatten gerade genug Zeit für drei Stücke, man konnte keine Zugaben geben. Wir eröffneten mit einem kleinen Stück, das das Klavier in den Vordergrund rückte, *The Kid From Red Bank,* legten dann zu und brachten die Sache ins Rollen mit *April in Paris,* und sofort kam die *One-more-time-one-more-once*-Geschichte, aber da gaben sie uns schon stehende Ovationen. Wir hatten noch Zeit für eine weitere Nummer, ich trat also mit Sonny Payne auf und brachte sie mit *Old Man River* zum Rasen.

Die Schlagzeilen, die wir für diesen kurzen Auftritt bekamen, waren im wahrsten Sinne sensationell: »Basies Band ist die königliche Sensation«, so stand es im »Melody Maker«, und der Artikel fuhr fort: »Hit Nummer eins bei der Royal Variety Performance 1957 war die Count Basie Band. Selbst die Jazzlaien unter den Presseleuten erklärten ihn zum größten Hit.«

Die Königin und die Mitglieder ihrer Familie saßen während der Vorstellung in der königlichen Loge. Anschließend gab es einen Empfang für die Künstler, nicht so wie bei einer Privataudienz oder so. Sie entstieg ihrer königlichen Loge, und es wurde gleich da im Theater ein formeller Empfang gegeben. Sie ging die Reihe der Künstler ab und begrüßte jeden.

Ich stand zwischen Vera Lynn, der Sängerin, und einer aus dem Ballett. Der Vorsitzende der Vereinigung stellte einen vor.

»Count Basie, Eure Majestät«, sagte er, und ich machte meinen kleinen Diener.

»Eure Majestät«, sagte ich, und sie nickte und lächelte.

»Count Basie«, sagte sie, beglückwünschte mich und bedankte sich, und das war auch alles. Mit Prinz Philip dagegen gab es ein bißchen mehr zu reden.

»Also Count«, sagte er und hörte sich ganz locker an, »Sie haben ja sehr viele Menschen heute abend hierhergelockt.«

»Das stimmt«, sagte ich. »Fast zuviel.«

»Oh, aber sie haben doch alle ordentlich mitgeswingt, und das für einen guten Zweck.«

So weit dieser Teil der Geschichte, es gibt nämlich noch einen anderen Teil oder, besser gesagt, eine andere Seite: Am nächsten Morgen wurde die Band auf die Straße gesetzt! Es war ein Haus irgendwo im West End von London, kein reguläres Hotel, mehr ein Haus, in dem vorübergehend Apartments vermietet wurden. Ich weiß nicht, was vorgefallen war, denn ich war woanders untergebracht, aber ich weiß noch, daß wir alle nach der Vorstellung ziemlich aufgeregt waren. Ich schätze, daß ein paar von den Jungs und ihre Fans es ein bißchen zu toll getrieben hatten mit der Feierei und den nächtelangen Partys und und wahrscheinlich vergessen hatten, wo sie sich befanden. Jedenfalls, als sie am nächsten Morgen aufwachten, wurde die Band gebeten, ihre Zimmer zu räumen. Mit anderen Worten, sie wurden rausgeworfen. Sie konnten es einfach nicht glauben.

Aber genau das passierte. Ich glaube nicht, daß es irgendwas mit der Hautfarbe zu tun hatte. Die Vermieter hatten einfach keine Lust auf den ganzen Rummel, den die Band verursachte.

Ich will hier nicht für die Jungs Partei ergreifen, das ging nur sie was an, und es regte sich auch keiner sonderlich darüber auf. Ich glaube, sie nahmen es mehr als eine von den Sachen hin, die halt auch passierten. Die meisten mußten darüber lachen. Jedenfalls hatte es keine Auswirkungen auf die Musik für den Rest der Tour. Überall spielten sie hinreißend.

Das war Lockjaws erste Reise nach England. Aber man kannte ihn drüben schon ziemlich gut von den Platten, die er ein paar Jahre vorher mit uns aufgenommen hatte, auch mit verschiedenen anderen Bands und Combos. Viele hatten nur auf ihn gewartet, um ihn endlich mal live zu erleben, und die enttäuschte er nicht. Überall schlug er ein und wurde von den Reportern immer besonders erwähnt.

Es war eine gute Tour für ihn, und ich glaube, das brachte ihn ein bißchen ins Grübeln. Auf dem Rückflug unterhielt er sich dann mit mir. Jaws redet ziemlich viel, besonders wenn's dazu Scotch und Milch gibt. Auf dem Hinflug hatte er da schon kräftig zugelangt. Auf dem Rückflug fing er an, mich vollzuquatschen, und als ich merkte, auf was er hinauswollte, nahm ich ihm den Wind aus den Segeln.

»Brauchst mir nichts zu erzählen«, sagte ich.

»Wovon redest du überhaupt?« sagte er. »Was soll das?«

»Du hast mich um den Job gebeten«, sagte ich. »Ich hab' dich nicht gebeten. Jetzt hast du den Job, und schon denkst du über was anderes nach. Bevor du mir sagst, was du mir zu sagen hast, weiß ich, was du mir sagen willst.« Er hatte nämlich selber eine kleine Gruppe gehabt, die aber auseinandergegangen war, vielleicht weil er sie ganz einfach satt hatte. Ich glaube, nach so etwas hatte er wieder ein bißchen Sehnsucht.

»Wovon redest du überhaupt?« sagte er.

»Also«, sagte ich, »ich weiß Bescheid. Ich geb' dir einen Rat. Du brauchst eine eigene Band. Also, sieh mal, wenn wir zurückkommen, macht mein Laden ungefähr in einem Monat auf. Warum kommst du nicht vorbei und arbeitest dort? Genau das, was du brauchst.«

Und er sagte wieder: »Wovon redest du überhaupt?«

»Willst du einen Job mit 'ner eigenen Band?« fragte ich ihn. »Jetzt hast du einen.«

Er sah mich nur an. »Probier es doch mal. Du brauchst deine Gruppe. Ich verstehe sowieso nicht, warum du sie aufgelöst hast.«

Eine ganze Minute lang sagte er überhaupt nichts mehr, dann: »Also, weißt du, vielleicht . . .«

Er kam also. Er sollte eigentlich nur ein paar Wochen oder einen Monat bleiben, aber es wurde mehr als ein Jahr draus. Es tat ihm sehr gut, mir natürlich auch, denn sie hatte ihn alle gern, und das Geschäft lief die ganze Zeit über prima. Ich glaube, danach brach seine kleine Band auseinander. Weiß der Geier, warum.

Zu der Zeit, als Lockjaw das zweitemal in der Band war, hatte ich meinen eigenen kleinen Club, Seventh Avenue, Ecke 132. Straße. Schon während der Birdland-Zeit hatte ich mich darauf eingelassen, und nach kurzer Zeit wurde er zu einem der anerkannten Clubs in Harlem. Mit meiner Band bin ich dort nicht aufgetreten, dazu reichte der Platz nicht, aber im Laufe der Jahre hatten wir sehr viele erstklassige Gruppen und Sänger dort. Viele Freunde, die wir im Birdland kennengelernt hatten, waren Stammkunden bei uns.

Wir nannten den Club »Count Basie's«, und er lag gleich neben der Tankstelle, wo die Leute aus der Stadt ihre Autos parkten. An der

Ecke gegenüber, auch als Harris' Corner bekannt, war der Laden, der die Hot dogs verkaufte, die ich immer mit nach Hause auf mein Zimmer nahm und im Bett verzehrte, bevor ich mit Gonzelle White die Stadt verließ und dann in Kansas City strandete. Das werde ich nie vergessen.

Das Leben ist schon komisch. Es bringt doch immer wieder überraschende Wendungen. Ich hätte nie gedacht, daß der Laden an der Ecke mal mir gehören würde. Früher war ich da öfter spazierengegangen, und ich sah, wie die Leute darein gingen, aber ich konnte mir das nie leisten.

Im Laufe der Jahre mußte ich allerdings feststellen, daß das Geschäft zwar sehr gut lief, aber nicht viel Profit abwarf. Daraufhin betrat meine Frau die Bühne. Als ich die Sache angefangen hatte, hatte ich sie da ganz rausgehalten. Ich wollte nicht, daß sie ihre Finger im Spiel hatte, ich dachte, ich würde es schon allein schaffen. Die Sache lief so weiter und weiter, und als wir uns eines Tages über den Club unterhielten, nagelte sie mich schließlich fest.

»Der Club läuft ganz gut«, sagte ich.

»Okay«, erwiderte sie, »und wo bleibt das Geld?«

»Das Geschäft läuft gut. Schau dir doch nur die Massen von Leuten an.«

»Wo sind die Bücher?«

»Ist doch alles in Ordnung«, antwortete ich ihr.

Aber dann legte sie los. Sie holte sich einen Stuhl und setzte sich in die Nähe von dem Geländer, von wo aus sie die ganze Szene überblicken konnte, und fing an, alles zu überprüfen. Sie bewies mir, wie man mit dem Club wirklich zu viel Geld kommen könne, und fragte mich dann, wo das denn alles hinfließen würde.

»Wer kriegt das Geld?« fragte sie. »Du hast recht. Das ist ein Bombengeschäft, und irgend jemand macht hier 'ne Menge Kies – aber wo ist deiner?«

Was sollte ich sagen? Sie war ziemlich ausgekocht. Sie hängte sich voll rein und übernahm den ganzen Laden – und das hat mich gerettet.

Aber nach einer Zeit wurde das Geschäft wirklich etwas lahmer, und wir mußten schließlich doch aufgeben. Aber jahrelang war es ein heißer Schuppen gewesen.

Ein Spatz in Japan
(1959—1964)

Nicht ganz einen Monat nach den Aufnahmen für »Chairman of the Board« gingen wir wieder ins Studio, um endlich ein seit langem überfälliges Album mit Billy Eckstine aufzunehmen. Eigentlich konnte man das keine Arbeit nennen. Wir gingen einfach ins Studio, zogen die beiden Sessions runter und hatten unsern Spaß dabei, so wie immer, angefangen mit den Tourneen, die er für uns organisierte, und die Gastspielreisen mit den Birdland-Stars.

Billy und Bobby Tucker, sein Mann am Klavier, hatten sehr genaue Vorstellungen darüber, wie sich der Sound im Hintergrund anhören sollte, und die Jungs der Band gingen auch auf alles ein. Wenn wir heute noch mal die Gelegenheit haben, zusammenzuspielen, können wir die Stücke jederzeit wieder ins Programm aufnehmen. Nach mehr als zwanzig Jahren kommen sie immer noch an, nicht nur bei dem Publikum, das sich an die alten Tage erinnert, sondern auch bei jungen Leuten, die sie noch nie gehört haben.

Ende Mai fand in Miami eine große Konferenz mit Radio- und Fernseh-Discjockeys und Vertretern großer Plattenfirmen statt. Am letzten Tag zog uns Morris Levy aus dem Birdland ab und schickte uns runter, weil wir auf einer großen Party für die Discjockeys spielen sollten. Sie fand im Ballroom des Americana statt und nannte sich »Breakfast Dance and Barbecue«, denn es gab an dem Abend jede Menge Gegrilltes. Wir spielten bis in den Morgen, dann wurden Ei und Schinken und heißer Kaffee serviert.

Die Veranstalter meinten, es seien dreitausend Gäste auf der Party gewesen. Es war ein sagenhafter Ball, von dem man gleich ahnte, daß die Leute noch Jahre später davon schwärmen würden. Ich konnte natürlich nicht alles mitmachen, denn obwohl Kate mitgekommen war, war ich die ganze Zeit ziemlich beschäftigt, vom ersten Augenblick an bis zur Abfahrt am nächsten Morgen. Wir mußten ja abends rechtzeitig zum ersten Set im Birdland wieder zurück in New York sein.

Ich kann nur sagen, daß die ganze Zeit eine tolle Stimmung im Saal herrschte, wir haben ja auch die Platte als Beweis, denn Roulette hat uns live aufgenommen. Ich weiß nicht mehr genau, wieviel Stücke wir eigentlich insgesamt gespielt haben, Roulette hat acht auf der Platte »Breakfast Dance and Barbecue« rausgebracht.

Im Juni traten wir wieder im Starlight Roof im Waldorf Astoria auf, diesmal mit Ella Fitzgerald. Was kann ich da noch erzählen, Ella braucht nur die Bühne zu betreten und ist einfach immer wundervoll. Aber soweit ich mich erinnere, blieb sie nur ein paar Wochen, dann verließ sie uns, weil Norman Granz schon wieder mit einem neuen Gig für sie wartete.

Unser Set in Newport in diesem Jahr sollte eigentlich den Eröffnungstag abschließen, aber als wir mit der ersten Nummer anfingen, war es schon kurz nach Mitternacht. Wir spielten zuerst ein paar Stücke aus dem neuen Repertoire, dann kam Joe Williams mit *Shake, Rattle and Roll* und *Well, All Right, Okay, You Win* und feuerte damit das Publikum erst so richtig an. Dann kam das Lambert, Hendricks and Ross Trio zu uns auf die Bühne und gab sein Festivaldebüt mit *It's Sand, Man,* worauf es beim Publikum kein Halten mehr gab. Nach den ersten Nummern schon waren sie *der* Hit, und nach einer ziemlich coolen Melodie von Horace Silver, *Doodling,* wollte das Publikum sie gar nicht mehr von der Bühne runterlassen. Aber es wurde langsam Zeit für die Schlußnummern, wozu wir noch mal Joe Williams auf die Bühne holten. Alle vier zusammen sangen dann *Every Day,* und von da machten wir eine ganz schnelle Überleitung zu dem Schlußchorus von *One O'Clock Jump.*

Auf der Englandtournee im nächsten Frühjahr erhielt ich die Nachricht, daß mein Vater gestorben war. Ich flog zurück nach New York und brauchte dann nur noch nach Red Bank zur Beerdigung fahren, Katie hatte sich schon um alles gekümmert.

Ich muß sagen, daß Katie in solchen Situationen immer ganz

wunderbar war. Sie wußte, was man zu tun hatte. Sie war auch immer gut mit meiner Familie ausgekommen, schon als wir uns gerade erst angefreundet hatten. Sie war es auch, die die Idee hatte, ein Familiengrab im Pine-Lawn-Mausoleum in Farmingdale, Long Island, anzulegen, und das erste, wofür sie dann sorgte, war, daß die sterblichen Überreste meiner Mutter und meines Vaters aus Red Bank dorthin überführt wurden.

Sie hatte auch viel damit zu tun, daß mein Vater und ich uns in den letzten Jahren wieder nähergekommen waren. Seit der Trennung meiner Eltern hatte ich meiner Mutter immer nähergestanden als ihm, sie verbrachte ihre letzten Jahre auch bei mir in New York.

Katie war einfach wunderbar in solchen Dingen, und deswegen muß ich ihr ganz besonders danken für den Trost, den ich bei ihr fand, als Dad starb. Sie war immer diejenige gewesen, die dafür gesorgt hatte, daß wir beide den Kontakt nicht verloren, ich war ja fast immer unterwegs. Sie sorgte dafür, daß es ihm an nichts fehlte, das wir ihm hätten geben können. Und als wir uns entschlossen, das alte Haus in der Mechanic Street, wo ich aufgewachsen war, durch einen einstöckigen Bungalow zu ersetzen, da war sie es, die auf der Baustelle blieb und alles überprüfte, und nicht ich. Ich war wie immer unterwegs.

In der dritten Augustwoche machten wir uns wieder auf die lange Reise an die Westküste, nach kurzen Gigs in Buffalo, Detroit, Kansas City und Denver traten wir in der zweiten Septemberwoche in Los Angeles wieder im Crescendo auf. Kurz vor der Eröffnung gingen wir noch für ein paar Tage in die Universal-Sound-Studios und nahmen das erste von den Benny-Carter-Alben auf. Alle Nummern, die Benny für dieses Album schrieb, hatten mit dem Leben in Kansas City zu tun, und so hieß das Album auch »Kansas City Suite«. Ich glaube, Benny war mit dem Ergebnis ganz zufrieden, was mir viel bedeutete. Natürlich kamen gleich ein paar Nummern ins Repertoire unserer Eröffnungsveranstaltung im Crescendo.

In der Woche darauf traten wir zusammen mit Fred Astaire im Fernsehen auf. Die Serie hieß »Astaire Time« und wurde von NBC produziert. Normalerweise hatte er immer Jonah Jones und seine Combo, aber dieses Mal wollte er uns. Die Verträge und alles, was so dazugehört, waren schon vorher durch Willard Alexanders Büro in

New York ausgehandelt worden, und so trafen Fred Astaire und ich uns das erstemal. Er war im St. Regis abgestiegen und lud mich zu sich ein, damit wir uns über seine Ideen unterhalten konnten, und sobald Willard und ich dort ankamen, spürte ich, daß die ganze Sache einfach toll werden würde.

Er erwartete uns schon, ein ausgesprochen netter Kerl. Ich war schon immer ein Fan von ihm gewesen, und dann stellte sich heraus, daß auch er über die Jahre immer verfolgt hatte, was meine Bands denn so machten.

»Sieh an, Count Basie«, sagte er und nahm meine Hand, als ich in seine Suite trat. »Wie schön, daß ich Sie endlich mal kennenlerne.«

»Ganz meinerseits«, sagte ich.

»Ich bin ja so froh, daß wir uns mal zusammensetzen können. Ich habe mich schon seit langem darauf gefreut.«

»Ich auch«, sagte ich, er war wirklich schon jahrelang ein Lieblingsstar von mir.

Wir setzten uns hin und unterhielten uns, und er sagte ein paar sehr schöne Sachen über meine Musik, und dann fragte er mich nach verschiedenen Stücken und erwähnte schließlich *Sweet Georgia Brown* und meinte, vielleicht könne er damit was anfangen.

»Wunderbar«, sagte ich, »und was wollen Sie dazu machen?«

»Wissen Sie«, sagte er, »nehmen Sie doch einfach ein Band mit *Sweet Georgia Brown* auf, und schicken Sie es mir.«

»Schon erledigt«, sagte ich.

»Also gut«, sagte er, »abgemacht. Dann sehen wir weiter.«

So verlief unsere erste kleine Begegnung. Ich schrieb also zu dem Klaviersolo ein ganzes Arrangement, und als ich es ihm in Kalifornien vorbeibringen wollte, ließ er mich durch seinen Chauffeur abholen. Sobald wir angekommen waren, überreichte ich ihm das Band, er ließ es auflegen und sprang gleich drauf an, in jeder Note von dem Arrangement steckte was für ihn drin.

In dem Programm brachte er dann einen Solotanz auf *Sweet Georgia Brown*. Wir spielten ein Stück aus unserem neuen Album, *Not Now, I'll Tell You When,* und Joe Williams sang *It's a Wonderful World.* Wir brachten außerdem noch einen Blues als Hintergrund für Freddie und Barrie Chase, und er war mit dem Ganzen sehr zufrieden. Wir auch. Die Show wurde sogar so ein Hit, daß sich NBC entschloß, sie im Februar, nur fünf Monate später, zu wiederholen.

Zu der Geschichte mit Fred gehört noch eine kleine Sache: Irgendwie hatte er mitbekommen, daß ich auf Pferde wettete. Er machte mir daraufhin das Angebot, daß ich ihm nur Bescheid zu sagen brauchte, wenn ich in der Stadt wäre, er würde dann seinen Fahrer schicken, und ich könnte seine Loge draußen auf der Bahn haben. Das nahm ich gerne an, eine tolle Sache! Ehrlich gesagt, weiß ich nicht, ob ich auch gewonnen habe, wahrscheinlich nicht, aber ich hatte trotzdem meinen Spaß.

Am zweiten Donnerstag im Dezember gingen wir wieder zurück ins Birdland und blieben dort bis in den frühen Januar 1961. Es war Joe Williams' letztes Engagement zusammen mit der Band, bevor er sich als Solosänger etablieren wollte. Das alljährliche Birdland Chitterling Supper beim Schlußkonzert der Saison wurde so zu einer Abschiedsparty für Joe, die bis in den Morgen dauerte. Genaugenommen stieg Joe allerdings erst eine Woche später aus der Band aus, nachdem wir auch das Schlußkonzert im Apollo absolviert hatten.

Ich brauch' ja wohl nicht zu sagen, daß Joe es auch allein schon nach kurzer Zeit zu einem Star gebracht hatte. Es ist auch bekannt, daß er in den letzten zwanzig Jahren bis heute die Familienbande zur Band immer gepflegt hat. Wieviel Gastauftritte er allein bei uns hatte! Manchmal zwei oder drei pro Jahr, meistens bei ganz besonderen Konzerten, manchmal auch ein paar Abende oder eine ganze Woche oder mehrere hintereinander. Wo wir aber auch auftreten, immer wenn er auf die Bühne tritt und das Mikrophon übernimmt, kommt es mir so vor, als wäre er wieder zu Hause. Sogar heute noch, obwohl nur noch drei Mitglieder aus seiner Zeit in der Band übriggeblieben sind: Freddie Greene, Sonny Cohn und der alte Base persönlich.

Am letzten Abend im Apollo entschied auch Joe Newman, daß es mal Zeit für eine Abwechslung wurde. Das waren schlechte Nachrichten, denn Pootman war in all den Jahren immer unsere verläßlichste Zündkerze bei den Trompetern gewesen und noch immer der erste Solist in der Abteilung. Er war aber auch ein wundervoller Mensch für die gesamte Gruppe, keiner arbeitete so gut mit den anderen zusammen, wenn es darum ging, als Band eine gute Vorstellung zu geben. Als noch die meisten Trompetensoli auf ihn allein fielen, hat er sich nie wegen Überarbeitung oder so beklagt. Er trat einfach vor und verrichtete seine Arbeit, und immer wenn man mal erwähnte, daß seine Soli immer noch jeden anderen abräumten, meinte er nur: »Was soll's, mach dir keine Sorgen, Chef. Ich schaff' das schon.«

Solchen wunderbaren Leuten läuft man nicht alle Tage übern Weg, also versucht man, sie so lange wie möglich zu halten. Als ich ihn fragte, ob ich irgendwas für ihn tun könnte, meinte er nur, er könne sich nicht beklagen und daß Geld bei seiner Entscheidung auch keine Rolle gespielt hätte. Er wollte einfach nur mal was anderes machen, und das konnte ich gut verstehen, also wünschte ich ihm alles Gute und sagte ihm noch, er könne jederzeit zurückkommen, wenn er wollte. Das Angebot gilt immer noch.

Nach dem Apollo gaben wir eine Woche lang Gastspiele in New York und der näheren Umgebung, bevor wir runter nach Washington fuhren, um auf einer der großen Tanzpartys aus Anlaß des Amtsantritts von Präsident John F. Kennedy zu spielen. An dem Abend fanden insgesamt fünf solcher Bälle statt. Wir spielten auf dem im District Armory, der der größte gewesen sein muß, die anderen waren im Mayflower, Shoreham, Statler und im Sheraton-Park.

Das war ganz sicher einer der Höhepunkte in meiner Karriere. Ehrlich gesagt, kann ich mich aber gar nicht mehr an viel erinnern, denn ich war so mit dem Gig beschäftigt, daß ich weder die Eröffnungsparade, geschweige denn die Vereidigungszeremonie zu Gesicht bekam. Wir hatten alle Hände voll zu tun, um überhaupt von Fort Dix, New Jersey, durch das rauhe Winterwetter nach Washington zu kommen. An dem Nachmittag herrschte ein ziemlicher Schneesturm, der den ganzen Verkehr in der Gegend durcheinanderbrachte.

Soviel ich weiß, hatte sich der Präsident vorgenommen, auf allen fünf Partys zu erscheinen. Er und die First Lady begannen den Abend im Mayflower, dann kam das Armory dran. Natürlich wußten alle sofort Bescheid, als er eintrat, man sah ihn und seine Gruppe in der Prominentenloge auf dem Balkon. An seinen Vater allerdings erin-

nere ich mich viel besser, er schien sich köstlich zu amüsieren. Ich
sah einmal nach oben, und da hatte der sich sein Jackett schon
ausgezogen.

Ich weiß nicht mehr, wann der Präsident den Saal wieder verließ.
Man sagte mir, die First Lady wäre nach dem Armory nach Hause
gegangen und der Präsident ohne ihre Begleitung zu den drei anderen
Bällen. Apropos First Ladys, meine eigene Nummer eins war bei der
Gelegenheit auch anwesend. Kate hatte sich sehr aktiv in der Wahl-
kampagne für Kennedy engagiert und wäre auch so zu einem der
Bälle gegangen, selbst wenn man die Band nicht eingeladen hätte.

Joe Williams und Joe Newman waren nicht die einzigen in den
ersten Monaten des neuen Jahres, die wir ersetzen mußten. Al Grey
und Billy Mitchell stiegen ebenfalls aus und stellten selber eine kleine
Gruppe zusammen. Wir holten uns Quentin Jackson auf Als Platz,
womit wir wieder eine volle Stimme bei den Posaunisten hatten,
denn Quentin, auch als »Butter« bekannt, hatte diese Parts in Dukes
Band schon übernommen.

Wir haben erst gar nicht versucht, Joe Williams durch einen
zweiten Joe Williams zu ersetzen. Unser nächster Sänger war Ocie
Smith. Er war völlig anders als Joe, aber machte seine Sache auf seine
eigene Weise auch sehr gut, was wirklich nicht ganz einfach ist als
Nachfolger von jemand, um den sich überall im Lande ein ganzer
Haufen von Fans geschart hatte. Aber Ocie paßte gut in die Band,
und ich war sehr zufrieden mit ihm.

Im darauffolgenden Sommer hatte Sonny Payne mit einemmal viele
private Probleme, hinzu kam ein schwerer Autounfall auf einer
Schnellstraße in New Jersey, und er mußte ins Krankenhaus. Daher
konnte er auch nicht mit uns nach Europa fahren. Statt dessen holten
wir uns Louis Bellson für die Tour, den Mann von unserer guten alten
Freundin Pearl Bailey. Auf den Aufnahmen, die von uns im August in
Schweden entstanden sind, ist also Louis der Schlagzeuger. Aber nach
ein paar Wochen konnte Sonny glücklicherweise wieder spielen.

Ed Jones fuhr auch nicht mit uns nach Europa, er wollte mal was
ganz anderes ausprobieren und stieg aus. Er gab die Musik auf und
begann eine neue Karriere bei IBM. Während der ganzen letzten
Jahre in der Band hatte er dafür gelernt. Überall schleppte er seine
Bücher mit und lernte bei jeder Gelegenheit. Er las sogar in den

Pausen hinter der Bühne, und wenn wir wieder in den Bus einstiegen, stellte er den Baß beiseite, und zack! saß er wieder da mit seinen Büchern. Ich kann mich noch gut daran erinnern, denn er saß bei mir in der Nähe. Als er dann also aufhörte, machte er eine große Kehrtwende und warf sich voll rein, und er hat sich ganz toll gemacht, was wir eigentlich alle auch erwartet hatten. Schon nach wenigen Jahren ist er Abteilungsleiter bei IBM geworden.

Natürlich hat er die Musik nicht ganz aufgegeben. Ab und zu kommt er zurück und spielt bei Reunions mit oder bei Gastauftritten mit anderen Bands, und man hat mir erzählt, daß er sich sogar manchmal freinimmt und ein paar Gigs spielt, nur um in Kontakt mit dem zu bleiben, was so passiert.

Anfang Oktober kamen wir endlich mal dazu, unsere ersten Aufnahmen mit Frank Sinatra zu machen. Frank und ich hatten uns beide schon sehr, sehr lange darauf gefreut. Ich will gar nicht erst alle Gründe aufzählen, warum wir nicht schon eher mal zusammengespielt haben, diesmal jedenfalls klappte endlich alles. Unser Vertrag mit Roulette Records lief gerade aus, und der große Vorsitzende Frank hatte seine eigene Plattenfirma gegründet, Reprise Records, und er war es, der bestimmte: »Jetzt wird's gemacht.«

Wir fuhren also nach Los Angeles und nahmen in zwei je vierstündigen Aufnahmesessions zehn Stücke auf. Alles Standards, die er bestimmt vorher schon mal aufgenommen hatte und die wahrscheinlich Hits geworden waren. Aber dieses Mal hatte Neal Hefti sie für unser Instrumentarium und unsere Stimme neu arrangiert.

Ich kann mich nicht daran erinnern, daß irgendwas danebenging oder schieflief. Frank ist Perfektionist, und sein Credo ist eine gute Vorbereitung und harte Arbeit, aber er mag auch, wenn die Dinge mal nicht so ganz fest gefügt sind. Ich weiß noch, daß die Proben und Takes alle sehr ruhig verliefen, und ich erinnere mich auch an die Freunde und Leute, die uns viel Glück bei der Arbeit wünschten. Zum Beispiel Sammy Davies, Benny Carter, Dinah Shore und viele andere, die einfach nur mal so vorbeikamen und blieben, wenn sie einen Moment Zeit hatten. So etwa verlief der Gig, und als es fertig war, meinte Frank: »So etwas müssen wir unbedingt noch mal machen.«

Das taten wir auch, zweimal noch auf Platte, und ich weiß nicht, wie oft auf der Bühne, ein paarmal mit Ella, der First Lady des Swing. Knapp zwei Jahre später machten wir das nächste Album mit Quincy Jones als Arrangeur, und dann, im Januar, etwa anderthalb Jahre danach, nahmen wir »Sinatra at the Sands« mit ihm auf, als wir gerade für einen Monat unten in Las Vegas waren.

Auch bei diesem Album übernahm Quincy Jones alle Arrangements. Als Frank hörte, daß die Band vor dem gemeinsamen Auftritt mit ihm noch ein paar freie Tage hatte, ließ er uns zwei Tage vorher auf seine Kosten von Chicago nach Vegas fliegen, damit er noch ein bißchen mit uns proben konnte. So ist Frank. Wenn er auf die Bühne kommt, hat er alles im Griff.

Er vertrödelt nie Zeit. Ich bin sicher, er hätte es auch mal langsamer angehen lassen können wie im Sands, es wäre immer noch gut gewesen. Aber so ist Frank nun mal nicht. Es sieht so aus, als fliegt ihm da oben auf der Bühne alles nur so zu, aber das ist nur der Eindruck. Er ist unglaublich professionell. Und für mich ist er immer ein Super-Kumpel gewesen.

Unser Weihnachtsgig in dem Jahr war nicht mehr im Birdland, sondern in einem neuen Club, Basin Street East, in der 48. Straße, Lexington Avenue, schräg gegenüber von der Rückfront des Waldorf. Das Birdland hatte sich sehr verändert. Viele Jazzclubs gingen ein, und nach kurzer Zeit war auch das Birdland aus dem Rennen. Basin Street dagegen lief großartig. Nipsey Russell, der große Stand-up-Komiker, und Joe Williams, unser alter Sänger, waren in dem gleichen Programm wie wir. Wir blieben dort die ganzen ersten drei Januarwochen.

Es war der Anfang eines sehr wichtigen Jahres für mich. Ich glaube, ich kann sagen, daß es zu einem Höhepunkt in meiner Karriere als Bandleader wurde. Nach Basin Street machten wir ein paar Tage lang Aufnahmen für ein Album von Reprise Records mit beliebten Standards. Die Arrangements stammten von Quincy Jones und waren wirklich schwierig, aber irgendwie packten wir es und ernteten sogar einen Grammy, die höchste Auszeichnung in der Branche.

Im Februar und März gaben wir viele Gastspiele an der Ostküste, im Süden bis runter nach Fort Lauderdale und im Mittleren Westen bis Iowa. In der zweiten und vierten Aprilwoche waren wir jeweils ein paar Tage in New York und nahmen in sechs Studiosessions genug Material für mehrere Alben auf: *More Hits of the '50s and '60s* mit den Arrangements von Billy Byers, *Li'l Ol' Groovemaker in Basie,* Kompositionen und Arrangements von Quincy Jones, und *Basie Land* mit den Kompositionen und Arrangements von Billy Byers.

Ende April waren wir wieder unterwegs, gaben Gastspiele in New York und New England und machten ein paar Seitensprünge in den Mittleren Westen. Als wir dann in der dritten Maiwoche über Ohio und Michigan nach Kalifornien fuhren, wußten wir, daß wir uns auf die längste Reise begeben würden, die wir jemals unternommen hatten: Wir waren das erstemal auf dem Weg nach Japan.

Das war unser Ziel, als wir von Los Angeles starteten, aber auf dem Weg dorthin legten wir für unseren ersten Gig in Hawaii noch zwei Tage in Honolulu ein. Das brachte ein bißchen Unterbrechung in den großen Sprung, was mir ganz recht war, denn die Fliegerei mochte ich ja nie besonders. Ich freundete mich also wie immer mit Mr. Scotch und Mr. Brandy an, aber sie halfen auch nicht. Sie haben zwar nie geholfen, aber ich mußte einfach was zu mir nehmen. Ich trank damals immer noch ein bißchen zuviel, das mußte also sein.

Ich glaube, beim erstenmal habe ich von Honolulu gar nicht viel gesehen. Ich weiß nur noch, daß ich mit ein paar Leuten am Strand war und auch an der Strandbar. Unser Gig war am Donnerstag und Freitag im Kaiser Dome auf Waikiki, und an beiden Abenden spielten wir je ein Konzert von halb acht bis neun. Um halb zehn wurde aus dem Saal dann ein Cabaret. Es gab zwar nichts zu trinken, aber eine Show, und wir spielten Stücke zum Tanzen.

Von Honolulu aus flogen wir mit der Japan Air Lines nach Tokio. Am Flughafen wartete schon ein großes Empfangskomitee auf uns, unter anderem eine Gruppe junger Mädchen, eine für jeden von uns, die jedem einen Blumenstrauß überreichten. Dann brachte man uns zu Fernsehinterviews in einen nahe gelegenen Raum und endlich ins Hotel. Den Rest des Tages hatten wir dann zur freien Verfügung. Jeder hatte einen Fremdenführer, und es gab auch ein paar Übersetzer, aber ich wollte es ein bißchen ruhiger und ging also an dem ersten Abend nicht aus dem Hotel.

Am frühen Nachmittag des nächsten Tages mußten wir während einer Pressekonferenz im Golden-Akasaka-Club noch mal ein paar Interviews geben, dann gab es eine große Party mit einer Lokalband, den Blue Coats. Dann wurde jeder einzeln auf die Bühne gerufen und vorgestellt. In der Band waren damals Al Aarons, Sonny Cohn, Don Rader und Fip Ricard, Trompete, Benny Powell, Henry Coker und Grover Mitchell, Posaune, Marshall Royal, Frank Wess, Eric Dixon, Frank Foster, Charlie Fowlkes, Rohrblattinstrumente, Freddie Greene, Gitarre, Buddy Catlett, Baß, Sonny Payne, Schlagzeug, und der alte Base am Klavier − wie ein Spatz, damit auch jeder was zu gucken hat. Jimmy Witherspoon war der Sänger bei der Tournee, und er war ein großer Erfolg.

Nach dem Empfang wurden wir zu einem frühen Abendessen zurück ins Hotel gebracht, denn unser Eröffnungskonzert in der Kosei Nenkin Hall sollte um sechs Uhr anfangen. Wir waren alle gut drauf, und es wurde eine runde Sache. Die Reaktion des Publikums war so toll, daß man sich gleich wie zu Hause fühlte. Viele kannten die Musik schon lange von Platten, aber viele hatten auch das Vergnügen, sie erst an diesem Abend kennenzulernen.

Die Japaner sind schon ein interessantes Volk. Sie sind immer beschäftigt, es kam mir so vor, als wären sie vierundzwanzig Stunden am Tag nur am Rummengen und Machen. Wenn sie sich was vorgenommen haben, schaffen sie es auch. Sie lernen auch immer dazu. Es war wirklich eine anregende Erfahrung für mich da drüben, und überall, wo wir hinkamen, lernten wir wunderbare Leute kennen.

Nabuo Hara gehörte dazu, er wurde einer meiner großen Freunde in Tokio. Jemand nahm mich mit zu der Show im Nippon Theatre. Die Band in dem Programm gefiel mir sehr gut, und ich wollte ihn gerne kennenlernen. Ich ging also mit einem Übersetzer hinter die Bühne und sagte ihm, wie gern ich der Band zugehört hätte. Sie nannten sich Sharps and Flats, und ich erfuhr, daß es die bekannteste Band in Japan war. Als Nabuo Hara dann zu unserem Konzert kam, brachte er mir ein kleines Geschenk mit. Seitdem macht er das jedesmal, wenn ich wieder in Tokio bin, bis heute, und bringt auch immer zwei Flaschen Sake für jeden in der Band mit.

An den letzten beiden Tagen unseres Aufenthalts traten beide Bands in dem gleichen Programm im Golden Hakisaki auf, dem Top-Nachtclub in Tokio. Es war wirklich ein toller Schuppen, mit einer Bühne, auf der drei Bands Platz hatten. Zwischendurch gab es Pausen. Man wartete hinter der Bühne, die etwas tiefer lag als die Hauptbühne, und wenn die Band auf der Hauptbühne ihre letzte Nummer gespielt hatte, war die neue Band schon oben und konnte weiterspielen. Die erste Band wurde auf die Ebene der hinteren Bühne gefahren, und man selber wurde auf die Ebene, wo auch das Publikum saß, gehoben, und wenn man fertig war, war man wieder an der alten Stelle angelangt. An dem Abend sah ich, wie sich drei Bands auf diese Weise abwechselten. So etwas hatte ich vorher noch nie gesehen.

Übrigens müssen die in Tokio mehr Big Bands als in ganz Amerika haben. Jedenfalls kam es mir so vor. Ich glaube, jeder Club hatte schon allein zwei Big Bands, und es waren gute Bands, mit wirklich klasse Musikern. Sie können alles nach Gehör spielen. Sie sind als Musiker so exakt, daß sie manchmal sogar — wenn sie von Plattenaufnahmen oder Live-Auftritten abschreiben — auch die Fehler mitschreiben, ohne es zu merken. Das nur als Beispiel, wie genau sie arbeiten.

Das erinnert mich an eine Geschichte. Wir spielten irgendwo, und laut Programm sollten wir nach der Hausband auftreten. Zufällig kam ich etwas zu spät, nicht zu spät für unser Set, aber erst ganz kurz bevor die erste Band abtreten sollte. Ich dachte also, ich hätte noch genügend Zeit, mich durch den Haupteingang zu quetschen und vom Publikum aus noch einen Teil von ihrem letzten Set mitzukriegen, aber als ich dann zum Eingang kam und die Musik hörte, rief ich: »Verdammt, die Band spielt schon. Bin ich zu spät?« Aber es waren diese Japaner, die nur eins von unseren Stücken spielten, um ihre Hochachtung vor uns auszudrücken, und für ein paar Takte war ich drauf reingefallen.

Man sollte spielen, wie man denkt
(1964–1976)

Wir hatten nicht die Absicht, im nächsten Jahr schon wieder nach Europa zu fahren, und erst acht Jahre nach unserer ersten Reise in den Fernen Osten machten wir unsere zweite. In der Zwischenzeit erhielt die Band einige erstklassige Engagements in Miami Beach, Las Vegas, Lake Tahoe, Disneyland, Hollywood und San Francisco. In den vergangenen zwanzig Jahren haben wir dort ziemlich regelmäßig Station gemacht.

Im Laufe der Jahre waren vier Platten von uns auf der Bestsellerliste im »Billboard« gelandet. Die erste war *Sinatra – Basie* von der ersten Session mit Frank, dann hatten wir noch Glück mit Quincys Sachen auf *This Time by Basie: Hits of the '50s and '60s.* Das kam ziemlich überraschend. Nicht so bei *Ella and Basie,* denn wenn man mit ihr zusammenarbeitet, muß einfach was Gutes dabei rauskommen. Quincy hatte dafür auch die Charts geschrieben, ebenso für *Li'l Ol' Groovemaker in Basie,* was auch überraschend zu einem Bestseller wurde. Denn immerhin war es ein Album nur mit Instrumentalstücken, allerdings mit einer tollen Band.

Wo wir gerade bei Hits sind, manche finden, daß die jetzige Band mehr was für Arrangeure ist als früher. Sie stellen die alte Band hauptsächlich als die Band hin, die improvisierte Arrangements gespielt hat, als ob alles eine große Jam Session gewesen wäre. Aber das stimmte eigentlich gar nicht. Wir hatten natürlich viel Improvisiertes, und wie ich schon seit Jahren sage, hört sich das genausogut an wie die Charts. Aber man darf auch nicht vergessen, daß ein paar von den bekanntesten Sachen aus dem alten Repertoire, Stücke, die wir heute immer noch spielen, von einigen der größten Arrangeure im Geschäft stammen. Zum Beispiel die ganzen Sachen von Eddie Durham, Jimmy Mundy, Skip Martin, Andy Gibson und Buck Clayton und die Charts von Fletcher Henderson, als wir gerade in Kansas City anfingen.

Und schließlich spielt ja auch die jetzige Band viele von den alten Improvisationen. *One O'Clock Jump* ist jeden Abend dran oder *Jumping at the Woodside,* um nur zwei zu nennen. Die Jungs in der jetzigen Band mögen das Zeugs von der alten Band genauso wie alles andere. Wir brauchen nicht erst sentimental zu werden, um das zu spielen. Sie spielen gleich voll mit, es gehört eben zur Band. Natürlich haben wir nicht dieselben Stars wie in der ersten Band, aber wir haben immer noch Jungs, die auf ihre ganz eigene Art auch Stars sind, und sie ziehen ihre Sachen genauso durch wie damals Herschel, Prez, Buck, Sweets oder Dicky und all die anderen.

Man muß noch etwas dabei bedenken, und das ist das Plattengeschäft. Früher brachten die Plattenfirmen nur die Singles mit je einem Drei-Minuten-Stück auf beiden Seiten raus. Mit den Langspielplatten kamen die Firmen dann mit Platten raus mit zwanzig bis dreißig Minuten Musik auf jeder Seite. Wenn man also zu einem Aufnahmetermin ging, dann arbeitete man an einem Album mit entweder mehreren längeren Stücken oder mindestens sechzehn regulären Drei-Minuten-Stücken.

Das spornte natürlich gleichzeitig die Arrangeure an, immer mehr Arrangements zu bringen, und so entstanden ganze Alben voller Stücke von nur einem Arrangeur. Es ging eigentlich nicht mehr darum, die ganzen neuen Stücke ins Repertoire einzuarbeiten, es war genau umgekehrt. Für die Aufnahmetermine mußten wir mit neuem Material ankommen, und dann behielten wir etwas davon im Repertoire, entweder weil es uns ganz einfach gefiel oder weil es den Verkauf der Platte förderte oder weil es vom Publikum nach Erscheinen der Platte immer wieder gewünscht wurde.

Also, was nun die Charts selber betrifft, wenn wir etwas aufnahmen, was wir schon eine ganze Zeit gespielt und mit uns geschleppt hatten, dann gab es damit keine Probleme. Aber mit ganz neuen Sachen ist das was anderes. Ich meine, manchmal probieren wir eine neue Sache gleich im Studio aus, und die Band spielt das Arrangement vielleicht perfekt, aber ich glaube nicht, daß es dann das eigentliche Feeling hat. Es geht vielleicht sogar richtig ab, aber wenn man die Stücke eine ganze Weile mal gespielt hat, setzen sie sich etwas. Wenn man dann ins Studio geht, hat es möglicherweise in dem Feeling eine ganze Reihe von Veränderungen gegeben. Es gibt ja so viel verschiedene Schattierungen in den Chorussen, und man braucht halt Zeit, herauszufinden, wie sich die verschiedenen Spielweisen anhören und wie man sie überhaupt spielen muß, und manchmal hört es sich am Ende völlig anders an als am Anfang, einfach weil man mehr über das Stück weiß.

Natürlich gibt es heute Arrangeure, die Sachen schreiben, die sofort runtergehen und wie angegossen sitzen, wenn man sie spielt. Benny Carter zum Beispiel ist so einer. Benny kann Sachen schreiben, die einfach wundervoll sind und die wir nur einmal zu spielen brauchen. Aber das muß nicht immer so sein, und wenn man vorher mal die Gelegenheit hat, die Sachen zu spielen, dann laufen sie im Studio einfach besser.

Bei den Stücken, die von den Jungs in der Band stammen, haben wir zum erstenmal meistens Glück. Sie sind ja ein Teil der Band, und ihr Wissen haben sie vom Zusammenspiel mit den anderen, und so schreiben sie dann auch. Sie schreiben Sachen rein, die sie draußen irgendwo gehört haben, auf Tournee oder bei Gastspielen. Dann nämlich hat man richtig Zeit, sich auf den Stücken auszutoben, was bei Konzerten nicht möglich ist. Auf Tanzpartys oder Gastspielen kann man dem Feeling bei den Stücken freien Lauf lassen und natürlich auch, wenn man längere Zeit in einem Club spielt. Dann kann man richtig loslegen. Aber das kann man nicht überall so wie im Birdland oder Blue Note oder anderswo.

Wenn man nicht das Glück hat, Arrangements zu haben, die glatt runtergehen, und man braucht diesen Extra-Kick, dann ist es günstig, wenn man Musiker hat, die mit so was vertraut sind. Wenn das der Fall ist, dann kann man sich getrost auf sie verlassen, und sie bringen's dann auch. Oder man zieht sich mal ins Hinterzimmer zurück, kippt einen oder zwei, steckt die Köpfe zusammen und kommt zurück und *wham* – ich darf natürlich im Hinterzimmer nicht fehlen.

»*Wham!* Wir kriegen das schon hin!«
Und dann hat's geklappt.

Natürlich muß man auch Vertrauen zu seinen Komponisten haben. Die meisten wissen ja bereits, was ich gerne höre. Sie haben die Band studiert und wissen genau, wo die Sachen hingehören und wer sie spielen soll. Sie sagen nicht: Das ist für die erste Trompete, oder so, sondern: Das ist für Soundso, sie wissen mit Namen, wer welches Solo spielen soll und was weiß ich sonst noch. Das macht viel aus, und so ist das die ganzen Jahre immer bei uns gelaufen.

Wir hatten damit Erfolg, aber manchmal haut es trotzdem nicht hin. Jeder kann mal auf die Schnauze fallen. Nicht daß wir nicht geprobt hätten oder daß die Arrangements nicht gestimmt hätten, aber manchmal brachten wir einfach nicht die Färbung in die Sache, wo sie eigentlich hingehörte, und kriegten auch kein richtiges Gefühl zu der Angelegenheit. An dem Arrangement war nichts auszusetzen. Nach einer Weile hatte es sich dann etwas gesetzt, und dann nahmen wir es uns noch einmal vor, und dann klappte es meist auf Anhieb.

Wenn die Band es mal nicht so richtig bringt, kann ich an dem Gesichtsausdruck von jedem einzelnen erkennen, ob er mit dem Ergebnis einverstanden ist oder nicht. Dann rede ich mit ihnen.

»Soll sich das so anhören?« frage ich sie, und wenn sie nicht gleich reagieren, sagt mir das schon alles.

Zum Beispiel Benny Carter, den ich ja nun schon seit ungefähr tausend Jahren kenne und sehr respektiere, weil er einfach in vielerlei Hinsicht ein wundervoller Mensch ist. Wir spielen eins von seinen Stücken, und wenn wir es dann aufgenommen haben, frage ich ihn immer: »Nun, was sagst du, Alter?«, und ich kann immer sofort erkennen, ob ich irgendwas falsch gemacht habe. Wenn er zögert, hake ich sofort nach.

»Wie war's, Benny?«

Dann muß er antworten.

»Also, es ist . . . na ja . . .«

»Willst du's noch mal machen?«

»Ja«, sagt er dann, und man sieht, daß er erleichtert ist. »Warum sollen wir es nicht noch einmal versuchen?«

Also versuchen wir es noch ein paarmal. So spürt er, daß man großes Interesse an dem zeigt, womit er sich abmüht, und daß man wirklich gewillt ist, zu verstehen, was da musikalisch vor sich geht. Wo wir schon mal bei Benny sind, ich erinnere mich, um etwas vorzugreifen, daß ich mal gebeten wurde, mit Jackie Wilson eine Platte zu machen, der damals Rock-and-Roll-Sänger war. Einer seiner großen Hits war *Lonely Teardrops.* Als sie Jackie fragten, wen er denn als Komponisten und Dirigenten haben wollte, schlug ich Benny Carter vor, und er schaute mich nur an.

»Benny Carter? Der kann doch keinen Rock 'n' Roll schreiben!« Also klär ich ihn erst mal auf. »Was redest du daher?« frage ich. »Er kann alles schreiben. Er heißt nicht umsonst Benny Carter, Mann! Brauchst ihm nur zu sagen, was du willst.«

Wir kriegten ihn auch, und Benny hat Musik für das Album geschrieben – mein lieber Mann! Er hat sich wirklich ausgetobt. Und Jackies Gesang ist auch nicht von Pappe. Ich werfe also einen Blick auf die Band.

»Na, Jungs, was sagt ihr jetzt? Da seid ihr platt, was? Das sitzt doch wohl, da braucht man nichts dran ändern. Soll mir keiner daherkommen und was gegen Benny Carter sagen. Entweder so, oder es läuft gar nichts!«

Benny Carter ist ein ganz besonderer Mensch und hat sich das in den Jahren auch bewahrt. Er ist einer der ganz großen Arrangeure, und als Musiker und als Mensch hat er immer Klasse gehabt. Er ist ein wahnsinniger Bandleader, wenn er will. Er ist aber auch einer der großen Altisten und ein exzellenter Trompeter.

Wenn von Benny Carter die Rede ist, dann von einem wahren Meisterarrangeur. Quincy Jones ist auch so einer. Auf dem ersten Album, das er für uns gemacht hat, gibt es ein wunderschönes Stück, es heißt *For Lenny and Lena,* ich mag es wirklich sehr. Ich habe es deswegen so gerne eingespielt, weil Lenny Hayton und Lena Horne zwei meiner besten Freunde sind. Übrigens war es Lenny, der mich auf diese Segelmützen gebracht hat, die ich nun schon seit einigen Jahren immer trage. Ich fand, sie stand ihm gut, und dann mußte ich auch eine für den alten Base haben, und jetzt ist sie fast zu einem Erkennungsmerkmal geworden. Quincy hat auch das Album »This Tune By Basie« gemacht mit dem Stück *I Can't Stop Loving You,* das uns noch einen Grammy eingebracht hat. Quincy ist absolut professionell, und solchen Leuten darf man einfach nicht aus dem Weg gehen – zum eigenen Wohl.

Zum Beispiel auch Neal Hefti nicht. Er hat im Laufe der Jahre mehrere Platten für uns gemacht, wir haben zusammen geprobt und sie dann aufgenommen. Neal gehört zu den Arrangeuren, die von draußen in die Band gekommen sind, nachdem sie sie lange beobachtet haben, und der für ganz bestimmte Leute in der Band fest umrissene Spots schreiben kann.

Sam Nesticos Sachen kommen auch immer leicht von den Fingern, man kann sie ohne große Schwierigkeiten gleich runterspielen. Sammy wurde uns von Grover Mitchell empfohlen, unserem ersten Posaunisten. Grover und er freundeten sich an, als sie in der gleichen Einheit stationiert waren, Sammy war der Bandmaster. Sie blieben gute Freunde, und Grover hat ihn überredet, ein paar Charts für uns zu schreiben, die auch ganz gut wurden. So hat es angefangen. Er ist ein exzellenter Arrangeur, der in den letzten Jahren mehrere Sachen für uns geschrieben hat. Was er schreibt, ist immer sehr melodiös, nette Sachen, die immer kleine Geschichten erzählen.

Man muß Vertrauen zu seinen Komponisten haben. Ich würde es bei jedem Arrangeur, den ich hier aufgezählt habe, und bei jedem Arrangement, das sie mir vorlegen, darauf ankommen lassen, denn ich respektiere, was sie tun. Alle miteinander waren sie immer wundervoll zu uns.

Unsere dritte Reise nach England, in die Schweiz und nach Deutschland, 1969, fing in der dritten Aprilwoche an und dauerte bis Anfang Mai. Nach einem sehr arbeitsreichen Sommer im Harolds in Reno, im Basin Street West in San Francisco und im Steel Pier in Atlantic City machten wir dann unsere erste Tournee nach Südamerika.

Sie dauerte nur neun Tage und führte uns nach Argentinien und Chile. Es war sehr interessant, auch mal den Teil der Welt zu sehen, aber wie immer verbrachten wir die meiste Zeit mit Auftritten und Fahrten. Von den insgesamt neun Tagen da unten traten wir an acht auf. Wir hatten keine Zeit für Sightseeing, nur während der Fahrten zwischen den einzelnen Gigs, und an Shopping war auch nicht zu denken.

Aber es ist ein herrliches Fleckchen Erde, und es gibt wunderschöne Städte da unten. Auf der Hinfahrt machten wir in São Paulo Station und auf der Rückfahrt in Ecuador, aber auch da hatten wir keine Zeit. Die meisten Auftritte hatten wir im Opernhaus von

Buenos Aires. Eigentlich sollten wir auch über den Fluß setzen nach Montevideo, Uruguay, aber das mußte ausfallen. Die einzige andere Stadt, in der wir dann noch spielten, war Santiago de Chile.

In den Zeitungen erschienen ganz gute Besprechungen, aber ich erinnere mich auch daran, daß vieles da unten doch etwas merkwürdig verlief. Natürlich gab es auch Freunde und Fans, die da unten auf uns warteten, wie in Europa auch, und wir lernten auch wundervolle Menschen kennen. Aber ich muß doch sagen, daß viele Leute für unsere Musik einfach noch nicht soweit waren. Sie waren sehr nett und freundlich, aber man merkte, daß sie nicht richtig mitgingen, so daß ich, ehrlich gesagt, ganz froh war, als alles vorbei war und wir wieder abhauen konnten.

Schon bei der Ankunft hatten wir ziemliches Pech, es gab Probleme mit dem Zoll. Irgendwie waren unsere Impfscheine durcheinandergeraten, also wurde alles aufgehalten, bis wir alle noch einmal untersucht worden waren, obwohl das schon vor unserer Abreise aus New York geschehen war. Es war einfach toll! Und dann noch was: Als wir gerade unsere Siebensachen in Santiago gepackt hatten, brach in dem Hotel, in dem die Band gewohnt hatte, ein Feuer aus, und wir mußten die Zimmer sofort räumen, so müde wir auch waren.

Die vier Kreuzfahrten auf der »Queen Elizabeth II« in der Karibik und die mit der »Canberra« waren dagegen allesamt ein tolles Erlebnis. Unsere erste Fahrt auf der QE II begann an einem Montagabend Anfang Januar 1970. Wir legten vom Pier 52 am Ende der 52. Straße ab und begaben uns auf eine zehntägige Kreuzfahrt, die uns nach Kingston, Jamaica, und Bridgetown, Barbados, führte und dann zurück über Charlotte Amalie, St. Thomas, durch die Virgin Islands. Die Reise war für uns fast genauso Urlaub wie für die anderen Passagiere.

Jedem Mitglied der Band wurde eine Doppelkabine der ersten Klasse zur Verfügung gestellt. Wir brauchten nur einmal am Tag auftreten, hatten also über zwanzig Stunden für uns, Zeit genug für Sightseeing und Shopping, wenn wir irgendwo anlegten und mit unseren Frauen an Land gingen. Natürlich waren die Frauen ganz besonders glücklich darüber, daß sie mit uns fahren konnten. Sie machten sich ein paar schöne Tage, ruhten sich aus und ließen sich von dem Erste-Klasse-Service der QE II verwöhnen, mit den ganzen Spielen an Deck, den Filmen und den Swimmingspools, ganz zu schweigen von dem Essen und den Drinks. Diese Kreuzfahrten wurden in den nächsten vier Jahren eine regelmäßige und angenehme Einrichtung.

Zufällig waren unter den Passagieren der ersten Kreuzfahrt auch Sarah Vaughan und Eubie Blake und seine Frau. Eigentlich wollte Sarah mal eine Pause in ihrem vollen Terminkalender einlegen, aber sie trat natürlich ein paarmal mit uns auf und beteiligte sich auch an ein paar Jam Sessions an der Q4-Bar. Eubie war wie immer der große Spaßmacher. Er behauptete, er wollte sich schon mal auf seinen siebenundachtzigsten Geburtstag vorwärmen, der bald anstand. Eine tolle Art, sich vorzubereiten.

Ich glaube, keinem machte die Fahrt soviel Vergnügen wie Kate. Sie verliebte sich regelrecht in das Klima und den Lebensrhythmus da unten. Sie war bei jeder Kreuzfahrt in den nächsten vier Jahren dabei, und bei unserer letzten hatten wir unser Haus in St. Albans verkauft und waren nach Freeport auf den Bahamas gezogen.

Wir entdeckten das Haus aber nicht bei einer der Kreuzfahrten, wir fanden es eher zufällig auf einem Ausflug. Eigentlich hatte ich es zuerst gesehen.

Eines Tages machten wir eine Sightseeing-Tour und sahen uns Häuser in neu erschlossenen Wohngebieten an, und zufällig kamen wir an einem Haus vorbei, wo man auch an die Rückfront heran-konnte. Als ich eine von den Schiebetüren versuchte, ließ sie sich öffnen. Ich rief Katie, und wir sahen uns um, und es gefiel mir, wie es drinnen aussah, und ihr auch. Ich weiß noch, daß Dr. Rene Sabbagh, ein guter Freund aus Brasilien, der manchmal mit mir und der Band herumreiste, auch bei dem Ausflug mit dabei war. Er sagte mir, in welcher Höhe sich der Preis etwa bewegen würde, und ich: »Na ja, dann kann ich das hier ja wohl vergessen« und verbannte die ganze Sache aus meinem Gedächtnis.

Wozu sich groß begeistern, wenn es so teuer sein würde, wie er meinte, obwohl mir das Haus wirklich gut gefiel. Ich sah mir noch zwei, drei andere Häuser an, die auch in Betracht kamen.

Aber ich vergaß die ganze Sache erst mal wieder. Aber es ist schon witzig, wie sich die Dinge entwickeln, denn etwas später, als Kate und ich uns gerade über irgendwas unterhielten, fing sie plötzlich wieder davon an.

»Übrigens«, sagte sie, »kannst du dich noch an das kleine Haus erinnern, auf der Insel, das dir so gut gefiel?«

»Was ist damit?« fragte ich nur so und dachte mir nichts dabei.

»Also, sorg mal lieber sofort dafür, daß du noch zwei, drei Gigs zusammenkriegst, denn ich hab' 'n paar Dollar angezahlt.«

»Nein!«

»Ja!«

So fingen wir an, unser Liebesnest zu bauen, nur für uns, für mich und Katy und unsere Tochter, Diane, und Graf, das Hündchen. Von da an lebten wir als richtige Familie zusammen. In unserem Glückspalast. Das Haus in St. Albans war eben nur einfach ein Haus, ich hielt mich sowieso nicht oft dort auf.

Obwohl wir unsere erste Reise nach Japan sehr gut in Erinnerung hatten und obwohl alle drüben nur förmlich darauf warteten, daß wir im folgenden Jahr oder besser noch eher zurückkommen würden, dauerte es sage und schreibe neun Jahre, bis wir unsere zweite Reise dorthin machen konnten, als Teil einer vierwöchigen Tournee, die im Januar 1971 begann und die uns nach Südostasien führte und auch zum erstenmal nach Australien.

Unser zweiter Aufenthalt in Japan war genauso schön wie der erste, vielleicht sogar noch schöner, weil wir schon so viele Freunde drüben hatten, zum Beispiel Nabuo Hara, der Leiter des Sharps and Flats Orchestra, der mir zur Begrüßung sein Geschenk überreichte und zwei Flaschen Sake für jeden in der Band. Japan war großartig.

Doch über die Städte, die wir auf der Reise nach Australien anflogen, kann ich gar nicht viel sagen, ich hatte die ganze Zeit über ziemlich Angst. Man schoß damals auf Flugzeuge da unten.

Einen Flug machte ich in einem von den kleinen Dreisitzern, und wenn man sich zurücklehnte, sah man unten den Krieg toben. George Wein, der uns engagiert hatte, saß an dem Tag auch in dem Flugzeug, und als er mich ansah, wußte er, daß ich die Schnauze wirklich voll hatte.

»Also, Bill«, sagte er, »was willst du machen?«

»Verdammt, Mann«, antwortete ich, »ich weiß nicht, was du

vorhast, aber sobald dieses verdammte Ding am Boden ist, steige ich aus der ganzen Scheiße hier aus.«

Ich wollte nicht weiter in dem Kriegsgebiet rumfliegen, und als wir landeten, unterhielten wir uns immer noch, und ich sagte ihm, er könne mich streichen. Aber der alte George hatte schon verstanden. »Also«, sagte er, »ich schätze, dann muß ich wohl deinen Platz übernehmen. Keine Sorge. Ich gehe.«

George ist ein guter Klavierspieler, und er war tatsächlich bereit, für mich einzuspringen beim nächsten Gig. Aber da mußte ich mir doch sagen, daß ich ja wohl nicht so feige sein könnte. Wenn die anderen in der Band gingen, müßte ich das auch. Außerdem, George hatte seinen Vater noch mit dabei, und er mußte bei ihm bleiben. Aber es wurde trotzdem keine Sightseeing-Tour für mich. Ich konnte an nichts anderes denken, als so schnell wie möglich von da zu verschwinden.

Viele da unten kannten uns seit Jahren aus dem Radio. Sie konnten den Armeesender oder die »Stimme Amerikas« empfangen, und man bekam auch unsere Platten in einigen Läden.

Jedenfalls müssen die Publicity vor Ort und die Berichterstattung wirklich auf der Höhe gewesen sein, denn das Ergebnis war okay, und die Promoter schnitten äußerst gut ab. In Singapur, so die Lokalzeitung »New Nation«, spielten wir einen Abend in dem Orchid Lantern Room im Tropicana Nightclub. Er hatte ein Fassungsvermögen von dreihundertfünfzig Personen, und wir verkauften fast dreihundert Karten zu je fünfundachtzig Dollar.

Australien wirkte nicht so fremd wie viele andere Länder, man fühlte sich fast irgendwo in England. Natürlich begegnete man auch in den anderen Ländern Leuten, die englisch sprachen, aber in Australien sprach eben *jeder* englisch, und das machte die ganze Sache irgendwie vertrauter. Wir kamen Anfang Februar an und blieben etwas über eine Woche dort.

Wir landeten in Perth, und das Empfangskomitee hatte eine kleine Band dabei zur Begrüßung. Sie spielte eines unserer Stücke, und das war sehr schön. Wir traten in Adelaide, Melbourne und Sydney auf. Aber wie üblich ist das alles nur noch verschwommen im Gedächtnis, denn man blieb einfach nicht lange genug, um alles wirklich aufzunehmen. Man fuhr immer gleich weiter zum nächsten Gig. Aber ich weiß noch, wie wunderbar das Publikum da unten war und wie viele unsere Musik kannten.

Woran ich mich noch besonders erinnere, das ist der Klang in den Konzerthallen, in denen wir auftraten: Sie hatten einen so natürlichen Klang, einfach wunderschön, phantastisch! Wenn ich mich auch nicht mehr an viele Kleinigkeiten während der Reisen da unten erinnere, den Klang da werde ich nie vergessen. Es war das reinste Vergnügen.

Australien hat mir sehr gefallen. Ich habe auf der ersten Reise zwar nicht viel gesehen, aber ich wollte gerne zurückkommen und mehr sehen. Als ich dann die Gelegenheit dazu hatte, etwa acht Jahre später, kam Katy mit. Ich wußte, daß es ihr da unten gefallen würde, und das stimmte auch, und auch die Leute da unten mochten sie gern.

Nach unseren Unterlagen gaben wir beim erstenmal in Australien vier Konzerte in drei Tagen. Nach zwei oder drei Tagen in Neuseeland und einem kurzen Gig im Hawaian Village in Honolulu kehrten wir wieder in die Staaten zurück. Von Kalifornien arbeiteten wir uns zur Ostküste vor, und Mitte März machten wir unsere zweite Kreuzfahrt mit der QE II. Mitte April brachen wir dann wieder zu einer Tournee nach Europa und England auf, die etwa bis Ende Mai dauerte, und in der kurzen Zeit spielten wir in neununddreißig Städten in neun Ländern. Kaum zu glauben, aber wahr, und Ella Fitzgerald kann es bezeugen, denn sie war manchmal mit dabei.

Als wir gegen Ende der zweiten Januarwoche des Jahres 1976 mal wieder zurück nach New York kamen, machten wir zunächst ein Album mit acht Original-Instrumentalstücken und zwei Standards, arrangiert von Bill Homan, einem Rohrblattinstrumentalisten von der Westküste, der auch mit Charlie Barnet und Stan Kenton gespielt und auch für sie geschrieben hatte. Wir nannten das Album »I Told You So«.

Norman Granz produzierte diese Platte wieder auf seinem Pablo Label, aber die Sessions fanden im Studio A von RCA statt, in der 44. Straße, Sixth Avenue. Die Aufnahmen dauerten drei Tage, und ich glaube, sie sind ganz gut geworden, wenn man berücksichtigt, daß die Charts alle neu für uns waren. Wie ich schon sagte, wenn man etwas eine Zeitlang in seinem Repertoire hat, braucht man nur ins Studio zu gehen und es aufzunehmen. Wenn ich mich recht entsinne, hatte aber die Band diesmal keine von den Charts vorher gesehen.

So ist das nun mal. Aber ich möchte da noch etwas hinzufügen. Manchmal kommt jemand daher und sagt: »Sie haben doch eine Swingband, aber was ist mit den ganzen Sachen, die Sie mit den Starsängern da aufnehmen, und den ganzen Popsachen? Wie denken Sie darüber, wenn Sie bei so einem Gig mitmachen?« Wenn ich so etwas gefragt werde, dann sage ich immer, daß ich nur gut darüber denke. Denn zunächst mal mag ich die Lieder und auch die Leute, man kann prima mit ihnen zusammenarbeiten. Ich finde außerdem, daß es gut ist, Musiker um sich zu haben, die verschiedene Sachen spielen können. Es kommt darauf an, wie die Band spielt, wie sie ihren ganz persönlichen Stil in einem Stück verarbeitet. Egal, ob das ein ganzes Arrangement ist oder nur ein kleines Lied. Jemand kommt plötzlich mit irgendwas an und hat es genau getroffen.

So kann ein ganzes Album entstehen. Ein kleines Stück, worauf jeder sofort anspringt, kann alles über den Haufen werfen, gleich am Anfang. Wenn man ein gutes Gefühl dazu hat und gute Musiker, gute Leute, die spielen wollen und die nichts gegen andere haben, dann hat man da was am Laufen. Man hat was am Laufen, auch wenn man mal aussetzen muß, auch wenn man sich mal zur Besinnung zurückziehen muß.

Es ist ein großer Irrtum, zu glauben, daß man mit einer Band leicht jede Session durchsteht, nur weil das Material allgemein als Hit angesehen wird. Man muß sich nur ins Gedächtnis rufen, was ich über die Musiker gesagt habe und daß man nicht unbedingt die großartigsten Stücke haben muß, um eine gute Jam Session zu starten. Irgend jemand wird unweigerlich mit irgendwas loslegen.

Es kommt darauf an, *wie* man spielt. Ich meine, man muß nicht mit aller Gewalt swingen. Man soll spielen, wie man eben spielt. Spielen, wie man denkt, und wenn man's einmal hat, hat man's raus. Und was immer dabei rauskommt, das ist man dann, das ist dann *deine* Sache.

Man muß überhaupt nicht laut spielen, solange man es nicht wirklich braucht, und man braucht es nicht, solange man es nicht auch fühlt. Dann kommt es aus einem selber heraus. Ich sage immer, eine Band swingt erst dann, wenn es leicht von der Hand geht, wenn sie spielt, als würde man Butter schneiden. Ich kenne nur wenige, die das wirklich können, und ich habe ihnen das nie gesagt, was sie da können. Ich wollte nicht, daß sie mitkriegten, wieviel ich von denen halte.

Ich glaube, man kann fünftausend Leute in einem Park oder einem Stadion dazu bringen, genauso leise zu sein wie einhundert Leute in einem Raum. Sie hören zu, und sie bringen auch die anderen, die nicht zuhören, zum Schweigen. Das hat mich zu der Art von Musik gebracht, der ich gern zuhöre.

Das war übrigens auch der Grund dafür, warum der Duke zu seinen Lebzeiten immer der Boß blieb. Er blieb einfach auf seinem Posten. Und er brauchte nicht höher als drei oder fünf auf dem Regler zu gehen, und wenn es mal auf sieben oder acht zuging, dann wollte er es einem wirklich zeigen. So einen wie den Duke wird es kein zweites Mal geben.

Manchmal habe ich Leute gehört, wie sie sagten: »Der Duke bringt heute wirklich nichts. Was ist los? Irgendwas stimmt heute nicht mit ihm.«

Und dann sage ich ihnen immer, er ist einfach hinter keinem her: »Bring ihn nicht dazu, dich in die Pfanne zu hauen.«

Die Leute vergessen das gelegentlich, und eigentlich sollten sie es besser wissen. Ich kenne ein paar Bandleader, die glaubten, sie könnten ihn mal erwischen, wenn er einen schlechten Abend hat, aber das war ein großer Irrtum. Wenn man seinen Vorteil daraus schlagen will, fordert man sein Schicksal heraus.

Wenn er dann nämlich wieder Platz auf dem Podium nimmt, dann ist die superheiße Nummer, an der man so lange gearbeitet hat, um das Publikum zum Rasen zu bringen, für ihn nur die Nummer zum Aufwärmen! Und dann spielt er sie einem vor, als wollte er sagen: »Oh, meinst du dieses Stück?« Oder er spielt deine Erkennungsmelodie mit so viel Zeugs drin, daß man sie an dem Abend am liebsten gar nicht mehr selber spielen würde.

Manchmal vergessen das die Leute, bis sie übermütig werden. Manchmal hält er seine Musiker einfach nur zurück, und sie wollen am liebsten gleich loslegen. Manchmal hört man sie dann da hinten rumoren.

»Wann spielen wir endlich mal was? Verdammt noch mal, Mann, spielen wir denn heute abend nichts Ordentliches? Mach schon, Duke, komm, wir spielen was Richtiges.«

Manchmal fanden ein paar Leute, daß nichts los war, und sie standen auf und wollten gehen, aber bevor sie die Tür erreichen konnten, hörten sie was, was ihre Meinung änderte. Und dann hörte ich, wie die Kellner sie verarschten: »Oh, wir dachten, Sie wollten schon gehen. Hätten Sie gern den gleichen Tisch?«

Was mich besonders gefreut hat, ist, daß er mich immer gerne mochte und mich immer ermutigt hat. Er hat mich nie in die Pfanne gehauen. Nie. Ich weiß, was er einem antun konnte, und wenn er mit seinen wirklich schwierigen Sachen ankam, wehe, wenn man dann seine eigenen Sachen nicht so gut wie sonst auch beherrschte, denn anstatt sich selbst zu hören, hörte man dann ihn.

Wenn wir mal im gleichen Engagement auftraten, war er immer sehr nett zu mir. Der alte Duke. Ich vermisse ihn. Keiner war so traurig wie ich, als er von uns ging. Ich war an der Küste, aber nichts konnte mich davon zurückhalten, nach New York zu fahren und ihm in St. John the Divine die letzte Ehre zu erweisen. Jeder hätte da sein sollen, und es waren auch ziemlich viele da. Er hat so viel erreicht und jedem sehr hohe Maßstäbe gesetzt.

Ole Base bis heute
(1976–1984)

Nach Aufnahmeterminen für Pablo Records in dem RCA-Studio gaben wir eine Reihe von Gastspielen in New York, New Jersey, Connecticut, Pennsylvania, Maryland und Virginia. Anfang Februar ging's wieder für drei Termine in den Big Apple und eine Fernsehshow für CBS, dann flog ich nach Los Angeles für einen Gastauftritt in der Fernsehshow von John Denver. Die Aussichten für die Band standen ebenso günstig wie im Jahr zuvor, dementsprechend waren unsere Engagements erstklassig und unsere Gagen fürstlich.

Wir konnten gar nicht so viele Gastspiele geben, wie wir wollten. Wir hatten mehrwöchige Engagements in Theatern wie dem Schubert in Los Angeles und großen Hotels wie dem Deauville in Miami Beach, dem Sahara und dem Aladdin in Las Vegas und in Freizeitparks wie Disneyland. Natürlich gehörten auch Europa und der Ferne Osten zu unserem Zigeunerleben.

Doch während sich für die Band alles so wunderbar und günstig entwickelte, geriet ich selber in arge Bedrängnis. Da kann man halt nichts machen. Man ist so sehr mit seinem Kram beschäftigt, daß man auf die deutlich sichtbaren Warnzeichen nicht achtet, und dann, ganz plötzlich, passiert's, und man weiß gar nicht so recht, was mit einem los ist, und wenn man es dann gesagt kriegt, will man es immer noch nicht wahrhaben.

Die ersten beiden Wochen im August verbrachte ich zu Hause in Freeport, alle anderen Auftritte im August lagen im Nordosten. Vom ersten September an hatten wir dann einen kleinen viertägigen Gig in einem brandneuen Laden in Las Vegas, dem Aladdin-Hotel. In den vier Tagen von Mittwoch bis Samstag war wirklich sehr viel los dort.

Die Reaktion auf die Band war ausgesprochen gut, und wenn wir nicht spielten, konnte man sein Geld an den diversen Tischen lassen, an den Glücksspielautomaten und nachmittags natürlich auch auf der Pferderennbahn.

Nach dem Abschlußkonzert am Samstagabend mußten wir direkt nach Los Angeles, denn am Montag sollte ein einwöchiges Engagement in Disneyland anfangen. Und dann, einen Tag später, passierte mir etwas sehr Merkwürdiges.

Wir wohnten im Players-Motel in Hollywood, und als ich aufwachte, fühlte ich Schmerzen in meiner Brust. Erst dachte ich, es hätte was mit der Verdauung zu tun. Es fühlte sich so an, als müßte ich aufstoßen, konnte aber nicht. Ich wurde den Stau, oder was es war, einfach nicht los, und als ich dann auch noch anfing zu schwitzen, rief ich Paul Probst, einen unserer Leute, der für Ausrüstung, Garderobe und Bühnenaufbau verantwortlich ist. Als er reinkam, schwitzte ich schon sehr heftig. Dann kann ich mich nur noch daran erinnern, daß ich in seinen Armen lag und er mir den Schweiß von der Stirn wischte und daß ich fürchterliche Schmerzen in der Brust hatte.

Dann lag ich in einem Bett, ich mußte wohl wieder ohnmächtig geworden sein, denn ich weiß nur noch, daß plötzlich der Notarzt da war, mich untersuchte und ins Krankenhaus bringen wollte.

»Sieht so aus, als hätten Sie einen leichten Herzinfarkt gehabt«, sagte er. »Gut, daß dieser Herr hier uns rechtzeitig geholt hat.«

»Wir müßten Sie tragen«, sagte dann ein anderer.

Aber ich bestand darauf, nicht auf der Bahre getragen zu werden. Ich hatte keine Ahnung, wie gefährlich es für mich war, die Treppe hinunterzusteigen, aber ich wollte es unbedingt, und als wir nach draußen zum Krankenwagen kamen, hielten wir an.

»Also, Sie wissen, daß Sie dort rein müssen.«

Mehr weiß ich nicht mehr, denn dann wurde ich wieder ohnmächtig.

Es war ein komisches Gefühl. Ich wußte nicht einmal, in welchem Krankenhaus ich war. Ich kann mich noch vage daran erinnern, daß Norman Granz und John Williams draußen vor der Tür im Flur standen und daß ich irgendwann in ein anderes Krankenhaus verlegt wurde, ins Cedars-of-Lebanon-Hospital.

Das erste Krankenhaus war das Hollywood Presbyterian, keine Ahnung, wie lange sie mich dort behalten haben, bevor sie mich rüber ins andere schafften. Ich weiß nur noch, daß ich mal am EKG hing und daß der Arzt zu mir sagte: »Sie hatten einen Herzinfarkt.« »Ach ja?« sagte ich. »So nennt man das?«

Ich wollte es einfach nicht wahrhaben.

Es schien mir nicht so ernst zu sein, ich dachte nicht, daß ich jetzt sterben würde oder so. Sie behielten mich aber zwei Wochen lang im Cedars, wo ich mich erst mal so richtig ausruhen konnte. Ich hatte ein nettes Zimmer und einen Fernseher, den ich den ganzen Abend laufen lassen konnte, wenn ich Lust hatte, denn sie sagten mir nicht, wann ich schlafen gehen sollte. Nur zum Frühstück mußte ich immer aufstehen. Man mußte rechtzeitig wach sein, damit sie ihre Arbeit verrichten konnten, aber abends und auch fast den ganzen Tag über konnte man es sich gemütlich machen.

Als sie mich endlich nach Hause schickten, gaben sie mir den Rat, mich erst noch eine Weile zu schonen, bevor ich wieder an die Arbeit ging. Ich blieb also in Freeport, aber fühlte mich nicht mehr so, als hätte ich diese Pause immer noch nötig. Ich ging schon sehr schnell und viel um den Confederate Walk spazieren, der eigentlich nur 'ne halbe Meile ist, aber den ging ich täglich mehrere Male.

Doch schon bald wußte ich nichts mehr mit mir anzufangen, und ich vermißte das Rumfahren und alles, was so lief. Es sah ganz so aus, als käme die Band auch ohne mich sehr gut aus. Vom ersten Montag im Oktober an machten sie wie geplant zwölf Tage lang Urlaub, aber sonst arbeiteten sie wie gewöhnlich jeden Tag, und die Engagements kamen immer noch wie vorher. Als Stellvertreter und musikalischer Direktor übernahm Bobby Plater auch die Leitung der Proben und rief bei Auftritten die Nummern aus. Sonny Cohn verrichtete weiterhin seinen Job als Roadmanager, und als Ersatz für mich am Klavier holten sie sich manchmal Nat Pierce oder auch schon mal Junior Mance und Sir Charles Thompson.

Als sie Mitte Oktober aus dem Urlaub zurückkamen, arbeiteten sie sich vom Mittleren Westen nach New York vor und blieben dann die meiste Zeit im November an der Ostküste, bevor sie gegen Ende des Monats runter in den Süden fuhren. Ich sah sie erst Anfang Dezember wieder, als sie nach Florida kamen.

Am ersten Abend traten sie im Bade County Auditorium in Miami auf und am zweiten in Williamson's Restaurant in Fort Lauderdale. Kate und ich entschlossen uns, hinzufahren und sie uns anzuhören, und ich muß sagen, sie hörten sich wirklich gut an. Ich sprang bei ein paar Nummern ein und wäre am liebsten bei ihnen geblieben. Aber wir wollten doch lieber noch etwas warten, bis der Terminkalender nicht mehr ganz so voll war. Es war schön, wieder zu arbeiten, aber man kann's auch übertreiben.

Ich bemühte mich also noch eine Zeitlang, weiterhin nichts zu tun in Freeport, und dann, als die Band am ersten Donnerstag im Januar zurück aus dem Weihnachtsurlaub kam, fing ich wieder mit der Arbeit an. Zuerst mit einem Auftritt in der Universität von Redlands, Kalifornien. Von da aus fuhren wir für ein paar Tage nach San Francisco und dann weiter nach Sun City und Scottsdale in Arizona. Ich fühlte mich gut, aber die nächsten beiden Tage in Phoenix hatten wir ohnehin als freie Tage angesetzt. Alle wollten, daß ich es langsamer angehen lassen sollte, aber, um ehrlich zu sein, nach der ganzen freien Zeit hatte ich das Nichtstun satt.

Übrigens hat man mich gefragt, wie oft ich denn täglich in der Zeit da unten zu Hause Klavier oder Orgel geübt hätte. Die Antwort lautet: Überhaupt nicht. Ich muß mit anderen Musikern zusammenarbeiten. Ich sitze nie für mich allein am Klavier und übe stundenlang. Ich habe nicht mal ein Klavier in meinem Haus in Freeport. Ich habe eine kleine Hammondorgel, und da drücke ich ab und an mal im Vorbeigehen 'ne Taste runter, aber das ist auch alles.

Die erste Aufnahmesession nach meiner Rückkehr zur Arbeit fand im Sun-West-Studio in Hollywood statt, als wir in der dritten Januarwoche aus Vancouver zurück nach Los Angeles kamen. Wir ließen uns viel Zeit und nahmen in drei Tagen acht Stücke auf.

Die Band setzte sich damals zusammen aus Pete Minger, Lyn Biviano, Bobby Mitchell und Sonny Cohn, Trompete, Al Grey, Curtis Fuller, Bill Hughes und Mel Wanzo, Posaune, Danny Turner, Bobby Plater, Jimmy Forest, Eric Dixon und Charlie Fowlkes an den Rohrblattinstrumenten, und in der Rhythmusgruppe waren John Duke, Baß, Freddie Greene, da, wo er hingehörte, und Butch Miles am Schlagzeug. Das sind die Jungs, die während meiner Abwesenheit eingesprungen sind und so wunderbar kooperiert haben, damit die Sache auch weiterlief.

Mittlerweile hatte ich mich wieder an die Reisen gewöhnt, aber nach der ersten Märzwoche nahmen wir uns doch wieder zehn Tage frei, einfach nur so als Unterbrechung. Als es dann wieder losging, legten wir die Termine etwas weiter auseinander, so daß wir in den kommenden sechzehn Tagen nur an elf Tagen auftraten, bevor wir dann im April für zweieinhalb Wochen »große Ferien« machten. Dann fuhren wir nach Europa. Diesmal traten wir nur fünfmal in der Woche auf, unsere Reise dauerte also, mit der Freizeit zusammengerechnet, von der letzten vollen Aprilwoche bis in die dritte Maiwoche und führte nur von London nach Paris, aber mit vierzehn Gastspielen.

Ich hatte keine körperlichen Beschwerden während der Reise, und die Band kam auch überall ganz gut an. Ich fühlte mich wirklich gut. Ich hielt mich an die Diät und machte täglich meine Übungen, die damals hauptsächlich darin bestanden, einfach rauszugehen und täglich einmal an die frische Luft zu kommen. Aber wir wollten mein Schicksal nicht herausfordern. Nach einigen Wochen Urlaub bis Anfang Juni stellten wir einen Terminplan auf, der in den folgenden siebenundzwanzig Tagen nur zwölf Auftritte vorsah.

Seitdem hat sich eine gewisse Routine eingestellt, mit der ich ohne allzu große Schwierigkeiten zurechtkommen kann. Wir treten an weniger Tagen in der Woche auf und machen öfters im Jahr Urlaub oder, wenn möglich, kürzere Unterbrechungen. Unser Terminplan wird jetzt so aufgestellt, daß wir alle fünf oder sechs Wochen mindestens zehn bis fünfzehn freie Tage haben.

Aber der Markt für die Band ist größer als jemals zuvor. Es scheint, als ob die Zahl unserer Anhänger, und zwar aus allen Altersstufen, von Jahr zu Jahr steigt. Die Nachfrage nach uns steigt ständig, so daß wir mit den Terminen kaum noch klarkommen. Wir geben noch immer im ganzen Land viele Gastspiele, manche in Theatern und Auditorien und manche auch in Ballsälen, und das schließt wie immer auch die Auftritte auf den College-Campus mit ein. Engagements für eine ganze Woche oder zehn Tage und manchmal noch länger in Disneyland oder auf der Knotts Berry Farm, im Fairmont-

Hotel in San Francisco, bei Harrahs in Lake Tahoe und in den Top-Nachtclubs in Las Vegas, wie dem Desert Inn oder Caesar's Palace und dem Sahara und auch dem Royal York in Toronto, werden immer noch regelmäßig in unseren Terminplan mit aufgenommen. Für Musiker, die viel unterwegs sind, ist es immer noch etwas Besonderes, wenn solche Auftritte auf dem Programm stehen, und die Einnahmen, die sie bringen, sind auch nicht schlecht.

In den letzten fünf Jahren waren wir auch wieder einmal in Australien und viermal in Japan und Europa, und Kate war diesmal mit dabei. Es war wundervoll da unten, ich wußte, es würde ihr gefallen, und sie hat auch mächtig Eindruck auf die Leute gemacht.

Die gesundheitlichen Ups und Downs in den Monaten nach meinem Comeback will ich mal lieber übergehen. Wenn man einmal die Siebzig überschritten hat, darf man nicht erwarten, daß man jeden Tag in bester Kondition antritt. Also macht man einfach weiter, tritt auf die Bühne und macht den Gig und fühlt sich gleich viel besser, als wenn man den ganzen Tag nur rumliegt und grübelt.

Zwei Dinge muß ich aber noch erwähnen, die in der Zeit passierten. Wir hatten gerade zehn Tage im Desert Inn in Las Vegas mit Tony Bennett hinter uns und waren auf dem Weg nach San Francisco, um dann im Herbst auf eine Japantournee zu gehen, und da schlug es zu.

Ich mußte mich mit einer ganz fürchterlichen Gürtelrose ins Bett legen. Die vierwöchige Tournee durch Japan wurde abgesagt, denn ich mußte nach Hause, nach Freeport, und mich bis Anfang des neuen Jahres schonen. Die Tour wurde dann auf den März verlegt und dauerte nur zwei Wochen, nachdem wir Ende Februar gerade zwei Wochen Urlaub hinter uns hatten.

Im Mai machten wir noch einmal zwölf Tage Urlaub und waren gerade mal zwei Wochen unterwegs gewesen, als die andere Sache passierte. Ich will sie mal den »Arthritisanfall« nennen.

Bei dem Herzinfarkt hatte ich nicht das Gefühl gehabt, daß wirklich etwas Schlimmes passiert war. Ich hatte ein paar Unannehmlichkeiten und auch Schmerzen, aber ich hatte nicht wirklich Angst. Es fühlte sich so an, als hätte ich nicht richtig verdaut und brauchte nur aufzustoßen. Aber die andere Sache traf mich wirklich hart. Ich fühlte richtig, wie es hochkam, und dann war es plötzlich da. Es traf mich wie ein Stein, ich war total schockiert. Alles drehte sich, und ich konnte nicht aufstehen und umhergehen und hatte überhaupt keine Kontrolle mehr über mich.

Ich hatte fürchterliche Angst, ich wußte nicht, ob ich die nächste Minute noch überleben würde. Und keiner wußte, was wirklich los war. Als der Arzt kam, konnte er mir nur sagen, daß es kein zweiter Herzinfarkt war, aber auch er wußte nicht, was eigentlich passiert war. Sie holten Kate und brachten mich dann ins Krankenhaus und machten alle möglichen Tests mit mir. Sie behielten mich nur drei Tage, und als sie mich entließen, sagten sie nur, daß ich einfach überanstrengt sei und eine Virusinfektion hätte.

Die Infektion brachte auch die Arthritissache mit sich, von der ich mich immer noch nicht richtig erholt habe. Kate mußte mich mit einem Rollstuhl aus dem Krankenhaus holen, mein Gleichgewichtssinn war immer noch gestört. Ich konnte mich gerade mal auf den Beinen halten, aber nicht gehen, selbst mit Krücken nicht. Aber ich fühlte mich soweit wieder ganz beisammen, daß ich wenigstens einige Auftritte hinter mich bringen konnte, und mit Kate immer dabei, die darauf achtete, daß ich mich nicht übernahm, absolvierte ich noch ein Anderthalb-Wochen-Programm, bevor ich mich für eine Zeit in Freeport zurückzog.

Den ganzen Juli über blieb ich zu Hause und hielt mich streng an das tägliche Programm von abwechselnder Ruhe und Übungen, und als ich nach der ersten Augustwoche wieder zur Arbeit kam, geschah das mit der Erlaubnis des Arztes. Es gab nur einen großen Unterschied zu vorher, denn ich hatte immer noch Schwierigkeiten, allein aufzustehen. Ich legte draußen fast alle Wege mit meinem neuen Amigo-Motorscooter zurück, auch den Weg zum Podium.

Natürlich machten die Jungs in der Band da weiter, wo wir aufgehört hatten, und stiegen gleich wieder in die vollen, wie das immer der Fall war, wenn wir aus dem Urlaub kamen. Der einzige Unterschied bestand darin, wie ich auf das Podium kam. Ich fuhr mit dem Scooter bis an den Klavierschemel, und dann half mir Grover Mitchell, der im März in Tokio wieder zur Band gestoßen war, auf den Stuhl. Sonst blieb alles beim alten. Wir hatten noch immer die besten Engagements und zogen noch immer Massen in die ausverkauften Häuser, die uns noch immer den großartigsten Empfang bereiteten. Mitte Oktober machten wir uns wieder auf den Weg nach Europa und blieben dort bis zur dritten Novemberwoche.

Unsere ersten Studioaufnahmen, nachdem mich diese Arthritis auf den Scooter gebracht hatte, machten wir für Pablo Records, ein Album mit dem Titel »Warm Breeze«. Danach folgten »Farmers' Market Barbecue« und »Me and You«.

Das war das letzte Album vor Kates Tod. Sie hat es nicht mehr hören können, denn wir haben sie im letzten April verloren, als ich in Toronto war. Sie war seit Ende Herbst auf den Rat ihres Arztes zu Hause in Freeport geblieben. Sie sollte sich schonen und auf ihr Gewicht achten.

Ich wußte also, daß es mit ihrer Gesundheit nicht zum besten stand, aber als ich Weihnachten zu Hause war, hatte sie noch keine besonderen Beschwerden. Sie war wie immer, und so war es auch, als ich im Januar wieder zur Arbeit ging, und so hörte es sich auch jeden Tag am Telefon an.

Und dann war sie plötzlich weg. Meine Katy, mein Baby.

Mehr will ich dazu an dieser Stelle nicht sagen. Ich lasse sie einfach in Frieden ruhen. Ich glaube, das wird jeder verstehen, und ich weiß, daß jeder, der so etwas mal durchgemacht hat, auch verstehen wird, warum es das beste für mich war, gleich wenige Tage nach der Beerdigung wieder an die Arbeit zu gehen. Ich zweifele nicht daran, daß sie es auch so gewollt hätte.

Mittlerweile sind wir soweit, daß, wenn einem irgendwas gefällt und er loslegt, die ganze Band sofort Feuer fängt, und dann hören wir uns noch besser an. Das passiert laufend. Natürlich glaube ich auch gern, daß wir immer besser werden. Viele in der jetzigen Besetzung sind noch ziemlich jung, aber das ist wie bei einem Rennpferd. Man hat ein Vollblut, aber wenn es ein Rennpferd werden soll, muß es trainiert werden.

Zum Beispiel unser junger Schlagzeuger. Er geht gerade mal auf die Zwanzig zu. Ich nenne ihn den dritten Dennis oder Nummer drei, weil wir auch noch den jungen Dennis Wilson an der Posaune und den jungen Dennis Rowland als Sänger haben. Nummer drei ist schon jetzt ein guter Schlagzeuger, aber eines Tages wird er ein wahres Monster sein. Er muß noch lernen, seine Ohren nicht für die anderen zu verschließen und nicht nur auf sich selbst zu hören, sondern auf das Orchester, und seine Augen vorne auf den Spatz zu halten, damit wir uns auch sehen und wissen, was los ist. Das haben bei uns immer alle in der Rhythmusgruppe so gemacht. Jeder ist immer auch gleichzeitig bei den anderen, und so wissen wir, wo's langgeht.

Eigentlich funktioniert die ganze Band so, besonders seitdem durch diese Krankheiten der alte Spatz etwas langsamer treten muß. Sie wissen genau, was ich will, wenn ich also mit irgendwas auf den Tasten anfange, und sie nehmen es dann auf.

Was den alten Spatz betrifft, ich habe ja schon oft gesagt, daß es für mich immer was Besonderes ist, zu hören, was wohl kommt, wenn wir auftreten und wenn einer nach vorne ans Mikrophon tritt. Es ist nie dasselbe. Irgendwas ist immer anders oder aufregend, und darauf warte ich jedesmal.

Tja, damit wären wir also bei »Ole Base« von heute, der in seinem achtzigsten Lebensjahr steht und der noch immer am Ball ist. Solange ich noch immer Freude daran habe wie im Augenblick, gedenke ich auch weiterzumachen. Ich habe für die absehbare Zukunft keine Pläne, mich zur Ruhe zu setzen, ich mache immer noch Musik oder versuche es zumindest, so wie ich das mein ganzes Leben lang gemacht habe.

Muß ich sagen, daß es nicht wegen dem Geld ist? Ich sag's für die Leute, die sich über solche Sachen immer den Kopf zerbrechen. Ich mache es nicht, weil ich nach all den Jahren als »Superstar« immer noch sauer mein Brot verdienen muß. Eigentlich schafft man es ja sowieso nie so richtig mit seinem Geld. Aber Kate hat schon vor ein paar Jahren dafür gesorgt, daß ich irgendwann mal aufhören könnte, ohne die ganzen Annehmlichkeiten und Vergnügungen, an die man sich so gewöhnt hat, aufgeben zu müssen. Diese Dinge hat sie für mich und auch für Diane sehr gut geregelt.

Aber ehrlich gesagt, habe ich das Musikmachen auch nie wirklich als Arbeit empfunden. Wenn man natürlich als professioneller Musiker damit seinen Lebensunterhalt verdienen muß, dann ist das schon ein Job, denn dann ist man irgendwo angestellt, und man wird bezahlt und kann auch gefeuert werden. Aber trotzdem habe ich persönlich nie besonders an das Geld dabei gedacht.

Ich meine nicht, daß Geld unwichtig ist. Es ist sogar sehr wichtig, denn als Bandleader muß ich für meine Musiker immer die besten Gagen herausschlagen. Man muß alles in seinen Kräften Stehende tun, um die Band zusammenzuhalten und sie auch dazu zu bringen, daß sie für etwas steht. Dann kann man sich die richtigen Leute reinholen. In dem Sinn ist es ein Geschäft. Denn man muß eine ganze Organisation zusammenhalten, und das bedeutet Engagements und Reisen.

Aber das ist alles nur ein Teil von dem Preis, den man zahlen muß, um eine Band zu haben, mit der man die Musik machen kann, die man mag. Trotzdem sage ich immer noch, daß die Hauptsache für mich dabei die Musik ist. Das ist es, was mich fasziniert. Das läßt mich weitermachen. Die Musik und die Menschen, die ihr gern zuhören. Menschen, die tanzen oder einfach nur mit dem Fuß wippen.

Die wichtigste Aufgabe des Chefs übrigens besteht nur darin, die Stücke anzukündigen, das Tempo zu geben und die Stimmung. Sonst sehe ich mich nur als den Spatz da vorne, und ich sage nur: Guckt auf das Vögelchen. Man kann nur einen Leiter haben. Wenn man davon abrückt, kommt die Band durcheinander. Daher sag' ich meiner Band immer: »Die Augen vorn, zu dem Mann am Klavier. Dem Vogel. Er weiß auch nicht Bescheid, aber haltet die Augen immer auf ihn, dann sind wir wenigstens alle zusammen, wenn's schiefläuft.«

Was die ganze Rumreiserei und so weiter betrifft, ich habe eben Glück, daß ich immer noch das machen kann, wovon ich schon in meiner Jugend immer geträumt habe, als ich die Schule schwänzte und den Leuten aus den Shows zuhörte und mithalf, die Wassereimer für die Elefanten zu tragen, wenn der Zirkus in Red Bank war. Ich weiß, daß manche Leute denken, das sei doch immer die gleiche Leier. Ich finde das nicht, und ich habe das auch nie gefunden. Ich habe es auch früher nie so gesehen, in den ganzen Jahren, wenn man nicht wußte, ob der Bus es noch rechtzeitig zum nächsten Gig schaffen würde, und die Unterkunft und Verpflegung schlichtweg miserabel waren − selbst wenn man in den größten Theatern und Sälen und den Top-Nightclubs die heißeste Attraktion war.

Na und? Das Leben ist nun mal hart, und wenn es das nicht ist, dann ist es was anderes. Das wußte ich vorher auch schon, so wie man wissen muß, auf was man sich einläßt, wenn man ein Klasseboxer werden will oder Footballstar oder sonstwas. Wenn man das wirklich werden will, dann kann einen so was nicht aufhalten. Tatsache ist, daß mir in der Hinsicht nicht viel über den Weg gelaufen ist, was ich vorher nicht schon kannte. Mit anderen Worten, das war mir nicht neu, ich machte also einfach weiter mit dem, was ich machen wollte.

Wenn ich so zurückschaue, dann scheint das größte Problem gewesen zu sein, wie ich in die Bennie Moten Band kommen konnte. Das war die Top-Band im Westen, und ich setzte mir in den Kopf, daß ich dazugehören mußte. Aber wie zum Teufel sollte ich das schaffen, wenn Bennie Moten persönlich der Mann am Klavier war? Ich hatte ja gerade mal angefangen, mich in Sachen Musik in Kansas City umzusehen, und Bennie spielte seit Jahren Klavier, was hatte er mich also nötig? Aber ich mußte es einfach schaffen, und irgendwie hat es dann auch geklappt.

Was mich persönlich betrifft, darüber zu reden ist mir hier am schwersten gefallen. Wenn ich mich jetzt so daran erinnere, dann muß ich wohl in der ganzen Welt der einzige Musiker gewesen sein, der geglaubt hat, er könne als Pianist in der Band anfangen. Aber das hat mich nicht abgehalten. Es hat mich nicht entmutigt. Ich glaube, ich war zu sehr damit beschäftigt, meinen nächsten Schritt zu planen, als mich entmutigen zu lassen.

Was die ganzen anderen schwierigen oder auch komischen Situationen der damaligen Zeit betrifft, mein Koautor nennt sie immer die »Berufsrisiken«, irgendwie haben wir sie immer gemeistert und dann weitergemacht, und wenn ich ein paar vergessen habe, dann waren sie wohl nicht wert, erwähnt zu werden. Und natürlich will man auch nicht daran erinnern, mit wem man mal alles aneinandergeraten ist in den Jahren, nachdem sich nun die Umstände geändert haben und man jetzt befreundet ist. Vielleicht äußert sich jemand anderes dazu in einem anderen Buch. Mehr, als was hier schon drinsteht, will ich nicht hinzufügen.

Das gleiche gilt für die persönlichen Beziehungen intimer Natur. Ich habe ja schon erwähnt, daß ich hier und da und ab und zu mal der Buhmann war, und auch, daß zu Hause der Segen des öfteren schief hing, und dabei will ich es lieber belassen. Wenn es darum geht, Namen zu nennen und Einzelheiten zu erzählen, dann weiß ich nicht, was das soll, jemandem nur einfach Anlaß zu Klatsch zu geben.

Und außerdem, man ist ja noch im Geschäft. Ich erzähle vielleicht etwas, was über fünfzig Jahre zurückliegt, aber dann liegt es doch nicht so weit in der Vergangenheit, wie man glaubt, denn ab und zu komme ich ja noch mal in die Städte überall im Land, in denen ich mal aufgetreten bin, und das bedeutet, daß ich in all den Jahren mit den ganzen Leuten dort nie den Kontakt verloren habe. Und wenn auch die Leute, über die man erzählt, nicht mehr da sind, dann sind aber ihre Kinder oder Enkelkinder oder sogar ihre Urenkel noch zu berücksichtigen. Und denen will ich nicht gegenübertreten. Ich will mir nicht einmal ausmalen, was sie dann hinter meinem Rücken sagen würden.

Ich will auch nicht, daß mir irgendwo da draußen hinter einer Ecke jemand auflauert, weil ich endlich irgendein Geheimnis preisgegeben und irgendeinen Verdacht bestätigt habe, den jemand die ganze Zeit gehegt hat. Das ist gefährlich. Und wenn man dann auch noch was ausplaudert, was keiner erwartet hat, dann könnte es sogar noch gefährlicher werden. Ich weiß, daß man heutzutage fast alles schreiben kann, aber ich will nicht mehr schmutzige Wäsche waschen als nötig. Den Leuten hat meine Musik bisher auch ohne all das ganz gut gefallen!

Tja, das wär's dann wohl fürs erste, ich will nur noch sagen: Alles, was jetzt noch passiert, darüber kann ich mich nicht beklagen. Ich hatte mein Vergnügen, ich kann nicht meckern. Was immer jetzt noch passiert, ich muß sagen: Ich schätze mich glücklich. Ich habe sehr viel Glück gehabt. Das Schicksal war sehr gut zu mir. Wirklich, und ich bin dankbar. Ich setze mich nie an den Tisch, ohne vorher meinen Dank zu sprechen. Immer wenn ich so darüber nachdenke, wie viele lange Jahre ich das tun und lassen konnte, was mir Spaß gemacht hat, und ganz gut davon leben konnte und mir auch einen Namen und einen Ruf aufbauen konnte, der für etwas steht, dann wird mir klar, wie dankbar ich sein muß.

Natürlich war ich auch neugierig, immer schon. Auch das muß ich an dieser Stelle sagen. Denn wenn irgendwas anstand, dann hatte ich den Willen, es *zu versuchen*. Das soll nicht heißen, daß ich mich laufend mit irgendwas anderem beschäftigte, nur weil ich jeden neuen Kram, der mir über den Weg lief, auch kapieren wollte. Solche Leute soll es geben. Ich gehöre nicht dazu.

Natürlich gibt es Dinge im Laufe der Jahre, da muß man sich anpassen, denn so ist es nun mal im Leben. Aber ich kenne auch Leute, die auf diese Weise von dem abgerückt sind, was sie eigentlich sind und eigentlich können – vielleicht etwas, worin sie wirklich großartig drin sind –, nur weil sie glauben, sie müßten etwas anderes ausprobieren. Aber das braucht man nicht. Man braucht nicht abzurücken von dem, der man ist. Man kann immer man selbst sein und doch wachsen und Schritt halten mit der Zeit.

Wenn ich sage, daß ich auch immer mutig gewesen bin, dann meine ich damit, eine große Gelegenheit, die sich einem bietet, auch wahrzunehmen. Ich denke jetzt zum Beispiel daran, wie ich sofort das Angebot angenommen habe, über die Columbia-Agentur mit Katie Krippen loszuziehen. Und dann die Sachen mit TOBA und der Gonzelle White Jamboree. Und wie ich den Job an der Orgel im Eblon Theatre in Kansas City bekam. Und wie ich dann das erstemal aus dem Job stieg, um mich den Blue Devils anzuschließen, und das zweitemal, um rauszukriegen, wie man am besten in die Bennie Moten Band kam. Und so weiter, bis ich dann alle Hebel in Bewegung setzte, um den Job im Reno zu kriegen und mir die Three-Three-and-Three-Gruppe aufbaute und damit die Aufmerksamkeit erregte, die mich nach New York gebracht hat und ins große Geschäft.

Ich war immer bereit, zu sagen: »Wollen mal sehen, was dabei rauskommt«, wenn irgendwas anstand, was mir vielleicht dabei half, näher an mein Ziel zu kommen, und weil ich das immer noch nicht abgelegt habe, ist Ole Base auch heute noch so, trotz Motor-Scooter und allem.

Wie mein Koautor sagt, haben Autobiographien kein Ende. Ein bißchen so, als würde ich in das Schlußmotiv von *One O'Clock Jump* überleiten, um eine Tanzparty oder ein Konzert oder eine Bühnenshow oder einen Auftritt in einem Nachtclub zu beenden. Ich sage also nicht: »Das ist das Ende.« Ich sage lediglich: »Soweit für heute.« Ich sage: »Fortsetzung folgt beim nächstenmal. Ansonsten – hört weiter zu, und wippt mit den Füßen.«

Nachwort des Koautors

Außer Count Basie persönlich habe ich meine Wahl zum Koautor seiner Memoiren auch dem mittlerweile verstorbenen Willard Alexander, einem langjährigen Geschäftspartner und Freund von Basie zu verdanken.

Ich wollte seinerzeit nicht noch einmal meine Arbeit am zweiten Teil einer Romantrilogie unterbrechen. (Beim erstenmal hatte ich »Stomping the Blues« geschrieben.) Ich wollte ihn etwas hinhalten und riet ihm, doch erst mal einen Blick in meine Bücher zu werfen und mich anzurufen, wenn er immer noch Interesse hätte. Das machte er – nur wollte er diesmal gleich einen Termin festsetzen, bei dem Basie und ich uns mal beim Lunch treffen sollten. Ich war einverstanden, und so fing die Sache an.

Nachdem wir uns ziemlich ungezwungen begrüßt und dem Kellner unsere Bestellung aufgegeben hatten, sagte Basie, er hätte in die beiden Bücher, die Willard ihm geschickt hätte, mal hineingeschaut und daß sie ihm gefallen hätten. Dann fragte er, ob ich denn schon irgendwelche Vorstellungen hätte, wie man aus seinem Leben eine Geschichte machen könnte, und ich entwarf eine kurze Gliederung, fing aber nicht mit der Geburt an, sondern mit einem wichtigen Wendepunkt in seiner musikalischen Karriere. Ich erklärte, daß der rote Faden seiner Lebensgeschichte zwar die Hauptsache, aber die Folge der Kapitel eher eine Frage der Orchestrierung wie bei einem Chorus in einem Kansas-City-Arrangement sei.

Er zündete sich eine Zigarre an, zog ein paarmal an ihr, legte sie dann in einen Aschenbecher und lehnte sich zurück, als säße er am Klavier und hörte sich einen Solisten vorne am Mikrophon an. Noch bevor der Kellner den ersten Gang reichte, hatte er bereits seine Entscheidung getroffen.

»Hör mal, Al«, sagte er und nahm seine Zigarre wieder auf, »ich darf doch Al zu dir sagen? Warum gehen wir da nicht ganz locker ran und bleiben noch was zusammen und essen erst mal gut. Weil, für mich ist das Interview schon vorbei. Du weißt ja, mit Proben und solchen Sachen habe ich in den ganzen Jahren ja so meine Erfahrungen gemacht, ich brauche immer nur ein paar Takte, um zu hören, ob jemand meinen Sachen auch Stimme verleihen kann und zu mir paßt. Ich lass' dich also mal, wenn du meinst, du kannst was draus machen. Ich hoffe nur, du schaffst es, denn ich habe mir den Hintern abgerackert, ich weiß nicht, wie viele Jahre, und bin doch nirgendwohin gekommen.«

Am nächsten Tag rief Willard mich wieder an und machte ein Angebot, daß ich meinem Agenten übergab. Es gab immer noch keinen Vertrag, also auch keine Vorschußzahlungen, aber in der Zwischenzeit hatte Basie ihn ermächtigt, alle Auslagen, die mir bei den Reisen mit der Band und gelegentlichen Flügen nach Freeport auf den Bahamas entstehen würden, zu übernehmen, ebenso für das Abschreiben der Interviewbänder und die Bearbeitung des Manuskripts.

So hat alles angefangen. Fortan bewies Willard unverzügliche und äußerst hilfreiche Kooperationsbereitschaft, und nicht nur das, er hat mich auch leidenschaftlich unterstützt. Auch die Zusammenarbeit mit seinen Mitarbeitern war angenehm und sehr professionell. Sie hielten mich über den sich ständig verändernden Terminkalender der Band auf dem laufenden, stellten sofort eine Chronologie der Entwicklung der Band zusammen, eröffneten mir den Zugang zu Archiven und gaben sachdienliche Hinweise zu Verträgen und dergleichen.

Die Zusammenarbeit mit Basie selber war ebenso vergnüglich wie ehrenvoll. Als er mich bat, das Projekt als Koautor zu begleiten, hatte er eigentlich gemeint, ich sollte es ganz übernehmen. Bei unserer allerersten Sitzung schon stellte sich heraus, daß ich nicht nur als sein literarischer Begleiter und Orchestrierer fungieren, sondern die gesamte Verantwortung für das Fortschreiten des Projekts übernehmen sollte. Von da an richtete er sich ganz nach meinem Terminplan.

Am Anfang jeder Sitzung wollte er wissen, worüber er heute reden sollte, und am Ende sollte ich ihm immer Ort und Zeit für unseren nächsten Termin nennen. Wenn er mal unter starkem Termindruck stand, sagte er: »Okay, fangen wir gleich bei Takt 19 an, dann kann ich nachher noch 'ne Pause machen«, und bei einem anderen Mal: »Ich schlafe nicht ein, ich atme nur schwer.« Er ließ sich niemals aus der Ruhe bringen oder war schlecht gelaunt, auch wenn er sich mal nicht wohl fühlte und zur Arbeit zwingen mußte.

Zu den Interviewpartnern, die mir großzügigerweise erlaubten, Tonaufzeichnungen zu machen, die sehr nützliche Hintergrundinformationen und erhärtendes Material lieferten, gehören Eddie Durham, Dan Minor, Buck Clayton, Benny Powell, Joe Newman, Billy Eckstine, Sonny Cohn, Eric Dixon, Frank Foster, Buddy Tate, Budd Johnson, Johnny Williams, Grover Mitchell, Willard Alexander, Norman Granz, Morris Levy, Teddy Reig und der Erzähler par excellence, Jo Jones, dessen farbenfrohe Schilderungen sowohl literarischen als auch dokumentarischen Wert haben. Backstage ergaben sich gelegentlich eher zufällige, aber doch nützliche Unterhaltungen. Unter anderem mit Freddy Green, Jo Williams, Bill Hughes, Frank Wess, Sweets Edison, Jimmy Lewis, Dicky Wells, Sarah Vaughan, Henry Snodgrass, Bob Porter und Phil Schap.

Großzügige Hilfe und Expertenwissen stellten mir Alice Adamczyk, Betty Gubert und Charles Finney vom Schomberg Center in Harlem zur Verfügung, ebenso Dan Morganstern und Ed Berger vom Institute for Jazz Studies an der Rutgers University und die Mitarbeiter der Performing Arts Library im Lincoln Center, die es verstanden, aus dem sonst so langweiligen, aber unumgänglichen Lesen von Mikrofilmen ein wahres Vergnügen zu machen.

Basies private Fotosammlung ergänzte ich weitgehend durch die von Frank Briggs, dessen Wissen auf dem Gebiet der Jazzdokumentation einmalig ist, und die von Bruce Ricker, Autor von »The Last of the Blue Devils«. Debby Thomas Ryan, Fotospezialistin am Schomberg Center, war ebenfalls sehr kooperativ. Besonders großzügig war David Chertok, er gab mir eine Privatvorführung alter Basie-Streifen aus seiner umfangreichen Jazzfilmsammlung.

Chris Sheridan, der im Augenblick in England dabei ist, eine umfassende Diskographie zu erstellen, war eine ebenso reiche wie bereitwillige Informationsquelle, was die Um- und Neubesetzungen in der Band im Laufe der Jahre sowie deren Auslandstourneen betrifft. Die Interviews, die Stanley Dance mit diversen Musikern von Basie gemacht hat und die in »The World auf Count Basie« zusammengefaßt sind, waren ein exzellentes Nachschlagewerk und regten auch Basies eigene Erinnerungen an.

Jeder, der mit Basies phänomenaler Karriere vertraut ist, weiß, daß man sich auf die moralische Unterstützung und jedwede andere Hilfe von John Hammond voll verlassen kann. Er war außerdem ein eifriger und gelegentlich andere Meinung bekundender Leser der Rohmanuskripte der einzelnen Kapitel.

Leider konnten weder Alec Wilder noch Willard Alexander, noch Count Basie selber das Buch bei Erscheinen lesen. Alec starb schon, bevor das Buch zur Hälfte, Basie, zweieinhalb Monate nachdem die erste Rohfassung fertig war. Das letzte Kapitel hatten wir schon ein Jahr vorher gemacht. Willard jedoch hatte die Gelegenheit, diese Fassung zu lesen und abzusegnen, die dann auch so dem Verlag überreicht wurde.

Discographie

ausgewählter, in Deutschland erhältlicher Count Basie-LPs
(Stand: Februar 1987)

(Nach dem Platten-Label werden die lieferbaren LPs mit den
jeweiligen Bestell-Nummern aufgeführt)

PABLO
Kansas City II	23 10 871
The Gifted Ones	23 10 833
~~Basie Jam III~~	23 10 840
Night Rider	23 10 843
For the second Time	23 10 878
Basie Big Band	23 10 756
Basie & Zoot Sims	23 10 745
~~Farmers Market Barbecue~~	23 10 874
Satch & Josh again	23 10 802
Basie & Milt Jackson Vol. 1	23 10 822
The Timekeepers	23 10 896
88 Basie Street	23 10 901
Me and you	23 10 891
Kansas City Shout	23 10 859
For the first Time	23 10 712
Basie Jam II	23 10 786
Best of Basie	23 10 852
Big Band – Montreux '77	23 08 207
Digital III at Montreux	23 08 223
Jam	23 08 209
A perfect Match/E. Fitzgerald	23 12 110
On the Road	23 12 112
Send in the Clown	23 12 130
Warm Breeze	23 12 131
A Classy Pair I, feat.: E. Fitzgerald	23 12 132

L'art de C. Basie	26 25 715
Kansas City 5	23 12 126
Kansas City 7	23 10 908
Live in Japan '78	23 08 246
»Mostly Blues . . . and some others«	23 10 919
The Bosses	23 10 709
Fancy Pant's	23 10 920
Get together	23 10 924

IMS-VERVE

On the Sunny Side of the Street	23 04 049
April in Paris	23 04 408
Sixteen Men Swinging	VE2-2517
At Newport	MV 2619
One o'Clock Jump	MJ 3125
April in Paris	MJ 2333
Paradise Squat	2 2542
Count Basie & J. Williams	825 770
Count Basie & A. Prysock	827 011

IMS-FIRST HEARD

Count Basie & Orchestra 1946	FH 22
Memorial	FH 55

IMS-VERVE JAPAN

April in Paris	UMV 2641
The Greatest	UMV 2650
Basie Street	28 MJ 3388
Count Basie & E. Fitzgerald:	
A perfect Motel	MTF-1609
Count Basie + M. Jackson & Big Band	MTF-1101

IMS-CBS

One o'Clock Jump Vol. IV	88 673
Don for Prez Vol. III 1940–41	88 672
Avenue C Vol. V	88 674
Orchestra + Octet Vol. VI	88 675

IMS-CBS-JAPAN
The Duke meets Count   20AP M 71

IMS-CBS, POP
The Count & the President Vol. 1 (1936 & 39)   88 667
Lester Leaps in Vol. 2 (1939/40)   88 668

IMS-COLUMBIA
~~Super Chief~~   CG 31 224

IMS-PHONTASTIC
Count on the Coast, Vol. 2   Phont. 7555
~~Basic Basie~~   NOST 7640

IMS-MAGIC AWE
~~Autumn in Paris~~   AWE 13
Live in Stockholm   AWE 15
Live at the blue Note   AWE 24

IMS-SWING HOUSE
Rhythm Men   SWH 23
This & That   SWH 29
Rock a bye Basie   SWH 41

IMS-FLUTE GROVE
C. Basie Band 1945   Fl 07

IMS-PRESTIGE
Reunion   24 109

IMS-PHONTASTIC
Count on the Coast   7546

TIS-VOGUE
At Birdland   500 020
Easin'it   500 019
The Legend Vol. 21   500 021

Jumpin' with Basie	500 071
Just the Blues	500 017
Broadcast with E. Hawkins	500 009
Incorporated with B. Eckstine	500 008
The Best of Vol. 1	500 014
The Best of Vol. 2	500 015
Dance alone with Count Basie	500 011
Everyday, I have the Blues	500 010
Not now, I'll tell you when	500 016
Basie on Roulette	500 001
Strike up the Band	500 005
Basie plays Hefti	500 002
One more time	500 006
Chairman of the Board	500 007
With Sarah Vaughan	500 012
The Music of Benny Carter	500 018
Sing alone with Basie	500 003
Back with Basie	500 022
Live in Sweden	500 023
Topsy	509 093
Carnegie Hall Concert	509 168
Count Basie plays Q. Jones & N. Hefti	400 025
Jubilee	400 011
Basie and Voices	400 012
Disque d'or	400 525

TIS, JAZZANTHONLOGY

New York, Mai 1944	JA 5105
Los Angeles '45/New York '46	JA 5147
From Southland Cafe, Boston '40	JA 5157
Solist '41/'59	JA 5204
With Lester Young 1952	JA 5225
Immortal Lester Young	JA 5182

TIS, AFFTINITY

I got Rhythm	AFF 48
Swingin' the Blues	AFS 1010

Good Morning Blues	2-4108
Retrospective Session	2-4130
The Best of Count Basie	2-4050

TIS, BLACK & WHITE

The Indispensable	PM 43688
Count Basie & his Orchestra (3-LP-Box)	FXM 3-7053

TIS, JAZZLINE

~~Afrique~~	PL 43547

TIS, FESTIVAL

The great Concert	231

TIS, DENON, JAZZ

Having the Blues Count Basie	
(with Joe Williams)	YX-7365
Basie in Europe	YX-7354

TIS, HINDSIGHT

With Artie Shaw & Jimmy Rushing	HSR 224

TIS, VOGUE, JAZZ

Jazz Time Collection	502718

TIS, MCA IMPULSE JAZZ

Count Basie & the Kansas City 7	
(Digitally Rem.)	MCA 5656

COLUMBIA

First time Count meets the Duke	PC 8515
Blues by Basie	36824

BELL. QUEEN DISC

1939–1941	015
Chapter three	022
Big Basie	025

Chapter six	035
Chapter five	034
Chapter four	033

BELL. DUKE

The Birdland Era	D 1013

JASMINE

Count Basie & the Kansas City Seven	JAS 03
Standing Ovation	JAS 30

T.S.V. JOKER

At Savoy Ballroom	LP 3083
Vol. 2	LP 3969
Vol. 1	LP 3968
Count Basie & his Orchestra	LP 3109

JBP EVERYBODY'S

The Bands of Count Basie	EV 3006
The Basie Special	EV 3004

RCA

Masters of Jazz Vol. 5	42 113

RCA

Basie's Basement	89 802

CBS

14 Classics	21 133
Basie Boogie	21 063

ARIOLA

~~Count Basie Orchestra & C. Valente~~	207646

LOFT, AFFINITY

Swinging at the Daisy Ohain	AFS-1019

DELTA
Live & Rare Vol. 11   20 806

E. ASD
Basie Blues   2M 056-64865

S.P.S.
Down for Trouble   SHLP 165

PROTON, JAZZ
Count the Crast Vol. III   PHONT 7575

AFFINITY
Count Basie & J. Rushing –
Good Mornin' Blues   AFS 1002

BISS. DEJA VU. JAZZ
Collection   DULP 2009

Personenregister

Basie, Morton, Myrtle 39
Bechet, Sidney 205
Belford, Joe 173, 186
Bellson, Louis 259, 287
Bennett, Tony 312
Berger, Ed 323
Bernstein, Arlie 218
Berry Brothers 205
Berry, Buster 124, 140
Berry, Chu 207
Berry, Emmett 241, 245, 271
Billiken, Bud 183
Billy und Milly 220
Birch, Marceo 130 f., 136, 139,
    152 f., 172, 176, 220, 224,
    228
Biviano, Lyn 310
Black Mack 150
Blake, Eubie 132, 300
Blakey, Art 252 f.
Block, Martin 204
Bogart, Humphrey 244
Bones, Mr. 239
Bon-Ton, John 215
Boyette, Lippy 68
Breux, Mrs. 23, 31
Brewer, Clinton P. 224
Briggs, Frank 333
Brooks, Jerr 202
Broonzy, Big Bill 206
Brown, Joe 54 f., 58, 62, 69
Brown, Lawrence 259
Brown, Piney 108, 199
Brown, Ray 256
Brown, Ruth 258
Brown, Sterling 218
Brown, Walter 258

Brubeck, Dave 258
Bruce, Dr. 154 f.
Bryant, Joyce 271
Bryant, Willie 145, 197
Buck und Bubbles 91, 205
Buckner, Milt 230
Burns, Jerry 199
Burns, Sandy 103
Burton, Ellis 158
Butterbeans 100
Byas, Don 197, 226, 230
Byers, Billy 290

C

Cagney, James 189
Calloway, Blanche 140
Calloway, Cab 145, 182, 197,
    207, 231
Carter, Benny 133, 202, 282,
    288, 295 ff.
Carter, Billy 245
Carney, Harry 259
Carney, Jack 236
Carpenter, Thelma 237, 239
Carson, Jazz 85, 87
Carlett, Buddy 291
Cato, Minto 132
Chase, Barrie 284
Chertok, David 333
Childs, Alexander 40
Childs, Henry 40
Christian, Charlie 217
Clark, Dane 242
Clarke, Kenny 253

Hawkins, Coleman 137, 147 f.,
207, 212, 243, 256 f.
Hayes, Thamon 120, 123, 140,
145
Hayton, Lenny 297
Hefti, Neal 268, 288, 297 f.
Hegeman, Lucille 100
Hemphill, Shelton 133
Henderson, Beetle 51, 68, 88
Henderson, Fletcher 104, 116,
123, 137 f., 147, 149, 152,
162 f., 173, 180, 184, 202,
207, 213, 218, 294
Henderson, Rick 259
Hendricks, Lambert 282
Henry, Lou 69–81
Herman, Woody 185
Heywood, Eddie 103
Heywood, Eddie jr. 103
Hibbler, Al 258
Hill, Jimmy 56
Hill, Teddy 202
Hite, Les 231
Hodges, Jonny 259
Holder, T. 149
Holiday, Billie 188, 191, 193,
198, 225, 244, 248 f.
Homan, Bill 303
Hopkins, Claude 87, 123, 170
Horn, Lena 225, 231, 271, 307
Hughes, Bill 310, 323
Humes, Helen 198, 200, 205 f.,
210, 213, 221, 224
Hunt, Louis 133, 169

I

Irvis, Charlie 68, 91

J

Jackson (Patterson-Jackson) 246
James, Elmer 133
Jacquet, Illionois 230, 240, 243
Jefferson, Hilton 133
Jettick, Enna 188
Jitterbug, Whitey 228
Johnson, Bill 241, 245
Johnson, Bud 252, 323
Johnson, Bus Gus 248, 256, 258
Johnson, Candy 255
Johnson, Charlie 202
Johnson, Eddie 149
Johnson, Edith 129
Johnson, Hall 231
Johnson, Jack 77
Johnson, James P. 51, 68, 81,
88 ff., 205
Johnson, Jesse 129
Johnson, Maxine 239
Johnson, Olsen 235
Johnson, Pete 166, 205, 218, 225
Johnson, Walter 197
Johnson, Ziggy 241, 243
Jones, Ed 287
Jones, Jo 149 f., 153, 158, 161,
181, 184, 189, 197 f., 203,
205 f., 208, 223, 226 f., 230,
240, 244, 271, 323

— 342 —

T

Tate, Buddy 149, 208 f., 225,
241, 245, 256, 323
Tatum, Art 140 f.
Taylor, Gooby 28 f.
Terrell, Pha 117, 129
Terry, Clark 245 f., 248, 259
Terry, Sonny 205
Thaley, Tom 188 f.
Tharpe, Rosetta 205
Thomas, Turk 18
Thompson, Lucky 239 f.
Thompson, Sir Charles 309
Thompson, Sonny 85 f.
Tompkins, Eddie 145
Top und Wilder 241
Torbutt, Douglas 10
Towles, Nat 149
Treadwell, George 238
Truehart, John 133
Tucker, Billy 281
Tucker, Bobby 281
Tunstall, Freddy 22, 51, 70
Turner, Big Joe 166, 205
Turner, Danny 310
Turner, Elmer 181
Two Zephyrs 244

V

Vaughan, Sarah auch Sassy
237 ff., 245, 252, 275, 300,
323

W

Walder, Woody 120, 124, 140
Waller, Fats 81, 83 ff., 88, 90,
128
Wanzo, Mel 310
Wardell, Gray 245
Ware, Leonhard 206
Warren, Clara 237
Warren, Earl 225 ff., 228
Warwick, Carl 197
Washington, Booker 120, 123,
140
Washington, Charles 18
Washington, Jack 120, 124, 136,
140, 143, 146, 152, 160 f.,
191, 208, 236, 240 ff., 271
Washington, Pimpy 152, 208
Waters, Ethel 91, 100, 228 f.,
231
Webb, Chick 123, 133, 195 f.,
201
Webster, Ben 140, 144 ff., 152,
243
Webster, Paul 120, 145
Wein, George 301 f.
Wells, Brothers Dicky 132, 202,
214, 225 ff., 240, 245, 247,
294, 323
Wess, Frank 261, 267, 291, 323
Whetsol, Arthur 68
White, Gonzelle 17 f., 20 ff.,
95 ff., 105 ff., 118, 265, 278,
319
Whitman, Alberta 138, 143,
152 f., 232

Whitman, Alice, 138, 143, 152 f., 232
Whitman, Essie 138, 143, 152 f., 232
Whitman, May 138, 143, 152 f., 232
Whitman, Pops 138, 143, 152 f., 232
White, Margarette 41
White, Richter 40 f.
Whyte, Zack 145
Whiterspoon, Jimmy 291
Wilder, Alec 324
Wilder, Joe 267
Wilkins, Barron 81
Wilkins, Ernie 268
Wilkins, Leroy 81
Willard, Jessie 77
Williams, Bert 91
Williams, Corky 54
Williams, Elmer 20, 45, 54 f., 58–80, 86, 102, 124, 133 f., 142
Williams, Ernie 17 f., 256
Williams, Fess 20, 132
Williams, Joe 248, 270, 272, 284 f., 287, 289, 323
Williams, John 117, 308, 323
Williams, Mary Lou 117
Williams, Ralph 59 f., 87

Williams, Skippy 208
Willie, Mac 124
Wills, Harry 77
Wilson, Dennis 314
Wilson, Derby 241
Wilson, Jackie 297
Wilson, Shadow 244 ff.
Wilson, Teddy 225
Woode, Henrie 222
Woodman, Britt 259
Wright, Herbert 79
Wright, Steve 79
Wynn, Vivian 136, 150, 217

Y

Young, Lester 147 ff., 160, 167, 169, 172, 181, 188, 195, 206, 208 f., 214, 222 f., 240, 243, 256, 271, 275
Young, Snookie 239, 241

Z

Zivic, Fritzie 260

Robert Lacey

FORD

Eine amerikanische Dynastie

ECON

528 Seiten und 32 Seiten Schwarzweißabbildungen,
gebunden

ECON Verlag, 4000 Düsseldorf 30, Postfach 30 03 21